Hans-Günther Roßbach · Hans-Peter Blossfeld (Hrsg.)

Frühpädagogische Förderung in Institutionen

Zeitschrift für Erziehungswissenschaft
Sonderheft 11 | 2008

Hans-Günther Roßbach
Hans-Peter Blossfeld (Hrsg.)

Frühpädagogische Förderung in Institutionen

Zeitschrift für
Erziehungswissenschaft

Sonderheft 11 | 2008

Zeitschrift für Erziehungswissenschaft

herausgegeben von:
Jürgen Baumert (Schriftleitung), Hans-Peter Blossfeld, Yvonne Ehrenspeck, Ingrid Gogolin (Schriftleitung), Stephanie Hellekamps, Frieda Heyting (1998–2003), Heinz-Hermann Krüger (Schriftleitung), Dieter Lenzen (Schriftleitung, Geschäftsführung), Meinert A. Meyer, Manfred Prenzel, Thomas Rauschenbach, Hans-Günther Roßbach, Uwe Sander, Annette Scheunpflug, Christoph Wulf

Herausgeber des Sonderheftes Frühpädagogische Förderung in Institutionen:
Hans-Günther Roßbach und Hans-Peter Blossfeld

Redaktion:
Friedrich Rost (und Rezensionen), Thorsten Junge

Anschrift der Redaktion:
Zeitschrift für Erziehungswissenschaft
c/o Freie Universität Berlin, Arbeitsbereich Philosophie der Erziehung,
Arnimallee 10, D-14195 Berlin
Tel.: (++49) 030 838-55888; Fax: -55889
E-Mail: zfe@zedat.fu-berlin.de   URL: http://zfe-online.de   Volltexte: http://zfe-digital.de

Beirat:
Neville Alexander (Kapstadt), Jean-Marie Barbier (Paris), Jacky Beillerot† (Paris), Wilfried Bos (Dortmund), Elliot W. Eisner (Stanford/USA), Frieda Heyting (Amsterdam), Axel Honneth (Frankfurt a. M.), Marianne Horstkemper (Potsdam), Ludwig Huber (Bielefeld), Yasuo Imai (Tokyo), Jochen Kade (Frankfurt a. M.), Anastassios Kodakos (Rhodos), Gunther Kress (London), Sverker Lindblad (Uppsala), Christian Lüders (München), Niklas Luhmann † (Bielefeld), Joan-Carles Mèlich (Barcelona), Hans Merkens (Berlin), Klaus Mollenhauer † (Göttingen), Christiane Schiersmann (Heidelberg), Wolfgang Seitter (Marburg), Rudolf Tippelt (München), Gisela Trommsdorff (Konstanz), Philip Wexler (Jerusalem), John White (London), Christopher Winch (Northampton)

VS Verlag für Sozialwissenschaften | GWV Fachverlage GmbH | Abraham-Lincoln-Str. 46 | 65189 Wiesbaden

Geschäftsführer: Dr. Ralf Birkelbach (Vors.)   *Gesamtleitung Anzeigen:*   Thomas Werner
                  Albrecht F. Schirmacher   *Gesamtleitung Produktion:* Ingo Eichel
                                                  Gesamtleitung Vertrieb: Gabriel Göttlinger

Leserservice: Martin Gneupel, Telefon (0611) 7878-151, Telefax (0611) 7878-423
   E-Mail: Martin.Gneupel@gwv-fachverlage.de
Abonnentenbetreuung: Ursula Müller, Telefon (05241) 801965, Telefax (05241) 809620
   E-Mail: Ursula.Mueller@gwv-fachverlage.de
Marketing: Ronald Schmidt-Serrière M.A., Telefon (0611) 7878-280, Telefax (0611) 7878-440
   E-Mail: Ronald.Schmidt-Serriere@vs-verlag.de
Anzeigenleitung: Yvonne Guderjahn, Telefon (0611) 7878-369, Telefax (0611) 7878-430
   E-Mail: Yvonne.Guderjahn@gwv-fachverlage.de
Anzeigendisposition: Monika Dannenberger, Telefon (0611) 7878-148, Telefax (0611) 7878-443
   E-Mail: Monika.Dannenberger@gwv-fachverlage.de
Produktion/Layout: Frieder Kumm, Telefon (0611) 7878-175, Telefax (0611) 7878-468
   E-Mail: Frieder.Kumm@gwv-fachverlage.de

Bezugsmöglichkeiten 2009: Jährlich erscheinen 4 Hefte. Jahresabonnement / privat (print+online) € 98,–; Jahresabonnement / privat (nur online) € 59,–; Jahresabonnement / Bibliotheken/Institutionen € 154,–; Jahresabonnement / Studierende / Emeriti (print+online) – bei Vorlage einer Studienbescheinigung € 35,–. Alle Print-Preise zuzüglich Versandkosten. Alle Preise und Versandkosten unterliegen der Preisbindung. Die Bezugspreise beinhalten die gültige Mehrwertsteuer. Kündigungen des Abonnements müssen spätestens 6 Wochen vor Ablauf des Bezugszeitraumes schriftlich mit Nennung der Kundennummer erfolgen.
Jährlich können Sonderhefte (Beihefte) erscheinen, die nach Umfang berechnet und den Abonnenten des laufenden Jahrgangs mit einem Nachlass von 25% des jeweiligen Ladenpreises geliefert werden. Bei Nichtgefallen können die Sonderhefte innerhalb einer Frist von drei Wochen zurückgegeben werden.
Zuschriften, die den Vertrieb oder Anzeigen betreffen, bitte nur an den Verlag.

© VS Verlag für Sozialwissenschaften | GWV Fachverlage GmbH, Wiesbaden 2009
VS Verlag für Sozialwissenschaften ist Teil der Fachverlagsgruppe Springer Science+Business Media.

Alle Rechte vorbehalten. Kein Teil dieser Zeitschrift darf ohne schriftliche Genehmigung des Verlages vervielfältigt oder verbreitet werden. Unter dieses Verbot fällt insbesondere die gewerbliche Vervielfältigung per Kopie, die Aufnahme in elektronische Datenbanken und die Vervielfältigung auf CD-ROM und allen anderen elektronischen Datenträgern.

Gedruckt auf säurefreiem und chlorfrei gebleichtem Papier.
Printed in the Netherlands

ISBN 978-3-531-16291-1

Zeitschrift für Erziehungswissenschaft Sonderheft 11/2008

10. Jahrgang, Sonderheft 11/2008

Inhaltsverzeichnis

Hans-Günther Roßbach/ Hans-Peter Blossfeld	Editorial	7
Boris Geier und Birgit Riedel	Ungleichheiten der Inanspruchnahme öffentlicher frühpädagogischer Angebote. Einflussfaktoren und Restriktionen elterlicher Betreuungsentscheidungen	11
Grit Mühler und C. Katharina Spieß	Informelle Förderangebote – Eine empirische Analyse ihrer Nutzung in der frühen Kindheit	29
Detlef Diskowski	Bildungspläne für Kindertagesstätten – ein neues und noch unbegriffenes Steuerungsinstrument	47
Lilian Fried	Pädagogische Sprachdiagnostik für Vorschulkinder – Dynamik, Stand und Ausblick	63
Ingrid Gogolin	Förderung von Kindern mit Migrationshintergrund im Elementarbereich	79
Kristin Krajewski, Agnes Renner, Gerhild Nieding, Wolfgang Schneider	Frühe Förderung von mathematischen Kompetenzen im Vorschulalter	91
Sybille Stöbe-Blossey, Susanne Mierau, Wolfgang Tietze	Von der Kindertageseinrichtung zum Familienzentrum – Konzeption, Entwicklungen und Erprobung des Gütesiegels „Familienzentrum NRW"	105
Susanne Viernickel	Reformmodelle für die Ausbildung des frühpädagogischen Fachpersonals	123

Hans-Günther Roßbach, Katharina Kluczniok, Susanne Kuger	Auswirkungen eines Kindergartenbesuchs auf den kognitiv-leistungsbezogenen Entwicklungsstand von Kindern	139
Susanne Kuger, Katharina Kluczniok	Prozessqualität im Kindergarten – Konzept, Umsetzung und Befunde	159
Pam Sammons, Yvonne Anders, Kathy Sylva, Edward Melhuish, Iram Siraj-Blatchford, Brenda Taggart and Sofka Barreau	Children's Cognitive Attainment and Progress in English Primary Schools During Key Stage 2: Investigating the potential continuing influences of pre-school education	179

Hans-Günther Roßbach/Hans-Peter Blossfeld

Editorial

Seit einigen Jahren wird in Sozial- und Bildungspolitik dem frühpädagogischen Bereich – d.h. hier vor allem der außerfamilialen Bildung, Erziehung und Betreuung von Kindern vor Schulbeginn – eine vermehrte Aufmerksamkeit geschenkt. Besondere Erwartungen werden an ihn gestellt z.B. im Hinblick auf die Vereinbarkeit von Familie und Arbeitswelt sowie auf seine Beiträge zur (längerfristigen) Steigerung des Kompetenzniveaus von allen Kindern und zur Kompensation von sozial bedingten Ungleichheiten. „Auf den Anfang kommt es an!" ist als Slogan weit verbreitet, viele Stiftungen engagieren sich im frühpädagogischen Bereich, und das Thema hat einen hohen Stellenwert in den Medien. Allerdings ist diese öffentliche Aufmerksamkeit nicht neu. Sie erinnert stark an die Zeit der „Bildungsreform" in den 1960er/70er Jahren, wobei allerdings ab Mitte der 1970er Jahre die Aufmerksamkeit sich deutlich reduzierte und die Frühpädagogik fast in einen „Dornröschenschlaf" versank. Parallel wandten sich viele vormals in der Frühpädagogik engagierte Erziehungswissenschaftler anderen Feldern zu, und frühpädagogische Professuren wurden abgebaut.

Steht der Frühpädagogik heute das gleiche Schicksal bevor? Es spricht einiges dafür, dass die Rahmenbedingungen für die Betonung der Bedeutung der Frühpädagogik heute andere sind als damals:

– Internationale Vergleichsstudien im Bildungssystem, eine sich etablierende internationale Forschungsvernetzung und – zumindest teilweise – neue Forschungsergebnisse zur Bedeutung der Phase der frühen Kindheit werden das Interesse am frühpädagogischen Bereich nicht vorschnell schwinden lassen. Allerdings ist auch eine gewisse Vorsicht gegenüber häufig zu hörenden (vermeintlich) forschungsbezogenen Begründungen angeraten. Viele der heute zu findenden Begründungen für die besondere Bedeutung der frühen Kindheit – z.B. der Verweis auf die Hirnforschung – sind strukturgleich mit den Verweisen auf „neuere Forschungsergebnisse aus der Entwicklungspsychologie", wie sie als Begründungen in der Bildungsreform der 1960er/70er Jahre herangezogen wurden – und diese Forschungsergebnisse waren schon damals nicht immer neu (vgl. Weinert 1974).
– Die Vereinigung der beiden Teile Deutschlands und damit fünf neue Bundesländer mit unterschiedlicher Versorgung mit frühpädagogischen Einrichtungen und unterschiedlichen Traditionen stellen längerfristige Anforderungen an Gestaltungsaufgaben.
– Ein erheblicher und vermutlich lang andauernder Druck auf das frühpädagogische Feld entsteht durch zunehmende mütterliche Erwerbstätigkeit und die dadurch entstehende Vereinbarkeitsproblematik zwischen Familie und Arbeitswelt. Gegenwärtig wirkt sich dieser Druck besonders auf die außerfamiliale Bildung, Erziehung und Betreuung von unter dreijährigen Kindern aus.

- Ein längerfristiger Druck entsteht auch durch den heutigen hohen Anteil an Kindern mit Migrationshintergrund und damit (neu) aufgeworfene kompensatorische Fragen in allen Phasen des Bildungssystems, speziell aber im Hinblick auf den frühpädagogischen Bereich als Startpunkt der Bildungskarrieren.

Trotz der hohen öffentlichen Aufmerksamkeit und trotz eines sich auch in Deutschland etablierenden Forschungsstands bestehen weiterhin Forschungsdefizite, die eine durch Forschung informierte Ausgestaltung des frühpädagogischen Bereichs beeinträchtigen. Diese Defizite beziehen sich u.a. auf soziale Disparitäten bei der Nutzung frühpädagogischer Angebote, auf Fragen der Steuerung des frühpädagogischen Systems (im Hinblick auf die Produktion einer guten pädagogischen Qualität vor Ort, ihre Attestierung über Gütesiegel oder die Auswirkungen der Einführung von Bildungsplänen), auf empirische Überprüfungen von Interventionen und pädagogischen Konzepten – speziell auch vergleichend angelegter Evaluationen – und vor allem auch auf die Auswirkungen der frühpädagogischen Bildung, Erziehung und Betreuung auf die Entwicklung der Kinder in den verschiedenen Bereichen und ihre folgende Bildungskarriere. Diese vier Bereiche – die wir für besonders bedeutsam halten – sind auch für die Zusammenstellung dieses Bandes leitend.

Im ersten Teil des Bandes beschäftigen sich zwei Beiträge mit Nutzungsdisparitäten. Unter der Annahme, dass frühpädagogische Angebote für alle Kinder förderlich sind, rücken besonders sozial bedingte Unterschiede in deren Nutzung in den Mittelpunkt des Interesses. *Boris Geier und Birgit Riedel* wenden sich auf der Basis von Surveydaten des Deutschen Jugendinstituts der Nutzung bzw. Nicht-Nutzung öffentlicher frühpädagogischer Angebote (Kindertageseinrichtungen) für Kinder im Alter von 0 Jahren bis zum Schulbeginn zu. Sie gehen von der These aus, dass der Nutzung bzw. Nicht-Nutzung Betreuungsentscheidungen von Eltern zugrunde liegen, die in komplexe Bedingungs- und Motivationsstrukturen eingebettet sind. Dementsprechend analysieren sie nicht nur soziodemographische Faktoren, die familiale Lebenssituation und alternative Betreuungsoptionen, sondern auch Überzeugungen und Präferenzen der Eltern. Im Ergebnis zeigen sich deutliche Einflüsse von familialen und sozioökonomischen Faktoren – und damit sozial bedingte Disparitäten –, aber auch eine eigenständige Bedeutung von Einstellungen und Bildungserwartungen der Eltern. *Grit Mühler und C. Katharina Spieß* finden ebenfalls soziale Disparitäten, wenn die Nutzung von informellen Förderangeboten in der frühen Kindheit (wie z.B. Eltern-Kind-Gruppen, Kinderturnen, frühkindliche Musik- und Kunsterziehung) betrachtet wird: Ein höheres Bildungsniveau der Mutter und ein höheres Haushaltseinkommen erhöhen die Wahrscheinlichkeit, informelle Förderangebote zu nutzen. Ihre Analysen auf der Basis der repräsentativen Mikrodaten des Sozio-oekonomischen Panels (SOEP) geben keine empirischen Hinweise darauf, dass junge Kinder allein durch die Inanspruchnahme eines oder mehrerer informeller Förderangebote „überfordert" werden. Die Autorinnen finden weiterhin – unter Kontrolle anderer Einflussgrößen – einen positiven Zusammenhang zwischen der Nutzung informeller Förderangebote und dem adaptiven Verhalten der Kinder nach Sicht der Eltern.

Im zweiten Teil betrachten drei Beiträge allgemeine Gestaltungs- und Steuerungsfragen für frühpädagogische Einrichtungen. In einer relativ kurzen Zeitspanne (Ende 2002 bis Frühling 2006) haben alle Bundesländer Bildungspläne für die Arbeit in frühpädagogischen Einrichtungen veröffentlicht. *Detlef Diskowski* befasst sich kritisch mit diesem neuen Instrument zur Steuerung der pädagogischen Arbeit, das er zunächst vor dem Hintergrund von Grenzen und Möglichkeiten einer staatlichen Standardsetzung im frühpädagogischen Bereich diskutiert. Ein kritischer Überblick über zentrale Aspekte der Bildungspläne verdeutlicht zum einen Gemeinsamkeiten und Unterschiede zwischen den Bundesländern und zum anderen die Vielfalt der noch offenen Entwicklungsfragen, die abschließend unter praktisch-pädagogischer, konzeptioneller, theoretischer und rechtlich-politischer Perspektive diskutiert werden. Die Förderung der Sprache nimmt einen gewichtigen Stellenwert in der Frühpädagogik ein und wird dementsprechend gegenwärtig breit diskutiert. *Lilian Fried* gibt in ihrem Beitrag einen Überblick über die pädagogische Sprachdiagnostik für Vorschulkinder, der gegenwärtig – aufgrund von professions-, gesundheits-, sozial- und bildungspolitischen Motiven – eine besondere Aufmerksamkeit geschenkt wird. Erwartungen sind z.B., dass über eine frühe Diagnose möglicher Beeinträchtigungen und einer folgenden „kompensatorischen" Sprachförderung Problemen in den Bildungskarrieren von sozial benachteiligten Gruppen (z.B. Kinder aus bildungsfernen und sozioökonomisch benachteiligten Familien und speziell aus Familien mit Migrationshintergrund) entgegengearbeitet werden kann. Fried bilanziert dazu den aktuellen Diskussionsstand der Sprachdiagnostik für Vorschulkinder, spricht Defizite an und sieht in Bestrebungen einer „Kompetenzdiagnostik" im Bereich der Sprache gute Möglichkeiten, eine folgende Sprachförderung auf eine solide Basis zu stellen. *Ingrid Gogolin* diskutiert anschließend die sprachliche Förderung von Kindern mit Migrationshintergrund. Sie begründet zunächst – auf der Basis von Ergebnissen der Spracherwerbsforschung – die Bedeutung einer früh beginnenden Sprachförderung für diese Kinder in den frühpädagogischen Einrichtungen (ab ca. drittem oder viertem Lebensjahr) und plädiert dafür, dass keine Beschränkung auf die Zweitsprache Deutsch erfolgen, sondern eine Förderung von Zwei- bzw. Mehrsprachigkeit angestrebt werden sollte. Zudem warnt Gogolin vor Erwartungen, dass die Sprachförderung von Kindern mit Migrationshintergrund auf den vorschulischen Bereich beschränkt werden könnte. Vielmehr sieht sie hier eine Aufgabe, die auch über die Kindergarten- und Grundschulzeit hinausgeht.

Im dritten Teil des Bandes befassen sich drei Beiträge mit Interventionsstudien und Reformvorhaben. *Kristin Krajewski, Agnes Renner, Gerhild Nieding und Wolfgang Schneider* stellen das Konzept „Mengen, zählen, Zahlen (MZZ)" zur Förderung von frühen Mengen-Zahlen-Kompetenzen im letzten Kindergartenjahr vor, das sich gezielt an einem theoretischen Entwicklungsmodell früher mathematischer Kompetenzen orientiert. In frühpädagogischer Perspektive ist interessant, dass in diesem Förderansatz u.a. Veranschaulichungsmittel eingesetzt werden, die an die traditionellen Montessori-Materialien erinnern. In einer Pilotstudie zeigen die MZZ geförderten Kinder – bei altersspezifischen Fördereffekten – einen signifikant stärkeren Kompetenzzuwachs als Kinder einer Kontrollgruppe. Aufgrund von internationalen Forschungsergebnissen werden gegenwärtig sogenannte „Familienzentren" diskutiert, die neben der institutionellen Bildung, Erziehung und Betreuung der Kinder zugleich als Anlaufstellen für Beratungs-, Unterstützungs- und Bildungsangebote für die Eltern dienen. *Sybille Stöbe-Blossey, Susanne Mierau und Wolfgang Tietze* stellen hierzu ein flächendeckendes Entwicklungsprojekt in Nordrhein-Westfalen vor. Sie berichten zunächst über die Einbettung in die internationale Forschungslage und die Grundstruktur des Entwicklungsprojekts. Im Mittelpunkt des Beitrags stehen die Entwicklung, Konzeptualisierung und empirische Erprobung eines Gütesiegels „Familienzentrum NRW" als Instrument der Qualitätssicherung sowie offene Forschungsfragen. Der Beitrag schließt mit einem Plädoyer für eine intensive empirische Begleitforschung. In der aktuellen Bildungsdiskussion in der Frühpädagogik wird häufig das im Vergleich zu anderen europäischen Ländern niedrigere formale Ausbildungsniveau des frühpädagogischen Personals kritisiert und eine Reform im Sinne einer Anhebung auf Hochschulniveau gefordert. *Susanne Viernickel* weist in ihrem Beitrag darauf hin, dass gegenwärtig ein rascher und weitgehend ungesteuerter Ausbau von Bachelor-Studiengängen im Bereich der frühen Kindheit erfolgt, gleichzeitig aber noch viele Fragen über eine sinnvolle Veränderung der Erzieherinnenausbildung offen sind. Viernickel gibt einen Überblick über die Diskussion um eine Anhebung des formalen Ausbildungsniveaus und systematisiert die aktuell existierenden bzw. in Planung befindlichen Studienangebote an Hochschulen. Ihr Ziel ist, die Chancen und Risiken dieses Reformprozesses zu identifizieren.

Der vierte Teil beschließt mit drei Beiträgen diesen Band. Im Mittelpunkt stehen hier die Qualität des Regelangebots Kindergarten und ihre mittel- und längerfristigen Auswirkungen auf die kindliche Entwicklung. *Hans-Günther Roßbach, Katharina Kluczniok und Susanne Kuger* berichten über den internationalen Forschungsstand zu Auswirkungen eines Besuchs einer institutionellen Betreuungsform in der frühen Kindheit und ihrer Qualität auf den kognitiv-leistungsbezogenen Bereich. Sie gehen dabei von der Hypothese aus, dass die Auswirkungen eines Kindergartenbesuchs nur im Kontext der Erfahrungen in den synchron und diachron erlebten Umwelten (Familie während der Kindergarten- und der Grundschulzeit sowie der institutionelle Kontext Grundschule) betrachtet werden können. Von besonderem Interesse ist dabei, ob sich kompensatorische Fördereffekte bei Kindern aus benachteiligten Familien finden lassen und wie die Anregungsqualitäten von Kindergarten und Grundschule zusammen wirken. *Susanne Kuger und Katharina Kluczniok* wenden sich dem in den verschiedenen Untersuchungen oftmals uneinheitlich oder auch unscharf benutzten Qualitätskonzept der pädagogischen Arbeit in Kindergärten zu. Sie unterscheiden konzeptuell einerseits zwischen Struktur-, Orientierungs- und Prozessqualität und andererseits zwischen globaler und bereichsspezifischer Qualität und stellen dabei eine Verbindung zur auf schulisches Lernen bezogenen Unterrichtsforschung her. Für pädagogische Maßnahmen sind ihre empirischen Befunde besonders wichtig, nach denen sich eine verringerte Qualität der pädagogischen Förderprozesse in Kindergartengruppen mit einem erhöhten Anteil von Kindern mit Migrationshintergrund (trotz günstigerer Rahmenbedingungen) und bei einem geringeren Durchschnittsalter in einer Gruppe zeigt. Die gegenwärtig mit differenzierteste Längsschnittuntersuchung zu den Auswirkungen von frühpädagogischen institutionellen Angeboten stellt das Effective Pre-school and Primary School Education (EPPE 3-11) Project in England dar. In ihrem Beitrag betrachten *Pam Sammons, Yvonne Anders, Kathy Sylva, Edward Melhuish, Iram Siraj-Blatchford, Brenda Taggart und Sofka Barreau* Auswirkungen der Qualität und Effektivität vorschulischer Einrichtungen auf Leistungen in Lesen und Mathematik im Alter von 10 Jahren (5. Klassenstufe). Eine hohe Qualität und Effektivität der vorschulischen Einrichtungen sind für längerfristige Auswirkungen wichtig. Besonders bedeutsam ist die Kombination von guter häuslicher Anregungsumwelt und guter Qualität in Pre-School und Primary School. Das EPPE Project hat in England politische Reformprozesse beeinflusst und zeigt damit auch die Bedeutung einer differenzierten und qualitativ hochstehenden empirischen Untersuchung für Politikberatung auf.

Literatur

Weinert, F.E. (1974): Psychologische Probleme der Vorschulerziehung. In: Weinert, F.E./Graumann, C.F./Heckhausen, H./Hofer, M. u.a. (Hrsg.): Funk-Kolleg Pädagogische Psychologie. Bd. 1. – Frankfurt am Main, S. 389-403.

Boris Geier und Birgit Riedel

Ungleichheiten der Inanspruchnahme öffentlicher frühpädagogischer Angebote. Einflussfaktoren und Restriktionen elterlicher Betreuungsentscheidungen

Zusammenfassung:
Angesichts der erwarteten Bildungswirkung von frühpädagogischen Angeboten stellt sich die Frage nach den Gründen für eine unterschiedliche Inanspruchnahme. Der vorliegende Beitrag rückt die Betreuungsentscheidungen der Eltern in den Mittelpunkt und verfolgt die These, dass diese in komplexe Bedingungs- und Motivstrukturen eingebettet sind. Zur Überprüfung dieser These wurde auf der Basis aktueller DJI-Surveydaten analysiert, inwiefern soziodemographische Faktoren, die familiale Lebenssituation, alternative Betreuungsoptionen sowie Überzeugungen und Präferenzen der Eltern ihre Entscheidungen beeinflussen. Die Befunde zeigen neben dem Einfluss familialer und sozioökonomischer Faktoren, dass Einstellungen und Erwartungen der Eltern einen eigenständigen Erklärungswert haben. Die Bedeutung einzelner Faktoren variiert stark mit dem Alter der Kinder. Hervorzuheben ist die Relevanz bildungsbezogener Überlegungen, die für Eltern früh eine Rolle spielen. Umgekehrt spiegeln auch die Gründe für eine Nicht-Inanspruchnahme sowohl angebotsseitige Restriktionen als auch spezifische Betreuungspräferenzen der Eltern wider.

Schlüsselwörter: Kinderbetreuung, Inanspruchnahme von Kindertageseinrichtungen, soziale Ungleichheit

Abstract:
Inequities in the utilization of institutional childcare services. What influences parental childcare decisions? The article deals with parents' childcare decisions focusing on differences in the utilization of institutional childcare services. It starts from the assumption that parental childcare decisions are embedded in social and cultural contexts and shaped by parental beliefs and preferences. Using data from a recent survey factors are identified which explain for variations in the use of institutional childcare services. Results indicate that beyond socioeconomic and family factors attitudes and preferences of parents play a distinguishing role. The relative impact of these factors highly varies with the age of children. Generally, parents tend to use institutional childcare services at an earlier age of their children if they think they support children's development. Reasons for not using institutional childcare services reflect parental preferences as well as supply-side factors.

Keywords: childcare services, parental childcare decisions, social inequalities

1 Einleitung

Der Zusammenhang zwischen der Kompetenzentwicklung bei Kindern und ihrer sozialen Herkunft – durch die Ergebnisse der PISA-Studien auf die Tagesordnung gesetzt – ist mittlerweile ein Schlüsselthema der bildungspolitischen Debatte in Deutschland. Relativ rasch und unvermittelt rückten in diesem Kontext auch der Elementarbereich der Bildung und die möglichen kompensatorischen Bildungseffekte von Kindertageseinrichtungen in den Blick. Generell wird heute davon ausgegangen, dass der Besuch einer Kindertageseinrichtung für *alle* Kinder eine bereichernde Lernerfahrung darstellt, speziell aber für *Kinder aus benachteiligten Verhältnissen* die Chance beinhaltet, ihre Ausgangsposition beim Übergang in die Schule zu verbessern und herkunftsbedingten Ungleichheiten im Bildungsprozess entgegenzuwirken, noch bevor sie sich verfestigen (vgl. Wissenschaftlicher Beirat für Familienfragen 2005). So konnten vor allem Interventionsstudien aus dem angloamerikanischen Raum zeigen, dass benachteiligte Kinder vom Besuch qualitativ guter vorschulischer Einrichtungen profitieren und die Effekte umso höher sind, je früher die Förderung einsetzt (vgl. Roßbach/Kluczniok/Kuger 2008).

Vor dem Hintergrund dieser Erwartungen ist es eine zentrale Frage, wie weit mit den Angeboten für frühkindliche Bildung auch alle Bevölkerungsschichten erreicht werden. Dazu vorliegende Daten für Deutschland weisen auf eine sozial-selektive Inanspruchnahme dieser Angebote hin, so dass sie möglicherweise dazu beitragen, Kompetenzunterschiede der Kinder im Vorschulalter infolge ungleicher Beteiligungschancen tendenziell eher zu vergrößern anstatt zu verringern. Denn anders als der Schulbesuch ist der Besuch von Kindertageseinrichtungen grundsätzlich freiwillig. Somit hängt es einerseits von den Betreuungsvorstellungen und -entscheidungen der Eltern, andererseits von ihren Zugangsmöglichkeiten zu den vorhandenen Angeboten ab, ob überhaupt, wie lange und welche Einrichtungen Kinder vor ihrem Eintritt in die Schule in Anspruch nehmen. In den vergangenen Jahren hat sich die Inanspruchnahme institutioneller Kindertagesbetreuung kontinuierlich erhöht. Besonders in den letzten beiden Jahren vor dem Schuleintritt kann von einem nahezu universellen Besuch von Kindertageseinrichtungen ausgegangen werden. Relevante Unterschiede bestehen heute vor allem mit Blick auf die Dauer eines Einrichtungsbesuchs, wobei sich mit dem Voranschreiten des Betreuungsausbaus für Kinder unter 3 Jahren tendenziell nicht nur eine Vorverlegung, sondern auch eine stärkere Differenzierung des Eintrittsalters abzeichnet (vgl. Forschungsverbund Deutsches Jugendinstitut/Universität Dortmund 2008).

Warum Eltern Betreuungsmöglichkeiten unterschiedlich nutzen, welche Rolle dabei sozioökonomische Unterschiede weiterhin spielen und inwiefern es moderierende Faktoren gibt, die die Betreuungsentscheidungen von Eltern beeinflussen, soll im vorliegenden Beitrag untersucht werden. Ausgangspunkt sind dabei „blinde Flecken" bisheriger Forschungsbeiträge. Dem Großteil der bisher in Deutschland realisierten Studien zur Inanspruchnahme bzw. Nicht-Inanspruchnahme von Kindertageseinrichtungen ist gemeinsam, dass sie zur Erklärung von Unterschieden soziodemographische Faktoren heranziehen und den Zusammenhang zwischen einem Einrichtungsbesuch und der Lebenssituation der Herkunftsfamilien herausarbeiten (z.B. Binder/Wagner 1996; Kreyenfeld 2004; Fuchs 2005; Fuchs/Peucker 2006; Brunnbauer/Riedel 2006; Büchner/Spiess 2007; Fuchs-Rechlin 2008), andere potenzielle Einflüsse aber vernachlässigen. Insbesondere die Eltern selbst als Akteure mit bestimmten Einstellungen und Präferenzen, die aber auch bestimmten Handlungsrestriktionen unterliegen, treten in diesen Analysen kaum in Erscheinung. Aus welchen Gründen Kinder (nicht) in Tageseinrichtungen gehen bzw. warum Eltern mit Blick auf Betreuungsarrangements so entscheiden, wie sie entscheiden, bleibt weitgehend im Dunkeln. Es erscheint jedoch plausibel, dass in die Betreuungsentscheidungen der Eltern, wie Fuchs und Peucker (2006) schreiben, eine Vielzahl von Erwägungen einfließen: einerseits praktische Überlegungen, wie z.B. der Familienalltag organisiert wird, andererseits aber auch grundlegende Werthaltungen und Einstellungen zu außerhäuslicher Betreuung. Nicht zuletzt spielt eine Rolle, ob die Eltern auf andere Betreuungsmöglichkeiten zurückgreifen können. Mit Blick auf die Planung von Maßnahmen zur verbesserten Einbeziehung von Gruppen mit besonderen Zugangsrisiken erscheint es zentral, mehr über die Gründe in Erfahrung zu bringen, die dazu führen, dass manche Kinder erst später oder gar nicht öffentliche Angebote zur Bildung und Betreuung nutzen.

Die empirische Basis der nachfolgenden Analysen bildet eine im Frühjahr 2007 durchgeführte Nachfolgeerhebung zur Kinderbetreuungsstudie des Deutschen Jugendinstituts (DJI) (vgl. Bien/Rauschenbach/Riedel 2006), eine repräsentative Querschnittstudie, in die 3.255 Haushalte mit

Kindern unter 7 Jahren bundesweit einbezogen wurden. Diese Nachfolgeerhebung eröffnet die Möglichkeit, insbesondere auch Motiv- und Präferenzstrukturen der Eltern zu berücksichtigen und zu prüfen, inwiefern diese für die Ausgestaltung von Betreuungsarrangements und hierbei speziell für die Frage des Eintrittsalters in Kindertageseinrichtungen eine Rolle spielen. Im folgenden Teil des Beitrags wird zunächst ein Überblick über theoretische Erklärungsansätze gegeben, die sich mit Betreuungsentscheidungen der Eltern auseinander setzen. Ihnen werden für Deutschland vorliegende Befunde zur Inanspruchnahme/Nicht-Inanspruchnahme gegenübergestellt (Teil 2). Im Anschluss an methodische Vorbemerkungen werden die Befunde der eigenen Analysen vorgestellt (Teil 3) und in einem abschließenden Kapitel zusammenfassend diskutiert (Teil 4).

2 Forschungsstand

2.1 Erklärungsansätze für elterliche Betreuungsentscheidungen

Die Frage, von welchen Faktoren es abhängt, ob und ab welchem Alter Eltern sich für eine institutionelle Betreuung ihrer Kinder entscheiden, ist vor allem im angelsächsischen Raum aufgegriffen worden. Grob können zwei Forschungsstränge unterschieden werden: zum einen Modelle, die die Wahl der Betreuungsform im Kontext ökonomischer Theorien als rationale Erwerbs- und Konsumentscheidungen oder als Investitionen in Humankapital interpretieren, zum anderen sozialökologische Modelle, die den sozialen Kontext der elterlichen Betreuungsentscheidung und den Prozess selbst in die Analyse mit einbeziehen. Als weiterer interessanter Ansatzpunkt wurde der Einfluss unterschiedlicher Typen von Wohlfahrtsstaaten auf elterliche Betreuungsentscheidungen untersucht (vgl. für Deutschland Kreyenfeld 2004).[1]

2.1.1 Ökonomische Ansätze

Die meisten Studien in der Tradition der ökonomischen Theorie beschäftigen sich mit dem Zusammenhang zwischen dem Arbeitsangebot von Müttern und den Kosten verschiedener Formen von Kinderbetreuung (z.B. Heckman 1974). Dabei wird davon ausgegangen, dass Mütter die Wahl einer bestimmten Form der Kinderbetreuung nicht unabhängig von ihrer Erwerbsentscheidung treffen, sondern dass beide Entscheidungen simultan getroffen werden. Die Entscheidungen folgen dem Prinzip der Nutzenmaximierung: Mütter (bzw. Haushalte) werden in diesem Modell versuchen, ein Arrangement zu finden, in dem ihre Zeit so zwischen eigener Erwerbsarbeit und unbezahlter Arbeit der Kinderbetreuung aufgeteilt ist, dass der größte finanzielle Nutzen erreicht wird und das Kind eine (aus subjektiver Sicht) optimale Betreuung erhält. Neben dem erzielbaren Erwerbseinkommen spielen hierbei Merkmale der Kinderbetreuung in doppelter Hinsicht eine Rolle. Zum einen wird die Mutter ihre Entscheidung von der Qualität der vorhandenen Betreuungsangebote abhängig machen. Zum anderen ist eine Externalisierung der Kinderbetreuung mit Kosten verbunden, die das Erwerbseinkommen der Mutter reduzieren, indem sie wie eine „Besteuerung" des Einkommens wirken. Sowohl höhere Kosten als auch eine geringere Qualität der Betreuungsangebote werden demnach dazu führen, dass Mütter auf eine Erwerbstätigkeit verzichten und die Kinder selbst betreuen (vgl. Meyers/Jordan 2006).

Empirisch hat sich gezeigt, dass darüber hinaus weitere Faktoren die Wahl der Betreuungsform indirekt beeinflussen, indem sie die Kosten externer Betreuung ansteigen lassen (z.B. Vorhandensein mehrerer Kinder, Alter der Kinder) oder Einkommenserwartungen modellieren (z.B. Bildungsstatus). Andere Unterschiede, z.B. nach Migrationshintergrund, lassen sich dadurch allerdings weniger erklären, weshalb a priori vorhandene Präferenzen für eine Betreuungsform angenommen werden, die sich einer rein ökonomischen Erklärung entziehen. Wenig empirische Bestätigung gibt es bisher für den Einfluss der Qualität auf die Betreuungsentscheidungen von Eltern. Dies wird häufig damit erklärt, dass Eltern die Qualität von Angeboten nur schwer einschätzen können und meist nur aus einem begrenzten Spektrum von Optionen auswählen können (vgl. Blau 2001).

Ein Hauptkritikpunkt an ökonomischen Erklärungsansätzen bezieht sich darauf, dass von einem unbegrenzten Markt an Betreuungsangeboten ausgegangen wird, was die Realität der Kindertagesbetreuung besonders für jüngere Kinder ignoriert. Für Deutschland finden sich hierzu interessante Ergebnisse bei Klement, Müller und Prein (2006), die mit Blick auf unter 3-jährige Kinder zeigen können, dass die Höhe des vorhandenen Angebots einen deutlichen Effekt auf die Betreuungs- und Erwerbsentscheidungen von Müttern hat. Ist vor Ort ein geringes Angebot vorhanden, entscheiden sich vor allem Mütter mit höheren Einkommenschancen für eine Erwerbstätigkeit und Externalisierung der Kinderbetreuung. Bei einer höheren Angebotsdichte entscheiden sich auch Mütter mit niedrigeren Einkommenschancen für eine externe Betreuung und eine Berufstätigkeit. Darüber hinaus kann der ökonomischen Forschungstradition, wie Becker (2007) anmerkt, vorgeworfen werden, dass sie die Inanspruchnahme frühpädagogischer Angebote allein unter dem Vereinbarkeitsaspekt thematisiert: Die Mutter gewinnt Zeit für eine Erwerbstätigkeit, wenn ihr Kind extern betreut wird. Eltern haben jedoch auch andere Motive, sich für eine Betreuung außerhalb der Familie zu entscheiden. Dafür fehlen dieser Theorie jedoch ebenso das Sensorium und die Begriffe wie für kulturell und sozial bedingte Unterschiede in den Betreuungsnormen und Präferenzen der Eltern.

Einen entsprechenden Anknüpfungspunkt bietet die ebenfalls ökonomisch argumentierende Humankapitaltheorie, für die der Bildungsaspekt frühpädagogischer Angebote im Vordergrund steht. Aus Sicht der klassischen Humankapitaltheorie verhalten sich Eltern rational, wenn sie frühzeitig in das Humankapital ihrer Kinder investieren, um deren Bildungs- und späteren Einkommenschancen zu verbessern. Die soziale Selektivität der Inanspruchnahme von Kindertageseinrichtungen ergibt sich hierbei aus dem Verhältnis zwischen verfügbaren Ressourcen und erwartetem Nutzen. Wie Becker und Lauterbach (2004) argumentieren, investieren Haushalte mit einem hohen Einkommen nicht nur generell eher in die Ausbildung ihrer Kinder, sondern speziell auch in die frühkindliche Bildung, weil die Kosten geringer sind als der Nutzen, den sie sich davon erhoffen. Eltern mit höherem Bildungsniveau sind hierbei nicht nur mit dem Bildungssystem und dem Wert von Bildungsinvestitionen besser vertraut, sondern auch eher in der Lage, Bildungsrenditen langfristig zu diskontieren.

2.1.2 Sozialökologischer Ansatz

Während manche Unterschiede in der Inanspruchnahme von Kindertageseinrichtungen auf solche ökonomisch rationalen Entscheidungen zurückgeführt werden können, lässt sich ein anderer Teil der Unterschiede auf diesem Wege nicht erklären. Weiterführend erscheinen daher Forschungsansätze, die davon ausgehen, dass die Wahl der Betreuungsform in einen sozialen Kontext eingebettet ist, der die Überzeugungen der Eltern, die Ressourcen, die ihnen zur Verfügung stehen, und ihre Strategien bei der Suche nach einem Betreuungsplatz in wesentlichem Umfang prägt und ihre Optionen von vornherein einschränkt. Hierbei wird auch anerkannt, dass Betreuungsentscheidungen der Eltern sich weder auf erschöpfende Informationen über vorhandene Alternativen gründen noch zur Gänze auf eine Kosten-Nutzenmaximierung hin ausgelegt sind. Meyers und Jordan (2006) identifizieren drei zentrale Dimensionen elterlicher Betreuungsentscheidungen, die in ökonomischen Ansätzen ausgeblendet bleiben: Einstellungen und Präferenzen der Eltern, die Verfügbarkeit von Angeboten und Ressourcen sowie die Bedeutung des sozialen Umfelds nicht nur als alternative Betreuungsressource, sondern auch in Bezug auf die Bereitstellung von Informationen und die Sanktionierung von Betreuungsoptionen.

Eine Integration dieser Dimensionen findet sich bei Pungello und Kurtz-Costes (1999), die Bronfenbrenners „Person-Prozess-Kontext-Modell" (Bronfenbrenner 1986) auf die spezielle Fragestellung der Wahl des Betreuungsarrangements übertragen. Die betreuungsrelevanten Einstellungen und Überzeugungen der Mutter[2] sind als Prozessvariablen enthalten und stehen im Zentrum des theoretischen Modells: Sie nehmen insbesondere eine vermittelnde Rolle zwischen den (sozialstrukturellen) Familienmerkmalen und den elterlichen Betreuungsentscheidungen ein, werden zugleich aber ihrerseits von sozialstrukturellen Faktoren, kindspezifischen Merkmalen (z.B. Alter des Kindes, Entwicklungsstatus) sowie familialen Kontextbedingungen beeinflusst. Unter letztere werden z.B. die Anzahl der Kinder, die väterliche Beteiligung an der Kinderbetreuung, familiale Arbeitszeitmuster, das Betreuungsangebot vor Ort und gesellschaftliche Normen subsumiert. Auch geht die Annahme in das Modell ein, dass sich elterliche Überzeugungen im Prozess der Betreuungsauswahl herausbilden und verändern können, um die auf der Grundlage begrenzter Optionen getroffenen Entscheidungen und Kompromisse zu rechtfertigen. Des Weiteren ist eine Besonderheit des Modells, dass das Vorgehen der Mutter bei der Suche nach einem Betreuungsplatz als eigene Variable einbezogen wird. Auf Basis ihrer Analyse insbesondere der US-amerikanischen empirischen Forschungsliteratur heben Pungello und Kurtz-Costes hervor, dass vor allem potenzielle Kontextbedingungen der elterlichen Entscheidungen bisher noch kaum untersucht wurden und generell noch sehr wenig über den Zusammenhang und die wechselseitige Beeinflussung der verschiedenen Faktoren bekannt ist.

2.2 Empirische Befunde zu Einflussfaktoren auf die Inanspruchnahme von Kindertageseinrichtungen in Deutschland

Auf der empirischen Ebene ist in Deutschland in den vergangenen Jahren eine Reihe von Untersuchungen der Frage der (Nicht-) Inanspruchnahme von Kindertageseinrichtungen auf der Basis repräsentativer Bevölkerungs- und Umfragedaten nachgegangen. Bis vor kurzem stand hierbei die Frage im Vordergrund, welche Kinder nie eine Tageseinrichtung besuchen. Ergebnisse dieser Studien zeigten, dass es etwas häufiger Kinder aus bildungsfernen Familien sowie Kinder aus Familien mit Migrationshintergrund sind, die nicht in den Kindergarten gehen (z.B. Fuchs-Rechlin 2008). Die verbreitete Annahme jedoch, dass es dabei sich insgesamt um benachteiligte Gruppen handelt, wurde durch die Daten nicht bestätigt. In den meisten der Studien konnten zwar Effekte ökonomischer Einflussfaktoren, die sich in monetären und zeitlichen Begrenzungen der Familie zeigen – z.B. Erwerbsstatus der Eltern (bzw. Mütter), Höhe des Einkommens, aber auch Kinderzahl –, nachgewiesen werden, jedoch mit unterschiedlicher Effektstärke, die zudem in der Regel mit dem Alter der Kinder abnahm (vgl. Binder/Wagner 1996; Kreyenfeld 2004; Fuchs 2005; Fuchs/Peucker 2006; Büchner/Spiess 2007; Fuchs-Rechlin 2008). Ein systematischer Einfluss der Betreuungskosten auf die Inanspruchnahme eines Kindergartenplatzes konnte für Deutschland bisher nicht festgestellt werden, was möglicherweise damit zusammenhängt, dass die Höhe der Elterngebühren häufig an das Einkommen gebunden ist und, wie Fuchs-Rechlin (2008) in ihrer aktuellen Analyse des Sozioökonomischen Panels (SOEP) zeigt, für nahezu jedes zehnte Kind in einer Tageseinrichtung keinerlei Gebühren zu entrichten sind.

Gerade mit Blick auf die älteren Kinder blieben die Kenntnisse über die Konstellationen und Beweggründe, die zur Nicht-Inanspruchnahme führen, jedoch gering. In der Folge wurden einige Studien mit (teilweise) qualitativem Design realisiert, die die Entscheidungsprozesse selbst betrachteten und in denen die Eltern direkt nach ihren Motiven gefragt wurden, warum sie sich für eine familiale Betreuung ihrer Kinder entschieden hatten. Die am DJI durchgeführte Erhebung „Kinderbetreuung in der Familie" (vgl. Hüsken et al. 2008) zeigt, dass die Gründe dafür sehr unterschiedlich sind, wobei neben den Kosten und fehlenden Zugangsmöglichkeiten subjektive Präferenzen der Eltern, aber auch Vorbehalte gegenüber Kindertageseinrichtungen die Betreuungsentscheidungen wesentlich beeinflussen. So finden sich in der Untersuchung: (1) *Familienzentrierte*, für die der Wert der Familie, das gemeinsame Aufwachsen von Geschwistern o.ä. im Vordergrund steht; (2) *Abwartende*, die eine Einrichtung nur unmittelbar zur Vorbereitung auf die Schule nutzen möchten; (3) *Enttäuschte*, die negative Erfahrungen mit Einrichtungen haben; (4) *Rechner*, für die Kostengründe den Ausschlag geben; (5) *Abgelehnte*, die keinen Betreuungsplatz (oft in einer speziell von ihnen gewünschten Einrichtung) erhalten haben; sowie (6) *Unentschlossene*, für die es noch keinen Anlass gab, das Kind anzumelden, da z.B. die Mutter ohnehin zuhause ist, noch kleinere Kinder zu betreuen sind o.ä. Darüber hinaus machte die Studie jedoch auch deutlich, dass der Anteil von Kindern, die überhaupt nie in eine Kindertageseinrichtung gehen, erheblich kleiner ist als bislang angenommen.[3] Zu diesem Ergebnis kommt auch die Hauskinder-Untersuchung im Land Brandenburg (vgl. IFK 2005), die zudem nahelegt, dass manche Gründe für den Verzicht auf Kindertagesbetreuung (wie z.B. die Kosten der Betreuung) erst im Kontext spezifischer Lebenslagen (etwa bei Arbeitslosigkeit oder niedrigen Einkommen) ein entscheidendes Gewicht erhalten, während sie im Allgemeinen nur eine untergeordnete Rolle spielen.

Aufgrund dieser Tendenz, dass ohnehin fast alle Kinder irgendwann eine Tageseinrichtung besuchen, trat in jüngerer Zeit mit Blick auf Bildung und insbesondere auf bildungsbenachteiligte Kinder die Frage nach dem Zeitpunkt des Beginns bzw. nach der Dauer eines Einrichtungsbesuchs in den Vordergrund (vgl. Büchner/Spieß 2007). Dies markiert insofern einen Blickwechsel, als die außerfamiliale Betreuung von Kindern unter 3 Jahren lange Zeit ausschließlich unter dem Aspekt der Vereinbarkeit betrachtet wurde, ein Zusammenhang, der sich auch empirisch klar bestätigte. So erweist sich in allen vorliegenden Studien der Erwerbsstatus der Mutter als umso bedeutsamer, je jünger die Kinder sind. Allerdings dürften auch angebotsseitige Regelungen des Zugangs zu Betreuungsangeboten eine nicht unerhebliche Rolle spielen (vgl. Binder/Wagner 1996, Kreyenfeld 2004, Fuchs 2005, Büchner/Spiess 2007, Fuchs-Rechlin 2008).

Da Betreuungsplätze für Kinder unter 3 Jahren in hohem Maße rationiert sind, stellt sich die Inanspruchnahme nicht nur als eine Frage individueller Präferenzen dar, sondern ist auch eine Frage der Zugangsmöglichkeiten (vgl. Brunnbauer/Riedel 2006). Dementsprechend werden in den Studien deutliche Angebotseffekte erkennbar: Unter 3-jährige Kinder in Ostdeutschland, aber auch in westdeutschen Großstädten beteiligen sich eher an Angeboten frühkindlicher Bildung, da bis vor kurzem nur dort in größerem Umfang Plätze vorhanden waren. Vor allem in der DJI-Kinderbetreuungsstudie wurde herausgearbeitet, dass letztlich nur ein Teil der Eltern in der Lage ist, ihre Betreuungspräferenzen zu realisieren (vgl. Bien/Riedel 2006).

Mit Voranschreiten des Angebotsausbaus für unter 3-Jährige dürfte es in diesem Bereich in den nächsten Jahren zu erheblichen Veränderungen kommen. So weist der jüngste Zahlenspiegel darauf hin, dass mittlerweile auch in Westdeutschland für ca. 20% der Kinder die öffentliche Bildungs- und Betreuungskarriere im Alter von 2 Jahren beginnt (vgl. Forschungsverbund Deutsches Jugendinstitut/Universität Dortmund 2008). Es zeichnet sich ab, dass hier neue, stärker institutionell geprägte Betreuungsmuster in der frühen Kindheit Gestalt annehmen. Bislang offen ist jedoch, welche Eltern Vorreiter solcher neuen Betreuungsmuster sind und welche Eltern bisher zögerlicher reagieren.

3 Befunde zu Einflussfaktoren der Inanspruchnahme auf Basis der DJI-Surveydaten 2007

3.1 Beschreibung der Stichprobe und Variablen

Auf Basis der DJI-Surveydaten 2007 soll nunmehr geprüft werden, von welchen Faktoren es abhängt, ab welchem Alter des Kindes sich Eltern für die Inanspruchnahme einer Kindertageseinrichtung entscheiden. Im Lichte der vorhin skizzierten Erklärungsmodelle liegt der Fokus auf der Frage, inwiefern hierbei neben sozioökonomischen und familialen Merkmalen auch Einstellungs- und weiteren Kontextfaktoren als Determinanten elterlicher Betreuungsentscheidungen eine Rolle zukommt. Angesichts aktueller Veränderungen in den Betreuungsnormen soll darüber hinaus untersucht werden, inwiefern sich Gruppen von Eltern identifizieren lassen, die sich als Protagonisten einer frühzeitig(er) einsetzenden öffentlichen Bildung und Betreuung erweisen. Dazu wird zunächst die Verteilung der Inanspruchnahme von Kindertageseinrichtungen nach den Merkmalsbereichen soziodemographische Faktoren, familiale Lebenssituation, andere Betreuungsoptionen und Motive/Einstellungen analysiert. Der bivariaten Beschreibung relevanter Faktoren folgt die Überprüfung in einem multivariaten Modell. Basis der folgenden Analysen sind die Daten von 2261 Jungen und 2088 Mädchen im Alter von 0 bis 6 Jahren, die 2007 im Rahmen einer deutschlandweiten telefonischen Befragung (CATI) erhoben wurden.[4]

Bei der *abhängigen Variable* „Inanspruchnahme" wird der Besuch einer Kindertageseinrichtung zum Erhebungszeitpunkt dichotom vom Nicht-Besuch unterschieden. Bei den *unabhängigen Variablen* werden in der Gruppe der soziodemographischen Variablen der Bildungsabschluss der Mutter sowie der Migrationshintergrund[5] des Kindes betrachtet. Die familiale Lebenssituation wird anhand der mütterlichen Erwerbstätigkeit, der Partnerschaftsform und des äquivalenzgewichteten Haushaltsnettoeinkommens beschrieben. Berücksichtigt wird ebenfalls die Zahl der Kinder im Haushalt sowie die Verfügbarkeit von anderer Betreuungsoptionen (Großeltern, Nachbarn/Freunde). Motive und Präferenzen der Eltern werden über zwei Variablen erfasst, einerseits über den Indikator „negative Einstellung zur institutionellen Kinderbetreuung" (Beispielitem: „Die Kinder werden in einer Kindertageseinrichtung zumeist überfordert"), andererseits über die Bildungserwartung der Eltern an die Kindertageseinrichtung (Beispielitem: „Kinder lernen in einer Tageseinrichtung Dinge, die sie zu Hause nicht lernen können"). Da geprüft werden soll, inwiefern die Bedeutung einzelner Einflussfaktoren mit dem Alter der Kinder variiert, werden die Kinder nach Altersjahrgängen getrennt analysiert. Um eine ausreichende Varianz der Inanspruchnahme in den einzelnen Kategorien zu gewährleisten, wurden dabei die 0- und 1-jährigen Kinder sowie die 4- bis 6-jährigen Kinder jeweils zusammengefasst.

Für einen dritten Analyseschritt schließlich wird auf eine Substichprobe (N=149) aus den DJI-Surveydaten 2007 zurückgegriffen: Eltern, die auch im Alter ab 3 Jahren für ihre Kinder keine Tageseinrichtung in Anspruch nehmen, wurde explizit nach den Gründen hierfür gefragt. Auch wenn es sich dabei um eine sehr kleine Gruppe handelt, wird es dadurch möglich, ein Schlaglicht auf Motive und Abwägungen, die hinter den elterlichen Betreuungsentscheidungen stehen, aber auch auf Restriktionen auf der Angebotsseite zu werfen.

3.2 Welche Kinder besuchen ab welchem Alter eine Tageseinrichtung?

Grundsätzlich bestätigen die Analysen, dass im Alter von spätestens 4 bis 6 Jahren der Besuch einer Kindertageseinrichtung der Normalfall ist. Nur wenige Kinder bleiben in diesem Alter dem Kindergarten fern. Bei den jüngeren Kindern zeigen sich jedoch erhebliche Differenzen in der

Inanspruchnahme, die zum Teil auch bei den 3-jährigen Kindern noch eine Rolle spielen und somit zeigen, dass für einige Gruppen von Kindern der Besuch einer Kindertageseinrichtung deutlich später beginnt als für andere. Deutlich wird weiterhin, dass eine undifferenzierte Betrachtung der unter 3-Jährigen unangemessen ist: So nehmen gerade die 2-Jährigen eine Zwischenstellung ein, da sich für sie die Besuchsquote aufgrund der weit verbreiteten „Öffnung" der Kindergärten für jüngere Kinder derzeit rapide erhöht (Forschungsverbund Deutsches Jugendinstitut/Universität Dortmund 2008).

Tabelle 1: Soziodemographische Merkmale als Einflussgrößen auf den Besuch einer Tageseinrichtung (Inanspruchnahme in %)

	0- und 1-Jährige	2-Jährige	3-Jährige	4- bis 6-Jährige
Bildungsabschluss der Mutter				
Hauptschul- oder kein Abschluss	1,0	24,1	69,1	93,8
Mittlerer Abschluss	3,1	29,6	78,2	95,9
Abitur oder höherer Abschluss	9,4	41,0	87,7	97,9
Migrationshintergrund				
Kein Migrationshintergrund	7,0	36,5	82,3	97,5
Migrationshintergrund	3,6	28,8	80,8	92,4

Quelle: DJI-Surveydaten 2007

Soziodemographische Merkmale (vgl. Tab. 1)
Der spätere Zugang zu Tageseinrichtungen von Kindern aus Haushalten mit niedrigerem *Bildungshintergrund* (hier definiert über den Schulabschluss der Mutter) bestätigt sich auch in diesem DJI-Datensatz. Kinder, deren Mütter über einen Hauptschulabschluss oder keinen Abschluss verfügen, nehmen in den ersten beiden Lebensjahren kaum eine Tageseinrichtung in Anspruch (1%). Während hier ein Zusammenhang mit der niedrigeren Erwerbsbeteiligung der Mütter plausibel erscheint, zeigt spätestens ein Blick auf die älteren Kinder systematische Bildungsungleichheiten auf: Denn auch als 3-Jährige besuchen sie Tageseinrichtungen noch wesentlich seltener als Kinder, deren Mütter über einen höheren Schulabschluss verfügen. Unterschiede nach dem *Migrationshintergrund* zeigen sich in der Stichprobe vor allem für Kinder unter 3 Jahren. Eltern mit Migrationshintergrund weisen hier eine größere Distanz zu Kindertageseinrichtungen auf, über deren Gründe verschiedene Vermutungen angestellt worden sind (vgl. Neumann 2005). Nicht zuletzt lässt sich auch hier ein Zusammenhang mit dem mütterlichen Erwerbsstatus vermuten. Bei den 3-jährigen Kindern verliert sich der Migrationseffekt. Es findet sich nahezu kein Unterschied in der Inanspruchnahme zwischen Kindern mit und Kindern ohne Migrationshintergrund. Auch bei den 4- bis 6-Jährigen liegt der Anteil der Kinder mit Migrationshintergrund, die *keine* Tageseinrichtung besuchen, ebenfalls nur wenig höher als bei Kindern ohne Migrationshintergrund. Allerdings könnten die Unterschiede aufgrund von Verzerrungen in der Stichprobe unterschätzt werden, da möglicherweise eher sozial besser gestellte (bzw. der deutschen Sprache ausreichend mächtige) Eltern mit Migrationshintergrund an der Befragung teilgenommen haben.

Familiale Lebenssituation (vgl. Tab. 2)
Mit Blick auf den *Erwerbsstatus* zeigt sich für unter 3-jährige Kinder übereinstimmend mit früheren Befunden, dass vor allem erwerbstätige Mütter auf eine frühe öffentliche Bildung und Betreuung in Kindertageseinrichtungen zurückgreifen. Der Anteil der Kinder in institutioneller Betreuung

Tabelle 2: Die familiale Lebenssituation als Einflussgröße auf den Besuch einer Tageseinrichtung (Inanspruchnahme in %)

	0- und 1-Jährige	2-Jährige	3-Jährige	4- bis 6-Jährige
Erwerbstätigkeit der Mutter				
Nicht erwerbstätig	1,9	24,8	74,0	94,9
Teilzeit beschäftigt	14,0	45,5	88,9	97,5
Vollzeit beschäftigt	34,1	60,8	91,4	99,4
Nettoäquivalenzeinkommen des Haushalts				
Unter 1000 Euro	3,5	25,1	73,8	94,7
1000 < 1500 Euro	6,5	31,8	82,3	97,4
1500 < 2000 Euro	6,2	42,9	83,6	96,2
über 2000 Euro	13,1	51,4	94,7	99,1
Partnerschaftsform				
Ehe	5,8	32,6	82,0	96,3
Nichteheliche Lebensgemeinschaft (NEL)	15,3	59,7	80,0	98,9
Allein erziehend	5,7	41,2	84,2	100,0
Anzahl der Kinder im Haushalt				
Einkindfamilie	8,6	44,9	86,0	100,0
Zweikindfamilie	6,5	35,8	81,2	97,3
Mehrkindfamilie	4,2	21,9	81,0	93,5

Quelle: DJI-Surveydaten 2007

ist hierbei noch einmal deutlich höher, wenn die Mutter einer Vollzeittätigkeit nachgeht; entweder sind hier weitere Selektionsmechanismen auf der Angebotsseite wirksam oder eine Teilzeittätigkeit bietet mehr Spielräume für alternative Betreuungsarrangements. Dennoch bleibt bemerkenswert, dass auch bei einer starken beruflichen Einbindung letztlich nur ca. 34% der Eltern in den ersten beiden Jahren und ca. 60% im dritten Lebensjahr auf ein institutionelles Angebot zurückgreifen; welche Betreuungsalternativen die anderen Eltern nutzen, wäre noch näher zu untersuchen. Im Ergebnis gehen Kinder nicht erwerbstätiger Mütter später und seltener in eine Tageseinrichtung als Kinder mit erwerbstätigen Müttern. Als interessante Tendenz ist jedoch zu werten, dass fast jedes vierte 2-jährige Kind (24,8%) in der vorliegenden Stichprobe eine Tageseinrichtung besucht, auch wenn die Mutter keiner Erwerbstätigkeit nachgeht. Dies könnte eine Differenzierung der Betreuungsmotive und -bedürfnisse bestätigen und zugleich ein Ergebnis der vermehrten Öffnung von Kindergärten für 2-Jährige sein.

Des Weiteren zeigt sich, dass ein niedriges *Haushaltseinkommen* für Kinder mit einer geringeren Teilnahme an vorschulischen Bildungs- und Betreuungsangeboten einher geht, obwohl ein solcher Effekt durch normalerweise einkommensabhängig erhobene Elternbeiträge eigentlich verhindert werden sollte. Auch wenn die Unterschiede nicht sehr stark sind, finden sich Einkommenseffekte auch noch bei 3-jährigen und älteren Kindern. Mit der *Partnerschaftsform* gehen bei unter 3-jährigen Kindern differenzierte Muster der Inanspruchnahme institutioneller Betreuungsformen einher, nicht jedoch bei älteren Kindern. Mütter in nicht-ehelichen Lebensgemeinschaften greifen zur Kinderbetreuung häufiger auf Tageseinrichtungen zurück als Mütter, die entweder verheiratet oder alleinerziehend sind. Überraschen dürfte vor allem der Befund, dass alleinerziehende Mütter vor dem zweiten Geburtstag des Kindes eher selten eine Tageseinrichtung nutzen. Der Einfluss der

Geschwisterzahl wurde vor allem in jüngeren Studien hervorgehoben (vgl. Fuchs-Rechlin 2008). Auch die vorliegenden Daten belegen, dass Kinder, die Geschwister haben, häufig erst später mit frühpädagogischen Angeboten in Berührung kommen. Je mehr Geschwister im Haushalt leben, umso stärker ist dieser Zusammenhang. Von den Kindern, die nicht mit Geschwistern im Haushalt aufwachsen, besucht fast die Hälfte (44,9%) mit 2 Jahren eine Tageseinrichtung. Hier ist einerseits ein Zusammenhang mit der Erwerbstätigkeit beider Eltern wahrscheinlich, andererseits könnten Eltern von „Einzelkindern" auch besonderen Wert darauf legen, dass ihr Kind in der Einrichtung frühzeitig soziale Verhaltensweisen lernt und Spielpartner findet.

Tabelle 3: Familiale und informelle Betreuungsressourcen als Einflussgrößen auf den Besuch einer Tageseinrichtung (Inanspruchnahme in %)

	0- und 1-Jährige	2-Jährige	3-Jährige	4- bis 6-Jährige
Betreuung durch die Großeltern				
Keine Großelternbetreuung	5,7	34,5	79,1	95,8
Großelternbetreuung	7,7	36,0	86,9	98,2
Betreuung durch Nachbarn und Freunde				
Keine informelle Betreuung	6,5	34,9	81,1	96,3
Informelle Betreuung	4,4	38,3	90,0	99,2

Quelle: DJI-Surveydaten 2007

Betreuungsressourcen (vgl. Tab. 3)
Im Unterschied zu den vorherigen Variablen ist erst ansatzweise untersucht, wie sich die Verfügbarkeit alternativer Betreuungsressourcen auf die Inanspruchnahme öffentlicher Bildungs- und Betreuungsangebote auswirkt (z.B. Kügler 2006). Die vorliegenden Befunde legen nahe, dass die Inanspruchnahme einer institutionellen Betreuung relativ unabhängig davon erfolgt, ob gleichzeitig auch Großeltern Aufgaben der Kinderbetreuung übernehmen. Nicht überprüft wurde hierbei allerdings das Ausmaß, in dem die Großeltern jeweils in die Kinderbetreuung einbezogen sind. Insbesondere ist kein Substitutionseffekt festzustellen: Kinder, die (auch) durch Großeltern betreut werden, besuchen nicht seltener Tageseinrichtungen als andere Kinder. Das Gegenteil ist der Fall: Somit weisen die Befunde eher auf eine komplementäre Nutzung im Rahmen eines „Betreuungsmixes" hin (vgl. Alt/Teubner 2006). Dies kann darauf hindeuten, dass es sich um Konstellationen handelt, bei denen zeitlich umfangreiche Betreuungsbedarfe vorhanden sind, möglicherweise aber auch bei den Eltern mehr Offenheit für die Nutzung unterschiedlicher Betreuungsressourcen besteht. Ein analoges Muster zeigt sich bei der informellen Betreuung durch Nachbarn und Freunde. Auch hier werden Tageseinrichtungen häufiger dann genutzt, wenn Freunde und Nachbarn in die Betreuung einbezogen sind. Die Kausalbeziehung kann hierbei auch umgekehrt sein: Ein Nebeneffekt des Besuchs von Kindertageseinrichtungen besteht oft darin, dass sich unter den Eltern informelle Hilfenetze und Formen der Unterstützung bei der Kinderbetreuung auf Gegenseitigkeit entwickeln.

Einstellungen und Erwartungen (vgl. Tab. 4)
Zwischen den Motiven und Erwartungen der Eltern und der Inanspruchnahme von Kindertageseinrichtungen zeigt sich ein plausibler Zusammenhang. Demnach fällt die Inanspruchnahme niedriger aus, wenn die Mutter eine *negative Einstellung gegenüber einer institutionellen Betreuung* zum Ausdruck bringt. Je älter die Kinder sind, desto seltener führen allerdings die Vorbehalte zu

Tabelle 4: Elterliche Einstellungen und Erwartungen als Einflussgrößen auf den Besuch einer Tageseinrichtung (Inanspruchnahme in %)

	0- und 1-Jährige	2-Jährige	3-Jährige	4- bis 6-Jährige
Negative Einstellung zur institutionellen Kinderbetreuung				
Negative Einstellung	2,5	24,4	76,2	91,9
Keine negative Einstellung	7,8	39,0	83,8	98,0
Bildungserwartung an die Kindertageseinrichtung				
Keine Bildungserwartung	3,9	17,0	67,1	92,7
Bildungserwartung	6,8	37,7	83,5	97,2

Quelle: DJI-Surveydaten 2007

einer Nicht-Inanspruchnahme. Gehen Eltern davon aus, dass ihre Kinder in der Tageseinrichtung zusätzliche Dinge lernen, so besuchen ihre Kinder häufiger eine Einrichtung, als wenn sie sich keinen *Bildungseffekt* versprechen. Dieses Muster zeigt sich bei sehr jungen, aber auch noch bei 3-jährigen Kindern. Versprechen sich die Eltern von einem Einrichtungsbesuch keinen zusätzlichen Bildungseffekt, so besuchen auch bei den 3-Jährigen nur ca. zwei Drittel eine Kindertageseinrichtung. Die Kausalrichtung dieses Zusammenhangs ist allerdings unklar: Zunächst erscheint es plausibel, dass Eltern, die sich von einer institutionellen Betreuung Bildungseffekte für ihre Kinder erwarten, diese bereits früher und insgesamt häufiger nutzen als Eltern, die diese Erwartung nicht haben. In einer anderen Lesart kann der Befund aber auch darauf verweisen, dass Eltern, die Einrichtungen nutzen, deren Bildungswirkung sehr viel höher einschätzen als Eltern, die (noch) keine Erfahrung mit Einrichtungen haben.

3.3 Multivariate Analyse

Zur simultanen Analyse von Faktoren, welche Einfluss auf die Inanspruchnahme von Betreuung in einer Kindertageseinrichtung nehmen, wurden binär logistische Regressionsmodelle für die Altergruppen der 0- bis 1-jährigen, der 2-jährigen und der 3-jährigen Kindern gerechnet, um die eigenständige Bedeutung der verschiedenen Merkmale herauszuarbeiten. Bei der Altersgruppe der 4- bis 6-Jährigen erwies es sich aufgrund der hohen Quote der Inanspruchnahme (96,6 %) und der entsprechend extremen ungleichgewichtigen Verteilung der abhängigen Variablen als nicht sinnvoll, ein Modell schätzen zu lassen.

Neben den in der deskriptiven Darstellung der Ergebnisse bereits beschriebenen Variablen wurde ein weiterer Indikator für die Einstellung zur Kindertagesbetreuung eingesetzt. Er gibt die Zustimmung zu der Aussage: „Kinder, die eine Kindertageseinrichtung besuchen, werden früher selbständig", wieder. Dem Datensatz wurden auf Kreisebene die Betreuungsquoten des Statistischen Bundesamtes (Statistische Ämter des Bundes und der Länder 2008) für unter 3-jährige bzw. für 3- bis 6-jährige Kinder zugespielt. Diese sollen als Annäherung für die Angebotssituation dienen. Schließlich wurden die im Interview erfragten Betreuungskosten und -zeiten zu Betreuungskosten pro Stunde verrechnet und auf Kreisebene gemittelt. Als Annährung an zu erwartende Betreuungskosten wurden diese Werte wiederum auf Kreisebene denjenigen Haushalten zugespielt, die keine institutionelle Kindertagesbetreuung in Anspruch nehmen.

Tabelle 5 gibt die Ergebnisse der logistischen Regressionsanalyse wieder. Die Parameterschätzer werden als odd-ratios angegeben, die das Verhältnis der geschätzten Chancen für die Inanspruch-

Tabelle 5: Logistische Regressionsanalyse. Inanspruchnahme von Betreuungseinrichtungen

		0-1-Jährige N=673 odds ratio	2-Jährige N=590 odds ratio	3-Jährige N=655 odds ratio
Erwerbstatus der Mutter	nicht erwerbstätig	1	1	1
	Teilzeit beschäftigt	8.08***	2.08***	2.93***
	Vollzeit beschäftigt	16.91***	2.68***	1.80
Partnerschaftsform	Ehe	1	1	1
	NEL	1.92	1.78	0.64
	Alleinerziehend	0.32	1.37	1.18
Äquivalenzeinkommen HH in Euro	Unter 1000	1	1	1
	1000 bis <1500	0.98	1.36	1.28
	1500 bis <2000	1.07	2.28**	0.86
	über 2000	1.23	2.52**	2.75*
Bildung der Mutter	Hauptschul- oder kein Abschluss	1	1	1
	Mittlerer Abschluss	1.41	1.13	1.21
	Abitur oder höherer Abschluss	2.25	1.17	2.00*
Migrationshintergrund Kind		1.16	1.29	1.09
Kinder im HH	Einkindfamilie	1	1	1
	Zweikindfamilie	1.20	0.74	0.98
	Mehrkindfamilie	0.84	0.44***	1.38
Negative Einstellung zur Kindertagesbetreuung		0.53	0.77	0.81
Bildungserwartung Kinderbetreuung		1.57	2.61**	2.73***
Selbstständigkeit durch Kita		3.74	1.84*	3.01***
Betreuung durch Großeltern		1.08	1.08	1.57*
Betreuung durch Nachbarn/Freunde		0.72	1.31	2.23
Betreuungsquote auf Kreisebene		1.08***	1.05***	1.10***
Betreuungskosten pro Stunde auf Kreisebene für unter/ über 3-jährige		0.75	1.04	1.28
Nagelkerkes R²		0.44	0.27	0.23

*** p<0.01; ** p<0.05; * p<0.10

nahme im Vergleich zu einer Referenzkategorie wiedergeben. Werte größer eins deuten auf einen positiven Zusammenhang hin, Werte kleiner eins auf einen negativen. Angaben zur statistischen Signifikanz resultieren aus der Wald-Statistik.

Die Ergebnisse bestätigen zunächst Befunde, nach denen die familiale Lebenssituation ein entscheidender Faktor für die Inanspruchnahme von Kinderbetreuung ist. Insbesondere der Erwerbstaus der Mutter erweist sich in allen Altersgruppen als wichtiger Prädiktor für die Inanspruchnahme. Besonders deutlich tritt dieser Effekt bei Müttern 0- bis 1-jähriger Kinder hervor. Der Effekt des Haushaltseinkommens verschwindet demgegenüber in der Gruppe der jüngsten Kinder. Es scheint, dass die Aufrechterhaltung eines Beschäftigungsverhältnisses bzw. der schnelle Wiedereinstieg in den Beruf relativ unabhängig von sozioökonomischem Status und familialer Situation ein entscheidendes Motiv für die Inanspruchnahme frühkindlicher Betreuungsformen ist. In der Gruppe der 2- und 3-jährigen Kinder ist hingegen ein Effekt des Haushaltseinkommens zu beobachten. Während man bei Müttern 0- bis 1-jähriger Kinder eher von der schieren Notwendigkeit einer Weiterbeschäftigung sprechen kann, spielen 2 Jahre nach der Geburt eines Kindes möglicherweise differenziertere Kosten-Nutzen Abwägungen eine Rolle. Dies mag auch an der Verbesserung der Platzsituation insbesondere für 2-jährige Kinder liegen, die für viele Eltern überhaupt erst die Möglichkeit eröffnet, tatsächlich zwischen einer rein familialen Betreuung und der Inanspruchnahme einer Kindertageseinrichtung wählen zu können.

Die im deskriptiven Teil der Ergebnisdarstellung beschriebene Vorreiterrolle nichtehelicher Lebensgemeinschaften in Bezug auf frühe Kinderbetreuung zeigt sich in der multivariaten Analyse nur noch tendenziell. Ebenfalls spielen Bildungseffekte nur noch in der Gruppe der 3-jährigen Kinder eine signifikante Rolle, wo hohe mütterliche Bildungsabschlüsse die Chance auf die Inanspruchnahme von Kinderbetreuung erhöhen. Ein eigenständiger Effekt des Migrationshintergrundes ist nicht mehr feststellbar. Dies ist teilweise mit dem Zusammenhang zwischen Migrationshintergrund auf der einen Seite und Erwerbstatus und Bildung der Mutter auf der anderen Seite zu erklären. So sind Mütter aus Migrantenfamilien häufiger nicht erwerbstätig und weisen seltener hohe Bildungsabschlüsse auf. Außerdem liegt bei Müttern aus Migrantenfamilien weit häufiger eine negative Einstellung zur Kinderbetreuung vor. Der gängige Befund, dass Kinder aus Mehrkindfamilien seltener eine Betreuungseinrichtung in Anspruch nehmen, zeigt sich nur noch in der Gruppe der 2-jährigen Kinder. Die geringere eigenständige Bedeutung der Geschwisterzahl lässt sich auf den Zusammenhang zwischen der Geschwisterzahl und dem in der multivariaten Analyse gewichtigeren Erwerbsstatus der Mutter zurückführen: Mütter mit nur einem Kind sind mehr als doppelt so häufig vollzeiterwerbstätig wie Mütter von 2 oder mehr Kindern, und auch der Anteil der insgesamt Erwerbstätigen unter ihnen liegt um ca. ein Drittel höher.

Eine negative Einstellung zur Kindertagesbetreuung wirkt sich in der multivariaten Analyse nur in der Tendenz auf die Inanspruchnahme aus, was sich zum Teil durch die Korrelation mit dem Bildungsniveau der Mutter erklären lässt, nach der geringere Bildungsabschlüsse mit einer negativeren Einstellung zu Kindertageseinrichtungen einhergehen. Als statistisch bedeutsame Motive stellen sich insbesondere Bildungserwartungen und die auf die kindliche Entwicklung bezogene Erwartung heraus, dass Kinder, die Betreuungseinrichtungen besuchen, früher selbstständig werden. Die Ergebnisse deuten darauf hin, dass Eltern etwa ab dem Zeitpunkt, da ihr Kind 2 Jahre alt ist, damit beginnen, bildungsrelevante Überlegungen in ihre Betreuungsentscheidungen einfließen zu lassen.

Erwartungsgemäß erweist sich die Betreuungsquote auf Kreisebene als relevanter Prädiktor.[6] Die ebenfalls auf Kreisebene gemittelten Kosten für Kinderbetreuung spielen in keiner der untersuchten Altersgruppen eine bedeutsame Rolle. Ebenfalls nicht signifikant erwiesen sich Betreuungsalternativen durch Großeltern oder Nachbarn und Freunde.

3.4 Aus welchen Gründen besuchen Kinder keine Tageseinrichtung?

Wurde bisher lediglich unterstellt, dass der Inanspruchnahme bzw. Nicht-Inanspruchnahme einer Tageseinrichtung entsprechende Betreuungsentscheidungen der Eltern vorausgehen, so werden nun diese Entscheidungen selbst in den Blick genommen. In der Erhebung wurden dazu Eltern, deren Kinder auch im Alter von 3 und mehr Jahren keine Tageseinrichtung besuchen, zu den Gründen und Motiven für die Nicht-Inanspruchnahme gefragt. Den Eltern wurde eine Liste von 13 Items vorgegeben; sie sollten angeben, inwiefern diese Gründe für sie zutreffen. Im Durchschnitt stimmten die Eltern 3,5 Items zu. Dies lässt sich als Hinweis verstehen, dass hinter der Nicht-Inanspruchnahme meist differenzierte Überlegungen stehen und mehrere Gründe ursächlich sind. Hierbei scheint der Dimension persönlicher Einstellungen und Präferenzen der Eltern nahezu durchgängig ein höheres Gewicht zuzukommen als Gründen, die auf Seiten des Angebots liegen. Allerdings ist dieser Befund vorsichtig zu interpretieren, da Eltern möglicherweise bewusst

Tabelle 6: Gründe für die Nicht-Inanspruchnahme einer Kindertageseinrichtung in % (Mehrfachnennungen)

	3-Jährige N=98	4- bis 6- Jährige N=51
Ich habe andere private Möglichkeiten der Betreuung.	48,0	49,0
Es steht kein Platz zur Verfügung.	35,1	6,4
Die Betreuung meines Kindes möchte ich nicht anderen Personen überlassen.	39,8	58,0
Das Kind ist noch zu jung, später ist eine Betreuung vorgesehen.	64,3	37,3
Mir ist wichtig, dass mein Kind möglichst viel Zeit mit seinen Geschwistern verbringt.	60,2	80,4
Ich befürchte, dass mein Kind in der Einrichtung falschen Einflüssen ausgesetzt wird.	10,5	34,0
Die Einrichtung ist zu weit von unserer Wohnung entfernt.	4,1	0,0
Die Einrichtung ist zu weit von meinem Arbeitsplatz entfernt.	7,2	4,1
Die Öffnungs- bzw. Betreuungszeiten entsprechen nicht meinem Bedarf.	16,5	8,5
Die Betreuungskosten sind zu hoch.	23,1	55,6
Die Einrichtungen berücksichtigen zu wenig unsere Kultur und Religion.	4,3	16,7
Die Einrichtungen in der Nähe sind schlecht, da möchte ich mein Kind icht hinschicken.	6,2	6,4
Mein Kind will in keine Kindertageseinrichtung.	13,2	27,7

Quelle: DJI-Surveydaten 2007

oder unbewusst ihre Wünsche an die vorhandenen Möglichkeiten anpassen, um Frustrationen zu vermeiden. Auch dürften die Einstellungen der Eltern ihrerseits nicht unabhängig vom Angebot und der regional spezifischen Norm des Besuchs einer Einrichtung sein.

Die Daten legen nahe, dass sich die Mehrheit der Eltern bewusst für eine familiale Betreuung entscheidet, da sich diese offenbar mit ihren persönlichen Erziehungsvorstellungen besser vereinbaren lässt als eine institutionelle Betreuung. Besonders häufig ist eine starke Familienorientierung mit ein Grund für die Nicht-Inanspruchnahme: Der Aussage „Mir ist wichtig, dass mein Kind möglichst viel Zeit mit seinen Geschwistern verbringt" stimmen 80,4% der Eltern von 4- bis 6-jährigen Kindern zu, die keine Tageseinrichtung besuchen. Sowohl bei den 4- bis 6-jährigen als auch den 3-jährigen Kindern wird von den Eltern vergleichsweise häufig auch als Grund genannt, dass sie die Betreuung nicht anderen Personen überlassen möchten.

Vergleichsweise seltener scheitert die Inanspruchnahme am fehlenden bzw. unzureichenden Angebot an Betreuungsplätzen. Doch immerhin 35,1% der Eltern von 3-jährigen Kindern, die in keine Einrichtung gehen, geben an, dass für ihr Kind kein Betreuungsplatz zur Verfügung steht. Dies ist ein deutliches Signal, dass der Rechtsanspruch auf einen Kindergartenplatz offenbar nicht überall eingelöst wird. Im Unterschied zu den Ergebnissen der multivariaten Analyse scheinen die Kosten einer institutionellen Betreuung durchaus eine Rolle in den Betreuungsentscheidungen der Eltern zu spielen. Bei 4- bis 6-jährigen Kindern sind für 55,6% der Eltern hohe Elterngebühren zumindest mit ein Grund, auf die Inanspruchnahme einer institutionellen Betreuung zu verzichten. Die Entfernung der Einrichtung zum Wohn- oder Arbeitsort oder unpassende Öffnungszeiten stellen hingegen deutlich seltener einen Hinderungsgrund dar, und auch an der Qualität der Einrichtungen gibt es wenig grundsätzliche Kritik.

Im Vergleich zur jüngeren Altersgruppe verdichten sich bei den Eltern von 4- bis 6-jährigen Kindern, die keine Einrichtung nutzen, Gründe, die einerseits auf eine besonders starke Familienorientierung, andererseits auf deutliche Vorbehalte gegenüber Kindertageseinrichtungen hinweisen. So steht bei diesen Eltern hinter der Nicht-Inanspruchnahme relativ gesehen häufiger auch die Angst vor negativen Einflüssen der Kindertagesstätte auf das Kind (34%) sowie eine kulturell und religiös bedingte Distanz zu Kindertageseinrichtungen (16,7%). Bemerkenswert oft wird auch genannt, dass das Kind selbst in keine Tageseinrichtung möchte (27,7%).

4 Zusammenfassende Diskussion der Ergebnisse

Ausgangspunkt dieses Beitrags war zum einen die These, dass der Inanspruchnahme bzw. Nicht-Inanspruchnahme einer Kindertageseinrichtung Betreuungsentscheidungen der Eltern zugrunde liegen, die in komplexe Bedingungs- und Motivstrukturen eingebettet sind. Diese These sollte anhand der Einbeziehung bisher weniger beachteter potenzieller Erklärungsfaktoren – insbesondere in der Dimension persönlicher Überzeugungen und Präferenzen – in den Analysen zur Inanspruchnahme frühpädagogischer Angebote geprüft werden. Zum anderen wurde die These verfolgt, dass sich im Zuge des Betreuungsausbaus für Kinder *unter 3 Jahren* neue Betreuungsnormen und -muster herauszubilden beginnen, wobei sich bestimmte Gruppen von Eltern als Vorreiter einer frühzeitiger einsetzenden öffentlichen Bildung und Betreuung herauskristallisieren. Dies sollte über eine altersdifferenzierte Analyse eruiert werden.

Die Ergebnisse zeigen, dass abhängig vom Alter des Kindes dem Besuch einer Kindertageseinrichtung eine unterschiedliche Verschränkung von Motiv- und Lebenslagen zugrunde liegt. So erweist sich in der Gruppe der 0- bis 1-jährigen Kinder der Erwerbsstatus der Mutter praktisch als einzig relevanter Prädiktor. Die Notwendigkeit von Kinderbetreuung, um ein Beschäftigungsverhältnis aufrecht zu erhalten, scheint hier alle anderen Erwägungen zu dominieren und erweist sich als unabhängig von anderen familialen oder sozioökonomischen Faktoren. Ab dem Alter von 2 Jahren stellen sich die Bedingungsfaktoren für die Inanspruchnahme differenzierter dar. Nicht nur andere ökonomische und familiale Faktoren, wie das Haushaltseinkommen oder die Anzahl der Geschwister, gewinnen an Bedeutung, sondern auch Motive und Einstellungen zu Erziehung und Kinderbetreuung. Herauszustellen ist die Relevanz bildungsbezogener Überlegungen, die für Eltern bei der Entscheidung für oder gegen Betreuung früh eine Rolle spielen. Eltern, die sich von institutioneller Betreuung Bildungsimpulse erwarten, lassen sich gewissermaßen als „Vorreiter" einer frühzeitigen öffentlichen Betreuung ab einem Alter von 2 Jahren betrachten. Umgekehrt ist ein verzögerter Eintritt in eine Kindertagesbetreuung dann zu beobachten, wenn eine niedrige Bildungsherkunft (Hauptschul- oder kein Schulabschluss der Mutter) sowie ein niedriges Haushaltseinkommen (unter 1000 Euro) vorliegen oder die Mutter keiner Erwerbstätigkeit nachgeht. Mit Blick auf soziale Ungleichheit ist besonders der Befund hervorzuheben, dass eine negative Einstellung zu Betreuungseinrichtungen und eine niedrige Bildungserwartung, die mit einem späteren Besuch einer Kindertageseinrichtung einhergehen, häufiger bei Müttern mit niedriger Bildungsherkunft und bei Migranten zu finden sind. Ab dem Alter von 4 Jahren wiederum verlieren diese Unterschiede an Bedeutung, da nahezu alle Kinder eine Einrichtung besuchen.

Welche Schlüsse lassen sich aus diesen Befunden über den Charakter der elterlichen Betreuungsentscheidungen ziehen? Verweisen sie eher auf ökonomische Abwägungen oder aber auf Entscheidungsprozesse, die in einen weiteren Kontext von Präferenzen, Normen und Lebensstilen eingebettet sind, aber auch vorhandene Restriktionen widerspiegeln? Zum einen erweisen sich

Überzeugungen und Präferenzen der Eltern als durchaus eigenständige, wenngleich vermutlich ihrerseits durch soziale Herkunft und den sozialen Kontext geprägte Einflussfaktoren, die die Betreuungsentscheidungen moderieren. Hierbei ergibt sich das im Rahmen dieser Untersuchung nicht auflösbare Dilemma, dass nicht feststellbar ist, in welchem Maße die elterlichen Einstellungen zugleich eine Anpassung an vorhandene Gegebenheiten darstellen. Sind die Eltern beispielsweise aufgrund einer Erwerbstätigkeit beider Partner genötigt, eine Kindertageseinrichtung in Anspruch zu nehmen, so wird ihnen dies leichter fallen, wenn sie einem solchen Besuch auch Bildungseffekte zuschreiben können. Umgekehrt werden Eltern möglicherweise stärker den Wert einer familialen Betreuung betonen, wenn sie die Kosten einer institutionellen Betreuung nicht aufbringen können. Der Blick auf die Gründe für die Nicht-Inanspruchnahme scheint eine solche enge Verschränkung unterschiedlicher Motive, bei der auch angebotsseitige Zugangshürden reflektiert werden, zu belegen. Zum anderen bestätigen die vorgelegten Analysen den weiterhin deutlichen Einfluss sozioökonomischer Lebenslagen der Familien für die Betreuungsentscheidungen, die sie treffen. Dies dürfte für die Annahme sprechen, dass die Entscheidungen der Eltern durch ihren jeweiligen sozialen Kontext vermittelt sind. Sie beinhalten eine Anpassung an die unterschiedlichen Optionen, Ressourcen, Betreuungsnormen und Einschränkungen, die durch diesen vorgegeben sind. Gleichzeitig konservieren diese Anpassungsleistungen bestehende soziale Differenzierungen und Ungleichheiten bei der Inanspruchnahme frühkindlicher Bildung und Betreuung und damit ungleiche Ausgangsbedingungen für Kinder.

Aus politischer Perspektive lässt sich daraus die Erkenntnis gewinnen, dass mehrdimensional angesetzt werden muss, um Ungleichheiten bei der Inanspruchnahme frühkindlicher Bildung und Betreuung entgegenzuwirken. Eine Erweiterung und Verbesserung des Angebotes ist dafür Voraussetzung, aber nicht hinreichend. Sozial differenzierte Balancen von Kindererziehung und Berufstätigkeit sind ebenso in den Blick zu nehmen. Gleichzeitig muss an Einstellungen und etwaigen Vorurteilen gegenüber institutioneller Kinderbetreuung angesetzt werden, um gerade sozial und bildungsbenachteiligte Eltern für eine frühzeitige(re) Inanspruchnahme öffentlicher Bildungs- und Betreuungsangebote zu gewinnen. Für die weitere Forschung stellt sich vor allem die Aufgabe, verstärkt die Interdependenzen und Verschränkungen zwischen sozioökonomischen Merkmalen einerseits sowie innerfamilialen Prozessen und Erziehungseinstellungen und -zielen andererseits in den Blick zu nehmen, um auf diese Weise besser als bisher zu verstehen, welche Mechanismen und Faktoren an der Weitergabe von Bildungsungleichheit von Eltern auf ihre Kinder beteiligt sind.

Anmerkungen

1 Darauf wird hier allerdings nicht näher eingegangen, da der jeweilige Typus von Wohlfahrtsstaat nur die Parameter modelliert (z.B. Zugang zu Angeboten, (Opportunitäts-)Kosten), auf deren Grundlage Eltern ihre Betreuungsentscheidungen treffen, nicht aber ein eigenes Erklärungsmodell für Entscheidungsprozesse darstellt.
2 Damit wird dem Umstand Rechnung getragen, dass in der Regel die Mütter für die Organisation von Betreuungsarrangements zuständig sind.
3 So wiesen etwa die Daten der Kinder- und Jugendhilfestatistik für März 2007 noch eine Gruppe von ca. 7% der Kinder aus, die im Alter von 4 bzw. 5 Jahren keine Kindertageseinrichtung besuchen. Dieser Anteil ist allerdings aufgrund unterschiedlicher Nachfragen (etwa im Zusammenhang mit Schuleingangsuntersuchungen) in Frage zu stellen und faktisch vermutlich noch deutlich niedriger.
4 Bei der Interpretation der Ergebnisse ist generell eine leichte Verzerrung der Stichprobe (Mittelschicht-Bias) zu berücksichtigen, welche sich unter anderem auch auf die Höhe der Betreuungs-

quoten auswirkt. So liegt die Quote 3- bis unter 6-jähriger Kinder, die in Einrichtungen betreut werden, laut Statistischem Bundesamt (März 2007) bei 88,7 Prozent (Osten: 93,6%, Westen: 87,7%). Die entsprechenden Quoten der DJI-Studie liegen mit 92,4 Prozent (Osten: 96,2%, Westen: 92,1%) etwas höher. Im Folgenden werden allerdings mit Blick auf die Inanspruchnahme jeweils spezifische Gruppen miteinander verglichen, so dass die Ergebnisse in ihrer Tendenz weitgehend unabhängig von diesen Abweichungen interpretierbar sind.

5 Ein Migrationshintergrund des Kindes wird daran festgemacht, dass mindestens ein Elternteil nicht seit Geburt die deutsche Staatsbürgerschaft besitzt.
6 Die Betreuungsquote wird hier als Proxy-Variable für die Angebotssituation verwendet, die in der Kinder- und Jugendhilfestatistik nicht länger eigens erhoben wird.

Anschrift des Verfassers und der Verfasserin: Dr. Boris Geier, Deutsches Jugendinstitut e.V., Nockherstr. 2, 81541 München, Tel.: (089) 6 23 06 – 223, Fax: (089) 6 23 06 – 162, E-Mail: geier@dji.de; Birgit Riedel, Deutsches Jugendinstitut e.V., Nockherstr. 2, 81541 München, Tel: (089) 6 23 06 – 196, Fax: (089) 6 23 06 – 407, E-Mail: Riedel@dji.de

Literatur

Alt, C./Teubner, M. (2006): Private Betreuungsverhältnisse. Familien und ihre Helfer. In: Bien, W./Rauschenbach, T./Riedel, B. (Hrsg.): Wer betreut Deutschlands Kinder? DJI-Kinderbetreuungsstudie. – Weinheim, S. 159-171.
Becker, B. (2007): Bedingungen der Wahl vorschulischer Einrichtungen unter besonderer Berücksichtigung ethnischer Unterschiede. Mannheimer Zentrum für Europäische Sozialforschung. Arbeitspapiere Nr. 101. – Mannheim.
Becker, R./Lauterbach, W. (2004): Vom Nutzen vorschulischer Kinderbetreuung für Bildungschancen. In: Becker, R./Lauterbach, W. (Hrsg.): Bildung als Privileg? Erklärungen und Befunde zu den Ursachen der Bildungsungleichheit. – Wiesbaden, S. 127-159.
Bien, W./Rauschenbach, T./Riedel, B. (Hrsg.) (2006):Wer betreut Deutschlands Kinder? DJI-Kinderbetreuungsstudie. – Weinheim.
Bien, W./Riedel, B. (2006): Wie viel ist bedarfsgerecht? Betreuungswünsche der Eltern für unter 3-jährige Kinder. In: Bien, W./Rauschenbach, T./Riedel, B. (Hrsg.): Wer betreut Deutschlands Kinder? DJI-Kinderbetreuungsstudie. – Weinheim, S. 267-280.
Binder, M./Wagner, G. (1996): Die außerhäusliche Betreuung von Kindern im Vorschulalter – eine Längsschnittanalyse von Betreuungskarrieren in Westdeutschland. In: Zapf, W./Schupp, J./Habich, R. (Hrsg.): Lebenslagen im Wandel: Sozialberichterstattung im Längsschnitt. – Frankfurt, S. 66-79.
Blau, D. M. (2001): The Child Care Problem: An Economic Analysis. – New York.
Bronfenbrenner, U. (1986): Ecology of the family as a context for human development: Research Perspectives. In: Developmental Psychology, Vol. 22, pp. 723-742.
Brunnbauer, B./Riedel, B. (2006): Neue Nutzer, heterogene Bedürfnisse? Inanspruchnahme von Tageseinrichtungen bei Kindern unter drei Jahren. In: Bien, W./Rauschenbach, T./Riedel, B. (Hrsg.): Wer betreut Deutschlands Kinder? DJI-Kinderbetreuungsstudie. – Weinheim, S. 43-59.
Büchner, C./Spiess, K. C. (2007): Die Dauer vorschulischer Betreuungs- und Bildungserfahrungen. Ergebnisse auf der Basis von Paneldaten. DIW Berlin, Discussion Papers 687. – Berlin.
Forschungsverbund Deutsches Jugendinstitut/Universität Dortmund (2008): Zahlenspiegel 2007. Kindertagesbetreuung im Spiegel der Statistik. – URL: http://www.bmfsfj.de/bmfsfj/generator/Kategorien/ Forschungsnetz/forschungsberichte,did=107256.html – Download vom 06.08.2008.
Fuchs, K. (2005): Wer besucht einer Kindertageseinrichtung, wer nicht? In: Forschungsverbund Deutsches Jugendinstitut/ Universität Dortmund (2005): Zahlenspiegel 2005. Kindertagesbetreuung im Spiegel der Statistik. – München, S. 93-109.
Fuchs-Rechlin, K. (2008): Kindertagesbetreuung im Spiegel des Sozioökonomischen Panels, In: Forschungsverbund Deutsches Jugendinstitut/ Universität Dortmund (2008) Zahlenspiegel 2007. Kinder-

tagesbetreuung im Spiegel der Statistik, S. 203-217. – URL: http://www.bmfsfj.de/bmfsfj/generator/Kategorien/Forschungsnetz/forschungsberichte,did=107256.html – Download vom 06.08.2008.

Fuchs, K./Peucker, C. (2006): „… und raus bist du!" Welche Kinder besuchen nicht den Kindergarten und warum? In: Bien, W./Rauschenbach, T./Riedel, B. (Hrsg.): Wer betreut Deutschlands Kinder? DJI-Kinderbetreuungsstudie. – Weinheim, S. 61-81.

Heckman, J. J. (1974): Effects of Child-Care Programs on Women's Work Effort. In: Journal of Political Economy, Vol. 82 (2), pp. 136-163.

Hüsken et a. 2007 = Hüsken, K./Tautorat, P./Walter, M./Wolf, K. (2007): Kinderbetreuung in der Familie. Zwischen Platzmangel und Entscheidungsfreiheit. Forschungsverbund. – München: Deutsches Jugendinstitut/Universität Dortmund, unveröff. Zwischenbericht.

IFK = Institut für angewandte Familien-, Kindheits- und Jugendforschung an der Universität Potsdam (IFK) (2005): Struktur und Gründe des Verzichts auf Kindertagesbetreuung in Brandenburg. – URL: http://www.mbjs.brandenburg.de/sixcms/media.php/1234/schlussbericht-hauskinder.pdf – Download vom 06.08.2008.

Klement, C./Müller, G./Prein, G. (2006): Vereinbarkeit muss man sich leisten können. Zur Erklärung von Betreuungs- und Erwerbsarrangements in Familien mit Kindern unter drei Jahren. In: Bien, W./Rauschenbach, T./Riedel, B. (Hrsg.): Wer betreut Deutschlands Kinder? DJI-Kinderbetreuungsstudie. – Weinheim, S. 237-253.

Kreyenfeld, M. (2004): Soziale Ungleichheit und Kinderbetreuung. Eine Analyse der sozialen und ökonomischen Determinanten der Nutzung von Kindertageseinrichtungen. In: Becker, R./Lauterbach, W. (Hrsg.): Bildung als Privileg? Erklärungen und Befunde zu den Ursachen der Bildungsungleichheit. – Wiesbaden, S. 99-125.

Kügler, K. (2006): Großeltern als Betreuungspersonen. Eine wichtige Säule für die Eltern in der Kinderbetreuung. In: Bien, W./Rauschenbach, T./Riedel, B. (Hrsg.): Wer betreut Deutschlands Kinder? DJI-Kinderbetreuungsstudie. – Weinheim, S. 173-186.

Meyers, M. K./Jordan, L. P. (2006): Choice and Accomodation in Parental Child Care Decisions. In: Journal of the Community Development Society, Vol. 37 (2), pp. 53-70.

Neumann, U. (2005): Kindertagesangebote für unter sechsjährige Kinder mit Migrationshintergrund. In: Sachverständigenkommission Zwölfter Kinder- und Jugendbericht (Hrsg.): Materialien zum Zwölften Kinder- und Jugendbericht. Bd. 1: Bildung, Betreuung und Erziehung von Kindern unter sechs Jahren. – München, S. 175-226.

Pungello, P./Kurtz-Costes, B. (1999): Why and How Working Women Choose Child Care: A Review with a Focus on Infancy. In: Developmental Review, Vol. 19, pp. 31-96.

Roßbach, H.G./Kluczniok, K./Kuger, S. (2008): Auswirkungen eines Kindergartenbesuchs auf den kognitiv-leistungsbezogenen Entwicklungsstand von Kindern. In diesem Band.

Statistische Ämter des Bundes und der Länder (Hrsg.) (2008) Kindertagesbetreuung regional 2007. Ein Vergleich aller 439 Kreise in Deutschland. – Wiesbaden.

Wissenschaftlicher Beirat für Familienfragen (Hrsg.) (2005): Familiale Erziehungskompetenzen. Beziehungsklima und Erziehungsleistungen in der Familie als Problem und Aufgabe. – Weinheim.

Grit Mühler und C. Katharina Spieß

Informelle Förderangebote – Eine empirische Analyse ihrer Nutzung in der frühen Kindheit

Zusammenfassung:
In Deutschland nutzt über die Hälfte aller Kinder unter sechs Jahren informelle Förderangebote, wie z.B. Eltern-Kind-Gruppen, Kinderturnen oder frühkindliche Musik- und Kunsterziehung. Basierend auf den repräsentativen Mikrodaten des Sozio-oekonomischen Panels (SOEP) untersucht der vorliegende Beitrag, welche Faktoren die Inanspruchnahme informeller Förderangebote bei Kindern im Vorschulalter in Ost- und Westdeutschland beeinflussen. Unsere Ergebnisse zeigen, dass Kinder aus westdeutschen Haushalten mit höherem Einkommen und höherem mütterlichen Bildungsniveau eher informelle Förderangebote nutzen. Bei Kindern im Alter von 3-5 Jahren haben informelle Förderangebote eher einen komplementären Charakter, d.h., sie ergänzen den Besuch einer Kindertageseinrichtung. Die Analysen weisen ferner auf einen statistisch signifikanten Zusammenhang zwischen der Nutzung informeller Förderangebote und dem adaptiven Verhalten von Kindern hin: Kinder, die turnen oder schwimmen, weisen ceteris paribus höhere Entwicklungsmaße auf als Kinder, die keine sportliche Frühförderung erfahren. Unsere Untersuchung leistet damit einen ersten Beitrag für die multivariate Analyse der Inanspruchnahme von informellen Bildungsangeboten ab dem ersten Lebensjahr bis zum Schuleintritt.

Schlüsselwörter: frühe Kindheit – informelle Förderangebote – Mikrodaten – Nutzung frühkindlicher Förderangebote

Abstract:
The attendance of informal early education activities – an empirical analysis. More than half of the children in Germany under the age of six attend some sort of informal early education activities other than formal early education in daycare centers or family daycare. Among these activities are parent-child-playgroups, sport programs for children or early music or art education. Using representative micro-level data from the German Socio-Economic Panel (SOEP) our study analyses factors which are correlated with the use of informal education activities by families in East and West Germany. Our results show that children in West German households with a high income and higher maternal education use such activities more often. For pre-schoolers aged 3-5 years informal education activities are complementary to the attendance of daycare centers. Moreover, our analyses show a significant relationship between the use of such activities and the adaptive behavior of children. Children who attend sport programs score higher in early development scales compared to children who do not participate in early sports. Thus, our study contributes to the literature providing an empirical analysis of informal activities for children from birth until school entry.

Keywords: attendance of early education activities – early childhood – early education activities – micro-data

1 Fragestellung und Forschungsstand

1.1 Fragestellung

In der heutigen Bildungsforschung hat sich zunehmend ein erweitertes Bildungsverständnis durchgesetzt, das von einer Vielfalt von Bildungsorten, Bildungsgelegenheiten und Bildungsinhalten ausgeht. Wie im 12. Kinder- und Jugendbericht (vgl. BMFSFJ 2006) zusammengefasst nimmt für Kinder die Vielfalt der Bildungsorte zu. Bei der Analyse kindlicher Bildungsprozesse muss diese Vielfalt miteinbezogen werden und die unterschiedlichen Bildungsorte müssen in ihrem komplexen Zusammenwirken untersucht werden. Dabei unterscheidet der 12. Kinder- und Jugendbericht zwischen Bildungsorten und Lernumwelten. Unter *Bildungsorten* werden Angebote der Kinder- und Jugendhilfe, d.h. insbesondere Kindertageseinrichtungen und die öffentlich geförderte Tagespflege, sowie Schulen subsumiert. *Lernumwelten* umfassen Kursangebote für Kinder, Angebote von Vereinen, Peer-Groups und die Medien. Eine solche Gruppierung unterscheidet danach, ob es sich um *formale Bildungs- bzw. Förderangebote* handelt, die einen gesetzlich verankerten Auftrag zur Bildung, Erziehung und Sozialisation haben, oder ob es sich um sogenannte *informelle Bildungs- bzw. Förderangebote* handelt, denen ein gesetzlich verankerter Bildungsauftrag fehlt, die im Sinne eines umfassenden Bildungsverständnisses jedoch auch wichtige Förderangebote für Kinder darstellen können.[1]

Es besteht eine lange Tradition in der Erforschung „formaler Bildungsorte" und entsprechend liegen national und international zahlreiche Studien vor. Informellen Bildungs- und Förderangeboten kommt in der empirischen Bildungsforschung dagegen ein geringerer Stellenwert zu. Dies trifft insbesondere auf kommerzielle Kurs- und Vereinsangebote für Kinder zu. So ist beispielsweise der 12. Kinder- und Jugendbericht der erste offizielle Bericht für eine Bundesregierung, der auch kommerziellen Bildungsangeboten für Kinder eine Aufmerksamkeit zuteil werden lässt. Bemerkenswert ist, dass dabei auch entsprechende Angebote für Kinder in den ersten Lebensjahren bis zum Schuleintritt betrachtet und nicht nur Angebote für Schulkinder diskutiert werden. Es werden Kursangebote für Kleinstkinder (wie z.B. Prager-Eltern-Kind-Programm-Kurse oder „Babyschwimmen") ebenso erwähnt wie andere mehr sportlich orientierte Kursangebote. Solche Kursangebote können rein kommerziell angeboten oder – wie beispielsweise bei Turnvereinen oder staatlichen Musikschulen – staatlich gefördert werden. Insbesondere jüngere Kinder werden bei dem Besuch dieser Kursangebote i.d.R. von ihren Eltern begleitet.

Auch in der aktuellen gesamtdeutschen Diskussion um den Ausbau der Betreuungsangebote für Kinder unter drei Jahren („U3-Ausbau") kommt frühkindlichen informellen Förderangeboten erstmalig eine größere Bedeutung zu. Diese Diskussion steht in Zusammenhang mit der Debatte um die Einführung eines „Betreuungsgeldes", wie sie von Teilen des konservativen politischen Lagers gefordert wird. So wurde im Spätsommer 2007 nicht zuletzt von dem Bundesfamilienministerium angeregt, ein potentielles Betreuungsgeld Familien nicht direkt auszuzahlen, sondern Familien, deren Kinder keine Kindertageseinrichtung besuchen, einen Gutschein zu geben, der sie dazu berechtigen sollte, Kursangebote für Kinder unter drei Jahren in Anspruch zu nehmen.[2]

Zur Analyse bzw. selbst zur reinen Beschreibung der Nutzung solcher Kursangebote kann jedoch für den gesamten Bereich der frühen Kindheit bisher auf keine repräsentativen Studien zurückgegriffen werden. Es existieren keine Analysen, die „statistisch gesicherte Aussagen zu ihrer Nutzung" zulassen würden (BMFSFJ 2006, S. 107)[3]. Dieser Mangel an statistisch verlässlichen Daten ist umso bemerkenswerter, als auch aus pädagogischer Sicht diesen informellen Förderangeboten eine Bedeutung zukommt. Wie aus einschlägigen eher theoretischen Arbeiten bekannt ist, können informelle Förderangebote grundsätzlich die Entwicklung des Kindes unterstützen, sei es in Hinblick auf Selbstständigkeit, Identitätsfindung, soziale Schlüsselqualifikationen oder in Hinblick auf seine kognitive Entwicklung. Im Einzelnen können Angebote, wie z.B. Kinderturnen, die motorische Grundlagenausbildung für Kinder verbessern und ihnen zahlreiche Bewegungs- und Erfahrungsmöglichkeiten bieten, die sie für eine gesunde körperliche und geistige Entwicklung benötigen. Eltern-Kind-Angebote können dagegen das Wissen über die kindliche Entwicklung bei den Eltern und ihre Erziehungskompetenz erhöhen und die soziale, sensomotorische und emotionale Entwicklung des Kindes selbst fördern (z.B. Lösel et al. 2006).

Informelle Förderangebote können formale und rein familiale Förderangebote ergänzen oder auch ersetzen. Die Nutzung informeller Förderangebote ist in der Regel mit Kosten verbunden, die häufig höher sind als die Kosten bzw. Gebühren für die Nutzung einer Kindertageseinrichtung oder der Kindertagespflege. Dabei ist der Kostenumfang insbesondere davon abhängig, ob es sich um rein kommerzielle Angebote privat-gewerblicher Anbieter oder um Angebote gemeinnütziger Träger (wie z.B. von Familienbildungsstätten o.ä.) handelt. In beiden Fällen setzt ihre Nutzung jedoch das Vorhandensein ökonomischer Ressourcen voraus. Demnach ist zu erwarten, dass deren Nutzung mit der Höhe des elterlichen Einkommens positiv korreliert.

Informelle Förderangebote können jedoch nicht nur die Entwicklung eines Kindes fördern und die Erziehungskompetenz von Eltern erhöhen, sondern sie geben Eltern auch die Möglichkeit für Kontakte und Austausch mit anderen Eltern. Daher können informelle Förderangebote auch einen Beitrag dazu leisten, nicht nur langfristig das Sozialkapital einer Gesellschaft zu erhöhen, indem sie die Entwicklung von Kindern fördern, sondern sie können auch kurzfristig das Sozialkapital einer Gesellschaft stärken, indem sie zu einer besseren „Vernetzung" von Eltern bzw. insbesondere Müttern beitragen (vgl. für eine entsprechende Funktion von Kindertageseinrichtungen den Klassiker von Coleman 1990).

Vor dem Hintergrund der grundsätzlich hohen Bedeutung informeller Förderangebote in der frühen Kindheit und der Lücke in Hinblick auf statistisch aussagefähige Studien zu ihrer Inanspruchnahme soll in diesem Beitrag auf der Basis repräsentativer Mikrodaten deren Nutzung analysiert werden. Dabei konzentrieren wir uns auf informelle Förderangebote, welche die Teilnahme an Eltern-Kind-Gruppen, die Teilnahme am Kinderturnen oder -schwimmen, an frühkindlicher Musik- und Kunsterziehung umfassen (vgl. 2.2). Im Folgenden wird sich der Begriff „informelle Förderangebote" ausschließlich auf diese Angebote beschränken. Der Beitrag gliedert sich wie folgt: Zunächst wird im folgenden Abschnitt ein kurzer Abriss des Forschungsstandes gegeben, daran anschließend werden die Forschungsfragen konkretisiert und es werden die Daten und das methodische Vorgehen der eigenen empirischen Untersuchung dargestellt. Danach werden die deskriptiven und multivariaten Ergebnisse präsentiert. Der Beitrag schließt mit einer kurzen Zusammenfassung der zentralen Ergebnisse und einem Forschungsausblick.

1.2 Forschungsstand

Die Nutzung informeller Förderangebote für Kinder wurde bislang vorrangig für Schulkinder untersucht. Sowohl im internationalen als auch im deutschen Forschungsraum ist eine Vielzahl von Studien zu finden, die sich insbesondere mit außerschulischen sportlichen Aktivitäten befassen. Zur Nutzung musischer Förderangebote liegen nach unserer Kenntnis weniger Studien vor. Die vorliegenden Studien befassen sich zum einen mit sozio-strukturellen Aspekten der Nutzung, d.h. mit dem Zusammenhang zwischen der Inanspruchnahme und sozioökonomischen Merkmalen der Kinder bzw. Familien, die diese Angebote nutzen (vgl. für den deutschen Kontext z.B. Hasenberg/Zinnecker 1996, Wagner 1996, Erlinghagen/Frick/Wagner 2006, Betz 2006 sowie Zerle 2007, 2008 und für den US-amerikanischen Forschungsraum z.B. Mcintosh 1981 und McNulty Eitle/Eitle 2002). Als gemeinsames Ergebnis dieser Studien kann festgehalten werden, dass es einen statistisch signifikanten positiven Zusammenhang zwischen dem Einkommen und dem Bildungsstand der Eltern einerseits sowie den sportlichen Aktivitäten der Kinder andererseits gibt. Zum anderen sind Studien zu nennen, die sich mit dem Zusammenhang zwischen Inanspruchnahme und Bildungsoutcomes beschäftigen. Im weiteren Sinne können diese Studien als Wirkungsstudien betrachtet werden. Beispielsweise stellen in einer aktuellen deutschen Studie Cornelißen und Pfeiffer (2007) nach Berücksichtigung der selektiven Nutzung von Sportangeboten fest, dass es einen positiven Zusammenhang zwischen sportlichen Aktivitäten der Kinder bzw. Jugendlichen und ihrer Schul- bzw. Berufsausbildung gibt. Auf der Basis des Kinderpanels des Deutschen Jugendinstituts (DJI) findet Zerle (2008) ein ähnliches Ergebnis: Sportlich Aktive erzielen einen höheren Schulerfolg und erreichen höhere Werte z.B. in Hinblick auf ihre interpersonale Kompetenz (Zerle 2008, S. 18; für US amerikanische Studien zu diesem Zusammenhang vgl. z.B. McNulty Eitle/Eitle 2002, Barron/Ewing/Waddell 2000 sowie Long/Caudill 1991).[4] Eine deutsche Studie von Schupp (2007) betrachtet musische Aktivitäten von Kindern und stellt einen statistisch signifikanten Zusammenhang zwischen der Teilnahme am Instrumentalunterricht und den Schulnoten von Kindern fest: Kinder, die in einem Instrument unterrichtet werden, haben bessere Schulnoten.[5]

Zur Beschreibung der Nutzung informeller Förderangebote in der frühen Kindheit kann teilweise auf das DJI Kinderpanel zurückgegriffen werden. Dort wird erhoben, inwiefern Kinder entsprechende informelle Förderangebote nutzen. Allerdings beziehen sich diese Informationen nur auf Kinder, die bereits fünf Jahre oder älter sind und decken damit nur eine sehr kurze Zeitspanne der frühen Kindheit ab. Veröffentlichungen auf der Basis dieser Daten zum „Freizeitverhalten" von Kindern beziehen sich darüber hinaus vorrangig auf Kinder im Alter von acht Jahren und älter (vgl. dazu z.B. Betz 2006 sowie Zerle 2007, 2008), da im Kinderpanel Kinder ab acht Jahren selbst gefragt werden (Alt 2005). Zerle (2008, S. 7) ist allerdings der Hinweis zu entnehmen, dass im Jahr 2002 46,5% aller 5-6 Jährigen einem Sportverein angehörten und dies im Jahr 2005 bereits 65,0% waren. Außerdem ergibt sich auf der Basis des Kinderpanels, dass 20,4% der 5- bis 6-jährigen Kinder ein Instrument spielen bzw. Musik machen (vgl. Zerle 2007, S. 253). Auch in dem Gesundheitssurvey für Kinder (KiGGS) des Robert-Koch-Instituts wurde erfragt, inwiefern Kinder mindestens einmal die Woche Sport in einem Verein machen. Die ersten Ergebnisse zeigen, dass 31% der Jungs im Alter von 3 Jahren und fast 37% der Mädchen dieser Altersgruppe dies tun. Im Alter von 4 Jahren sind dies mit 41% und 48% bereits wesentlich mehr Jungen und Mädchen. Allgemein zeigt sich auch hier, dass Kinder mit niedrigem Sozialstatus und mit Migrationshintergrund etwa zwei bis dreimal seltener Sport machen als Kinder mit hohem Sozialstatus und ohne Migrationshintergrund (Robert-Koch-Institut 2006).

Eine empirische Untersuchung, die mehrere Altersjahrgänge einbezieht, allerdings regional stark begrenzt ist, ist die Untersuchung von Citlak/Leyendecker/Schölmerich (2007). Die Autoren untersuchen für deutsche und zugewanderte Familien mit Kindern bis zum Alter von 13 Jahren die Teilnahme an Eltern-Kind-Kursen. Ihre Ergebnisse zeigen, dass die Wahrscheinlichkeit, an einem Kurs teilzunehmen bzw. mehrere Kurse zu besuchen, mit dem Bildungsstand der Mutter zunimmt, dies aber nur für deutsche Kinder zutrifft. Kinder aus zugewanderten Familien besuchen selten mehr als einen Kurs und die Nutzung eines Kurses korreliert nicht mit dem Bildungsstand der Mutter. Neben diesen Untersuchungen liegen Studien vor, die einzelne Förderangebote analysieren. Beispielsweise untersuchen im Rahmen einer größeren Studie zu den Angeboten im Elternbildungsbereich, die von Familienbildungsstätten, Beratungseinrichtungen oder selbsthilfeorientierten Vereinen angeboten wurden, Lösel et al. (2006) auch Eltern-Kind-Gruppen. Sie betonen in dieser Studie, dass es kaum „kontrollierte Studien zur Wirksamkeit" (ebd., S. 153) entsprechender Programme gibt, mit der Ausnahme der Studie von Knödel (1983), der ein Prager-Eltern-Kind-Programm evaluiert.

Zusammenfassend lässt sich festhalten, dass bisher keine für Deutschland repräsentativen Studien vorliegen, welche die Nutzung informeller Angebote von Kindern von der Geburt bis zum Schuleintrittsalter untersuchen. Ebenso wenig sind u.W. Studien zur Wirksamkeit entsprechender Angebote vorhanden, die auf repräsentativen Mikrodaten beruhen.

2 Forschungsfragen, Daten und methodisches Vorgehen

2.1 Forschungsfragen

Ziel dieses Beitrags ist es, auf der Basis eines deutschlandweit repräsentativen Datensatzes die Nutzung informeller Förderangebote in der frühen Kindheit zu untersuchen. Dabei sollen zwei Forschungsfragen im Mittelpunkt stehen: *Erstens* wird danach gefragt, inwiefern ein Zusammenhang zwischen sozioökonomischen Merkmalen des Kindes bzw. seiner Familie und der Nutzung entsprechender Angebote besteht: Kann z.B. bereits in der frühen Kindheit davon ausgegangen werden, dass sozioökonomisch besser gestellte Haushalte eher entsprechende Förderangebote nutzen als andere Haushalte? *Zweitens* soll untersucht werden, inwiefern ein Zusammenhang zwischen der Entwicklung eines Kindes und der Nutzung entsprechender Angebote empirisch festzumachen ist. Dabei können grundsätzlich zwei Wirkungsrichtungen angenommen werden: So kann die Nutzung informeller Förderangebote die Entwicklung eines Kindes positiv beeinflussen. Zum anderen könnte aber auch angenommen werden, dass weiter entwickelte Kinder bzw. deren Eltern eher entsprechende Angebote nutzen. Eine Unterscheidung dieser beiden Wirkungsrichtungen kann im Rahmen dieser Arbeit – insbesondere aufgrund der Datenlage – nicht vorgenommen werden.

2.2 Daten

Mit der 23. Welle des Sozio-oekonomischen Panels (SOEP) aus dem Jahr 2006 liegen erstmalig bundesweit repräsentative Daten zur Nutzung informeller Förderangebote in der gesamten frühen Kindheit vor. Das SOEP ist eine seit 1984 laufende jährliche Wiederholungsbefragung von Deutschen, Ausländern und Zuwanderern in West- und Ostdeutschland.[6] Die Stichprobe umfasste im Erhebungsjahr 2006 fast 11.000 Haushalte mit mehr als 20.000 Personen. Themenschwerpunkte des SOEP sind unter anderem die Haushaltszusammensetzung, die Erwerbs- und Familienbiographie, die Erwerbsbeteiligung und berufliche Mobilität, Einkommensverläufe sowie Gesundheit und Lebenszufriedenheit. Seit 1984 beantwortet der Haushaltsvorstand zu allen im Haushalt lebenden Kindern bis zu 16 Jahren Fragen, die sich primär auf die Betreuungs- und Schulsituation der Kinder beziehen.

Erstmalig im Jahr 2006 wird der Haushaltsvorstand für jedes Kind unter 6 Jahren zusätzlich gefragt, ob die im Haushalt lebenden Kinder in der entsprechenden Altersgruppe an folgenden Aktivitäten teilnehmen: (1) Kinderturnen, -sport und -schwimmen, (2) frühkindliche Musikerziehung, (3) Malen und (4) sonstige Eltern-Kind-Gruppen. Darüber hinaus existieren im SOEP seit dem Jahr 2003 altersspezifische Erhebungsinstrumente, welche i.d.R. von den Müttern der Kinder beantwortet werden. Dabei wurde im Jahr 2003 mit einem Fragebogen für Mütter mit Kindern im ersten Lebensjahr begonnen. Im Jahr 2005 wurde dieser Kohorte ein Fragebogen für Kinder zwischen zwei und drei Jahren vorgelegt und im Jahr 2008 werden die Mütter dieser Kinder wieder mit einem Erhebungsinstrument befragt, das sich speziell auf Kinder im Vorschulalter konzentriert. Die altersspezifischen Instrumente werden jährlich fortgeführt und umfassen eine Vielzahl an Informationen zur Betreuungssituation des Kindes, dessen Gesundheit und dessen Temperament und Persönlichkeit (vgl. auch Schupp/Spieß/Wagner 2008). Mit dem Fragebogen für zwei- bis drei-jährige Kinder wurde im Jahr 2005 erstmalig ein Entwicklungsmaß für zwei bis drei-jährige Kinder erfasst: Es handelt sich dabei um ein Maß zur Erfassung des adaptiven Verhaltens von Kindern. In Anlehnung an die deutsche Version der US-amerikanischen Vineland Adaptive Behavior Scale (VABS) (vgl. Sparrow/Balla/Cicchetti 1984), wie sie von Tietze u.a. (vgl. z.B.

Tietze et al. 1998, S. 294 ff; ECCE-Study Group 1999 sowie Tietze et al. 2007) mehrfach verwandt wurde, wurden im SOEP jeweils fünf Items zur sprachlichen, motorischen und sozialen Entwicklung von Kindern sowie zu ihren Alltagsfertigkeiten erfasst (vgl. dazu ausführlicher Schmiade/Spieß/Tietze 2008).[7]

2.3 Methodisches Vorgehen

Auf der Basis des SOEP ist es möglich, die erste Forschungsfrage nach sozioökonomischen bzw. -strukturellen Merkmalen der Nutzung informeller Förderangebote für Kinder von 0 bis 5 Jahren zu untersuchen. Die entsprechende Arbeitsstichprobe, die sich auf den Querschnittsdatensatz aus dem Jahr 2006 bezieht, umfasst 1.643 Kinder im Alter von 0 Monaten bis 72 Monaten. Neben bivariaten Analysen wird das Nutzungsverhalten über Probit Modelle geschätzt (vgl. Greene 2003). In diesen Modellen kontrollieren wir für vielfältige soziostrukturelle und -ökonomische Merkmale. Wir unterscheiden (1) haushaltsbezogene Merkmale, (2) mütterbezogene Merkmale sowie (3) kindbezogene Merkmale. Als *kindbezogene Merkmale* berücksichtigen wir das Alter, das Geschlecht, die Geschwisterzahl und die Betreuungssituation des Kindes, d.h., wir kontrollieren auch dafür, ob das Kind eine Kindertageseinrichtung besucht oder von weiteren Personen außerhalb des Haushaltes betreut wird. *Haushaltsbezogene Merkmale* umfassen das Haushaltseinkommen, den Haushaltstyp (Alleinerziehend oder Paarhaushalt) und regionale Merkmale (West- und Ostdeutschland, ländliche Region, Verdichtungsraum und städtischer Wohnort). Außerdem kontrollieren wir für die Bildungsressourcen des Haushaltes, operationalisiert über die Anzahl der im Haushalt verfügbaren Bücher. Die *mütterbezogenen Merkmale* beziehen sich auf das Alter der Mutter, ihren Bildungsstand, ihre Erwerbssituation sowie ihre Staatsangehörigkeit. Darüber hinaus wird auch versucht, intergenerationale Zusammenhänge zwischen der Nutzung sportlicher und auch kultureller Angebote abzubilden: Entsprechend kontrollieren wir dafür, ob die Mutter selbst sportlich aktiv ist bzw. kulturelle Angebote in Anspruch nimmt; auch dies wird im SOEP erfasst.[8]

Für die zweite Forschungsfrage nach dem Zusammenhang zwischen dem Entwicklungsstand von Kindern und der Nutzung informeller Angebote verwenden wir den im SOEP erfassten Index zur Abbildung des adaptiven Verhaltens von Kindern. Wir verwenden dieses Entwicklungsmaß zum einen in seiner Gesamtheit, indem wir einen Gesamtindex zum adaptiven Verhalten von Kindern konstruieren, zum anderen werden die einzelnen Entwicklungsdomänen betrachtet (vgl. für ähnliche Vorgehensweisen Coneus/Pfeiffer 2007, Schmiade/Spieß/Tietze 2008 sowie Cawley/Spiess 2008). Den Zusammenhang zwischen diesem Entwicklungsmaßen und der Nutzung informeller Förderangebote analysieren wir in multivariaten Modellen, die auch für kind-, mütter- und haushaltsbezogene Merkmale kontrollieren. Dies sind das Alter und Geschlecht des Kindes, die Geschwisterzahl, die Betreuungssituation, der Body-Mass-Index (BMI)[9] des Kindes, das Alter der Mutter, deren Bildungsstand, ihre Staatsangehörigkeit, der Haushaltstyp, das Haushaltseinkommen und Variablen, welche regionale Indikatoren abbilden. Der Gesamtindex zur Erfassung des adaptiven Verhaltens befindet sich grundsätzlich im Wertebereich von 0 bis 40 (vgl. Schmiade/Spieß/Tietze 2008). Dementsprechend schätzen wir lineare OLS Modelle (vgl. Greene 2003). Da wir nur für die Gruppe der zwei- bis dreijährigen Kinder auf ein entsprechendes Entwicklungsmaß zurückgreifen können, verringert sich unsere Arbeitsstichprobe auf Kinder im Alter von 26 bis 44 Monaten.

3 Bivariate Ergebnisse bezüglich der Nutzung

Im Folgenden werden die Ergebnisse der bivariaten Analysen zur Nutzung informeller Förderangebote zusammengefasst. Bundesweit werden informelle Förderangebote von 52,4% der Kinder

Tabelle 1: Nutzungsanteile informeller Angebote nach Alter und Art des Angebots (in Prozent)

Anzahl der Angebote	alle Kinder	0 bis 3 Jahre	4 bis 5 Jahre
Keine Angebote	47,6%	52,9%	42,7%
Mindestens ein Angebot	52,4%	47,1%	57,3%
Davon ein Angebot	36,2%	28,4%	43,6%
Davon zwei Angebote	14,3%	17,6%	11,3%
Davon drei Angebote	1,9%	1,2%	2,5%
Gesamt	100%	100%	100%
Art des Angebots	**alle Kinder**	**0 bis 3 Jahre**	**4 bis 5 Jahre**
Kein Angebot (s.o.)	47,6%	52,9%	42,7%
Sport	24,1%	9,4%	37,8%
Musik	7,2%	3,6%	10,6%
Malen	1,9%	0,7%	3,0%
Eltern-Kind-Gruppen	19,2%	33,5%	5,9%
Gesamt	100,0%	100,0%	100,0%
N	1.643	794	849

Quelle: SOEP 2006, eigene Berechnungen. Anteile gewichtet.

unter 6 Jahren in Anspruch genommen. Dabei werden diese Angebote eher von älteren Kindern genutzt: So liegt der Nutzungsanteil der Gruppe der unter Dreijährigen mit 47,1% unter dem Anteil von 57,3% bei der Gruppe der Drei- bis Fünfjährigen. Der überwiegende Teil (36,2%) der Gesamtgruppe nimmt nur *ein* Förderangebot war, während 14,3% zwei Angebote und etwa 2% drei Angebote gleichzeitig nutzen (siehe Tabelle 1). Mehr als drei Angebote werden von keinem Kind wahrgenommen.

Wie in Tabelle 1 dargestellt, werden insbesondere sportliche Angebote genutzt (24,1% aller Kinder). Musische Angebote und insbesondere das Angebot „Malen für Kinder" werden nur von weniger als 10% der Kinder in Anspruch genommen.[10] Eine differenzierte Darstellung nach Altersgruppen zeigt das erwartbare Ergebnis, dass Eltern-Kind-Gruppen vorrangig von jüngeren Kindern genutzt werden (33,5%), während sportliche Aktivitäten verstärkt von Kindern über drei Jahren besucht werden (37,8%). Bemerkenswert ist außerdem, dass Eltern-Kind-Gruppen häufig mit anderen Aktivitäten kombiniert werden. Etwa die Hälfte der Kinder unter drei Jahren in Eltern-Kind-Gruppen nutzt mindestens ein weiteres frühkindliches Angebot. 18% der „aktiven" Kinder unter drei Jahren besuchen ausschließlich eine Eltern-Kind-Gruppe (ohne Tabelle).

Informelle Förderangebote können formale Förderangebote in Kindertageseinrichtungen ergänzen oder auch ersetzen; sie können einen komplementären oder eher substitutiven Charakter aufweisen. Eine nach dem Alter der Kinder differenzierte Darstellung der Nutzungsanteile sowohl informeller als auch formaler Förderangebote – hier dargestellt über die Nutzung von Kindertageseinrichtungen – ist aus den Abbildungen 1 bis 3 ersichtlich.

Wie Abbildung 1 für Gesamtdeutschland zeigt, haben bis zum Alter von zwei Jahren die beiden Förderangebote eher einen substitutiven Charakter. Zunächst fällt auf, dass die Nutzungsanteile informeller Förderangebote die formaler Förderangebote bei der Gruppe der unter Dreijährigen übersteigen. Erst im Alter von drei Jahren nutzen mehr Kinder eine Kindertageseinrichtung als informelle Förderangebote. In der Altersgruppe der jüngeren Kinder werden vorrangig Eltern-Kind-Gruppen besucht, die – so könnte vermutet werden – auch das Ziel haben, den Kontakt zu

Abbildung 1: Nutzung informeller und formaler Förderangebote nach Alter des Kindes, Gesamtdeutschland. (Quelle: SOEP 2006, eigene Berechnungen, gewichtet)

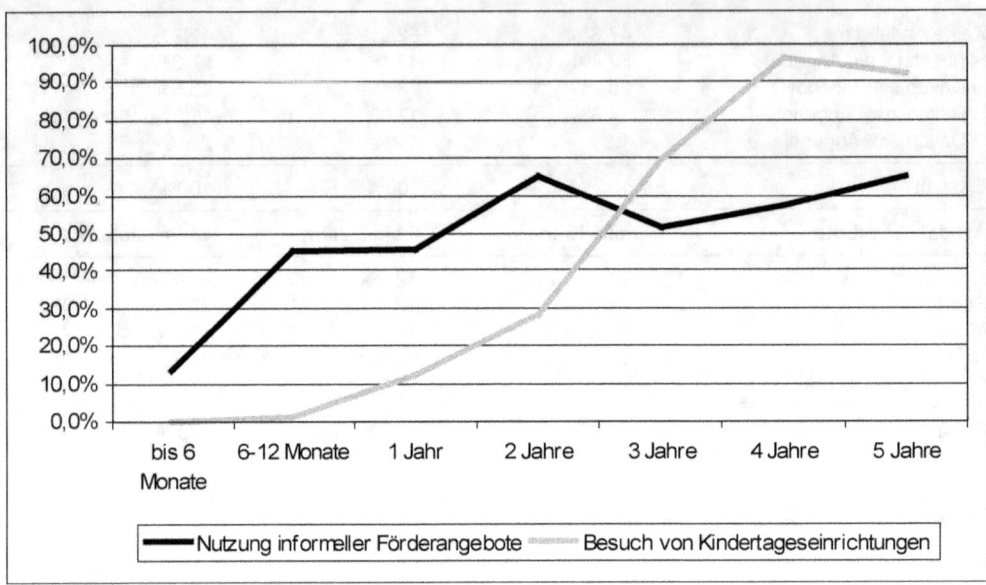

Abbildung 2: Nutzung informeller und formaler Förderangebote nach Alter des Kindes, Westdeutschland. (Quelle: SOEP 2006, eigene Berechnungen, gewichtet)

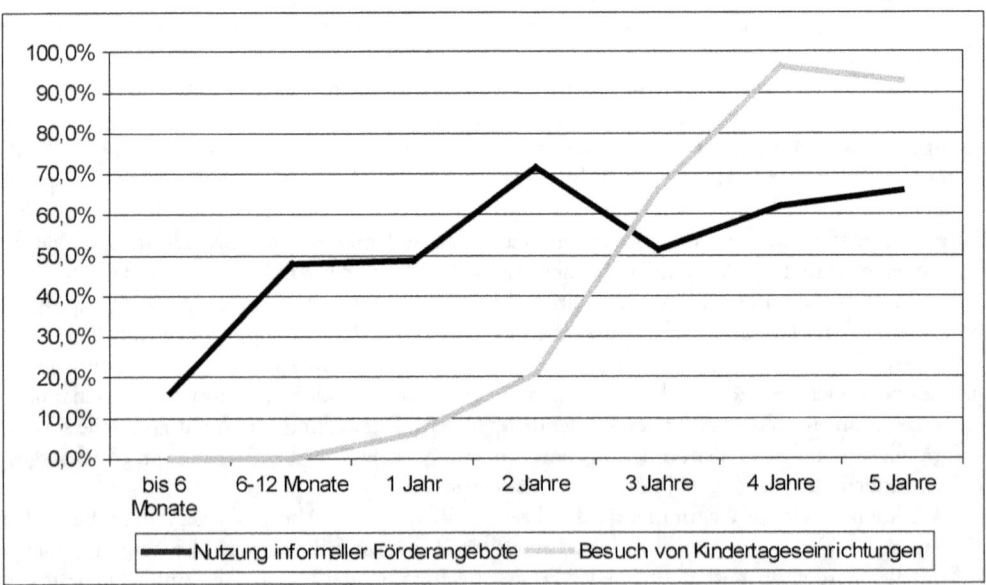

Abbildung 3: Nutzung informeller und formaler Förderangebote nach Alter des Kindes, Ostdeutschland. (Quelle: SOEP 2006, eigene Berechnungen, gewichtet)

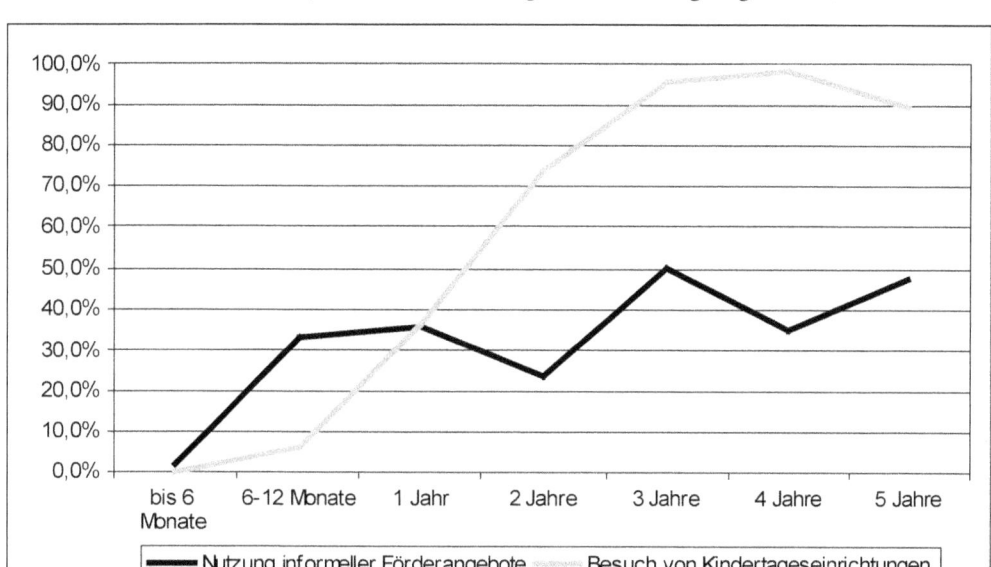

anderen Kinderen ähnlichen Alters herzustellen und so den den Besuch einer Kindertageseinrichtung „ersetzen" sollen. Bei der älteren Altersgruppe liegt eher ein komplementärer Charakter nahe: Mit zunehmendem Alter besuchen Kinder vermehrt eine Kindertageseinrichtung; die Nutzung informeller Förderangebote bleibt relativ stabil. Eine regionale Differenzierung zeigt, dass dieser altersspezifische Charakter der Förderangebote insbesondere für Westdeutschland typisch ist (siehe Abbildung 2). In Ostdeutschland steigt auf der einen Seite der Nutzungsanteil informeller Förderangebote mit dem Alter des Kindes nicht so stark an wie im Westen (siehe Abbildung 3); auf der anderen Seite weist der Osten bekanntermaßen im frühem Kindesalter sehr viel höhere Nutzungsanteile bei Kindertageseinrichtungen auf (vgl. DJI 2008). Von daher kann in Ostdeutschland allenfalls im ersten Lebensjahr von einem substitutiven Charakter der beiden Förderangebote ausgegangen werden. Ferner zeigt sich, dass informelle Förderangebote in Ostdeutschland am stärksten von dreijährigen Kindern wahrgenommen werden – also in einem Alter, in denen bereits über 90% der Kinder dieser Altersgruppe eine Kindertageseinrichtung besuchen, während in Westdeutschland die höchsten Nutzungsanteile bei den Zweijährigen zu beobachten sind – in einer Altersgruppe, in welcher der überwiegenden Mehrheit der Kinder in Westdeutschland noch kein Platz in einer Tageseinrichtung zur Verfügung steht und diese auch überwiegend keine Kindertageseinrichtung besuchen.

Tabelle 2 differenziert die Gruppe der Nutzer informeller Förderangebote nach sozio-strukturellen bzw. sozio-ökonomischen Merkmalen. Dabei wird deutlich, dass Haushalte, deren Kinder entsprechende Angebote nutzen, über ein höheres Haushaltseinkommen verfügen und ihre Mütter ein höheres Bildungsniveau aufweisen (d.h. häufiger eine Berufsausbildung oder ein Studium absolviert haben). Der Anteil der nicht deutschen Mütter ist bei der Gruppe der „Nichtnutzer" größer und Mütter, deren Kinder informelle Förderangebote nutzen, üben zu einem höheren Anteil selbst kulturelle und/oder sportliche Aktivitäten aus. Im Folgenden ist zu prüfen, inwiefern diese bivariaten Ergebnisse auch in multivariaten Schätzmodellen – bei Kontrolle mehrerer Merkmale – statistisch signifikante Einflussfaktoren darstellen.

Tabelle 2: Bivariate Ergebnisse: Nutzung informeller Angebote nach sozioökonomischen Merkmalen

Informelle Förderung	ja	nein
Haushaltseinkommen	35.262 €	30.528 €
Mutter ohne Berufsausbildung	5,4%	27,7%
Mutter mit Berufsausbildung	77,2%	55,8%
Mutter mit Studium	24,8%	15,9%
Mutter übt kulturelle Aktivitäten aus	23,8%	18,3%
Mutter übt sportliche Aktivitäten aus	44,6%	19,0%
Mutter nicht deutsch	16,0%	23,0%
Haushalt in Westdeutschland	90,6%	78,8%
N	744	899

Quelle: SOEP 2006, eigene Berechnungen, gewichtet.

4 Multivariate Ergebnisse bezüglich der Nutzung

4.1 Nutzung informeller Förderangebote und sozioökonomische Merkmale

In einem ersten Modell wird die Nutzung informeller Förderangebote auf der Basis der Arbeitsstichprobe aus 1.622 Kindern geschätzt, dabei wird für die in 2.3 beschriebenen Merkmale kontrolliert.[11] Tabelle 3 stellt – für diese wie für die anderen Modelle – die marginalen Effekte dar, da diese einfacher als die entsprechenden Koeffizienten interpretiert werden können (vgl. Greene 2003). So erhöht ein marginaler Effekt von beispielsweise 0,1 die Wahrscheinlichkeit ein informelle Förderung zu besuchen um 10 Prozentpunkte.

In dem ersten Modell, das auf der gesamten Arbeitsstichprobe basiert, zeigt sich hinsichtlich der kindbezogenen Merkmale, dass mit zunehmendem Alter der Kinder die Wahrscheinlichkeit steigt, entsprechende Angebote zu nutzen. Das Geschlecht des Kindes hat keinen signifikanten Einfluss, während mit einer steigenden Geschwisterzahl die Nutzungswahrscheinlichkeit signifikant abnimmt. Es kann vermutet werden, dass dies in den geringeren „zeitlichen Freiheitsgraden" begründet liegt, die Müttern durch die Betreuung mehrerer Kinder zur Verfügung stehen. Kinder, die neben den Eltern noch von anderen Personen außerhalb des Haushaltes betreut werden, haben eine höhere Nutzungswahrscheinlichkeit, während der Besuch einer Kindertageseinrichtung die Nutzungswahrscheinlichkeit nicht signifikant beeinflusst. Dies zeigt, dass der zunächst bivariat festzumachende Zusammenhang bei Berücksichtigung anderer sozioökonomischer Merkmale nicht bestätigt werden kann: Ein signifikant substitutiver oder komplementärer Charakter formaler und informeller Förderangebote lässt sich statistisch nicht absichern, während die Betreuung durch andere Personen außerhalb des Haushaltes wohl eher einen komplementären Charakter zur Nutzung informeller Förderangebote hat. Kinder von Müttern mit einer Berufsausbildung, insbesondere von Akademikerinnen, haben eine um 15 bzw. 18 Prozentpunkte signifikant höhere Nutzungswahrscheinlichkeit. Dies bestärkt das Ergebnis aus Studien in Hinblick auf formale Förderangebote im frühkindlichen Bereich: Mit einem höheren Bildungsstand der Mutter steigt auch die Wahrscheinlichkeit, eine Kindertageseinrichtung zu nutzen (vgl. für eine entsprechende zusammenfassende Darstellung Spiess 2008). Kinder von nichtdeutschen Müttern nutzen die analysierten Angebote mit einer geringeren Wahrscheinlichkeit; auch dies entspricht den Ergebnissen in Hinblick auf die Nutzung formaler Förderangebote von Kindern, insbesondere wenn diese jünger als 5 Jahre sind (vgl. dazu z.B. auch Bien/Rauschenbach/Riedel 2006 oder Landvoigt/Muehler/ Pfeiffer 2007). Ebenso weisen Kinder von Müttern, die teilzeit- oder auch vollzeiterwerbstätig sind, eine geringere Nutzungswahrscheinlichkeit auf; bei teilzeiterwerbstätigen Müttern ist dieser Zusammenhang allerdings nur auf dem 10%-Niveau signifikant. Außerdem ist erwartungsgemäß der Zusammenhang für vollzeiterwerbstätige Mütter größer. Auch dies liegt vermutlich in den geringeren zeitlichen Ressourcen begründet, die diesen Müttern zur Verfügung stehen. Außerdem nehmen Kinder sportlich aktiver Mütter informelle Förderangebote eher in Anspruch; dies weist auf eine positive intergenerationale „Transmission" sportlicher Aktivitäten mit der Nutzung informeller Förderangebote hin. Mit einem steigenden Haushaltseinkommen nimmt die Nutzungswahrscheinlichkeit ebenfalls zu, was wiederum vielen Studienergebnissen entspricht, welche die Nutzung von Kindertageseinrichtungen untersuchen (vgl. zusammenfassend Spiess 2008). Kulturelle Ressourcen des Haushaltes, erfasst über die Anzahl der Bücher im Haushalt, haben ebenso wie der Besuch kultureller Veranstaltungen durch die Mutter keinen statistisch signifikanten Einfluss. Zudem nehmen Kinder in westdeutschen Haushalten eher informelle Förderangebote in Anspruch als ihre ostdeutsche Referenzgruppe.

Wenn die Nutzungswahrscheinlichkeit nur für Kinder unter drei Jahren geschätzt wird, ergibt sich ein ähnliches Bild. Bemerkenswert ist, dass dieselben Merkmale signifikant sind und sich im Wesentlichen nur die Stärke des Zusammenhangs ändert. Vor allem die kindbezogenen Merkmale und auch mütterbezogene Bildungs- und Beschäftigungsmerkmale haben bei den unter Dreijährigen einen größeren Einfluss im Vergleich zur gesamten Altersgruppe: Dies ist insofern plausibel, da das Alter des Kindes in dieser jungen Altersgruppe, die auch das erste Lebensjahr umfasst, ein wichtiger Indikator ist, ob sich Eltern bereits für außerhäusige Förderangebote entscheiden.

Wird die Nutzungswahrscheinlichkeit für Kinder im Alter von 3 Jahren bis 5 Jahren geschätzt, zeigt sich dagegen ein leicht verändertes Bild: Für Kinder, die halbtags eine Kindertageseinrichtung besuchen, steigt die Wahrscheinlichkeit an entsprechenden informellen Angeboten teilzunehmen um knapp 15 Prozentpunkte, für Ganztagskinder sogar um rund 17 Prozentpunkte im Vergleich zu Kindern, die keine Einrichtung besuchen. Damit kann hier das bivariat erzielte Ergebnis eines eher komplementären Charakters der beiden Förderangebote auch bei Kontrolle anderer Merkmale bestätigt werden. Von den sozioökonomischen Kontrollvariablen haben wiederum der Bildungsstand der Mutter, ihre Vollzeiterwerbstätigkeit, ihre sportliche Aktivität und das Haushaltseinkommen einen signifikanten Einfluss auf die Nutzungswahrscheinlichkeit: Die Korrelationen gehen in die gleiche Richtung, wie im ersten Modell; auch die Stärke der Korrelation ist in vielen Fällen vergleichbar zur Stichprobe der gesamten Altersgruppe. Allerdings sind die Zusammenhänge für die Bildung und Erwerbstätigkeit der Mütter in ihrem Umfang etwas geringer. Auch hier zeigt sich, dass Kinder in Westdeutschland entsprechende Angebote eher nutzen als Kinder in Ostdeutschland.

4.2 Nutzung informeller Förderangebote und adaptives Verhalten

In weiteren Modellen, die – wie in 2.2 dargestellt – nur für Kinder im Alter von zwei bis drei Jahren geschätzt werden können, wird der Zusammenhang der Nutzung informeller Förderangebote mit dem adaptiven Verhalten untersucht. Wie oben bereits beschrieben stellen diese Modelle keine Kausalanalysen dar, gleichwohl sie Drittvariablen, die sozio-demographische und sozio-ökonomische Hintergründe abbilden, erfassen. Es wurden insgesamt fünf Modelle geschätzt, jeweils vier Modelle, welche als abhängige Variablen domänenspezifische Indexwerte („sprachliche", „motorische" und „soziale Entwicklung" sowie die Entwicklung im Bereich von „Alltagsfertigkeiten") enthalten, und ein Modell, welches als abhängige Variable den Gesamtindex des adaptiven Verhaltens abbildet. Dabei zeigt sich nur in zwei Modellen ein statistisch signifikanter Zusammenhang

Tabelle 3: Der Zusammenhang zwischen der Nutzung informeller Förderangebote und sozioökonomischen Merkmalen (Probit Modelle, marginale Effekte und z-Statistik)

	alle Kinder: 0-5 Jahre		Kinder: < 3 Jahre		Kinder: 3-5 Jahre	
	marginaler Effekt	z-Statistik	marginaler Effekt	z-Statistik	marginaler Effekt	z-Statistik
Kindbezogene Merkmale						
Mädchen	0,006	0,24	-0,023	-0,61	0,017	0,48
Alter des Kindes	0,007**	5,40	0,014**	6,83	0,003	0,97
Kita Besuch: halbtags	0,021	0,46	0,054	0,71	0,147*	2,36
Kita Besuch: ganztags	0,060	1,06	-0,075	-0,81	0,175*	2,44
andere Betreuungsperson	0,069*	2,37	0,086*	2,10	0,031	0,79
Geschwisteranzahl	-0,086**	-5,11	-0,153**	-5,37	-0,029	-1,33
Mütterbezogene Merkmale						
Alter Mutter	0,003	0,94	0,004	1,06	0,001	0,22
Mutter Lehre	0,147**	4,42	0,167**	3,56	0,114*	2,44
Mutter Uni	0,179**	4,14	0,206**	3,35	0,132*	2,27
Mutter Vollzeit	-0,210**	-4,09	-0,225**	-3,17	-0,146*	-2,14
Mutter Teilzeit	-0,069+	-1,83	-0,127*	-2,21	0,019	0,39
Mutter geringfügig	-0,006	-0,13	-0,042	-0,68	0,029	0,48
Mutter nicht Deutsch	-0,132**	-3,07	-0,256**	-4,19	-0,040	-0,71
Mutter Sport	0,182**	5,67	0,181**	3,93	0,185**	4,23
Mutter Kultur	0,035	1,05	0,031	0,70	0,030	0,63
Haushaltsbezogene Merkmale						
Äquivalenzeinkommen	0,006**	3,00	0,007**	2,91	0,005*	2,29
Alleinerziehend	-0,023	-0,50	-0,078	-1,37	0,041	0,58
50 bis <200 Bücher im HH	-0,067	-0,88			-0,037	-0,49
> 200 Bücher im HH	0,123	1,15			0,142+	1,45
Westdeutschland	0,185**	5,06	0,219**	4,67	0,102+	1,91
Verdichtungsraum	-0,045	-1,04	-0,071	-1,21	-0,001	-0,01
Ländliche Region	-0,004	-0,09	-0,006	-0,10	0,003	0,05
N	1.622		781		841	
Pseudo R-squared	0,1497		0,2368		0,0907	

Anmerkung: Für Missings in den Kontrollvariablen wurde kontrolliert. In der Stichprobe der unter 3-jährigen wurden die Variablen für die Anzahl der Bücher im Haushalt aufgrund von Multikolliniarität ausgeschlossen; ** = p < 0,01, * = p < 0,05, + = p < 0,10.
Quelle: SOEP 2006, eigene Berechnungen.

zwischen der Nutzung informeller Förderangebote und dem adaptiven Verhalten: zum einen ein Zusammenhang mit dem Gesamtindex und zum anderen ein Zusammenhang mit dem Index zur Abbildung der Alltagsfertigkeiten. Die Modelle, die motorische Fertigkeiten, sprachliche und soziale Fertigkeiten analysieren, zeigen keine entsprechenden statistisch signifikanten Ergebnisse bei den Variablen, die im Fokus dieser Analyse stehen.[12] Die beiden erstgenannten Modelle erzielen darüber hinaus eine bessere Modellgüte als die anderen drei Modelle: In beiden Fällen liegen die Werte des „korrigierten R^2" über 30%, während der Erklärungsgehalt der anderen Modellen geringer ist. Letztere Modelle werden hier nicht dargestellt.

Die Ergebnisse für den Zusammenhang zwischen der Nutzung informeller Förderangebote und dem Gesamtindex des adaptiven Verhaltens sind in der ersten Spalte von Tabelle 4 zusammengestellt: Junge Kinder, die sportlich aktiv sind, erzielen höhere Werte im Gesamtindex als Kinder, die nicht turnen oder schwimmen. Allerdings ist der Zusammenhang nur auf dem 10%-Niveau signifikant. Kinder, die musisch oder anders künstlerisch aktiv sind oder eine Eltern-Kind-Gruppe besuchen, unterscheiden sich im Wert des Gesamtindex nicht von der jeweiligen Referenzgruppe. Darüber hinaus zeigen die Modelle die erwarteten Ergebnisse: Ältere Kinder, Mädchen, Kinder mit Geschwistern und Kinder, deren Mutter ein höheres Bildungsniveau aufweist, erzielen signifikant höhere Indexwerte als ihre Referenzgruppen (vgl. dazu auch Schmiade/Spieß/Tietze 2008).

In Hinblick auf die Alltagsfertigkeiten von Kindern (siehe Spalte 2, Tabelle 4) lässt sich festhalten, dass ein höherer Indexwert mit dem sportlicher Aktivitäten positiv korreliert. Der Besuch einer Eltern-Kind-Gruppe steht mit dem Index zur Erfassung der Alltagsfertigkeiten von Kindern dagegen in einem negativen Zusammenhang, der statistisch signifikant ist. Kinder, die eine Eltern-Kind-Gruppe besuchen, erreichen hinsichtlich des erfassten Entwicklungsmaßes geringere Werte. Dabei erfassen die Alltagsfertigkeiten, ob ein Kind selbstständig mit dem Löffel essen kann, selbstständig die Nase putzen kann, selbstständig auf die Toilette geht, selbstständig eine Hose anziehen kann und/oder selbstständig die Zähne putzen kann. Auch hier erzielen Mädchen und ältere Kinder sowie Kinder in Ostdeutschland höhere Indexwerte, ebenso Kinder von jüngeren Müttern und alleinerziehenden Müttern. Gleichwohl sind diese beiden Effekte nur auf dem 10%-Niveau signifikant (vgl. dazu auch Cawley/Spiess 2008).

Tabelle 4: Der Zusammenhang zwischen der Nutzung informeller Angebote und adaptivem Verhalten, nur Kinder im Alter von 2-3 Jahren (OLS Regression, Koeffizienten und t-Werte)

	Gesamtindex		Index „Alltagsfertigkeiten"	
	Koeffizient	t-Wert	Koeffizient	t-Wert
Sport	1,476+	1,86	0,648*	2,02
Musik/Malen	0,732	0,72	0,177	0,43
Eltern-Kind-Gruppe	-1,371	-1,57	-0,794*	-2,25
Mädchen	2,183**	3,22	1,180**	4,33
Alter Kind	0,560**	6,30	0,277**	7,75
BMI Kind	-0,054	-0,52	-0,009	-0,22
Anzahl Geschwister	0,832*	2,19	0,227	1,48
Kitabesuch	1,174	1,32	0,544+	1,53
Alter Mutter	-0,115+	-1,60	-0,052+	-1,78
Mutter Lehre	1,554+	1,75	0,204	0,57
Mutter Uni	1,988+	1,79	-0,020+	-0,05
Alleinerziehend	0,085	0,07	0,785+	1,66
Mutter deutscher Herkunft	0,269	0,29	-0,447	-1,21
Haushaltseinkommen	0,266	1,14	0,090	0,95
Westdeutschland	-1,658+	-1,67	-1,219**	-3,06
Ländliche Region	0,845	0,97	0,258	0,74
Verdichtungsraum	0,869	1,08	-0,085	-0,27
N	207		210	
Adjusted R-squared	0,3030		0,3968	

Anmerkung: Für Missings in den Kontrollvariablen wurde kontrolliert.
** = p < 0,01, * = p < 0,05, + = p < 0,10.
Quelle: SOEP 2006, eigene Berechnungen.

5 Zusammenfassung und Forschungsausblick

Über die Hälfte aller Kinder unter sechs Jahren nutzen in Deutschland informelle Förderangebote. Für jüngere Kinder ist dieser Anteil etwas niedriger. Fest steht damit, dass informelle Förderangebote ein wichtiger und quantitativ bedeutsamer Bestandteil der vielfältigen Angebote für Kinder sind, die bei der Analyse von Bildungsorten und Lernumwelten der frühen Kindheit nicht außen vor gelassen werden sollten. Die Ergebnisse auf der Basis des SOEP haben außerdem gezeigt, dass etwa 69% der Nutzer nur ein Förderangebot und nicht mehrere Angebote gleichzeitig nutzen. Damit liefert diese Studie keine empirischen Hinweise dafür, dass junge Kinder alleine durch die Inanspruchnahme mehrerer außerhäusiger Aktivitäten und Förderangebote „überfordert" werden. Bivariate Analysen legen nahe, dass bis zum Alter von 4 Jahren in Westdeutschland informelle Förderangebote anstelle von formalen Förderangeboten, wie Kindertageseinrichtungen, genutzt werden, während sie bei älteren Kindern eher einen komplementären bzw. additiven Charakter haben. Allerdings weisen die Ergebnisse der multivariaten Analysen darauf hin, dass der „substitutive" Charakter bei jüngeren Kindern nicht bestätigt werden kann, wenn für sozioökonomische Merkmale kontrolliert wird. Für Kinder im Kindergartenalter (3-5 Jahre) bestätigt sich in der multivariaten Analyse, dass sowohl formale als auch informelle Betreuungsformen genutzt werden. Wenn davon ausgegangen wird, dass die Betreuung eines Kindes in einer Kindertageseinrichtung einen positiven Entwicklungseffekt hat und Kinder signifikant fördert,[13] so muss konstatiert werden, dass diese Kinder noch eine zusätzliche Förderung über informelle Angebote erhalten. Damit können sich ceteris paribus spätere Bildungsungleichheiten, die auf den Besuch einer Kindertageseinrichtung zurückzuführen sind (vgl. dazu z.B. Büchner/Spieß 2007), noch verstärken.

Die Ergebnisse dieser Analyse weisen auch darauf hin, dass es sinnvoll sein kann, die vielen Bildungsorte in der frühen Kindheit in ihrem komplexen Zusammenwirken in den Blick zu nehmen und über die notwendige Kooperation aller am Bildungsgeschehen beteiligten Akteure nachzudenken. Dies ist auch deshalb notwendig, weil Kinder an den verschiedenen Lernorten mit unterschiedlichen Erwartungen konfrontiert werden. Die Forderung, dass Kindertageseinrichtungen nicht als ein in sich geschlossener, von der Umwelt abgeschotteter Bildungsort verstanden werden sollen, muss demnach auch für informelle Förderangebote gelten; dabei ist insbesondere an staatlich geförderte Aktivitäten zu denken.[14] Sie sollten verstärkt mit den Angeboten in Kindertageseinrichtungen kooperieren und sich im günstigsten Fall aufeinander beziehen.

Die Ergebnisse zeigen außerdem, dass ein höheres Bildungsniveau der Mutter und ein höheres Haushaltseinkommen die Wahrscheinlichkeit erhöhen, informelle Förderangebote zu nutzen. Die aus der empirischen Bildungsforschung bekannten Ungleichheiten (vgl. statt vieler Shavit/Blossfeld 1993) machen sich demnach auch im Bereich frühkindlicher informeller Förderangebote fest: Ähnlich wie bei der Bildungsbeteiligung in Kindertageseinrichtungen und Schulen hängen die Beteiligungschancen der Kinder in dem untersuchten frühkindlichen Bereich ebenfalls vom sozialen Status der Herkunftsfamilie ab. Aus bildungspolitischen Gründen sollte demnach diskutiert werden, inwiefern – noch stärker als bisher – staatlich geförderte Anbieter, wie z.B. Turnvereine und Musikschulen, in ihren Gebührenordnungen das Haushaltseinkommen berücksichtigen. Dies wird durch den empirischen Befund bestärkt, dass Kinder aus Haushalten mit einem höheren Einkommen mehrere Förderangebote gleichzeitig nutzen im Vergleich zu Kindern aus einkommensschwächeren Haushalten. Bemerkenswert ist, dass Kinder mit einer nicht deutschen Mutter tendenziell eher Eltern-Kind-Gruppen nutzen als andere Angebote, sofern sie dies überhaupt tun. Hier sollte vor dem Hintergrund integrationspolitischer Überlegungen darüber nachgedacht werden, wie diese Familien sehr früh noch stärker als bisher über entsprechende Eltern-Kind-Gruppen erreicht werden können, um zum Beispiel auch einen potentiellen Sprachförderbedarf von Kindern festzumachen. Dabei könnten zum Beispiel Kinderärzte oder auch andere Familienbildungsstätten verstärkt diese Personengruppen auf existierende Angebote im kommunalen Nahraum hinweisen.

Unsere Ergebnisse weisen ferner darauf hin, dass es einen statistisch signifikanten Zusammenhang zwischen dem Entwicklungsstand von Kindern, gemessen an deren adaptivem Verhalten, und der Nutzung informeller Förderangebote gibt. Insbesondere Kinder, die turnen oder schwimmen, sind in ihrer Entwicklung ceteris paribus weiter als die entsprechende Referenzgruppe. Dabei kann diese Studie nichts über die Richtung des Wirkungszusammenhangs aussagen. Nehmen weiter entwickelte Kinder eher an sportlichen Aktivitäten teil oder führt die Teilnahme an sportlichen Aktivitäten zu einem höheren Entwicklungsstand? Mit weiteren Wellen des SOEP, die künftig die Teilnahme an informellen Förderangeboten erfassen, werden die Möglichkeiten entsprechender Analysen zunehmen, da sich u.a. auch die Fallzahlen vergrößern werden. Hinzu kommt, dass in künftigen Wellen zusätzliche Entwicklungsmaße für Kinder erfasst werden: Im Jahr 2008 wird so z.B. ein Index zur Darstellung des sozialen Verhaltens von Kindern im Vorschulalter eingeführt. Mittelfristig wird es auf der Basis des SOEP möglich sein zu analysieren, inwiefern der Besuch frühkindlicher informeller Aktivitäten auch den Bildungserfolg von Schulkindern erhöht. Erst dann lässt sich feststellen, ob potentielle positive Effekte der Nutzung informeller Förderangebote auf die Entwicklung eines Kindes bis ins Schul- bzw. Jugendalter erhalten bleiben oder bereits im Schulalter durch andere Aktivitäten kompensiert werden. Für eine endgültige fundierte Bewertung informeller Förderangebote auch in qualitativer und nicht nur quantitativer Hinsicht sind solche längsschnittlich orientierten Wirkungsstudien notwendig.

Anmerkungen

1 Zerle (2008) weist in ähnlichem Zusammenhang zu Recht auf die Definition des UNESCO Weltbildungsberichts hin, der informelles Lernen als einen lebenslangen Prozess bezeichnet, bei dem das Individuum Einstellungen, Fertigkeiten und Wissen aus täglichen Erfahrungen und dem bildenden Einfluss seiner Umwelt erwirbt. Im Gegensatz dazu versteht er unter formaler Bildung ein hierarchisch strukturiertes, chronologisch aufgebautes „Bildungssystem", das von der Primarstufe bis zur Universität geht und zusätzlich zu dem akademischen Bereich eine Vielzahl an spezialisierten Programmen und Institutionen für technische und berufliche Ausbildung beinhaltet (UNESCO 2000, S. 45). Wie im Folgenden noch ausgeführt, betrachten wir in diesem Beitrag demnach Angebote des informellen Lernens.
2 Vgl. dazu Bundesregierung (2007). Auch andere Akteure – wie z.B. der Präsident des Deutschen Städte- und Gemeindebundes – forderten Gutscheine beim Betreuungsgeld, die für Sprachförderung oder Kleinkindschwimmkurse ausgegeben werden könnten (vgl. dazu eine entsprechende Meldung in der Passauer Neuen Presse vom 3. November 2007 „Städte- und Gemeindebund für Gutscheine beim Betreuungsgeld").
3 Vgl. auch Büchner/Wagner (2006).
4 Auch die Studie von Fussan (2006) kann als „Wirkungsstudie" verstanden werden: Kinder, die in einem Sportverein aktiv sind, geben seltener an, sich als Außenseiter zu fühlen, und haben weniger Schwierigkeiten, einen Freund zu finden. Vgl. auch Krüger/Kötters (2000).
5 Zur Wirkungsforschung i.w.S. von musischen Aktivitäten, vgl. z.B. BMBF (2006).
6 Der SOEP-Datensatz wird universitären Forschungseinrichtungen im In- und Ausland für Forschung und Lehre weitergegeben. Umfangreiches Dokumentationsmaterial steht in deutscher und englischer Sprache auch online zur Verfügung, vgl. http://www.diw.de/soep und Wagner/Frick/Schupp (2007). Alle SOEP-Fragebögen sind online verfügbar, vgl. http://www.diw.de/deutsch/soep/service_amp_dokumentation/frageb_ouml_gen/32045.html.

7 Für einen Überblick über diese altersspezifischen Erhebungsinstrumente im SOEP und das daraus resultierende Potential für verhaltenswissenschaftliche Analysen, vgl. auch Schupp/Spieß/Wagner (2008).
8 Wir berücksichtigen nur die sportlichen und kulturellen Aktivitäten der Mutter und nicht des Vaters, da davon auszugehen ist, dass bei sehr jungen Kindern vorrangig die Mütter mit den Kindern entsprechende Aktivitäten durchführen.
9 Wie einschlägige Untersuchungen, vgl. z.B. Cawley/Spiess (2008) zeigen, existiert ein signifikanter Zusammenhang zwischen dem adaptiven Verhalten von Kindern und ihrem BMI (Body Mass Index), einem zentralen Maß, was auch den Gesundheitszustand von Kindern charakterisiert.
10 Vgl. Zerle (2007, 2008) für eine entsprechende Verteilung der Nutzung auf die erfassten Angebote durch 5-6 Jährige auf der Basis des DJI Kinderpanels.
11 Die multivariaten Schätzungen basieren auf einer Stichprobe von 1.622 Kindern, die zuvor vorgestellten bivariaten Ergebnisse auf einer Stichprobengröße von 1.643 Kindern. 21 Beobachtungen mussten aufgrund fehlender Informationen zu Merkmalen von Mutter und Haushalt von den Regressionsanalysen ausgeschlossen werden.
12 Es kann vermutet werden, dass dies auch mit der geringeren Varianz dieser Fertigkeiten zusammenhängt, wie sie sich in der SOEP-Stichprobe darstellt (vgl. dazu Schmiade/Spiess/Tietze 2008).
13 Dabei muss davon ausgegangen werden, dass es sich um eine pädagogisch gute Qualität einer Betreuung in Kindertageseinrichtungen handelt, da nur diese die Entwicklung eines Kindes positiv beeinflusst (vgl. statt vieler Roßbach 2005).
14 Allerdings ist es auf der Basis dieser ersten repräsentativen Ergebnisse zur Nutzung informeller Förderangebote in der frühen Kindheit nicht gerechtfertigt von einer „Entgrenzung" des Kindergartens auszugehen, vgl. für eine entsprechende Diskussion von Schule und außerschulischen Freizeitaktivitäten von Kindern Fölling-Albers (2000).

Anschrift der Verfasserinnen: Grit Mühler, Zentrum für Europäische Wirtschaftsforschung (ZEW) GmbH, L 7,1 D-68161 Mannheim, Tel: 0621 1235-152, Fax: 0621 1235-225, E-Mail: muehler@zew.de; Prof. Dr. C. Katharina Spieß, DIW Berlin (German Institute for Economic Research), Mohrenstrasse 58, D-10117 Berlin, Tel.: 030 89789-254, Fax: 030 89789-109, E-Mail: kspiess@diw.de

Literatur

Alt, C. (2005): Das Kinderpanel. Einführung. In: Alt, C. (Hrsg.): Kinderleben – Aufwachsen zwischen Familie, Freunden und Institutionen. Band 1: Aufwachsen in Familien. – Wiesbaden, S. 7-22.
Barron, J. M./Ewing, B. T./Waddell, G. L. (2000): The Effects of High School Athletic Participation on Education and Labor Market Outcomes. In: The Review of Economics and Statistics, Vol. 82, pp. 409-421.
Betz, T. (2006): Milieuspezifisch und interethnisch variierende Sozialisationsbedingungen und Bildungsprozesse von Kindern. In: Alt, C. (Hrsg.): Kinderleben – Integration durch Sprach? Band 4: Bedingungen des Aufwachsens von türkischen, russlanddeutschen und deutschen Kindern. – Wiesbaden, S. 117-153.
BMFSFJ – Bundesministerium für Familie, Senioren, Frauen und Jugend (2006): 12. Kinder- und Jugendbericht der Bundesregierung. – Berlin, Bundestagsdrucksache 15/6014.
Bien, W./Rauschenbach, T./Riedel, B. (Hrsg.) (2006): Wer betreut Deutschlands Kinder? – Weinheim.
BMBF - Bundesministerium für Bildung und Forschung (2006): Macht Mozart schlau? Die Förderung kognitiver Kompetenzen durch Musik – Berlin.

Büchner, C./Spiess, C. K. (2007): Die Dauer vorschulischer Betreuungs- und Bildungserfahrungen: Ergebnisse auf der Basis von Paneldaten. DIW Discussion Papers No. 687. – Berlin.
Büchner, C./Wagner, G.G. (2006): Eine empirische Bestandsaufnahme außerfamiliärer und außerschulischer Bildungs- und Lernwelten. Ergänzungen und vertiefende Analysen im Anschluss an den 12. Kinder- und Jugendbericht, DIW Research Note Nummer 11, Berlin.
Bundesregierung (2007): Regierungspressekonferenz vom 6. August 2007. – REGIERUNGonline: URL: http://www.bundesregierung.de/nn_1516/Content/DE/Mitschrift/Pressekonferenzen/2007/08/2007-08-06-regpk.html – Download vom 27. März 2008.
Cawley, J./Spiess C. K. (2008): Obesity and Developmental Functioning Among Children Aged 2-4 Years. Erscheint in: Economics and Human Biology.
Citlak, B./Leyendecker, B./Schölmerich, A. (2007): Vorbereitung auf die Schule – Deutsche und zugewanderte Familien im Vergleich. Poster der DGFE Tagung in Wuppertal am 19.-21. März 2007.
Coleman, J. (1990): Foundation of Social Theory. – Cambridge.
Coneus K./Pfeiffer, F. (2007): Self-productivity in early childhood. ZEW Discussion Paper No. 07-053. – Mannheim.
Cornelißen, T./Pfeifer C. (2007): The Impact of Participation in Sports on Educational Attainment: New Evidence from Germany. IZA Discussion Paper No. 3160. – Bonn.
DJI - Deutsches Jugendinstitut (Hrsg.) (2008): Zahlenspiegel 2007. Kindertagesbetreuung im Spiegel der Statistik. – München.
ECCE - European Child Care and Education - Study Group (1999): European Child Care and Education Study. School-age Assessment of Child Development: Long-term impact of Pre-school Experiences on School Success, and Family-School Relationships. Final Report for Work Package # 2. Submitted to European Union DG XII. Science, Research and Development RTD Action: Targeted Socio-Economic Research. – Berlin: Freie Univrsität Berlin.
Erlinghagen, M./Frick, J. R./Wagner, G. G. (2006): Ein Drittel der 17-jährigen Jugendlichen in Deutschland treibt keinen Sport. In: DIW-Wochenbericht, Jg. 73, S. 421-427.
Fölling-Albers, M. (2000): Entscholarisierung von Schule und Scholarisierung von Freizeit? Überlegungen zu Formen der Entgrenzung von Schule und Kindheit. In: Zeitschrift für Soziologie der Erziehung und Sozialisation, 20. Jg., H. 2, S. 118-131.
Fussan, N. (2006): Einbindung Jugendlicher in Peer-Netzwerke: Welche Integrationsvorteile erbringt die Mitgliedschaft in Sportvereinen? In: Zeitschrift für Soziologie der Erziehung und Sozialisation. 26. Jg. H. 4. S. 383-402.
Greene, W. H. (2003): Econometric Analysis. – New Jersey.
Hasenberg, R./Zinnecker, J. (1996): Sportive Kindheit. In: Zinnecker, J./Silbereisen, R. K. (Hrsg): Kindheit in Deutschland. Aktueller Survey über Kinder und ihre Eltern. – Weinheim, S. 105-136.
Knödel, P. (1983): Erziehungseinstellungen, Einstellungsänderungen und Mutter-Kind-Interaktionen – eine Untersuchung an Müttern, die an einem Kurs zum Prager-Eltern-Kind Programm teilnehmen. Unveröffentlichte Diplomarbeit. – Münster: Westfälische Wilhelms-Universität Münster.
Krüger, H.-H./Kötters, C. (2000): Schule und jugendliches Freizeitverhalten. In: Krüger, H.-H./Grundmann, G./Kötters, C. (Hrsg.): Jugendliche Lebenswelten und Schulentwicklung. Ergebnisse einer quantitativen Schüler- und Lehrerbefragung in Ostdeutschland. – Opladen, S. 111-146.
Landvoigt, T./Muehler G./Pfeiffer F. (2007): Duration and Intensity of Kindergarten Attendance and Secondary School Track Choice. ZEW Discussion Paper No. 07-051. – Mannheim.
Long, J. E./Caudill S. B. (1991): The Impact of Participation in Intercollegiate Athletics on Income and Graduation. In: The Review of Economics and Statistics, Vol. 73, pp. 525-531.
Lösel et al. 2006 = Lösel, F./Schmucker, M./Plankenstein B./Weiss M. (2006): Bestandsaufnahme und Evaluation von Angeboten im Elterbildungsbereich – Abschlussbericht. – Nürnberg.
McNulty Eitle, T./Eitle D. J. (2002): Race, Cultural Capital, and the Educational Effects of Participation in Sports. In: Sociology of Education, Vol. 75, pp.123-146.
Mcintosch, D. (1981): Inequalities in Sport and Physical Activity Programs in Ontario Schools. In: Interchange, Vol. 12, pp. 61-68.
Roßbach, H.-G. (2005): Effekte qualitativ guter Betreuung, Bildung und Erziehung im frühen Kindesalter auf Kinder und ihre Familien. In: Sachverständigenkommission Zwölfter Kinder- und Jugend-

bericht (Hrsg.) (2005): Bildung, Betreuung und Erziehung von Kindern unter sechs Jahren. – München, S. 55-174.
Robert-Koch-Institut (Hrsg.) (2006): Die Ergebnisse der KiGGS-Studie zur Gesundheit von Kindern und Jugendlichen in Deutschland. – Berlin.
Shavit, Y./Blossfeld H.-P. (Eds.) (1993): Persistent Inequality. Changing Educational Attainment in Thirteen Countries. – Boulder.
Schmiade, N./Spieß C.K./Tietze, W. (2008): Zur Erhebung des adaptiven Verhaltens von zwei- und dreijährigen Kindern im Sozio-oekonomischen Panel (SOEP). SOEP Paper Nummer 116, Berlin.
Schupp, J. (2007): Music and Educational Achievement Cognitive Effects of Active Practice of Music. Präsentation in Forschungsseminar zu experimenteller Wirtschaftsforschung. – Universität Zürich am 08.Juni 2007.
Schupp, J./Spieß, K.C./Wagner, G. G. (2008): Die verhaltenswissenschaftliche Weiterentwicklung des Erhebungsprogramms des SOEP. In: Vierteljahrshefte zur Wirtschaftsforschung, Volume 77, pp. 63-76.
Sparrow, S.S./Balla, D.A./Cicchetti, D. V. (1984): Vineland Adaptive Behavior Scale. A revision of the Vineland Social Maturity Scale by Edbar A. Doll. Survey Form Manual. American Guidance Service. – Circle Pines.
Spiess, C. K. (2008): Early Childhood Education and Care in Germany: The Status Quo and Reform Proposals. In: Zeitschrift für Betriebswirtschaftslehre, Vol 67, pp. 1-20.
Tietze et al. 1998 = Tietze, W. (Hrsg.) Meischner, T./Gänsfuß, R./Grenner, K./Schuster, K.-M./Völkel, P./Roßbach, H.G. (1998): Wie gut sind unsere Kindergärten? Eine Untersuchung zur pädagogischen Qualität in deutschen Kindergärten. – Weinheim.
Tietze et al. 2007 = Tietze, W./Pattloch, D./Schlecht D./Braukhane K. (2007): Pädagogische Qualität in Tagespflegestellen im Land Brandenburg. Abschlussbericht. – URL: Mai 2008.http://www.mbjs.brandenburg.de/media/lbm1.a.1231.de/vollversion_tagespflegemessung.pdf. – Download vom 15. Mai 2008.
UNESCO (2000): World Education Report 2000. The Right to Education: Towards education for all throughout life. – Paris.
Wagner, G. (1997): Die Sportpartizipation von Jugendlichen und Erwachsenen in Ost- und Westdeutschland – Querschnitts- und Längsschnittsanalysen für die Jahre 1988/90, 1992 und 1994. In: Baur, J. (Hrsg.): Jugendsport - Sportengagements und Sportkarrieren. – Aachen, S. 95-108.
Wagner, G./Frick, J.R./Schupp, J. (2007): The German Socio-Economic Panel Study (SOEP): Scope, Evolution and Enhancements. In: Schmollers Jahrbuch 127, S. 139-170.
Zerle, C. (2007): Wie verbringen Kinder ihre Freizeit? In: Alt, C. (Hrsg.): Kinderleben – Start in die Grundschule. Band 3: Ergebnisse aus der zweiten Welle. – Wiesbaden, S. 243-270
Zerle, C. (2008): Lernort Freizeit: Die Aktivitäten von Kindern zwischen 5 und 13 Jahren. – mimeo.

Detlef Diskowski

Bildungspläne für Kindertagesstätten – ein neues und noch unbegriffenes Steuerungsinstrument

Zusammenfassung:
Der Autor beschreibt das Steuerungsdefizit in der Kindertagesbetreuung, der ihre Herkunft aus der Fürsorge bis heute anhaftet. Der Staat hat sich zurückzuhalten, hat das Erziehungsrecht der Eltern und die Trägerhoheit zu achten und zu fördern. Vor einem solchen Hintergrund stellt die Einführung von Bildungsplänen eine neue und mit den Traditionen radikal brechende Entwicklung dar. Das sich hiermit anbahnende Ende der fachlich-inhaltlichen Beliebigkeit wird als Fortschritt angesehen, dessen Bedeutung für die Kindertagesbetreuung kaum zu überschätzen sei. Im Mittelteil des Beitrags wird anhand einiger ausgewählter Aspekte der Bildungspläne ein Überblick über den Stand der Entwicklung gegeben. Im letzten Teil mahnt der Autor die noch ausstehende Reflektion dieses neuen Steuerungsinstruments an. Diese sei erforderlich, um Über- aber auch Unterschätzungen der möglichen Wirkungen zu vermeiden. Eine solche Reflektion sollte eine mehrperspektivische sein, die praktisch-pädagogische, konzeptionelle, theoretische wie auch rechtlich-politische Aspekte einbezieht. Die empfohlene Weiterentwicklung der Bildungspläne sollte sich auf die Herausarbeitung des träger- und konzeptunabhängigen normativen Kerns konzentrieren und Vermischungen mit pädagogischen Handlungskonzepten vermeiden.

Schlüsselwörter: Bildungspläne – Kindertagesbetreuung – Kompetenzen – Steuerung

Abstract:
Educational Plans for Kindergartens – A new and unrecognized steering instrument. The author describes the lack of policy in childcare provision, where the traditional elements of charity and social care still dominate. According to this concept, government is therefore expected to stand back, to respect the rights of parents in education, and to support and promote the non-governmental providers of childcare. The introduction of educational planning and of curricula is a new development that challenges this tradition radically. We see the abolishment of educational arbitrariness as progress that can hardly be overestimated in its importance for childcare. The middle section of the article gives an overview of the current status of development by citing selected aspects of educational curricula. In the last section the author argues for the evaluation of this new steering instrument in order to gain realistic information about its effects. Such evaluation should be multi-dimensional, including pedagogical, conceptual, theoretical, and legal and political aspects. The further development of educational policy should then concentrate on a normative core and should avoid interfering with the concepts and pedagogical action of daycare providers.

Keywords: child daycare – competencies – educational curricula – steering

Vorbemerkung zur vernachlässigten Klärung der Begriffe

Im Folgenden wird der Begriff „Bildungsplan" als Sammelbegriff für die normativen Setzungen der Bundesländer zur fachlichen Bestimmung der Kindertagesbetreuung verwendet. Dies ist aus mehreren Gründen unscharf. Zum einen charakterisieren die tatsächlichen Bezeichnungen („Empfehlung", „Grundsätze", „Programm", „Plan") das Vorhaben zuweilen deutlicher. Zum anderen ist der Umgang mit dem Bildungsbegriff etwas leichtfertig; zu fragen wäre, ob es sich – in Anlehnung an Laewen und Andres (2002) – nicht eher um „Erziehungspläne" als um „Bildungspläne" handelt. Dies wäre jedenfalls so, wenn man „Bildung" als die Tätigkeit der Kinder betrachtet und „Erziehung" als die beantwortende und herausfordernde Aktivität der Erwachsenen. Diese Frage muss hier vernachlässigt werden, und es bleibt beim alltagssprachlich verwendeten Begriff, obwohl eine genauere Betrachtung angesichts der unklaren Begriffsverwendung auch und gerade in den Plänen zeigt, wie nötig eine Begriffsklärung wäre. So führen schon 8 der 16 Pläne „Bildung und Erziehung" im Titel, ohne dass jeweils deutlich würde, ob es sich hierbei um mehr als Synonyme handelt. Konsequent – aufgrund dieser fehlenden Klarheit – verzichtet dann auch der „Gemeinsame Rahmen der Länder für die frühe Bildung in Kindertageseinrichtungen" bewusst auf eine Abgrenzung der Begriffe „Bildung" und „Erziehung" (Jugendministerkonferenz und Kultusministerkonferenz 2004).

1 Das traditionsbedingte Steuerungsdefizit in der Kinder- und Jugendhilfe

Innerhalb einer relativ kurzen Zeit, zwischen Jahresende 2002 und Frühling 2006, haben alle Bundesländer Bildungspläne erarbeitet und veröffentlicht. Während die Pläne und die Auseinandersetzung mit ihnen im formalen Bildungssystem eine lange Tradition haben, ist die Frage der Standardsetzung und der fachlichen Steuerung für die westdeutsche Kindertagesbetreuung relativ neu. So ist die Selbstverständlichkeit, mit der für die Kindertagesbetreuung auf dieses Steuerungsinstrument zurückgegriffen wurde, auf eine nur scheinbare Vertrautheit hiermit zurückzuführen, die offenbar eine reflektierende Meta-Diskussion überflüssig machte. Dabei wäre dies – insbesondere wegen der speziellen Verfasstheit der Kinder- und Jugendhilfe – erforderlich. Denn Steuerung, als zielgerichtete Einflussnahme zur Erreichung beabsichtigter Wirkungen, ist im Feld der Kindertagesbetreuung unterentwickelt und die Bildungspläne stellen einen radikalen Veränderungsschritt dar.

Hinsichtlich ihrer Rechts- und Organisations-Strukturen (wie auch des Fachkräftestatus und einiger fachlicher Sichtweisen) kann die Kindertagesbetreuung ihre Herkunft aus der Fürsorge nicht verbergen. Sie hat immer noch mit dem Missverständnis zu kämpfen, als Hilfe für solche Familien zu gelten, die ihre ureigenste Aufgabe, die Erziehung ihrer Kinder, nicht selbst erfüllen können. Relativ neu ist die Aufgabenzuschreibung der Kindertagesstätten als Einrichtung der Bildung, Erziehung und Betreuung für *alle* Kinder[1]. Finanzausstattung, Verantwortungsstrukturen, Ausbildung und Bezahlung der Fachkräfte – womöglich alle heute beklagten Entwicklungshemmnisse – sind Erbschaften dieser Herkunft aus der Fürsorge. Wo nur den Bedürftigen geholfen wurde und die Unzulänglichkeiten ihrer Familien auszugleichen waren, hatte sich der Staat[2] immer zurückgehalten und die Verantwortung, die Zuständigkeit und die fachliche Kompetenz der Wohlfahrt und ihren Organisationen übertragen (vgl. Diskowski 2006). Dieser zurückhaltende Staat nimmt seine Verantwortung wahr als (finanzielle) Förderung; er begleitet die eigenverantwortliche Arbeit der freien Träger durch fachliche Impulse in Form von Modellprojekten, Veröffentlichungen und Fachveranstaltungen und sichert Minimalvoraussetzungen ab durch das Erfordernis einer Betriebs- oder Pflegeerlaubnis nach den §§ 43 und 45 SGB VIII.

Diese Zurückhaltung bringt schon der Begriff „Förderung" zum Ausdruck, mit dem die Finanzbeteiligung des Staates auch an der Kindertagesbetreuung bezeichnet wurde.[3] Haushaltsrechtlich ist eine Förderung die freiwillige finanzielle Beteiligung an einem Vorhaben, für das der freie Träger die inhaltliche und auch die finanzielle Verantwortung übernimmt. Der Staat „gibt etwas dazu", weil ihm das Engagement des freien Trägers „förderungswürdig" erscheint. Bei dieser Finanzierungsart ist in der Regel eine Vollfinanzierung ausgeschlossen (schließlich hat nicht der Staat, sondern der freie Träger das Hauptinteresse und die Verantwortung) und bis heute gibt es – trotz Rechtsanspruch – die Erwartung an eine nicht unerhebliche Eigenleistung des Trägers für die Bereitstellung einer gesetzlich verbürgten Leistung. Gleichsam als Gegenleistung hierfür ist dem Träger die inhaltliche Kompetenz, die Nichteinmischung in die Art seiner Aufgabenerfüllung und sogar der Vorrang vor öffentlichen Angeboten zugesichert (vgl. § 4 SGB VIII).

Auch rechtlich hielt sich der Staat zurück. Bis Anfang der 80er Jahre gab es gerade in sechs Bundesländern überhaupt Kindergartengesetze, die sich zudem entweder als Bildungsgesetze verstanden (Bayern 1972 und Saarland 1975) oder eher allgemeine Ausführungsgesetze zum JWG waren (Rheinland-Pfalz 1970, Nordrhein-Westfalen 1971, Baden-Württemberg 1972 – Ausnahme: das Kindergarten- und Hortgesetz in Bremen 1979). Trotz dieser langen rechtlichen Unbestimmtheit, der fachlichen Zurückhaltung und dem Primat der freien Träger wurde – kontrastierend zu dieser unbestreitbaren Unterregulierung – dem Bereich vielfach eine Überregulierung zugeschrieben. Diese Auffassung wurde und wird immer noch gerne durch vielfältige Anekdoten über die Normierung des Abstands der Handtuchhalter und der Höhe der Toilettenbecken illustriert. Befragt auf ihren Ursprung offenbaren sich „Gespenstervorschriften", die zwar jeder kennt, die aber nicht belegbar sind. Bestenfalls offenbaren sich hinter solchen Beispielen vermeintlicher Überregulierung Einzelfälle aus der Tätigkeit der Landesjugendämter im Rahmen der Erlaubniserteilung. Diese Erlaubniserteilung, ausgeformt als vorsorgliche Prüfung einiger Rahmenbedingungen, soll das Wohl der betreuten Kinder gewährleisten und war in der Vergangenheit der einzig zulässige Eingriff in das freie Gestaltungsrecht des Trägers.

Soweit überhaupt Standards bestehen, entstammen sie dem allgemeinen Baurecht, dem allgemeinen Brandschutz oder den Bestimmungen für Gemeinschaftseinrichtungen. Pädagogisch begründete Standards gab und gibt es dagegen relativ wenig. Nicht einmal verbindliche Personal- oder Raumstandards gibt es in allen Ländern. Vielmehr galt lange Jahre die Maxime der Deregulierung, des Abbaus von Normen und Standards, der Dezentralisierung von Verantwortung – und als Folge zentrale Verantwortungslosigkeit. Prozess-Standards oder fachliche Ziele als verbindliche Vorgaben waren nicht vorhanden. Fthenakis et al. (2003b) ist vorbehaltlos zuzustimmen, wenn sie diese Steuerungsmängel als Innovationshemmnis angriffen und insbesondere auf Landesebene eine stärkere und neue Steuerung anmahnten.

2 Was darf der Staat?

Man muss noch einmal die traditionell bedingte zurückhaltende Rolle insbesondere der Länder betrachten, um sich der Radikalität des Vorhabens bewusst zu werden, verbindliche Bildungspläne einzuführen. Ohne mit einem eigenen Bildungs- und Erziehungsauftrag ausgestattet (wie im Schulwesen), ohne die Gesamtverantwortung für das Angebot (die beim Landkreis/der kreisfreien Stadt liegt), ohne Allzuständigkeit für die Belange der örtlichen Gemeinschaft (die die Gemeinden haben) reklamieren die Bundesländer eine öffentliche Verantwortung für Inhalte und für Ergebnisse der Kindertagesbetreuung!

Die zuvor zurückhaltende Bestimmung der Rolle des Staates (insbesondere die Scheu vor jeder Einmischung in die Familienerziehung) war eine Abwehr gegen Eingriffe eines autoritären Staates – angesichts der deutschen Geschichte aus nachvollziehbaren Gründen. Es ist aber kaum zu übersehen, dass die Annahme einer grundsätzlichen Deckung von Elternrecht und Kindesrecht nicht haltbar ist. Der Rückzug von Eltern aus der Erziehungsverantwortung ist kein Phänomen kleiner Randgruppen. Auch zeigt sich immer stärker, dass die Privatisierung der Sorge für die nachfolgende Generation schon aus demografischen und familienpolitischen Gründen kaum zukunftsfähig ist. Wenn dann auch noch die Annahme eines Bildungsbeginns mit dem Schuleintritt sich als so gründlich falsch erweist, ist die Konzentration der öffentlichen Verantwortung auf die Schulzeit nicht länger begründbar. Ein Staat, der in der Bildung die ersten Lebensjahre vernachlässigt, riskiert die Bildungschancen benachteiligter Kinder im Besonderen und die Zukunftchancen aller Kinder im Allgemeinen.

Anklänge für eine erforderliche Neubestimmung staatlicher Verantwortung finden sich im 11. Kinder- und Jugendbericht des Bundes, in dem „die Kommission ein neues Verständnis von öffentlicher Verantwortung für das Aufwachsen von Kindern und Jugendlichen (fordert): Staat und Gesellschaft müssen die Lebensbedingungen von Kindern und Jugendlichen so gestalten, dass die Eltern und die jungen Menschen für sich selbst und für einander Verantwortung tragen können." (BMFSFJ 2001, S. 42) „Aufwachsen in öffentlicher Verantwortung" war dort vorrangig verstanden als Verantwortung für Rahmenbedingungen. Der 12. Kinder- und Jugendbericht geht hier einen Schritt weiter und thematisiert die anstehenden Fragen der Qualitätssicherung sowie der Steuerungssysteme (BMFSFJ 2005, insbesondere S. 347ff.).

3 Das Ende der Beliebigkeit!?

Seit den 1990er Jahren findet ein Umdenken statt, in dem sowohl die quantitativen Bedarfslücken als auch die Qualität und die Ergebnisse der Kindertagesbetreuung ins Blickfeld gerieten. Die Diskussion um die „neue Steuerung" und die Forderung nach Output- statt Inputsteuerung, das Wirken der OECD, des Forums Bildung sowie die Ergebnisse von internationalen Schulleistungsvergleichsstudien lassen diese erste öffentliche Bildungseinrichtung deutlich in den Brennpunkt rücken, und öffentlich wie politisch wird die Frage gestellt: „Wie gut sind unsere Kindergärten?" (Tietze et al. 1998)

Mit den Arbeiten von Schäfer (1995, 2003), Laewen und Andres (2002), Fthenakis (2003a), Preissing (2003) u.v.a. ist seitdem die Konzeptualisierung der Frühpädagogik und insbesondere der frühen Bildungsförderung wichtige Schritte vorangekommen.[4] Das wirklich *Neue* aber ist der durch die Bildungspläne eingeleitete Abschied von der Unverbindlichkeit. Vor kurzem wurden die aus der uneingeschränkten Trägerhoheit resultierende Vielfalt für eine Stärke der (west-)deutschen Kindertagesbetreuung und die DDR-Bildungspläne für ein typisches Beispiel eines reglementierenden Zentralismus betrachtet (vgl. dagegen Sasse 2004). Heute wird die andere Seite der Vielfalt, die Beliebigkeit, kritischer gesehen, und es werden Themen diskutiert, die noch vor wenigen Jahren kaum verhandelbar waren, wie z.B. die grundsätzliche Messbarkeit pädagogischer Qualität, die Berechtigung einer fachlichen Einflussnahme des Staates und das Erfordernis einer Überprüfung der Wirkungen pädagogischer Angebote. In Fachwissenschaft und Praxis hat die Befürchtung abgenommen, zur „Vor-Schule" zu werden, wenn man sich auch mit Anforderungen der kognitiven Entwicklung befasst. Man traut sich, „Bildungsbereiche" in den Bildungsplänen zu benennen, ohne reflexhaft das Aufkommen von Schulfächern in der Kindertagesstätte zu befürchten. Dass Kindertagesbetreuung als Thema von der Kultur-/Frauenseite der Zeitschriften in den Wirtschaftsteil gewandert ist und frühe Bildung auch als ökonomische Zukunftsfrage diskutiert wird, ist inzwischen eher Quelle von Selbstbewusstsein der Fachwelt als von Identitätskrisen.

Mit den vorliegenden Bildungsplänen der Bundesländer und dem von Jugendminister- und Kultusministerkonferenz (2004) gleichlautend beschlossenen gemeinsamen Rahmen für die frühe Bildung in Kindertageseinrichtungen ist ein großer Fortschritt erreicht worden, der in seiner Bedeutung für die Kindertagesbetreuung kaum zu überschätzen ist. Wenn die Kindertagesbetreuung den ihr gebührenden Platz als erstes öffentlich organisiertes und verantwortetes Bildungsangebot einnehmen soll, braucht es verbindlichere Rahmensetzungen. Dann muss ein neuer Weg gefunden werden, der die Stärke (aus der Vielfalt, Innovationskraft und Situationsorientiertheit) erhält und die Schwäche (der allgemeinen Beliebigkeit) vermeidet. Hier ist inzwischen viel erreicht und viel bewegt worden; aber es wäre fatal, mit diesen ersten Schritten zufrieden zu sein, die Wirkung und Bedeutung von Bildungsplänen zu überschätzen und sich darauf zu konzentrieren, sie nur „umsetzen" zu wollen. Diese ersten zaghaften Schritte sind erst der Anfang; der Stand muss noch sicherer und sich seiner selbst bewusster werden und dann sind weitere Schritte zu tun.

4 Ein grober Überblick über die Bildungspläne

Um den erreichten Stand der Steuerung durch Bildungspläne zu skizzieren, sollen im Folgenden zentrale Merkmale der Bildungspläne in Umrissen beschrieben sowie die Unterschiede, Übereinstimmungen und erste Anhaltspunkte für die Weiterentwicklung betrachtet werden (die Quellen für die Bildungspläne der Länder sind im Literaturverzeichnis getrennt ausgewiesen; für eine synoptische Darstellung aller Pläne vgl. http://www.mbjs.brandenburg.de/sixcms/detail.php/lbm1.c.235422.de).

4.1 Entwicklung der Pläne

Die Länder haben ihre Pläne zumeist als Erprobungsfassungen oder Entwürfe veröffentlicht, die erst nach einer breiteren öffentlichen Diskussion oder nach einer Erprobung in der Praxis Gültigkeit erlangen sollen.[5] Vorwiegend basieren diese Vorlagen auf *Gutachten* oder anderen von Wissenschaftlern erarbeiteten Vorlagen. Davon abweichend hat z.B. Rheinland-Pfalz den Entwurf von einem *Redaktionsteam* aus Träger- und Elternvertretern unter der Leitung des Ministeriums für Bildung, Frauen und Jugend erarbeiten lassen. Führt die Entwicklung der Entwürfe durch Gutachter in der Regel zu schnelleren und stringenteren Vorlagen, so schafft die Erarbeitung durch Träger- und Elternvertreter bei einer breiten Beteiligung sicherlich eine höhere Identifikation und Akzeptanz. Allerdings zeigten schon die ersten Arbeiten an den Entwürfen, dass sich die Vor- und Nachteile der jeweiligen Herangehensweisen ausgleichen, wenn die Vorentwürfe breit diskutiert und zum Teil erheblich überarbeitet werden.

4.2 Normativer Charakter des jeweiligen Vorhabens

Zuweilen deutet die genaue Benennung des Bildungsplans den normativen Charakter zaghaft an: der Bayerische Bildungs- und Erziehungs„plan", das Berliner Bildungs„programm", die Brandenburger „Grundsätze", die Nordrhein-Westfälische „Vereinbarung" und die Rheinland-Pfälzischen „Empfehlungen", die niedersächsischen oder baden-württembergischen „Orientierungspläne" usw. Betrachtet man die Pläne und ihre begleitenden Materialien jeweils genauer, wird deutlich, dass – unter gewisser Vernachlässigung von landesspezifischen Feinheiten – im Grunde drei unterschiedliche Wege beschritten werden: den der gesetzlichen Verpflichtung, den der finanziellen Bindung und den der vereinbarten Selbstbindung. Schaut man hinter die Oberfläche, reduziert sich dies weiter und lässt deutlich werden, dass die rechtliche und finanzielle Bindung als auf der gleichen Grundlage beruhend zu betrachten ist. Dabei gehen die Länder mit dem Begriff der Verbindlichkeit und der Bestimmung ihrer Gestaltungsabsichten insgesamt recht unbefangen oder sogar unbedarft um. Dies bezieht sich sowohl auf die Art und Weise, wie die Pläne jeweils Verbindlichkeit erlangen sollen, als auch die Frage, was denn jeweils verbindlich sein soll.

Rechtliche und finanzielle Bindung
In Brandenburg, Thüringen und Schleswig-Holstein wurde der Bildungsplan jeweils durch Gesetz zur verbindlichen Grundlage der Arbeit erklärt. In Bayern dient er als Normeninterpretation der „Ausführungsverordnung zum Bayerischen Kinderbildungs- und -betreuungsgesetz". Berlin geht den Weg einer finanziellen Bindung, indem die Finanzierungsvereinbarung der Stadt mit den freien Trägern an den Beitritt zur Qualitätsvereinbarung geknüpft ist. Wie schon angesprochen, müssen beide Wege als ihrem Wesen nach auf gleichen Grundlagen beruhend angesehen werden. Dies hat verfassungsrechtliche Gründe. Für eine gesetzliche Bestimmung eines näher bestimmten fachlichen Auftrags fehlt es der Kindertagesbetreuung an einer entsprechenden verfassungsrechtlichen Grundlage. Anders als das Schulwesen (gem. Art. 7 GG) hat die Kindertagesbetreuung keinen vom Willen der Eltern unabhängigen Bildungs- und Erziehungsauftrag. Vielmehr ist dieser durch den Betreuungsvertrag von den Eltern an den Träger übertragen. Der Staat, und hier ist die gesamte öffentliche Jugendhilfe wiederum mit einbegriffen, hat keine Legitimation, von Trägern die Erfüllung eines bestimmten Bildungs- und Erziehungsauftrages zu verlangen. Einzig über die oben angesprochene Erlaubniserteilung, die der Sicherstellung des Wohls der Kinder dient, kann die Erlaubnis zum Betrieb einer Einrichtung versagt oder mit Auflagen versehen werden. Die Durchsetzung eines bestimmten Bildungsprogramms ist keine Voraussetzung des Kindeswohls und daher auf diesem Wege sicherlich nicht durchsetzbar. Sehr wohl aber kann die Gewährung von öffentlichen Zuschüssen von der Erfüllung bestimmter Aufgaben abhängig gemacht werden. Letztlich sind also landesrechtliche Regelungen, die den Einrichtungsträgern die Berücksichtigung des Bildungsplans verbindlich vorgeben, als Voraussetzung für die Erlangung öffentlicher Zuschüsse zu werten – ob sie dies ausdrücklich so bestimmen oder nicht.

Bindung durch Konsens
Den entgegengesetzten Weg hinsichtlich des Charakters von Verbindlichkeit geht am konsequentesten das Land Rheinland-Pfalz, indem es „Empfehlungen" vorlegt, die auf einer breiten Basis erarbeitet und abgestimmt sind. Die normative Kraft dieser Empfehlungen soll sich durch die Akzeptanz der Trägerverbände und Fachkräfte entfalten.

Mittelwege und Suchbewegungen
Die meisten Länder bewegen sich hinsichtlich des Verbindlichkeitsgrads zwischen diesen beiden Polen; zuweilen deuten sie Verbindlichkeit an, ohne auszuführen, was denn jeweils in welcher Form verbindlich werden soll und was ggf. die Konsequenzen bei Nichteinhaltung sind. Als Beispiel mag hier der Orientierungsplan Baden-Württembergs dienen (da dieser als letzter veröffentlichter Plan die längste Zeit der Vorbereitung hatte), ohne dass aber dessen Unschärfen besonders herausstechen würden. „Im Sinne des Kindergartengesetzes von Baden-Württemberg sind in den Bildungs- und Entwicklungsfeldern verbindliche Ziele gesetzt, die angesichts der gegebenen Trägerpluralität noch weiter ausgestaltet werden können." Und weiter: „Verbindlich wird der weiterentwickelte Orientierungsplan für alle Einrichtungen im Kindergartenjahr 2009/2010." (Baden-Württemberg, Ministerium für Kultus, Jugend und Sport 2006, S. 8f.) Zusätzlich wird dann allerdings noch eine Vereinbarung zwischen den Landesministerien sowie den öffentlichen und freien Spitzenverbänden abgeschlossen, in der wiederum betont wird, dass die „vorgegebenen Zielsetzungen... für die Einrichtungen und die Träger verbindlich" seien. (ebd., S. 4) Allerdings finden sich weder im Gesetz Bestimmungen zur Verbindlichmachung des Orientierungsplans noch wären die Spitzenverbände aufgrund ihrer eigenen Verfasstheit befugt, für die ihnen angeschlossenen Träger von Einrichtungen die Anerkennung des Orientierungsplans – ohne eine ausdrückliche

Mandatierung – zu erklären. (Die Spitzenverbände sind selbst keine Träger von Einrichtungen, sondern Zusammenschlüsse von Trägern, die ihre Gestaltungshoheit i.d.R. nicht abgegeben haben.) Solcherart Erklärungen von Spitzenverbänden sind allenfalls als eine Art Hinwirkungsverpflichtung zu verstehen, die nur eine mittelbarer Wirkung auf die Träger selbst ausüben.

So unbestimmt das „WIE" der Verbindlichmachung ist auch das „WAS". Die „verbindlichen" Ziele der Bildungs- und Entwicklungsfelder sind als Tatsachenbeschreibungen formulierte Kompetenzen der Kinder: „Kinder erwerben Wissen über ihren Körper und entwickeln ein Gespür für seine Fertigkeiten" oder „Kinder beobachten ihre Umgebung genau, stellen Vermutungen auf und überprüfen diese." (ebd., S.75 und 103) Wie dies verbindliche Ziele jeder Kindertageseinrichtung in Baden-Württemberg sein sollen, erschließt sich vermutlich nur, wenn man an der Entstehung der Texte beteiligt war. Unter Steuerungsaspekten sind es sicherlich untaugliche Vorgaben – umso mehr, als die Gesamtbetrachtung des Orientierungsrahmens gerade nicht zu der Annahme führen kann, hier sollten Kompetenzniveaus von Kindern normiert werden. Immerhin folgen noch Hinweise auf einige Prozessstandards zur Beteiligung der Eltern, die ebenfalls verbindlich sein sollen (ebd., S. 69). Diese Hinweise sollen nicht die Bemühungen der Länder um Auswege aus der wenig zukunftsfähigen Beliebigkeit denunzieren; vielmehr sollen sie den rechtlichen und strukturellen Entwicklungsbedarf deutlich machen, der dem fachlichen Entwicklungsbedarf in Fragen einer Standardsetzung entspricht.

4.3 Geltungsbereich der Pläne

Es ist sicherlich nicht verwunderlich, dass die Altersgruppe der Kinder im Kindergartenalter die Hauptbezugsgruppe für die Bildungspläne darstellt; schon die Tatsache, dass diese Altersgruppe den Hauptteil der Kinder in der Kindertagesbetreuung ausmacht, legt dies nahe. Bemerkenswert ist aber für die westlichen Bundesländer, dass die Bildungsarbeit mit jüngeren Kindern in einigen Bundesländern mitbedacht wird. Dies spricht dafür, dass die Kleinstkindbetreuung aus ihrer Randposition herausgerückt ist und ihr Bildungsauftrag immer weniger bestritten wird. Darüber hinaus beziehen z.B. Rheinland-Pfalz und Brandenburg ihre Pläne grundsätzlich auch auf die Kinder im Schulalter; wenn auch in diesen Plänen keine besonderen Bemühungen erkennbar sind, die Bildungsarbeit mit dieser Gruppe näher zu bestimmen.[6]

Eine Ausnahme in den Länderplänen bildet die Eingrenzung auf das letzte Kindergartenjahr, die das Land Mecklenburg-Vorpommern vorgenommen hat. Allerdings handelt es sich bei dieser Beschränkung wohl nicht um eine fachliche oder fachpolitische Weichenstellung; vielmehr steht sie im Zusammenhang mit dem früheren Vorhaben, einen Halbtagsplatz im letzten Kindergartenjahr (eltern-)beitragsfrei zu stellen. Eine andere Besonderheit bildet Hessen (ebenso wie nun auch Thüringen) mit einem „Institutionen übergreifenden Bildungs- und Erziehungsplan (...), der den Orientierungsrahmen für die Bildung und Erziehung von Kindern von der Geburt bis zum Ende der Grundschulzeit bieten soll." (Hessisches Sozial- und Hessisches Kultusministerium 2005, S. 22) „Kindertageseinrichtungen und Schulen sollen damit zu einem aufeinander aufbauenden Bildungssystem zusammengeführt werden" (ebd., S. 21). Dieses ambitionierte und in der Perspektive der Überwindung der Institutionsgrenzen grundsätzlich richtige Vorhaben müsste genauer betrachtet werden. Für den heutigen jeweiligen Stand der Fachdiskussion in beiden Bereichen – wie auch für das tiefe gegenseitige Unverstehen – scheint ein gemeinsamer Plan als zu früh und womöglich die jeweiligen Entwicklungschancen von Kindertagesbetreuung und Grundschule verschenkend (vgl. Diskowski 2008).

4.4 Erfahrungsmöglichkeiten statt Lernziele

Entgegen anfangs geäußerten Befürchtungen normieren fast alle Bildungspläne die Aufgabe der Kindertageseinrichtung – es werden also zuvorderst keine zu erreichenden Kompetenzniveaus der Kinder beschrieben. Soweit eine Beschreibung von anzustrebenden Kompetenzen zuweilen aufscheint, ist sie eher als Konkretisierung der Aufgabenbeschreibung der Einrichtungen zu verstehen. Ein zu erreichendes Schuleingangsniveau als Zielbeschreibung der Bildungsarbeit wird jedenfalls durchgängig vermieden. Dies entspricht zwar nicht einer immer noch verbreiteten Auffassung über frühkindlicher Bildung, die auf die Schule als Bezugspunkt und Orientierung nicht verzichten kann; es steht aber widerspruchsfrei zur fachlichen Entwicklung der Schule, wie sie sich auch in den Beschlüssen der Kultusministerkonferenz widerspiegelt.[7] Wie sich in den Beschlüssen und zunehmend auch in der Praxis der Gestaltung des Schuleingangs in den Bundesländern zeigt, geht Schule inzwischen programmatisch davon aus, dass (zugespitzt formuliert) nicht die Kinder schulfähig, sondern die Schule kindfähig zu sein hat. Auf Schulreifefeststellungen und einen entsprechend zeitlich gestaffelten Schulbeginn wird verzichtet, und die Schuleingangsphase wird entsprechend umgestaltet, um ein flexibles und auf das einzelne Kind bezogenes Hineinwachsen in die Schule zu ermöglichen (vgl. Faust 2006).

Diese erfreuliche Übereinstimmung im Verzicht auf die Normierung des Kompetenzniveaus von Kindern muss leider in zweierlei Hinsicht relativiert werden. Im Süden musste wohl als Zugeständnis an den Baden-Württembergischen Ministerpräsidenten das „Projekt Schulreifes Kind" (Kultusportal Baden-Württemberg 2007) berücksichtigt werden. Im Norden konzentriert sich der Bildungsplan aus Mecklenburg-Vorpommern auf das Jahr vor der Einschulung und kann in seinem sehr ambitionierten didaktischen Konzept seine Wurzeln in der Schulpädagogik und einer auf Befähigung der Kinder ausgerichteten Anleitungs- und Beschäftigungspädagogik nicht verleugnen. Während aber der Bildungs- und Erziehungsplan der DDR (als das klassische Beispiel eines solchen Ansatzes) sehr reichhaltige und wertvolle Anregungen für die pädagogische Arbeit bot, sind solche im Plan aus Mecklenburg-Vorpommern nur andeutungsweise vorhanden. Dafür wird recht ausführlich für alle Bildungsbereiche „das zu erwerbende Können" bestimmt. Überdies sind diese Bestimmungen sehr konkret und legen damit entsprechende „Beschäftigungen" nahe; z.B. im Lernbereich Bewegungserziehung: „alle Körperteile benennen; ... einen Luftballon 5x rechts und 5 x links mit der Hand hochschlagen; ... kleine Holzstäbchen (Streichholzlänge) schnell einzeln in eine Schachtel sammeln (30 Stück in ca. 1 Minute) (Mecklenburg-Vorpommern Sozialministerium 2004, S. 22).

4.5 Gestaltung und Aufbau der Bildungspläne

Alle Bildungspläne widmen sich in ihren zentralen Teilen den *Inhalten* der Bildungsarbeit. Dieser Teil, ob er „Bildungsbereich", „themenbezogener Förderschwerpunkt" o.ä. genannt wird, bildet den Kern der Pläne. Es ist bemerkenswert, dass – bei aller Unterschiedlichkeit der Vorhaben, bei allen Differenzen der Urheber der jeweiligen Entwürfe und dem vollständigen Fehlen jeglicher Absprache oder gar Abstimmung, – diese Gemeinsamkeit besteht. Sind auch die Zuschnitte der Bildungsbereiche und ihre Anzahl unterschiedlich, so besteht doch offensichtlich ein großer Konsens über die Lernmöglichkeiten, die Kindern in der Kindertagesstätte eröffnet werden sollen. Auch die hierzu etwas querliegende Bestimmung von Bildungs- und Entwicklungsfeldern in Baden-Württemberg („Körper", „Sinne", „Sprache", „Denken", „Gefühl und Mitgefühl", „Sinn, Werte und Religion"), die sich bewusst gegen Fachsystematiken und Schulfächer abgrenzt, ist in der Darstellung wieder sehr nahe an den inhaltlich bestimmten Bildungsbereichen.

Daneben enthalten die Bildungspläne mehr oder weniger umfangreiche und unterschiedlich detaillierte konzeptuelle Darlegungen, Ausführungen zur Bildungsphilosophie und zum Auftrag der Kindertagesbetreuung. Hinsichtlich seines Umfangs (knapp 500 Seiten), aber auch hinsichtlich der gewählten Sprache ist der Bayerische Plan das ambitionierteste Werk. Auf der anderen Seite hielt sich die Bildungsvereinbarung aus Nordrhein-Westfalen mit 4 Seiten am meisten zurück.

Es mag den Erwartungen eines Großteils der Fachöffentlichkeit entgegenkommen, wenn der Bayerische Bildungs- und Erziehungsplan oder auch das Berliner Bildungsprogramm ausführliche Abhandlungen zur Planung, Reflektion und Gestaltung der Arbeit beinhalten. Diese stellen damit umfangreiche und differenzierte Vorgaben für die praktische Arbeit dar, die sicherlich sehr hilfreich und unterstützend wirken können. Ob sie in dieser Umfänglichkeit tatsächlich ein normativer Rahmen sein können, der für *jede* Einrichtung des Landes Gültigkeit haben kann und von ihr umzusetzen wäre, muss allerdings bezweifelt werden. Als allgemeiner und verbindlicher Rahmen scheinen die in absichtlicher Selbstbeschränkung formulierten Grundsätze Nordrhein-Westfalens geeigneter zu sein.

4.6 Bildungsbegriff/Konzepte frühkindlicher Bildung

Trotz eines breiten Einverständnisses, dass Bildung vornehmlich als Tätigkeit des Kindes zu begreifen sei und dass Kinder nicht zu belehren, sondern nur zu fördern seien, sind bei den Bildungskonzepten, die den Plänen zugrunde liegen, Unterschiede erkennbar, die Entsprechungen zu den Begriffs-Debatten („Selbstbildung" vs. „Ko-Konstruktion") haben, ohne in ihnen tatsächlich aufzugehen. Der Bayerische Bildungsplan, dessen Verfasser insbesondere auf einer Abgrenzung zu einem vermeintlich dekontextualisierenden Selbstbildungskonzept bestehen, bietet auf knapp 500 Seiten ein vielfältiges und reichhaltiges Anregungsmaterial, Vorschläge für Experimente und didaktische Spiele sowie Geschichten zur Unterstützung. Er wird dabei sehr konkret und geht zum Teil bis in die einzelne Spielanleitung. Mit diesen Anregungen bis Anleitungen für die Erzieherin wird sie als Handelnde stark in den Mittelpunkt gerückt und sie erscheint zuweilen als Belehrende, als Wissen- und Einsichten-Vermittelnde. Ob man dieses Verhältnis zwischen kompetentem Erwachsenen und dem zu bildenden Kind tatsächlich als „Ko-Konstruktion"[8] bezeichnen kann, scheint eher fraglich. Vielmehr scheint hier „Ko-Konstruktion" lediglich die soziale Bedingtheit des Bildungsprozesses zu meinen. Gemeinsame Sinndeutung und gemeinsame Konstruktion von Bedeutung, wie sie eigentlich mit dem Begriff gemeint ist, ist wohl eine eher seltene, gleichwohl aber höchst wertvolle Erscheinung, die womöglich mit dem „sustained shared thinking" mehr zu tun hat (vgl. Sylva et al. 2004). Auch die Diskussion „Instruktion versus Konstruktion" ist irreführend, denn es gibt ja wohl im Ernst keinen Streit um die anthropologische Tatsache, dass Weltaneignung eine Leistung des Subjekts ist und also auch jede noch so dirigistische Instruktion durch das Nadelöhr der Konstruktion des Individuums muss.

Im Kern geht es um eine Auseinandersetzung um das förderlichste Verhalten der Erziehungspersonen im Selbstbildungsprozess des Kindes. Dies ist eine äußerst ernsthafte und wichtige Frage, die womöglich vom Sachgegenstand, von der Beziehung, von der Psychostruktur des Kindes wie der Erzieherin abhängt – und lässt sich wohl kaum ideologisch, sondern vermutlich nur empirisch beantworten. Es ist leider Ergebnis der beklagenswerten Forschungslage in Deutschland, dass kaum Mittel für die Überprüfung von Konzepten in der Frühpädagogik zur Verfügung stehen. Die wenigen freien Institute, die wenigen Lehrstühle oder das deutschlandweit einzige Staatsinstitut in München leisten hier zwar wichtige Arbeit, können allerdings das Ressourcendefizit nicht kompensieren.

5 Offene Fragen mit dringendem Klärungsbedarf

Der jetzt erreichte Entwicklungsstand des neuen Steuerungsinstruments Bildungspläne verweist auf der einen Seite auf den breiten fachlichen Konsens in Deutschland, aber auf der anderen Seite auf Mängel in der fachpolitischen Diskussion, die viel von Geld und Betreuungsstandards, aber wenig von Steuerung handelt[9]. Für eine solche Diskussion wird es höchste Zeit, denn es gibt einige grundlegende Fragen, die bisher nicht nur unbeantwortet sind, sondern noch nicht einmal als Fragen begriffen wurden (vgl. z.B. Diskowski/Hammes-DiBernardo 2004):

- Sollen Bildungspläne normative Grundsätze darstellen oder ein pädagogisches Handlungskonzept anbieten?
- Sind Bildungspläne ein Instrument zur Verbesserung der pädagogischen Arbeit oder in erster Linie eines zur Standardsicherung?
- In welcher Form und in welchem Ausmaß sind Bildungspläne als Eingriffe in Rechte von Eltern und Träger zulässig?
- Wie verhält sich ein Bildungsplan zur Vielfalt, die die Kinder- und Jugendhilfe auszeichnet (§ 3 SGB VIII); wie verhält sich ein Plan zum Konzept der Selbstbildung, welchen Grad an Konkretheit verträgt ein Bildungsplan und welchen braucht er?

Diese Fragen stehen zueinander in Beziehung und ihre Beantwortung ist hier allenfalls vage anzureißen. Ihre Beantwortung bedarf der gründlichen Diskussion aus vielfältigen Perspektiven:

a. Diese Diskussion braucht die *praktisch-pädagogische* und die *konzeptionelle Perspektive*, um Orientierungswirkungen von Plänen gegen die Gefahr von Engführung in der Praxis abzuwägen: Die Pläne sind im Wesentlichen Festschreibungen der bisher erfolgten Konzeptualisierungen des Bildungsauftrages (besonders deutlich z.B. am Bayerischen Bildungsplan und am Berliner Bildungsprogramm). Sie greifen auf unterschiedliche Quellen zurück, deren Passfähigkeit nicht erwiesen ist. Diese Konzepte zeigen noch deutliche Unterschiede und ihre jeweilige Praxisumsetzung erfolgt parallel und unverbunden – zum Teil sogar in eifriger gegenseitiger Abgrenzung. Bisher wurde noch nicht die Chance ergriffen, diese unterschiedlichen Konzepte und ihre Umsetzung zum Gegenstand einer gründlichen gemeinsamen Diskussion oder besser noch einer empirischen Überprüfung zu machen. Aus solchen Handlungskonzepten nun bruchlos Bildungspläne ableiten zu wollen oder sie sogar selbst zu Bildungsplänen zu erklären, scheint weder den Weg vom Konzept zum erzieherischen Handeln ausreichend zu bedenken noch den Unterschied zwischen Erziehungsziel und Handlungskonzept erfasst zu haben.

Alle, die sich ernsthaft und gründlich mit der Realisierung des Bildungsauftrages der Kindertagesstätten beschäftigen, sind sich darin einig, dass die Pläne eine wichtige stützende, legitimierende und normierende Funktion haben – die erforderlichen tief greifenden Veränderungen in den Haltungen und Handlungen der Fachkräfte können aber durch Bildungspläne und andere normative Vorgaben nicht bewirkt werden. Will man das Kind dabei unterstützen, sich forschend die Welt anzueignen (und hierin sind sich alle Konzepte und Pläne einig, dass es kaum wirkungsvoll ist, das Kind „befähigen" zu wollen), so kann dies nicht auf dem Weg einer „Umsetzung" von Bildungsplänen erfolgen. Vielmehr müssen die Fachkräfte in den Einrichtungen selbst zu Forschenden und Fragenden werden und nicht zu Anwendern von Plänen (vgl. z.B. Leu 2004). Der Berliner Bildungsplan versucht, mit diesem Problem so umzugehen, indem er den Fachkräften Fragedimensionen eröffnet und sie zum Forschen anregt. Als pädagogisches Konzept ist er daher sehr wertvoll; allerdings ist die Frage, ob dieses sehr elaborierte Vorgehen tatsächlich von allen Einrichtungen (auch ungeachtet ihrer eigenen konzeptionellen Ausrichtung) so erwartet werden soll und kann, nicht beantwortet.

Hier kann aus der Curriculumdiskussion der Schule gelernt werden, dass die Hoffnung eher unbegründet ist, über detaillierte Lehrvorgaben das Verhalten der Lehrer steuern zu wollen und somit bei den Schülern bestimmte Kompetenzzuwächse erreichen zu können. Im Schulbereich werden die curricularen Vorgaben immer zurückhaltender; es wird auf größere Selbstständigkeit gesetzt, und die Ebene der Kontrolle verlagert sich vom Input (Curriula, Unterrichtsvorgaben ...) hin zum Output (Ergebnisüberprüfung) (vgl. Tenorth 2006). Um wie viel mehr muss der Kindergarten hinsichtlich kurzschlüssiger Umsetzungsideen Zurückhaltung üben, wenn er eine Instruktions- oder Belehrungspädagogik ablehnt.

Folgt man Laewen und Andres (2002), so muss man die Bildungspläne den Erziehungszielen zuordnen. Sie sind dann gesellschaftliche Bestimmungen der Ziele, zu deren Erreichung Erwachsene die Bildungsprozesse der Kinder unterstützen und herausfordern wollen. Erziehungsziele sind aber nicht identisch mit den Bildungswegen der Kinder, und sie sind auch selbst keine pädagogische Handlungsstrategie. Hierzu bedarf es eines Vermittlungsschritts zu den „Themen der Kinder", zu ihren Interessen und Fragen. Ein Bildungsplan, der dies auch noch mit leisten will, übernimmt sich im besten Fall – im schlechtesten Fall konterkariert er die eigenen Ziele und leistet einer Belehrungspädagogik Vorschub.

b. Die Diskussion braucht die *theoretische Perspektive*, um zu klären, was ein Bildungsplan seinem Charakter nach eigentlich bewirken soll: Aktuell finden wir das Gegenteil von dem vor, was ein konsistentes Verhältnis von Ziel und Form wäre. Gerade die Pläne mit dem höchsten angestrebten Verbindlichkeitsgrad sind die umfangreichsten und detailliertesten. Dabei wäre z.B. die Beantwortung der Zielfrage, ob Bildungspläne einen substantiellen Beitrag zur Verbesserung der Arbeit leisten sollen – oder ob sie (nur) die Aufgabe haben, schlechte Praxis zu verhindern –, für die Form und den Inhalt der Bildungspläne sehr bedeutsam:

– Sollen sie allgemein Praxis verbessern, dann müssen sie Anregungscharakter für alle Einrichtungen haben und es wird von ihnen Innovatives erwartet. Dann müssen sie überzeugen, müssen Meinungen und Haltungen verändern und müssen versuchen, die Handlungsebene zu beeinflussen.
– Sollen sie dagegen den für alle gemeinsamen Rahmen beschreiben, müssen sie den aktuellen Stand der Fachdiskussion repräsentieren und in diesem Sinne „Standards" bestimmen. Für gute Praxis beinhalten sie dann überwiegend Selbstverständliches; sie bestimmen dann eher Eckpunkte als ein komplettes Programm; sie sind eher Rahmen als ein Handlungsleitfaden.

Als Mittel der Praxisverbesserung taugen die Bildungspläne m.E. nur insofern, als sie alle Einrichtungen auf die Einhaltung bestimmter Standards verpflichten. Für eine breite und nachhaltige Verbesserung der Praxis braucht es unbestritten andere Maßnahmen, die von Beratung über Fortbildung bis zur Sicherstellung von Vor- und Nachbereitung sowie auskömmlichen Personalschlüsseln reichen. Bildungspläne stellen gesellschaftlich bestimmte Erziehungsziele dar und als solche sind sie normative Grundlage der Arbeit, an der sich die Fachkräfte auszurichten haben – eine Vorgabe, die zu beachten ist, die aber selbst kein pädagogisches Handlungskonzept darstellt. Gegenwärtig sind schon problematische Entwicklungen zu beobachten, wenn gerade die engagierte Praxis einerseits ihr eigenes Konzept pflegt und weiterentwickelt und sich gleichzeitig mit oft „halbgaren" pädagogischen Konstrukten aus dem jeweiligen Landes-Bildungsplan befassen muss. Hier wäre eine deutliche Herausarbeitung des normativen Kerns erforderlich, der dann für alle Einrichtungen verbindlich wäre. Die übrigen mehr oder weniger gelungenen und durchgearbeiteten Konzeptteile könnten in eine Anlage verbannt werden und dort den Einrichtungen, die nur über unzureichende fachliche Konzepte verfügen, als Anregung dienen. In der jetzigen Form der Unklarheit verwirren sie und vergeuden die schmalen Ressourcen gerade der besten Praxis.

c. Die Disskussion braucht weiterhin die *rechtlich-politische Perspektive*, um zu klären, unter welchen Voraussetzungen, in welchem Umfang was bestimmt werden darf und überhaupt sollte: Es gibt ernstzunehmende Auffassungen, die im Erhalt umfassender Freiwilligkeit einen hohen Wert und eine wichtige Ressource sehen (vgl. z.B. Roth 2004). Allerdings darf ein für die individuellen und gesellschaftlichen Zukunftschancen so wichtiger Bereich nicht der Beliebigkeit und nicht dem freiwilligen Konsens der dort Handelnden überlassen bleiben. Auch unter Achtung der Rechte von Eltern und Trägern muss es dem Staat erlaubt sein, die Vergabe öffentlicher Mittel mit der Berücksichtigung von Essentials für die Bildungsarbeit zu verknüpfen. Dies dürften dann aber tatsächlich nur Essentials sein und nicht die Konzeptideen der jeweils von Landesseite bevorzugten Wissenschaftler. Die tatsächliche Breite der in den Bildungsplänen zum Ausdruck kommenden konzeptuellen Vorstellungen führt alle Versuche, die Pläne verbindlich zu machen, selbst ad absurdum. Denn welches Verwaltungsgericht sollte den Entzug von öffentlichen Mitteln für rechtmäßig erachten, wenn ein Träger den Bildungsplan des Nachbarlandes bevorzugt? Justiziabel sind nur solche Pläne, die auf breitestem Konsens oder auf wissenschaftlich belegbaren Tatsachen beruhen – und nicht unzulässig das elterliche Erziehungsrecht oder die Trägerhoheit prädominieren.

Beide Voraussetzungen haben die gegenwärtigen Bildungspläne noch nicht erfüllt. Hier böte eine erneute Vereinbarung der Jugend- und der Kultusminister eine Chance. Allerdings dürfte sich eine solche Vereinbarung nicht erneut auf eine Darstellung des Vorhandenen beziehen, sondern müsste den allen Plänen gemeinsamen Kern identifizieren. Welche rechtliche Einbettung und welchen Grad von Verbindlichkeit die Länder dann jeweils anstreben, wäre nicht notwendig Gegenstand der Vereinbarung.

Anmerkungen

1 Selbst der erst 1992 bundesweit bestimmte Rechtsanspruch auf Kindertagesbetreuung, mit dem der Übergang zum allgemeinen Angebot vollzogen wurde, beruhte im Kern noch auf der Bedürftigenhilfe. Er sollte Schwangerschaftsabbrüche vermeiden helfen, keineswegs aber allen Kindern ein Bildungs- und Erziehungsangebot machen.
2 Staat sind nach unserem Verfassungsverständnis die Bundesländer, die den Bund bilden und die kommunal gegliedert sind. Sofern nicht ausdrücklich auf eine bestimmte staatliche Ebene Bezug genommen wird, ist das Staatswesen insgesamt gemeint.
3 Das SGB VIII kannte nur die Förderung oder Platzgeldfinanzierung, bis das TAG durch die Einführung des § 74 a diesen Anachronismus beseitigte. (vgl. Diskowski 2004, S. 76 ff.)
4 Zuweilen wird diese Entwicklung nur als Wiederholung der steckengebliebenen Reform der 1970er Jahre betrachtet. Eine solche Betrachtung, die im Aktuellen nur das Vergangene wieder zu entdecken vermag, vernachlässigt nicht nur die veränderte gesellschaftlich-politische Situation sowie die weiterentwickelte konzeptionelle Diskussion, sondern sie kann offenbar nicht wahrnehmen, dass hinzu gekommene 5 1/2 neue Länder in vielerlei Hinsicht die Situation für ganz Deutschland verändert haben.
5 Hier ist z.B. NRW einen Sonderweg gegangen, indem die Diskussion vor Unterzeichnung eher in einem überschaubaren Kreis vonstatten ging und eine ausdrückliche Erprobung nicht vorgesehen ist. Allerdings sollte eine „Erprobungsphase" auch nicht als zu bedeutsam eingeschätzt werden; die Überarbeitungsnotwendigkeit wie die -bereitschaft kann allgemein vorausgesetzt werden.
6 Ein Bildungsplan für den Hort wäre ein wichtiges, aber auch ein mit weiteren Schwierigkeiten behaftetes Unternehmen wäre. Der Beschluss der Jugendministerkonferenz „Jugendhilfe in der Wissensgesellschaft" vom 17./18.5.2001 und die Streitschrift des Bundesjugendkuratoriums

„Zukunftsfähigkeit sichern" geben einige Hinweise, machen aber gleichzeitig die Breite der zu klärenden fachlichen Fragen deutlich.

7 „Schulfähigkeit steht im Schnittpunkt der Lernvoraussetzungen des Kindes, des sachlichen Anspruchs der Inhalte und des pädagogischen Konzepts der Schule. Eine einseitig auf das Kind ausgerichtete Feststellung der Schulfähigkeit wird diesem Verständnis nicht gerecht." Beschluss der Kultusministerkonferenz, Empfehlungen zum Schulanfang, S. 1

8 „Kokonstruktion liegt dann vor, wenn die Partner sich intensiv hinsichtlich einer Aufgabe austauschen und dabei ihr individuelles Wissen so aufeinander beziehen (kokonstruieren), dass sie dabei Wissen erwerben oder gemeinsame Aufgaben- oder Problemlösungen entwickeln." (Terhart/Klieme 2006)

9 Gegenwärtig erscheint eher unsicher, ob die Evaluationen, die die Einführung mancher Bildungspläne begleiten, sich solchen Fragen widmen werden. Was bisher bekannt ist, verweist eher auf begleitende Befragungen und Beobachtungen, die die jeweils gewählte Strategie als gegeben hinnehmen und hauptsächlich auf ihre Akzeptanz und Verständlichkeit hin untersuchen.

Anschrift des Verfassers: Detlef Diskowski, Referatsleiter Kindertagesbetreuung im Jugendministerium Brandenburg, Heinrich-Mann-Allee 107, 14473 Potsdam, Tel.: (030) 74 73 58 66, E-Mail: detlef.diskowski@mbjs.brandenburg.de

Literatur

Bundesministerium für Familie, Senioren, Frauen und Jugend (Hrsg.) (2001): 11. Kinder- und Jugendbericht. – Berlin.
Bundesministerium für Familie, Senioren, Frauen und Jugend (Hrsg.) (2005): 12. Kinder- und Jugendbericht. – Berlin.
Bundesjugendkuratoriums (2002): Zukunftsfähigkeit sichern. – URL: www.bmfsfj.de/bmfsfj/generator/Politikbereiche/kinder-und-jugend,did=5198.html – Download vom 25.7.2003.
Diskowski, D. (2004): Finanzierung der Kindertagesbetreuung – Versuch einer Systematisierung. In: Diller, A./Leu, H-R./Rauschenbach, T. (Hrsg.): Kitas und Kosten. – München, S. 76-90.
Diskowski, D. (2006): Geteilte Verantwortung, Dezentralisierung und Subsidiarität als wichtige Merkmale der Kinder- und Jugendhilfe in Deutschland. In: Pestalozzi-Fröbel-Verband (Hrsg.) (2006): Frühe Bildung und das System der Kindertagesbetreuung in Deutschland. – Weimar, S. 23-27.
Diskowski, D. (2008): TransKiGs in Brandenburg. In: Hammes-DiBernardo, E./Speck-Hamdan, A.: Vom Kindergarten in die Grundschule: den Übergang gemeinsam gestalten. – Kronach (Loseblattsammlung ohne Seitenangabe).
Diskowski, D./Hammes-DiBernardo, E. (Hrsg.) (2004): Lernkulturen und Bildungsstandards. Kindergarten und Schule zwischen Vielfalt und Verbindlichkeit. – Hohengehren.
Faust, G. (2006): Zum Stand der Einschulung und der neuen Schuleingangsstufe in Deutschland. In: Zeitschrift für Erziehungswissenschaft, 9. Jg., S. 328-347.
Fthenakis, W.E (Hrsg.) (2003a): Elementarpädagogik nach PISA. Wie aus Kindertagesstätten Bildungseinrichtungen werden können. – Freiburg.
Fthenakis et al. 2003b = Fthenakis, W.E. et al. (2003): Perspektiven zur Weiterentwicklung des Systems der Tageseinrichtungen für Kinder in Deutschland – Zusammenfassung und Empfehlungen. – Berlin: BMFSFJ.
Jugendministerkonferenz (2001): Jugendhilfe in der Wissensgesellschaft. Beschluss vom 17./18.5.2001. – URL: www.mbjs.brandenburg.de/sixcms/detail.php/5lbm1.c.46058.de. – Download vom 1.10.2007.
Jugendministerkonferenz (Beschluss vom 13./14.05.2004) und Kultusministerkonferenz (Beschluss vom 03./04.06.2004): Gemeinsamer Rahmen der Länder für die frühe Bildung in Kindertageseinrichtungen. – URL: http://www.mbjs.brandenburg.de/media/lbm1.a.1222.de/rahmen_052004.pdf. – Download vom 1.10.2007.

Kultusministerkonferenz (1997): Empfehlungen zum Schulanfang. Beschluss vom 24.10.1997. – URL: www.kmk.org/schul/home1.htm. – Download vom 20.5.2006.

Kultusportal Baden-Württemberg (2007):Projekt Schulreifes Kind, Pressemitteilung vom 27.04.2007. – URL: http://www.kultusportal-bw.de/servlet/PB/-s/1k83t6njewt9ydlxsdq1tdosa51yie082/menu/1182968/index.html – Download vom 10.08.2008.

Laewen, H-J./Andres, B. (Hrsg.) (2002): Bildung und Erziehung in der frühen Kindheit. – Weinheim.

Leu, H-R. (2004): Kindlicher Eigen-Sinn – beschränkt durch neue Curricula? In: Diskowski, D./Hammes-DiBernardo, E. (Hrsg.) (2004): Lernkulturen und Bildungsstandards. Kindergarten und Schule zwischen Vielfalt und Verbindlichkeit. – Hohengehren, S. 130-137.

Preissing, C. (2003): Bildung im Situationsansatz - Bildung nach PISA (2003) In: Textor, M. (Hrsg.): Kindergartenpädagogik - Online-Handbuch – URL: http://www.kindergartenpaedagogik.de/936.html – Download vom 10.07.2008.

Roth, X. (2004): Thesen zur Podiumsdiskussion / Dialog auf dem Podium. In: Diskowski, D./Hammes-DiBernardo, E.: Lernkulturen und Bildungsstandards. Kindergarten und Schule zwischen Vielfalt und Verbindlichkeit. – Hohengehren, S. 48-74

Sasse, A. (2004): Ohne Herkunft keine Zukunft. In: Diskowski, D./Hammes-DiBernardo, E. (Hrsg.) (2004): Lernkulturen und Bildungsstandards. Kindergarten und Schule zwischen Vielfalt und Verbindlichkeit. – Hohengehren, S. 116-129.

Schäfer, Gerd E. (1995): Bildungsprozesse im Kindesalter. – Weinheim.

Schäfer, Gerd E. (Hrsg.) (2003): Bildung beginnt mit der Geburt. Ein offener Bildungsplan für Kindertageseinrichtungen in Nordrhein-Westfalen. – Weinheim.

Sylva, K. et al. 2004 = Sylva, K./Melhuish, E./Sammons, P./Siraj-Blatchford, I./Taggart, B./Elliot, K. (2004): The Effective Provision of Pre-School Education Project – Zu den Auswirkungen vorschulischer Einrichtungen in England. In: Faust, G./Götz, M./Hacker, H./Roßbach, H.G. (Hrsg.): Anschlussfähige Bildungsprozesse im Elementar- und Primarbereich. – Bad Heilbrunn/Obb., S. 154-167.

Tenorth, H-E.: Bildungsziele, Bildungsstandards und Kompetenzmodelle. In: Diskowski, D./Hammes-DiBernardo, E. (Hrsg.) (2004): Lernkulturen und Bildungsstandards. Kindergarten und Schule zwischen Vielfalt und Verbindlichkeit. – Hohengehren, S. 105-115.

Terhart, E./Klieme, E. (2006): Kooperation im Lehrerberuf: Forschungsproblem und Gestaltungsaufgabe. In: Zeitschrift für Pädagogik, Jg. 52, S. 163-166.

Tietze, W. et al. 1998 = Tietze, W. (Hrsg.)/Meischner, T./Gänsfuß, R./Grenner, K./Schuster, K.-M./Völkel, P./Roßbach, H.G. (1998): Wie gut sind unsere Kindergärten? Eine Untersuchung zur pädagogischen Qualität in deutschen Kindergärten. – Neuwied.

Die Bildungspläne der Länder

Baden-Württemberg, Ministerium für Kultus, Jugend und Sport (2006): Orientierungsplan für Bildung und Erziehung für die baden-württembergischen Kindergärten. Pilotphase. – Weinheim.

Bayerisches Staatsministerium für Arbeit und Sozialordnung, Familie und Frauen (überarbeitete Fassung 2006): Der Bayerische Bildungs- und Erziehungsplan Bildungs- und Erziehungsplans. – Weinheim.

Berlin, Senatsverwaltung für Bildung und Jugend (2004): Das Berliner Bildungsprogramm für die Bildung, Erziehung und Betreuung von Kindern in Tageseinrichtungen bis zu ihrem Schuleintritt. – Weimar.

Brandenburg, Ministerium für Bildung, Jugend und Sport (2005): Grundsätze elementarer Bildung in Einrichtungen der Kindertagesbetreuung in Brandenburg. – Weimar.

Bremen, Senator für Arbeit, Frauen, Gesundheit, Jugend und Soziales (2004): Rahmenplan für Bildung und Erziehung im Elementarbereich – Url: www.soziales.bremen.de/sixcms/media.php/13/Rahmenplan.pdf. – Download vom 30.1.2006.

Hamburger Bildungsempfehlungen für die Bildung und Erziehung von Kindern in Tageseinrichtungen (2005). – Url: http://fhh.hamburg.de/stadt/Aktuell/behoerden/soziales-familie/kita/bildung/bildungsempfehlungen-pdf,property=source.pdf. – Download vom 28.7.2007.

Hessisches Sozial- und Kultusministerium (2005): Bildung von Anfang an – Bildungs- und Erziehungsplan für Kinder von 0 bis 10 Jahren in Hessen. Entwurf für die Erprobungsphase – Url: www.kultusministerium.hessen.de/irj/HKM_Internet?uid=422503e0-cf26-2901-be59-2697ccf4e69f. – Download vom 14.7.2006. (Inzwischen als überarbeitete Fassung veröffentlicht von Dezember 2007.)

Mecklenburg-Vorpommern Sozialministerium (2004): Rahmenplan für die zielgerichtete Vorbereitung von Kindern in Kindertageseinrichtungen auf die Schule i.d.F. vom Januar 2004. – Url: www.sozial-mv.de – Download vom15.4.2004. (Der Rahmenplan befindet sich gegenwärtig im Auftrag des Ministeriums für Bildung, Wissenschaft und Kultur in Überarbeitung.)

Niedersächsische Kultusministerium (2005): Orientierungsplan für Bildung und Erziehung im Elementarbereich niedersächsischer Tageseinrichtungen für Kinder. – Url: http://cdl.niedersachsen.de/blob/images/C3374461. – Download vom 15.3.2005. (aktuell unter der Url: http://www.mk.niedersachsen.de/master/C167203_N1737173_L20_D0_I579.html.)

Nordrhein-Westfalen, Ministerium für Schule, Jugend und Kinder (2003): Bildungsvereinbarung NRW. – Url: www.bildungsportal.nrw.de. – Download vom 24.5.2004.

Rheinland-Pfalz, Ministerium für Bildung, Wissenschaft, Jugend und Kultur (2004):Bildungs- und Erziehungsempfehlungen für Kindertagesstätten in Rheinland-Pfalz. – Weinheim.

Saarland, Bildung, Familie, Frauen und Kultur (2004): Bildungsprogramm für saarländische Kindergärten. – http://www.saarland.de/SID-3E724395-87B5372C/12746.htm. – Download vom 15.2.2007.

Sächsisches Staatsministerium für Soziales (2007): Der Sächsische Bildungsplan – ein Leitfaden für pädagogische Fachkräfte in Kinderkrippen, Kindergärten und Horten sowie für Kindertagespflege – Url: http://www.kita-bildungsserver.de. – Download vom 15.3.2008.

Sachsen-Anhalt, Ministerium für Gesundheit und Soziales (Veröffentlichungsbeschluss 2004): Bildungsprogramm für Kindertagesstätten in Sachsen- Anhalt. – Url: http://www.sachsen-anhalt.de/LPSA/index.php?id=kita. – Download vom 14.7.2006.

Schleswig-Holstein, Ministerium für Bildung und Frauen (2004): Leitlinien zum Bildungsauftrag von Kindertageseinrichtungen in Schleswig-Holstein. – Url: www.kita.lernnetz.de. – Download vom 7.5.2008.

Thüringer Kultusministerium (2006): Thüringer Bildungsplan für Kinder bis 10 Jahre. Erprobungsfassung – Url: http://www.thueringer-bildungsplan.de/ Download vom 7.5.2008.

Lilian Fried

Pädagogische Sprachdiagnostik für Vorschulkinder – Dynamik, Stand und Ausblick

Zusammenfassung:
Ausgangspunkt ist, dass die Pädagogische Sprachdiagnostik für Vorschulkinder in Deutschland derzeit einen „Entwicklungsschub" erlebt. Als Auslöser werden politische Motive genannt – insbesondere professions-, gesundheits-, sozial- und bildungspolitische Motive. Vor diesem Hintergrund wird der aktuelle Diskussionsstand bilanziert. Dabei wird auf vier Vorarbeiten zurückgegriffen: (1) die Dokumentation und Analyse des Bundesamts für Migration und Flüchtlinge der „Sprachförderangebote von Bund, Ländern, Kommunen, Kreisen sowie privaten Trägern", (2) die Expertise zu „Sprachstandserhebungen für Kindergartenkinder und Schulanfänger" von Fried, (3) die Expertise zur „Sprachaneignung und deren Feststellung bei Kindern mit und ohne Migrationshintergrund" von Ehlich et al. und (4) die Expertise von Weinert, Doil und Frevert zu „Kompetenzmessungen im Vorschulalter". Es werden Unterschiede zwischen den Herangehensweisen verdeutlicht und gemeinsame Erkenntnisse sowie Folgerungen hervorgehoben. Im Abgleich mit der internationalen Sprachtestforschung werden zukünftige Herausforderungen identifiziert. Am Beispiel der „Sprachkompetenzmessung" wird angedeutet, welch hohe Ansprüche damit verbunden sind.

Schlüsselwörter: Messung linguistischer Kompetenzen – Sprachdiagnostik – Teststandards – Vorschulalter

Abstract:
Pedagogical Language Diagnostics for Preschool Children – Dynamics, developments and future prospects. Starting point will be the fact that currently in Germany there is a "developmental spurt" in educational language-specific diagnostics of preschool children. This is seen to be triggered by political motives – particularly those related to professions, healthcare, social and educational policy. The state of current debates will be presented against this background. For this, four studies will be analyzed: (1) the documentation and analysis by the Federal Board of Migration and Refugees of "Language acquisition provisions by the Federal Government, the Federal States, municipalities, districts, as well as private institutions", (2) the experts' report on "Language tests and assessments for kindergarten children and school beginners" by Fried, (3) the experts' report by Ehlich et al. on "Language acquisition and its analysis for children with and without a migration background", and (4) the experts' report by Weinert, Doil, and Frevert on "Skills measurement during pre-school age". Differences between the approaches will be explained and common insights as well as conclusions will be emphasized. Future challenges will be identified by comparing this analysis with international research. The high demands which are connected with fulfilling these challenges will be demonstrated using the example of "language competency measurement".

Keywords: language diagnostics – linguistic competence measurement – preschool age – test standards

1 Einleitung

In Entsprechung zu dem von Karlheinz Ingenkamp, dem Nestor der Pädagogischen Diagnostik in Deutschland, erstmals in den 1970er Jahren definierten Begriff „Pädagogische Diagnostik" (vgl. Ingenkamp/Lissmann 2005, S. 13) werden hier unter „Pädagogischer Sprachdiagnostik" alle diagnostischen Tätigkeiten verstanden, durch die bei einzelnen Kindern oder Kindergruppen Voraussetzungen und Bedingungen von Sprachförder- und -aneignungsprozessen ermittelt, Sprachaneignungsprozesse analysiert und Sprachentwicklungsstände festgestellt werden, um individuellen Spracherwerb zu optimieren – sei es durch individuelle Förderungsmaßnahmen, durch Zuweisung zu Fördergruppen oder in Form der mehr gesellschaftlich verankerten Aufgaben der Steuerung des Bildungsnachwuchses.

Derzeit erlebt die Pädagogische Sprachdiagnostik für rund vier- bis siebenjährige Kinder (im weiteren „Vorschulkinder") einen „Entwicklungsschub". Dies wird durch verschiedene politische Aktivitäten indiziert: Einzelne Länder haben ihre Sprachdiagnosestrategien modifiziert bzw. zunächst eingesetzte Sprachdiagnoseinstrumente durch wissenschaftlich geprüfte ausgetauscht, wie z.B. in Berlin, wo 2004 „Bärenstark" (vgl. Pochert 2000) nach anhaltender Kritik (Gogolin 1999; Mengering 2005) durch „DEUTSCH PLUS" abgelöst worden ist (vgl. Senatsverwaltung für Bildung, Jugend und Sport, Berlin 2005). Andere Länder investieren in die wissenschaftsbasierte Entwicklung und Erprobung neuer Sprachdiagnoseverfahren, wie z.B. in Bremen der Fall, das seit 2003 das Verfahren „Sprachschatz" einsetzt (vgl. Kretschmann/Schulte 2004a, 2004b), oder in Nordrhein-Westfalen, wo seit 2007 „Delfin 4" angewendet wird (vgl. Fried et al. 2007), bzw. in Hessen, das plant, „KISS" einzuführen (www.hsm.hessen.de), und in Baden-Württemberg, das über die Landesstiftung Baden-Württemberg „LiSe-DaZ" (www.landesstiftung-bw.de) erprobt.

2 Entwicklungsschub Pädagogische Sprachdiagnostik?!

Welche politischen Motive hinter diesem Entwicklungsschub stehen, soll am Beispiel dreier Motivbündel kurz umrissen werden.

2.1 Professionspolitische Motive

Bei den professionspolitischen Auseinandersetzungen geht es darum, Vorschulkindern eine optimale Sprachaneignung zu ermöglichen. Eine Voraussetzung dafür ist, dass Erzieherinnen die jeweiligen Sprachentwicklungsstände und/oder -prozesse richtig einzuschätzen vermögen. Im Alltag ist das aber nicht ohne weiteres gegeben, weil die dort vorherrschenden eher ziellosen, ungeplanten, beiläufigen Beobachtungen von Kindern durch subjektive Wahrnehmungseinschränkungen und -fehler beeinträchtigt bzw. verfälscht werden können. Fatal daran ist, dass diese nur bemerkt und überwunden werden können, wenn Erzieherinnen eine skeptische Haltung gegenüber den eigenen Beobachtungen einnehmen, indem sie diese mittels geeigneter Strategien kompensieren (vgl. Wild/Krapp 2006). Ein Weg ist, sich wissenschaftlich basierter Verfahren zu bedienen, die als eine Art „professionelle Brillen" fungieren und dadurch helfen, die Wahrnehmung im Hinblick auf bestimmte Sachverhalte „scharf zu stellen", also Tatsachen genauer und zuverlässiger zu beobachten.

Dass diese allgemeine Feststellung in besonderem Maße für den hier thematisierten Ausschnitt der Pädagogischen Sprachdiagnostik gilt, erklären Weinert et al. (2007, S. 18) damit, dass bei Vorschulkindern ab dem Alter von etwa vier Jahren, bedingt durch „… Zunahme des Wortschatzes und der Komplexität der kindlichen Sprachkompetenz … eine Beurteilung durch Erzieher und

Eltern nicht mehr hinreichend objektiv, zuverlässig und gültig" ist (vgl. auch Okalidou/Kampanaros 2001; Sigafoos/Pennell 1995). Tatsächlich dokumentieren Untersuchungen, dass selbst Personen, die eng und vertraut mit Kindern im Vorschulalter sind, keineswegs immer zu übereinstimmenden bzw. prognostisch relevanten Resultaten kommen, wenn es darum geht, deren sprachlich-kommunikativeFähigkeiten zutreffend einzuschätzen (vgl. Dale et al. 2003; De Houwer/ Bornstein/Leach 2005). Holler-Zittlau, Dux und Berger (2004, S. 67) z.B. haben herausgefunden, dass Erzieherinnen zwar einige sprachlich-kommunikative Fähigkeiten adäquat einschätzen, aber nicht oder kaum Sprachentwicklungsauffälligkeiten und -störungen im Sinne von abweichenden sprachlichen Wissensstrukturen identifizieren können (ebd., S. 72). Kretschmann und Schulte (2004a, 2004b) kommen zu ganz ähnlichen Befunden. Flender (2005, S. 120f.) erklärt dieses von ihr ebenfalls ermittelte Muster damit, dass die sprachlich-kommunikativen Fähigkeiten im Kindergartenalltag unmittelbar hervortreten, wohingegen Indikatoren sprachlicher Wissensstrukturen nicht ohne weiteres zugänglich sind – u.a. weil sie durch nach genauen Kriterien spezifizierte Aufgabenstellungen mit „Testcharakter" erst evoziert werden müssen. Das korrespondiert mit der These von Weinert et al. (2007, S. 18), wonach die „exakte Erfassung" des gesamten Sprachentwicklungsstands von Vorschulkindern „eine direkte Testung mit hochqualitativen Verfahren" erfordert.

Dem trägt man in Deutschland immerhin dadurch Rechnung, dass es laut den Bildungsrahmenplänen der Bundesländer zu den Aufgaben von Erzieherinnen gehört, sprachliche Entwicklungsstände bzw. -prozesse zu beobachten (vgl. Jugendministerkonferenz/Kultusministerkonferenz 2004). Zum Teil wird auch empfohlen, sich dabei vorhandener Beobachtungs- und Dokumentationsverfahren zu bedienen (vgl. Fried 2006b, 2007). Dagegen bleiben Sprachtests fast durchgängig unerwähnt. Die an diese Verfahrensform geknüpften Möglichkeiten werden also ausgeblendet. Damit hinkt Deutschland der Entwicklung in anderen Ländern hinterher (vgl. z.B. Darling-Hammond et al. 2005; Dickinson/Caswell 2007; Early et al. 2006; Early et al. 2008; LoCasale-Crouch et al. 2007; Sylva/Pugh 2005). Dort gilt, zum Teil schon seit Jahren, als Standard, dass pädagogische Fachkräfte im Elementarbereich eine Vielfalt sprachdiagnostischer Verfahren kennen, beurteilen und anwenden können müssen (z.B. NAYEC 2005).

2.2 Gesundheits- und sozialpolitische Motive

Aus gesundheits- und sozialpolitischer Perspektive rückt die präventive Funktion der Pädagogischen Sprachdiagnostik in den Blick. Ausgangspunkt sind dabei Erkenntnisse, welche die hohe Bedeutsamkeit der Sprachentwicklung für viele weitere Entwicklungsbereiche bzw. die gesamte Persönlichkeitsentwicklung unterstreichen. So gibt es zahlreiche Belege, dass Sprachentwicklungsprobleme bzw. Lese-Rechtschreib-Schwächen, die nicht behandelt werden, häufig bis in die spätere Kindheit und Jugend persistieren und nicht selten Folgeprobleme, wie z.B. sozial-emotionale Schwierigkeiten, Lernschwierigkeiten, Handicaps beim Schriftspracherwerb, Schulprobleme usw., nach sich ziehen (vgl. z.B. Aram 2005; Halle et al. 2003; Klicpera et al. 1993; Schakib-Ekbatan/ Schöler 1995; Vater 2005). Bedenkt man noch dazu, dass kein anderer Entwicklungsbereich so häufig von Störungen betroffen ist wie der sprachliche (vgl. Grimm 2003), so sind Notwendigkeit und Chancen einer präventiven Sprachförderung nicht gering zu schätzen.

Unter dieser Prämisse hat Pädagogische Sprachdiagnostik die Aufgabe, möglichst frühzeitig zutage zu fördern, wenn bei einem Vorschulkind Entwicklungsrisiken bestehen. Diese können mittels prognostisch relevanter Risikoindikatoren aufgespürt werden. Dabei ist man bestrebt, diagnostisch zwischen zwei oder gar drei Kindergruppen unterscheiden zu können: a) solchen, deren Spracherwerb keiner besonderen Unterstützung bedarf; b) solchen, deren Sprachentwicklung zeitlich verzögert ist, so dass sie eine zusätzliche bzw. intensivierte Sprachförderung brauchen; und

c) solchen, deren Sprachentwicklung strukturell abweicht, so dass sie therapiebedürftig sind (vgl. Grimm et al. 2004). Wie es mit dem Anteil der Kinder steht, die der zweiten und dritten Gruppe zugehören, wird – international und national – höchst unterschiedlich eingeschätzt (Grimm 2003; Laucht/Esser/Schmidt 2000; Law et al. 2000; Mayr 1990; Mengering 2005; Nelson et al. 2006; Ruben 2000; Schönweiler 1993; Shriberg/Tomblin/McSweeny 1999; Stott et al. 2002). Angaben dazu schwanken zwischen 15% und 70% (vgl. Fromm/Schöler/Scherer 1998). Schöler (1999, S. 18) hält manche dieser Angaben für unseriös. In der Tat sind die aus aktuelleren sozialnormorientierten Gesamterhebungen (z.B. Berlin, Brandenburg, NRW usw.) berichteten Zahlen weitaus weniger spektakulär. Demnach bewegen sich die Prozentsätze der als sprachförderbedürftig identifizierten Kinder – nach den öffentlich gemachten Resultaten – zwischen ca. 15% und ca. 35% (vgl. auch Schöler/Welling 2007). Gemessen an diesen Zahlen werden bei Vorschulkindern – laut Einschätzung von Fachleuten – noch zu wenig Verfahren eingesetzt, um Sprachentwicklungsrisiken frühzeitig aufzudecken (vgl. Nelson et al. 2006).

2.3 Bildungspolitische Motive

Durch die bildungspolitische Brille betrachtet tritt hervor, dass Sprache eine Schlüsselkompetenz für Bildung ist. Dem versucht man u.a. durch Bildungsmonitoring zu entsprechen, das auch Sprachtests beinhaltet. Bislang haben sich derartige Bemühungen auf den Schulbereich beschränkt (vgl. z.B. Bos et al. 2007). Dort wurden sozial benachteiligte bzw. besonders belastete Gruppen (bildungsferne Familien, sozioökonomisch benachteiligte Familien, Familien mit Migrationshintergrund) besonders in den Blick genommen, weil sowohl deren Sprachentwicklung als auch deren Bildungslaufbahn durchschnittlich weniger günstig verlaufen als die ihrer sozial besser gestellten Altersgenossen. Diese Kindergruppen sind deshalb stärker auf zusätzliche „kompensatorische" Sprachförderung angewiesen (vgl. Fried 2006a; Fried/Briedigkeit 2008). Angesichts der Tatsache, dass die Sprachkompetenz von Kindern nicht erst mit Schulbeginn ausgeprägt, sondern längst davor grundgelegt wird (vgl. z.B. Grimm 2000), soll nun das Bildungsmonitoring auf den Elementarbereich ausgeweitet werden. Laut Roßbach und Weinert (2008, S. 5) kann es dadurch z.B. gelingen, problematische Verläufe der Kompetenzentwicklung zu erkennen, deren Bedingungen in Familien und Bildungsinstitutionen zu identifizieren und dementsprechende Reformen sowohl innerhalb einer Bildungsstufe als auch an den Schnittstellen verschiedener Bildungsstufen einzuleiten. Dass solch ein Aufwand auf Dauer sowohl pädagogische als auch bildungspolitische Früchte trägt, ja sich sogar unter der Kostenperspektive rechnet, konnte in etlichen internationalen Längsschnittstudien nachgewiesen werden (vgl. Roßbach/Kluczniok/Isenmann 2008, S. 86).

All diese Überlegungen sprechen dafür, auch in Deutschland eine „Pädagogische Sprachdiagnostik" für Vorschulkinder zu „etablieren"? Aber reichen die vorhandenen Instrumente aus, um die anstehenden Aufgaben zu erfüllen bzw. die Probleme zu lösen? Und wenn nicht, welche werden zukünftig noch benötigt? Antworten darauf setzen eine eingehendere Prüfung gegebener sprachdiagnostischer Ressourcen voraus.

3 Stand der Pädagogischen Sprachdiagnostik für Vorschulkinder

Wer sich einen Überblick zum Stand der Pädagogischen Diagnostik für Vorschulkinder verschaffen möchte, kann auf Vorarbeiten zurückgreifen, die einen Überblick über die vorhandenen einschlägigen Verfahren ermöglichen. Hervorzuheben sind in diesem Zusammenhang die im Rahmen des „Bundesweiten Integrationsprogramms" erstellten Dokumentationsbände plus Analyseband des Bundesamt für Migration und Flüchtlinge (2007a, 2007b, 2007c, 2008) sowie drei ausgewählte Expertisen von Ehlich (2005), Fried (2004, 2006a) und Weinert/Doil/Frevert (2008).

3.1 Dokumentations- und Analysebände des Bundesamtes für Migration und Flüchtlinge

Das Bundesamt für Migration und Flüchtlinge hat im Sommer 2006 eine Feststellung der Sprachförderangebote für Migranten und Migrantinnen in Deutschland durchgeführt. Zielsetzung dieser Untersuchung, die mittels teilstandardisierter Fragebögen durchgeführt wurde, war die möglichst umfassende Dokumentation und Analyse der Sprachförderangebote von Bund und Ländern sowie ergänzend eine explorativ-exemplarische Dokumentation und Analyse von Sprachförderangeboten von Kommunen und Kreisen sowie privaten Trägern. Im Rahmen dieser Bestandsaufnahme wurden auch Angebote zur Sprachförderung in Kindergarten und Vorschule erfasst. Bei der Untersuchung zeigte sich, dass Sprachstandsmessungen insbesondere im Bereich der vorschulischen und schulischen Sprachförderung zum Einsatz kommen. Ziel des Einsatzes ist dabei vorrangig die Ermittlung des individuellen Sprachstands der Kinder als Ausgangspunkt einer gezielten Sprachförderung. Insgesamt machen die Resultate deutlich, dass Pädagogische Sprachdiagnostik in der Praxis inzwischen einen erheblichen Stellenwert hat. Im Einzelnen zeigte sich:

(1) Der Bund setzt bei einem von drei einschlägigen Projekten einen Sprachtest sowie mehrere Beobachtungsbogen ein (2007b, S. 19ff.).
(2) Die Länder führen bei 64% der vorschulischen Angebote Sprachstandsfeststellungen durch, bei 26% ist dies nicht der Fall, für 8% wurden keine Angaben gemacht. Diejenigen Länder, die Sprachstandserfassungen modellhaft oder flächendeckend eingeführt haben, bedienen sich unterschiedlicher Verfahren, um die deutschsprachigen Fähigkeiten von Kindern mit deutscher oder nichtdeutscher Muttersprache zu erheben. In 41% der Maßnahmen kommen Screeningverfahren zum Einsatz, in 27% Tests, in 36% Beobachtungsbogen und in 9% mehrsprachige Verfahren (ebd.).[1] Die Sprachstandserfassungen finden zu unterschiedlichen Zeitpunkten statt. Vielfach werden sie im Rahmen der Schuleingangsuntersuchung vorgenommen. Die Definition der Zeitspanne „vor der Einschulung" reicht dabei von 9 Monaten in Hessen bis zu zwei Jahren in Nordrhein-Westfalen (ebd., 2007c, S. 48).
(3) Die Kommunen und Landkreise setzen bei 60% der Maßnahmen Spracherfassungsverfahren ein. Es handelt sich dabei vorrangig um Beobachtungsbogen (71%). Demgegenüber spielen Tests (29%) und Screeningverfahren (17%) nur eine untergeordnete Rolle (ebd., S. 48f.).

Insgesamt sind diese Dokumentationen sehr hilfreich, was unsere Kenntnis über die Verbreitung von Verfahren betrifft.[2] Sie geben aber keinen Aufschluss, was Charakteristika und Qualität der eingesetzten Spracherfassungsverfahren betrifft. Das wird durch drei vorliegende Expertisen geleistet, die im Weiteren kurz zusammengefasst werden. Die Reihenfolge der Darstellung orientiert sich am jeweiligen Erscheinungsjahr.

3.2 Expertise von Fried

Diese Expertise beschäftigt sich speziell mit Spracherfassungsverfahren für Vorschulkinder und Schulanfänger. Sie wurde von Fried (2004; vgl. auch die aktualisierte Version 2006a) im Auftrag des Deutschen Jugendinstituts (DJI) für das vom BMFSFJ in Auftrag gegebene Projekt „Schlüsselkompetenz Sprache" erstellt. Dementsprechend fügt sie sich in eine bundesweite Recherche zu Maßnahmen und Aktivitäten im Bereich der sprachlichen Bildung und der Sprachförderung in

Tageseinrichtungen für Kinder" (vgl. Jampert et al. 2007). Zweck der Expertise ist, für die elementarpädagogische Fachdiskussion bzw. Praxis transparent zu machen, welche Verfahren zur Erfassung des Sprachentwicklungsstands von Kindergartenkindern und Schulanfängern für Erzieherinnen und Lehrkräfte angeboten bzw. von der Politik eingesetzt werden und wie es um deren Qualität steht. Da die besprochenen 24 (Fried 2004) bzw. 26 (Fried 2006a) Verfahren – sofern sie überhaupt an Standards orientiert sind – auf der klassischen Testtheorie (vgl. Lienert/Raatz 1998) basieren, erfolgt ihre Kennzeichnung und Einordnung anhand der international gültigen „Standards für pädagogisches und psychologisches Testen" (vgl. Häcker/Leutner/Amelang 1998). Dabei werden nicht nur die Hauptgütekriterien (Objektivität, Reliabilität, Validität), sondern auch praxisrelevante Nebengütekriterien (Eichung, Ökonomie, Nützlichkeit) thematisiert. Als wesentlichster Prüfstein für die Güte eines Verfahrens wird aber die Frage erachtet, ob und wieweit die (Konstrukt-)Validität der besprochenen Verfahren hinreichend grundgelegt und geprüft worden ist; also ob die Testkonstruktion auf sprachtheoretischen Modellen basiert, die dem aktuellen Stand der Spracherwerbsforschung entsprechen und mit welchen empirischen Methoden untersucht worden ist, wieweit die Testitems diese Modelle tatsächlich adäquat abzubilden vermögen.

Die Bilanz lässt erkennen, dass es eine Reihe von Verfahren gibt, deren Qualität sowohl in sprachtheoretischer als auch in messmethodischer Hinsicht den Standards genügt. Meist handelt es sich dabei um Tests zur Erfassung der generellen Sprachfähigkeit. Allerdings nützt dieser Vorrat den Erzieherinnen und Lehrkräften nur bedingt, weil vor allem die älteren Verfahren ausschließlich für die Hand von Fachexperten (vornehmlich Psychologen usw.) entwickelt worden sind. Neben den allgemeinen Sprachtests werden etliche Verfahren zur Erfassung sprachlicher Teilleistungen vorgefunden. Hierunter befinden sich auch Instrumente zu Teilaspekten, die von der Praxis inzwischen als förderrelevant erkannt worden sind, wie z.B. Tests zur Erfassung der phonologischen Bewusstheit, einer Vorläuferfähigkeit zum Schriftspracherwerb. Kritisiert wird u.a., dass nicht wenige der in den Ländern flächendeckend eingeführten Verfahren den Standards nicht genügen. Noch dazu erweisen sich manche dieser – meist als praxisgerecht gepriesenen – Verfahren als ausgesprochen aufwändig. Verglichen damit sind einige der vorhandenen Sprachtests ökonomischer (Zeit, Handhabung), zum Teil auch nützlicher (präzise Angaben, was genau man erfasst).

Es wird gefolgert, dass noch längst nicht genügend Spracherfassungsverfahren vorliegen, um die Sprachbildungs- bzw. -förderangebote für Vorschulkinder so gezielt planen und durchführen zu können, wie es die daran geknüpften Erwartungen eigentlich erfordern (vgl. z.B. Halle et al. 2003). So fehlt es an Verfahren, mit denen kommunikative, narrative und semantische Kompetenzprofile näher charakterisiert werden können usw.[3] Angesichts dessen wird u.a. empfohlen, sich vorerst zu behelfen, indem z.B. mehrere (Teile von) Verfahren kombiniert werden, um einen umfassenderen Blick auf die Sprachentwicklung von Kindern zu gewinnen als mit einem Verfahren möglich.[4] Vor allem aber wird gefordert, weitere Verfahren zu konstruieren, die an den bestehenden Lücken ansetzen, wie z.B. dem Mangel „an standardisierten, komparativ ausgerichteten Instrumenten zur Erfassung des Sprachentwicklungsstandes von Bi- und/oder Multilingualen ..., die über den Status von ad hoc-Entwürfen als Forschungsinstrumente hinausgehen" (Krampen et al. in Fried 2004, S. 88). Dabei ist zu berücksichtigen, dass die Konstruktion solcher Verfahren sowohl hochspezialisierte testtheoretische bzw. -methodische Kompetenz als auch weitentwickelte entwicklungs(patho-)psycholinguistische Expertise erfordert.[5]

3.3 Expertise von Ehlich et al.

Eine weitere Expertise beschäftigt sich ebenfalls mit Verfahren zur Spracherfassung, allerdings ohne Konzentration auf bestimmte Altersgruppen. Der umfassende Band stammt von Ehlich und einem von ihm geleiteten Konsortium aus neun Wissenschaftlerinnen und Wissenschaftlern (vgl. Ehlich 2005; Ehlich et al. 2004). In Auftrag gegeben wurde die Expertise vom BMBF. Der Band ist breit angelegt und betont den sprachdidaktischen Blickwinkel. Die Beiträge beziehen sich auf unterschiedlichste Erkenntnisfelder. Im Kern geht es bei den meisten um die Beantwortung der Frage, welche Forderungen an zukünftige Spracherfassungsverfahren gestellt werden müssen, wenn man den Erkenntnisstand zum Erst-, Zweit- und Mehrspracherwerb bzw. zur Sprachkompetenz auf den Erkenntnisbedarf der Sprachdidaktik bzw. Sprachförderung bezieht. Das mündet in gut begründeten, hochgespannten Forderungen nach einem gleichermaßen validen wie umfassenden „Verfahren zur Leistungsmessung hinsichtlich der Sprach- und Schriftaneignung bei Kindern" (Ehlich 2005, S. 51).

Durch die Brille dieses universalen Anspruchs betrachtet, treten vor allem die Defizite der gegenwärtigen pädagogischen Sprachdiagnostik hervor. So werden einerseits „Pseudo-Testverfahren" als das markiert, was sie tatsächlich sind; andererseits wird verdeutlicht, wie begrenzt die Reichweite der Verfahren ist, die es verdienen, als Test bezeichnet zu werden. Am Schluss ist klar, dass eine ganze Reihe neuer Verfahren entwickelt werden müssen. Wie das zu geschehen hat, wird in Form von Soll-Forderungen angedeutet. Dabei wird zugestanden, dass Lösungen derzeit nur schwer zu haben sind, weil die aufgezeigten Mängel letztlich auf Schwächen und Lücken der sprachenwicklungsbezogenen Forschung beruhen, wie z.B. die starke Fixierung auf pathologische Phänomene, die Vernachlässigung des Vor-, Primar- und Sekundarschulalters, die Lücken in Bezug auf die Kommunikationsfähigkeit bzw. die Erzählfähigkeit. Nicht angesprochen wird, ob und wie genau sich die Soll-Forderungen mit den gegenwärtigen testtheoretischen bzw. testkonstruktiven Mitteln bereits einlösen lassen.

In dem den Band abschließenden Beitrag von Schnieders und Komor (2005) wird eine umfassende systematische Darstellung und Bewertung bereits vorliegender Verfahren in Form einer Synopse vorgelegt.[6] Die dort besprochenen Verfahren, darunter auch 23 für Kinder im Vorschulalter, werden zunächst differenziert gekennzeichnet, abschließend dann nochmals in Matrixform zusammengefasst. Die Kennzeichnungen liefern jeweils viele Stichwörter zur sprachentwicklungs- sowie -lerntheoretischen Fundierung der Verfahren. Testtheoretische Kriterien werden nicht angelegt. Eine zusammenfassende Bewertung des aktuellen Standes der Pädagogischen Sprachdiagnostik unterbleibt. Insgesamt macht auch diese Expertise deutlich, dass die gegenwärtig angebotenen Verfahren wesentliche Mängel und Einschränkungen aufweisen. Dies wird vor allem in Bezug auf die sprachentwicklungsbezogene theoretische Basis nachgewiesen. Konkrete Forderungen in Bezug auf Vorschulkinder lauten, dass Verfahren zur Erfassung der Kommunikations- bzw. Erzählfähigkeit sowie zur Erfassung von Zwei- und Mehrsprachfähigkeit fehlen.

3.4 Expertise von Weinert, Doil und Frevert

Die Expertise von Weinert, Doil und Frevert (2008) ist im Rahmen einer umfassenderen Expertise erstellt worden, die – vom BMBF in Auftrag gegeben – folgende Fragen verfolgt: Welche internationalen Erfahrungen gibt es mit Bildungspanels, die in sehr frühem Alter vor der Grundschulzeit beginnen? Auf welche Erfahrungen aus breit angelegten Längsschnittuntersuchungen, die von ihrer Struktur her mit Bildungspanelstudien vergleichbar sind, kann in diesem Zusammenhang zurückgegriffen werden? Welche Kompetenzen können in diesem Alter untersuchungsökonomisch wie erfasst werden, und welche sind für ein Bildungspanel sinnvoll, das im Grundschulbereich fortgesetzt wird? (Roßbach/Weinert 2008, S. 6). In ihrem Teil fragen die Autorinnen speziell danach, ob und inwieweit im deutschen Sprachraum Messinstrumente zur Verfügung stehen, mit denen bildungsbezogene (u.a. auch schriftsprachliche) Kompetenzen im Vorschulalter untersuchungsökonomisch erfasst werden können (Weinert/Doil/Frevert 2008, S. 89), so dass sie sinnvoll im Rahmen eines Bildungspanels, das im Grundschulbereich fortgeführt wird, eingesetzt (oder für diesen Zweck weiterentwickelt) werden können. Im Mittelpunkt stehen diejenigen Verfahren, die im Altersbereich zwischen drei und sieben Jahren einsetzbar sind. Vorausgesetzt wird, dass die Verfahren auf diejenigen Kompetenzen zielen, deren Entwicklung und Bedeutung für spätere Bildungsprozesse durch entwicklungspsycholinguistische sowie elementarpädagogische Forschungen gut belegt sind; und dass sie darüber hinaus den „... testtheoretischen Gütekriterien (der klassischen Testtheorie, L.F.) genügen, über eine ausreichende Standardisierung verfügen und zudem an größeren Stichproben im deutschen Sprachraum erprobt sind." (ebd., S. 90) sowie „für eine längsschnittliche Nachzeichnung von Entwicklungsveränderungen und Bildungseinflüssen geeignet erscheinen." (ebd., S. 98).

Es werden immerhin neun Instrumente bzw. Subtests zur Erfassung sprachlicher und vier Verfahren zur Erfassung schriftsprachbezogener Kompetenzen als im oben genannten Sinne geeignet charakterisiert. Was die sprachlichen Kompetenzen betrifft, können mit diesen Verfahren vor allem die für den Bildungserfolg von Kindern prognostisch relevanten „Kern"-Kompetenzen erfasst werden, nämlich die Bereiche frühes Satzverständnis, frühe Satzproduktionen sowie die verschiedenen Aspekte des Wortschatzes (ebd., S. 125); was die schriftsprachlichen Kompetenzen angeht, können damit Vorläuferfähigkeiten und -fertigkeiten erfasst werden, die gemeinhin mit der Begriffsklammer „Phonologische Bewusstheit" zusammengefasst werden, nämlich das Erkennen von Reimen, das Zerlegen von Wörtern in Silben sowie die Phonemanalyse bzw. -synthese.

Problematisiert wird, dass die besprochenen Verfahren jeweils unterschiedliche Sprachaspekte erfassen. Das erschwert Schlussfolgerungen bzw. Vergleiche. Bemängelt wird außerdem, dass einzelne Verfahren vor allem im unteren Bereich differenzieren, obwohl es Ziel jedes Bildungspanels ist, „über das gesamte Leistungsspektrum von Vorschulkindern hinweg Aussagen machen zu können." (ebd., S. 134). Es wird vorgeschlagen, dies dadurch zu kompensieren, dass man verschiedene Verfahren und Subtests kombiniert oder ergänzend schwierigere Aufgaben einsetzt und außerdem bei Kindern mit drohender Lese-Rechtschreib-Schwäche die Eltern zusätzlich über familiäre Risikofaktoren befragt. Schließlich werden noch Defizite markiert, die nicht ohne Neuentwicklungen überwunden werden können. So wird u.a. der Mangel an Verfahren zur Erfassung der Erzählfähigkeiten beklagt. Obwohl es bei der Themenstellung zu erwarten gewesen wäre, erfolgen keine Bezugnahmen auf den aktuellen Status der Kompetenzdiagnostik.

Alles in allem vermitteln die hier besprochenen Expertisen einen profunden Überblick zum Bereich „Pädagogische Sprachdiagnostik für Vorschulkinder". Dabei ergänzen sie sich insofern, als jeder Ansatz bestimmte Aspekte „heller" ausleuchtet als bei den anderen der Fall. So betrachtet Fried die Verfahren vornehmlich unter dem Aspekt ihrer elementarpädagogischen Nützlichkeit; Ehlich et al. reflektieren sie vornehmlich unter dem Aspekt des sprachdidaktischen Bedarfs; Weinert, Doil und Frevert schließlich sind an ihrer Eignung für ein Bildungspanel interessiert. Dabei werden in allen Expertisen sowohl sprachentwicklungstheoretische als auch testtheoretische bzw. -methodische Kriterien (zumindest kurz) angesprochen. Allerdings werden diese „Prüfsteine" sehr unterschiedlich gewichtet. Während Ehlich et al. die Verfahren vor allem in Bezug auf sprachtheoretische Aspekte charakterisieren; werden sie von Fried sowie Weinert, Doil und Frevert zusätzlich unter testtheoretischen bzw. -methodischen Gesichtspunkten analysiert.

Ungeachtet dieser Differenzen kommen die Expertisen zu vergleichbaren Schlüssen. Übereinstimmend wird bemängelt, dass es uns noch an Verfahren zur Erfassung pragmatischer Kompetenzen (insbesondere Kommunikationsfähigkeit, Erzählfähigkeit), zwei- bzw. mehrsprachiger Kompetenzen sowie schriftsprachlicher Vorläuferfähigkeiten mangelt. Einig ist man sich auch, dass ein Teil der vorhandenen Verfahren nicht oder nicht hinreichend den generellen sprachentwicklungstheoretischen und/oder messmethodischen Standards entspricht (vgl. dazu auch Gogolin/ Neumann/Roth 2005, S. 8). Es besteht also noch erheblicher Entwicklungsbedarf. Das wird noch deutlicher, wenn man den berichteten Stand vor dem Hintergrund der internationalen Diskussion zur Pädagogischen Sprachdiagnostik im Vorschul- und Schulbereich betrachtet. Eine solche Kontrastierung lässt einzelne „Zonen der nächsten Entwicklung" hervortreten.

4 Ausblick

Ein Merkmal der seit den 1970er Jahren stattfindenden internationalen Entwicklungen im Bereich Pädagogischer Sprachdiagnostik ist, dass die Konstruktion neuer Verfahren zunehmend auf interdisziplinärer Zusammenarbeit beruht. Das ist darauf zurückzuführen, dass die Ansprüche an Pädagogik und Politik gewachsen sind, rational bzw. fachlich begründet zu entscheiden, welche individuellen Sprachförderangebote bei einem Kind Wirkung versprechen oder welches Kind an zusätzlich angebotenen (und finanzierten) Sprachfördergruppen teilnimmt usw. Antworten darauf vermag nur eine Pädagogische Sprachdiagnostik zu geben, bei deren Entwicklung entwicklungs(patho-)psycholinguistische, testtheoretische bzw. -methodische und sprachdidaktische Expertise miteinander verbunden werden (u.a. Linn 2006). Noch wird man dem in Deutschland nicht oder bestenfalls ansatzweise gerecht. Es gibt aber erste Anzeichen dafür, dass sich das in naher Zukunft ändern könnte. Am 30.04.2008 sind die „Richtlinien des Bundesministeriums für Bildung und Forschung zur Förderung der empirischen Bildungsforschung im Bereich Sprachdiagnostik/Sprachförderung" als Bekanntmachung veröffentlicht worden (Bundesministerium für Bildung und Forschung 2008). Dieses Forschungsprogramm dient dem Zweck, „... wissenschaftliches Wissen zu erarbeiten und bereitzustellen, welches Bildungseinrichtungen als Grundlage für eine gezielte Sprachförderung nutzen können." (Weinert/Redder 2007, S. 2) Dabei geht es nicht zuletzt um „... die theoretisch fundierte Entwicklung und wissenschaftliche Überprüfung von Verfahren zur Erfassung sprachlicher Fähigkeiten und Fertigkeiten in ein- und mehrsprachigen Kontexten, die es erlauben, Sprachkompetenzen und ihre Veränderung gezielt zu beobachten, zu analysieren und ihre Aneignung nachhaltig begünstigen und fördern zu können;..." (ebd.). Als Voraussetzung dafür wird explizit eine interdisziplinäre Zusammenarbeit genannt. Dieses Programm erhöht die Chance, dass der Entwicklungsschub der Pädagogischen Sprachdiagnostik für Vorschulkinder in absehbarer Zeit nicht abflaut. Das gilt umso mehr, als sich die Neukonstruktion von Verfahren an vielfältigen Erkenntnissen der expandierenden internationalen Sprachtestforschung orientieren kann (vgl. z.B. Bachman 2000). Diese unterstreichen, dass die Möglichkeiten der Sprachtestkonstruktion, aber auch die Ansprüche an die Sprachtestkonstrukteure erheblich zugenommen haben.

Was das für einzelne Bereiche konkret bedeutet, wird derzeit in der internationalen Sprachtestliteratur intensiv diskutiert. Einige der in dieser Diskussion vorgebrachten Punkte sollen kurz angetippt werden:

- Einmal wird gefordert, mehr und bessere Tests plus Beobachtungs- sowie Dokumentationsverfahren zu entwickeln, mit denen sich die gesamte Sprachfähigkeit von zwei- und mehrsprachigen Kindern erfassen lässt. Dergleichen Verfahren sollten u.a. erlauben, zwischen Kindern mit lediglich zeitlich verzögerter und Kindern mit strukturell abweichender (also gestörter) zwei- bzw. mehrsprachiger Entwicklung zu unterscheiden (vgl. Hudson/Brown 2001; Rea-Dickins/Gardner 2000).
- Des Weiteren wird verlangt, Verfahren umfassender und zweckentsprechender zu normieren. Hier wird ein Mangel an Verfahren konstatiert, die – neben sozialen – auch kriteriale Normen bieten, so dass individuelle Lernzuwächse im Rahmen von Bildungs- oder Förderangeboten zuverlässig bestimmt werden können (vgl. Andersson 2005; Merrell/Plante 1997).
- Außerdem wird beklagt, dass bei der Konstruktion meist versäumt wird zu prüfen, ob bzw. unter welchen Bedingungen das neue Verfahren der Praxis tatsächlich den Nutzen bringt, den

man sich davon versprochen hat (vgl. u.a. Bachman 2000; Bachman/Palmer 1996; Grotjahn 2000). So hat uns die Forschung zu „wash-back"-Effekten (vgl. Anderson/Wall 1993; Babaii 2004 und Cheng 2006) gezeigt, dass neue Verfahren nicht zwangsläufig die an sie geknüpften positiven Wirkungen haben, ja dass sie sogar unbeabsichtigte Nebenwirkungen bzw. negative Folgeeffekte hervorrufen können. So wird z.B. berichtet, dass das Testen dazu führen kann, dass sich die nachfolgenden Sprachförderbemühungen nicht mehr vorrangig an den Leistungsprofilen der einzelnen Kinder ausrichten, sondern darauf konzentrieren, die gesamte Gruppe möglichst effektiv auf die Testaufgaben vorzubereiten, damit sie beim nächsten Testen besser abschneidet usw.

Für die Elementarpädagogik sind besonders die Bestrebungen in der „Kompetenzdiagnostik" bedeutsam. Hier offenbaren sich Möglichkeiten, die – z.B. im Hinblick auf Sprachförderung – wissenschaftlich und praktisch gleichermaßen weiterführend sein dürften (vgl. Hasselgren 2000). Laut Klieme und Leutner (2006, S. 1; vgl. auch 2005) setzt Kompetenzdiagnostik voraus, dass es gelingt, theoretisch und empirisch gestützte Kompetenzmodelle auszuarbeiten, die ein differenziertes Verständnis des Aufbaus, der Entwicklung und damit auch der Diagnose sowie Förderung von bereichsspezifischen Kompetenzen vermitteln (vgl. Deutsches Institut für Internationale Pädagogische Forschung 2003, S. 58). Mit solch einem Modell vermag man z.B. die Sprachkompetenz eines Kindes kriterial zu beschreiben, also konkrete Anforderungen zu benennen, die in sprachlichen Dimensionen (Teilkompetenzen) auf bestimmten Stufen von ihm bewältigt werden können. Die resultierenden „Profile von Teilkompetenzen" erlauben es festzustellen, was ein Kind einer bestimmten Altersgruppe sprachlich bereits zu leisten vermag bzw. was ihm sprachlich noch nicht zugänglich ist. „Damit wird ein Gegengewicht geschaffen zu dem allzu üblichen Denken in Defizit-Modellen und sozialen Vergleichen." (ebd., S. 113). Außerdem wird damit klarer, in welcher Richtung und auf welchem Weg die Sprachkompetenzdimensionen gezielt gefördert werden können.

In Deutschland gibt es nach Kenntnis der Verfasserin noch keine Verfahren für Vorschulkinder, die auf präzisierten, in psychometrische Messmodelle überführten Sprachkompetenzkonstrukten beruhen. Vielmehr lassen sich die vorliegenden Verfahren alle mehr oder weniger auf tradierte Sprachstrukturmodelle zurückführen, die grob zwischen den Sprachebenen und fein nach ebenenspezifischen Sprachkomponenten separieren (vgl. z.B. Fried 1986). Dass die Entwicklung der Pädagogischen Sprachdiagnostik von Vorschulkindern gemessen am Stand der Kompetenzdiagnostik so hinterherhinkt, hat unterschiedliche Gründe. Drei davon sollen abschließend kurz umrissen werden.

Aus *entwicklungspsycholinguistischer* Sicht wird vorgebracht, dass „... die Entwicklungsaufgaben der Kinder – trotz der prinzipiellen Separierbarkeit von Sprachkomponenten einerseits sowie von Sprache und Kognition andererseits – oft „quer" zu diesen psychologischen Unterscheidungen liegen ... Das was für die Kinder ein Problembereich ist, folgt oftmals nicht der Differenzierung etwa von Sprache und Kognition." (vgl. Weinert 2007, S. 90). Eine Rolle dürfte auch spielen, dass unsere Erkenntnisse zur Entwicklung einzelner Sprachkomponenten bei Drei- bis Sechsjährigen aufgrund einschlägiger Forschungslücken nicht belastbar genug sind. (Das gilt z.B. besonders für die Entwicklung semantischer sowie narrativer Kompetenzen).

Unter *elementarpädagogischen* Gesichtspunkten ist relevant, dass die Konstruktion von Kompetenzmodellen eine simultane Berücksichtigung bzw. Verschränkung von personenbezogenen Komponenten (Motive, Wissen, Können) mit kontextbezogenen Komponenten (Aufgaben, Anforderungen) erfordert. Letztere sind aber nur bedingt erforscht bzw. ausdiskutiert. Denn eine Elementardidaktik ist bestenfalls anfänglich entwickelt. Das gilt ganz und gar für eine integrale Sprachförderdidaktik. Deshalb fehlt es an Vorstellungen, welche Sprachaufgaben ein Kind im Rahmen des Kindergartenalltags in welchem Alter bewältigen können sollte. Noch unklarer ist, in welchem hierarchischen Verhältnis unterschiedliche Sprachaufgaben zueinander stehen usw. Hier helfen die in allen Ländern eingeführten Bildungsrahmenpläne (vgl. Jugendministerkonferenz/ Kultusministerkonferenz 2004; Diskowski 2008) nur bedingt weiter, weil die dort getroffenen Aussagen entweder zu skizzenartig sind oder vorrangig den Charakter allgemeiner Prinzipien haben.

Unter *testtheoretischer bzw. -methodischer Perspektive* ist zu ergänzen, dass die Abbildung von Kompetenzmodellen in Form von psychometrischen Messmodellen nach einer spezifischen Methodologie verlangt (vgl. u.a. Bachman 2000; Eckes 2003; North/Schneider 1998; Rost 2004), die über die klassische Testtheorie hinausreicht (ohne diese zwangsläufig gänzlich hinter sich zu lassen; vgl. z.B. Rost 1996). Bislang jedoch haben solche, dem theoretischen Hintergrund der Item-Response-Theorie verpflichteten Methodologien (z.B. Sijtsma/Junker 2006) in die deutsche Pädagogische Sprachdiagnostik für Vorschulkinder noch keinen Eingang gefunden. Was sich u.a. dadurch erklären lässt, dass sich die „... Testtheorie und mit einer beträchtlichen Verzögerung auch die Sprachtesttheorie ... zu einer für nur noch wenige Spezialisten verständlichen Wissenschaft mit einem hohen Mathematisierungsgrad entwickelt" hat (Grotjahn 2000, S. 304).

Die Entwicklung von Verfahren, die auf definierten Sprachkompetenzmodellen beruhen, ist somit eine der gegenwärtig größten, aber auch eine der lohnendsten Herausforderungen der aktuellen Pädagogischen Sprachdiagnostik für Vorschulkinder, denn die individuelle Sprachförderung könnte mit Hilfe der Informationen, die kriteriale Verfahren zu liefern vermögen, gezielter und damit wohl auch wirksamer gestaltet werden als bislang der Fall.

Anmerkungen

1 In manchen Maßnahmen werden mehrere Verfahren eingesetzt. Deshalb ergibt die Summe der Prozentangaben mehr als 100 %.
2 Die Ergebnisse dienen der Politik nicht zuletzt als Basis für Zukunftsplanungen; vgl. Bundesamt für Migration und Flüchtlinge 2008.
3 Dem wurde inzwischen mit Delfin 4 in Nordrhein-Westfalen insofern entsprochen, als mit diesem Verfahren auch narrative Fähigkeiten erfasst werden; vgl. Fried et al. 2006.
4 Das ist inzwischen z.B. in Bremen erfolgt, wo u.a. die „Sprachstandsüberprüfung und Förderdiagnostik für Ausländer- und Aussiedlerkinder – SFD (Hobusch/Lutz/Wiest 2002) zum „Sprachschatz" weiterentwickelt worden ist (vgl. Kretschmann/Schulte 2004a, 2004b).
5 Auch in diese Richtung wurden inzwischen, wie z.B. an „LiSe-DaZ" in Baden-Württemberg abzulesen, weitere Schritte vollzogen.
6 In den Beiträgen werden zwar verschiedentlich Verfahren angesprochen bzw. besprochen. Das geschieht aber anhand von Beispielen bzw. dient der Veranschaulichung.

Anschrift des Verfassers: Prof. Dr. Lilian Fried, Technische Universität Dortmund, Institut für Sozialpädagogik, Erwachsenenbildung und Pädagogik der Frühen Kindheit, Emil-Figge-Straße 50, 44221 Dortmund, Tel.: (0231) 755 21 53, Fax: (0231) 755 62 25, E-Mail: LFried@fb12.uni-dortmund.de

Literatur

Anderson, J. C./ Wall, D. (1993): Does washback exist? In: Applied Linguistics, Vol. 14, pp. 115-129.
Andersson, L. (2005): Determining the adequacy of tests of children's language. In: Communication Disorders Quarterly, Vol. 26, pp. 207-225.

Aram, D. (2005): Continuity in children's literacy achievements: A longitudinal perspective from kindergarten to school. In: First Language, Vol. 25, pp. 259-289.
Babaii, E. (2004): Washback in language testing. – Mahwah, NJ.
Bachman, L. F. (2000): Modern language testing at the turn of the century: assuring that what we count counts. In: Language Testing, Vol. 17, pp. 1-42.
Bachman, L. F./Palmer, A. S. (1996): Language testing in practice: Designing and developing useful language tests. – New York.
Bos et al. 2007 = Bos, W./Hornberg, S./Arnold, K.-H./Faust, G./Fried, L./Lankes, E.-M./Schwippert, R./ Valtin, R. (Hrsg.) (2007): IGLU 2006: Lesekompetenzen von Grundschulkindern in Deutschland im internationalen Vergleich. – Münster.
Bundesamt für Migration und Flüchtlinge (2007a): Feststellung der Sprachförderangebote der Kommunen und Landkreise. Dokumentation. – Nürnberg.
Bundesamt für Migration und Flüchtlinge (2007b): Feststellung der Sprachförderangebote der privaten Träger. Dokumentation. – Nürnberg.
Bundesamt für Migration und Flüchtlinge (2007c): Feststellung der Sprachförderangebote des Bundes, der Länder, der Kommunen und der privaten Träger. Analysebericht. – Nürnberg.
Bundesamt für Migration und Flüchtlinge (2008): Sprachliche Bildung für Menschen mit Migrationshintergrund in Deutschland. Vorschläge zur Weiterentwicklung. – Nürnberg.
Bundesministerium für Bildung und Forschung (2008): Richtlinien zur Förderung der empirischen Bildungsforschung im Bereich Sprachdiagnostik/ Sprachförderung. In: Bundesanzeiger, Ausgabe Nr. 66, S. 1560. (www.bundesanzeiger.de)
Cheng, L. (2006): Changing language teaching through language testing: A washback study. – Cambridge, GB.
Dale et al. 2003 = Dale, P. S./Price, T. S./Bishop, D.V./Plomin, R. (2003). Outcomes of early language delay I: Predicting persistent and transient language difficulties at 3 and 4 years. In: Journal of Speech, Language and Hearing Research, Vol. 46, pp. 544-560.
Darling-Hammond et al. 2005 = Darling-Hammond, L./Holtzman, D. C./Gatlin, S.J./Helig, J.V. (2005): Does teacher preparation matter? Evidence about teacher certification. Teach for America, and teacher effectiveness. In: Education Policy Analysis Archives, Vol. 42, pp. 1-50.
De Houwer, A./Bornstein, M. H./Leach, D.B. (2005): Assessing early communicative ability: a cross-reporter cumulative score for the MacArthur CDI. In: Journal of Child Language, Vol. 32, pp. 735-758.
Deutsches Institut für Internationale Pädagogische Forschung DIPF (Hrsg.). (2003): Zur Entwicklung nationaler Bildungsstandards – Eine Expertise. – Frankfurt.
Dickinson, D.K./Caswell, L. (2007): Building support for language and early literacy in preschool classrooms through in-service professional development: Effects of the Literacy Environment Enrichment Program (LEEP). In: Early Childhood Research Quarterly, Vol. 22, pp. 243-260.
Diskowski, D. (2008): Bildungspläne für Kindertagesstätten – ein neues und noch unbegriffenes Steuerungsinstrument. In diesem Band.
Early et al. 2006 = Early, D. M./Bryant, M./Pianta, R. C./Clifford, R. M./Burchinal, M.R./Ritchie, S. (2006): Are teachers' education, major, and credentials related to classroom quality and children's academic gains in pre-kindergarten? In: Early Childhood Research Quarterly, Vol. 21, pp. 174-195.
Early et al. 2008 = Early, D. M./Maxwell, K. L./Clifford, R. M./Pianta, R. C. (2008): Teacher education and childoutcomes: A reply to the commentary. In: Early Childhood Research Quarterly, Vol. 23, pp. 7-9.
Eckes, T. (2003): Qualitätssicherung beim Test DaF: Konzepte, Methoden, Ergebnisse. In: Fremdsprachen und Hochschule, H. 69, S. 43-68.
Ehlich, K. (2005): Sprachaneignung und deren Feststellung bei Kindern mit und ohne Migrationshintergrund – Was man weiß, was man braucht, was man erwarten kann. In: Ehlich, K./Bredel, U./Garme, B./Komor, A./ Krumm, H,-J./McNamara, J./Reich, H. H./ Schnieders, G./ ten Thije, J. D./van den Bergh, H. (2005): Anforderungen an Verfahren der regelmäßigen Sprachstandsfeststellung als Grundlage für die frühe und individuelle Förderung von Kindern mit und ohne Migrationshintergrund, Bundesministerium für Bildung und Forschung. – Berlin, S. 11-63.
Ehlich et al. 2004 = Ehlich, K./van den Bergh, H./Bredel, U./Garme, B./Komor, A./Krumm, H,-J./McNamara, J./Reich, H. H./Schnieders, G./ten Thije, J. D. (2004): Anforderungen an Verfahren der regelmä-

ßigen Sprachstandsfeststellung als Grundlage für die frühe und individuelle Sprachförderung von Kindern mit und ohne Migrationshintergrund. Eine Expertise – Kurzbericht, Ludwig-Maximilians-Universität, Department II – Kommunikation und Sprachen, Deutsch als Fremdsprache/Transnationale Germanistik.– München.

Flender, J. (2005): Früherkennung von Entwicklungsstörungen durch Erzieherinnen: Überprüfung der Gütekriterien des Dortmunder Entwicklungsscreenings für den Kindergarten (DESK 3-6). Dissertation, Universität Dortmund, Fakultät Rehabilitationswissenschaften. – Dortmund.

Fried, L. (1986): Zur Diagnose des sprachlichen Entwicklungsstandes unter besonderer Berücksichtigung des Ausländerkindes. In: Ingenkamp, K./Horn, R./Jäger (Hrsg.): Tests und Trends 5. Jahrbuch der Pädagogischen Diagnostik. – Weinheim.

Fried, L. (2004): Expertise zu Sprachstandserhebungen für Kindergartenkinder und Schulanfänger – Eine kritische Betrachtung. – München. – URL: http://cgi.dji.de/bibs/271_2232_ExpertiseFried.pdf – Download vom 25.03.08.

Fried, L. (2006a): Schwerpunktthema: Sprachstandserhebungen für Kindergartenkinder und Schulanfänger. In: Sprache – Stimme – Gehör, Bd. 30, S. 45-92.

Fried, L. (2006b): Wissensbasis der Sprachförderkompetenz von ErzieherInnen: ein Forschungsbericht. – Dortmund: Universität Dortmund, Fachbereich 12, Lehrstuhl Pädagogik der frühen Kindheit.

Fried, L. (2007): Sprachförderkompetenz von Erzieherinnen. Ergebnisse einer Selbsteinschätzung. In: Sozial Extra, Bd. 31, S. 26-28.

Fried et al. 2006 = Fried, L./Briedigkeit, E./Isele, P./Schunder, R. (2006): Kurzform der sprachtheoretischen Basis von Delfin4 (Stufe 1 und Stufe 2). – Dortmund: Universität Dortmund, Lehrstuhl Pädagogik der frühen Kindheit, Arbeitsberichte zu den theoretischen Grundlagen, Nr. 3.

Fried et al. 2007 = Fried, L./Briedigkeit, E./Isele, P./Schunder, R. (2007): Notwendigkeit und Praxis von Sprachtests bei Kindergartenkindern. In: Städte- und Gemeinderat, Bd. 6, S. 16-18.

Fried, L./Briedigkeit, E. (2008): Sprachförderkompetenz. Selbst- und Teamqualifizierung für Erzieherinnen, Fachberatungen und Ausbilder. – Berlin.

Fromm, W./Schöler, H./Scherer, C. (1998): Jedes vierte Kind sprachgestört? Definition, Verbreitung, Erscheinungsbild, Entwicklungsbedingungen und -voraussetzungen der Spezifischen Sprachentwicklungsstörung. In: Schöler, H./ Fromm, W./ Kany, W. (Hrsg.): Spezifische Sprachentwicklungsstörung und Sprachlernen: Erscheinungsformen, Verlauf, Folgerungen für Diagnostik und Therapie. – Heidelberg, S. 21-64.

Gogolin, I. (1999): Öffentlicher Brief an die Senatsverwaltung für Schule, Jugend und Sport in – Berlin. – URL: http://www2.erzwiss.uni-hamburg.de/institute/interkultur/brief.htm – Download vom 23.12.03.

Gogolin, I./Neumann, U./Roth, H.-J. (2005): Sprachdiagnostik im Kontext sprachlicher Vielfalt. Zur Einführung in die Dokumentation der Fachtagung am 14. Juli 2004 in Hamburg. In: Gogolin, I./Neumann, U./Roth, H.-J. (Hrsg.): Sprachdiagnostik bei Kindern und Jugendlichen mit Migrationshintergrund. – Münster, S. 7-16.

Grimm, H. (Hrsg.) (2000): Sprachentwicklung. – Göttingen.

Grimm, G. (2003): Störungen der Sprachentwicklung. – 2. Aufl. – Göttingen.

Grimm et al. 2004 = Grimm, H./Aktas, M./Jungmann, T./Peglow, S./Stahn, D./Wolter, E. (2004): Sprachscreening im Vorschulalter: Wie viele Kinder brauchen tatsächlich eine Sprachförderung? In: Frühförderung interdisziplinär, Bd. 23, S. 108-117.

Grotjahn, R. (2000): Testtheorie: Grundzüge und Anwendungen in der Praxis. In: Wolff, A./Tanzer, H. (Hrsg.): Sprache – Kultur – Politik (S. 304-341). – Regensburg: FaDaF (= Materialien Deutsch als Fremdsprache Bd. 53).

Häcker, H./Leutner, D./Amelang, M. (Hrsg.) (1998): Standards für pädagogisches und psychologisches Testen. – Göttingen.

Halle et al. 2003 = Halle, T./Calkins, J./Berry, D./Johnson, R. (2003): Promoting language and literacy in early childhood care and education settings. Child Care & Early Education Research Connections (CCEERC). – Washington.

Hasselgren, A. (2000): The assessment of the English ability of young learners in Norwegian schools: an innovative approach. In: Language Testing, Vol. 17, pp. 261-277.

Hobusch, A./Lutz, N./Wiest, U. (2002): Sprachstandsüberprüfung und Förderdiagnostik für Ausländer- und Aussiedlerkinder (SFD). – Horneburg.

Holler-Zittlau, I./Dux, W./Berger, R. (2004): Evaluation der Sprachentwicklung 4- bis 4 ½-jähriger Kinder in Hessen. Eine empirische Untersuchung der Deutschen Gesellschaft für Sprachheilpädagogik (DGS) Landesgruppe Hessen e.V. im Auftrag des Hessischen Sozialministeriums. – Wiesbaden.

Hudson, T./Brown, J. D. (Eds.) (2001): A focus on language test development. University of Hawai'i at Manoa, Technical report. – Honolulu.

Ingenkamp, K./Lissmann, U. (2005): Lehrbuch der pädagogischen Diagnostik. – 5., völlig überarbeitete Auflage – Weinheim.

Jampert et al. 2007 = Jampert, K./Best, P./Guadatiello, A./Holler, D./Zehnbauer, A. (2007): Schlüsselkompetenz Sprache. Sprachliche Bildung und Förderung im Kindergarten. Konzepte, Projekte, Maßnahmen. – 2. überarb. Aufl. – Berlin.

Jugendministerkonferenz/Kultusministerkonferenz (2004): Gemeinsamer Rahmen der Länder für die frühe Bildung in Kindertageseinrichtungen. URL: http://bildungsserver.de – Download vom 15.02.2007.

Kany, W./Schöler, H. (2007): Fokus: Sprachdiagnostik. Leitfaden zur Sprachstandsbestimmung im Kindergarten. – Berlin.

Klicpera et al. 1993 = Klicpera, C./Humer, R./Lugmayr, A./Gasteiger-Klicpera, B. (1993): Vorhersage von Lese- und Rechtschreibschwierigkeiten zu Beginn der 1. Klasse: Frühzeitige Differenzierung unterschiedlicher Verlaufsformen. In: Frühförderung interdisziplinär, Bd. 12, S. 176-185.

Klieme, E./Leutner, D. (2005): Kompetenzmodelle zur Erfassung individueller Lernergebnisse und zur Bilanzierung von Bildungsprozessen. Antrag an die DFG auf Einrichtung eines Schwerpunktprogrammes, unveröffentlichtes Manuskript. Frankfurt/Essen: DIPF/Universität Duisburg-Essen. – Essen.

Klieme, E./Leutner, D. (2006): Überlegungen zu einem DFG-Schwerpunktprogramm „Kompetenzdiagnostik im Bildungsbereich: Theoretische und methodische Fundierung der Erfassung von Voraussetzungen und Ergebnissen von Bildungsprozessen", unveröffentlichtes Manuskript. Frankfurt/Essen: DIPF/Universität Duisburg-Essen. – Essen.

Kretschmann, R./Schulte, W. (2004a): Risikolagen bei Vorschulkindern – Ergebnisse der bremerischen Sprachstandsprüfungen für den Einschulungsjahrgang 2004. In: Lüdke, U. (Hrsg.): Fokus: Mensch. Subjektzentrierte Unterrichts- und Therapiemodelle in der Sprachbehindertenpädagogik. – Würzburg, S. 87-122.

Kretschmann, R./Schulte, W. (2004b): Sprachstandserhebungen und Risikoanalysen bei Vorschulkindern im Rahmen des Bremer Programms „Sprachschatz". Einschulungsjahrgänge 2003 und 2004. Statistische Auswertungen und weiterführende Überlegungen im Auftrag des Senators für Arbeit, Frauen, Gesundheit, Jugend u. Soziales, Universität Bremen. – Bremen.

Laucht, M./Esser, G./Schmidt, M. H. (2000): Entwicklung von Risikokindern im Schulalter: Die langfristigen Folgen frühkindlicher Belastungen. In: Zeitschrift für Entwicklungspsychologie und Pädagogische Psychologie, Bd. 32, S. 59-69.

Law et al. 2000 = Law, J./Boyle, J./Harris, F./Harkness, A./Nye, C. (2000): Prevalence and natural history of primary speech and language delay: findings from a systematic review of the literature. In: International Journal of Language & Communication Disorders, Vol. 35, pp. 165-188.

Lienert, G. A./Raatz, U. (1998): Testaufbau und Testanalyse. – 6. Auflage – Weinheim.

Linn, R. L. (2006): The standards for educational and psychological testing: Guidance in test development. In: Downing, S. M./Haladyna, T. M. (Eds.): Handbook of test development. – London, pp. 27-38.

LoCasale-Crouch et al.2007 = LoCasale-Crouch, J./Konold, T./Pianta, R./Howes, C./Burchinal, M./Bryant, D./Clifford, R./Early, D./Barbarin, O. (2007): Observed classroom quality profiles in state-funded pre-kindergarten programs and associations with teacher, program, and classroom characteristics. In: Early Childhood Research Quarterly, Vol. 22, pp. 3-17.

Mayr, T. (1990): Zur Epidemiologie von Sprach-, Sprech- und Kommunikationsstörungen bei Vorschulkindern. Ergebnisse einer Screening-Untersuchung – Konsequenzen für die Gestaltung eines angemessenen Betreuungssystems. In: Heilpädagogische Forschung, Bd. 16, S. 14-20.

Mengering, F. (2005): Bärenstark – Empirische Ergebnisse der Berliner Sprachstandserhebung an Kindern im Vorschulalter. In: Zeitschrift für Erziehungswissenschaft, Bd. 8, S. 241-262.

Merrell, A. W./Plante, E. (1997): Norm-referenced test interpretation in the diagnostic process. In: Language, Speech, and Hearing Services in Schools, Vol. 28, pp. 50-58.
NAYEC (2005): Promoting excellence in early childhood education. – Washington.
Nelson et al. 2006 = Nelson, H.D./Nygren, P./Walker, M./Panoscha, R. (2006): Screening for speech and language delay in preschool children: Systematic evidence review for the US Preventive Services Task Force. In: Pediatrics, Vol. 117, pp. 298-319.
North, B./Schneider, G. (1998): Scaling descriptors for language proficiency scales. In: Language Testing, Vol. 15, pp. 217-263.
Okalidou, A./Kampanaros, M. (2001): Teacher perceptions of communication impairment at screening stage in preschool children living in Patras, Greece. In: International Journal of Communication Disorders, Vol. 36, pp. 489-502.
Pochert, A. (2000): Bärenstark. Berliner Sprachstandserhebung und Materialien zur Sprachförderung für Kinder in der Vorschul- und Schuleingangsphase, Senatsverwaltung für Schule, Jugend und Sport. – 2. überarbeitete Version – Berlin.
Rea-Dickins, P./Gardner, S. (2000): Snares and silver bullets: disentangling the construct of formative assessment. In: Language Testing, Vol. 17, pp. 215-243.
Roßbach, H.-G./Kluczniok, K./Isenmann, D. (2008): Erfahrungen aus internationalen Längsschnittuntersuchungen. In: Roßbach, H.-G./Weinert, S. (Hrsg.): Kindliche Kompetenzen im Elementarbereich: Förderbarkeit, Bedeutung und Messung – Berlin, S. 7-88.
Roßbach, H.-G./Weinert, S. (Hrsg.) (2008): Einleitung. In: Roßbach, H.-G./Weinert, S. (Hrsg.): Kindliche Kompetenzen im Elementarbereich: Förderbarkeit, Bedeutung und Messung – Berlin ,S. 5-6.
Rost, J. (1996): Lehrbuch Testtheorie – Testkonstruktion. – Bern.
Rost, J. (2004): Psychometrische Modelle zur Überprüfung von Bildungsstandards anhand von Kompetenzmodellen. In: Zeitschrift für Pädagogik, Bd. 50, S. 662-678.
Ruben, R.J. (2000): Redefining the survival of the fittest: Communication disorders in the 21st century. In: Laryngoscope, Vol. 111, pp. 241-245.
Schakib-Ekbatan, K./Schöler, H. (1995): Zur Persistenz von Sprachentwicklungsstörungen: Ein 10jähriger Längsschnitt neun spezifisch sprachentwicklungsgestörter Kinder. In: Heilpädagogische Forschung, Bd. 21, S. 77-84.
Schnieders, G./Komor, A. (2005): Eine Synopse aktueller Verfahren der Sprachstandsfeststellung. In: Ehlich, K. in Zusammenarbeit mit Bredel, U./Garme, B./Komor, A./ Krumm, H,-J./McNamara, J./Reich, H. H./ Schnieders, G./ ten Thije, J. D./van den Bergh, H. (2005): Anforderungen an Verfahren der regelmäßigen Sprachstandsfeststellung als Grundlage für die frühe und individuelle Förderung von Kindern mit und ohne Migrationshintergrund, Bundesministerium für Bildung und Forschung. – Berlin, S. 261-342.
Schöler, H. (1999): IDIS B Inventar diagnostischer Informationen bei Sprachentwicklungsauffälligkeiten. – Heidelberg.
Schöler, H./Welling, A. (Hrsg.) (2007): Sonderpädagogik der Sprache. – Bd. 1 – Göttingen.
Schönweiler, R. (1993): Audiometrische, sprachliche, entwicklungspsychologische und soziodemographische Befunde bei 1300 sprachauffälligen Kindern und deren Bedeutung für ein individuelles Rehabilitationskonzept. In: Sprache – Stimme – Gehör, Bd. 17, S. 6-11.
Senatsverwaltung für Bildung, Jugend und Sport Berlin (Hrsg.) (2005): DEUTSCH PLUS. Bericht zum Probelauf 2004. – Berlin.
Shriberg, L.D./Tomblin, J.B./McSweeny, J.L. (1999): Prevalence of speech delay in 6-year-old children and comorbidity with language impairment. In: Journal of Speech, Language, and Hearing Research, Vol. 42, pp. 1461-1481.
Sigafoos, J./Pennell, D. (1995): Parent and teacher assessment of receptive and expressive language in preschool children with developmental disabilities. In: Education and Training in Mental Retardation and Developmental Disabilities, Vol. 12, S. 329-335.
Sijtsma, K./Junker, B. W. (2006): Item response theory: Past performance, present developments, and future expectations. In: Behaviormetrica, Vol. 33, S. 75-102.
Stott et al. 2002 = Stott, C.M./Merricks, M.J./Bolton, P.F./Goodyer, I.M. (2002): Screening for speech and language disorders: the reliability, validity and accuracy of the General Language Screen. In: International Journal of Language & Communication Disorders, Vol. 37, pp. 133-155.

Sylva, K./Pugh, G. (2005): Transforming the early years in England. In: Oxford Review of Education, Vol. 31, pp. 11-27.
Vater, D. (2005): Die Prognose von Kindern mit im Kleinkindalter diagnostizierten Störungen der Sprachentwicklung, unveröffentlichte Dissertation, Bayerische Julius-Maximilians-Universität zu Würzburg, Medizinischen Fakultät. – Würzburg.
Weinert, S. (2007): Kompetenzentwicklung und Kompetenzstruktur im Vorschulalter. In: Prenzel, M./ Gogolin, I./Krüger, H.-H. (Hrsg.): Kompetenzdiagnostik. Zeitschrift für Erziehungswissenschaft, Sonderheft 8. – Wiesbaden, S. 89-106.
Weinert et al. 2007 = Weinert, S., gemeinsam mit Asendorpf, J.B./ Beelmann, A./ Doil, H./Frevert, S./Lohaus, A./Hasselhorn, M. (2007): Expertise zur Erfassung von psychologischen Personmerkmalen bei Kindern im Alter von fünf Jahren im Rahmen des SOEP. – Berlin.
Weinert, S./Doil, H./Frevert, S. (2008): Kompetenzmessungen im Vorschulalter: eine Analyse vorliegender Verfahren. In: Roßbach, H.-G./Weinert, S. (Hrsg.): Kindliche Kompetenzen im Elementarbereich: Förderbarkeit, Bedeutung und Messung. – Berlin, S. 89-209.
Weinert, S./Redder, A. (2007): Forschungsrahmenprogramm zur Unterstützung und wissenschaftlichen Grundlegung der Sprachförderung/Sprachdiagnostik an Schulen und Kindertagesstätten. – Bamberg: Universität Bamberg, Lehrstuhl für Psychologie I: Entwicklung und Lernen/Universität Hamburg, Lehrstuhl für Germanistische Linguistik. – Bamberg/Hamburg.
Wild, K.-P./Krapp, A. (2006): Pädagogisch-psychologische Diagnostik. In: Krapp, A./Weidenmann, B. (Hrsg.): Pädagogische Psychologie. Ein Lehrbuch. – 5., vollst. überarb. Aufl. – Weinheim, S. 525-557.

Ingrid Gogolin

Förderung von Kindern mit Migrationshintergrund im Elementarbereich

Zusammenfassung:
Die frühe Förderung von Kindern mit Migrationshintergrund wird im folgenden Beitrag mit Fokus auf den Aspekt der sprachlichen Entwicklung und Förderung vorgestellt. Berichtet wird zunächst der Forschungsstand zur Frage, welchen Einfluss das Aufwachsen mit zwei oder mehr Sprachen auf die frühe Sprachentwicklung hat und was hieraus für die Förderung folgt. Sodann wird das Problem der Aneignung bildungsrelevanter sprachlicher Fähigkeiten behandelt, und es werden Argumente für längere Dauer und Kontinuität einer systematischen Sprachförderung vorgestellt.

Schlüsselwörter: Migrationshintergrund, Zweisprachigkeit, Bildungssprache.

Abstract:
Support for Immigrant Minority Children of Pre School Age. The contribution presents the problem of fostering and education of immigrant minority children of pre school age with a focus on the question of language development and support. At first it presents research results on language development in a bilingual or multilingual situation and draws conclusions from this for the design of early language education programs. At second, the problem of acquisition of "academic language" is discussed. Considering research results, arguments for longer duration and continuity of language education programs for ethnic minority children are presented.

Keywords: Immigrant minorities, Bilingualism, Academic Language.

Förderung von Kindern mit Migrationshintergrund so früh wie möglich, spätestens mit dem Eintritt in den Kindergarten – das ist ein großes bildungspolitisches und erziehungswissenschaftliches Thema, seit mit PISA 2000 die Nachricht verkündet wurde, es könnten die 15-jährigen Jugendlichen mit Migrationshintergrund in Deutschland nicht gut genug lesen. Die Debatten um Förderung dieser Schülerinnen und Schüler drehen sich seither im Schwerpunkt um das Thema „Sprachförderung" – vor allem eben: in der frühen Kindheit. Darauf konzentriert sich der folgende Beitrag.

Dass und warum es gerechtfertigt ist, besondere Aufmerksamkeit auf die frühe Förderung sprachlicher Fähigkeiten zu verwenden, soll zunächst mit einem Blick auf Ergebnisse der Spracherwerbsforschung untermauert werden. Dass dennoch vielfach eine zu enge Perspektive auf Sprachförderung im Elementarbereich eingenommen wird, soll sodann an zwei Aspekten exemplarisch verdeutlicht werden: erstens am Aspekt der im hiesigen Kontext zumeist vorgenommenen Übersetzung von „Sprachförderung" in „Förderung der deutschen Sprache" und zweitens am Aspekt der möglichen Überschätzung von „vorholender" Sprachförderung im Elementarbereich für die Entfaltung von sprachlichen Fähigkeiten, die über eine Bildungsbiographie hinweg Erfolg verheißen.

1 Früher Spracherwerb

Nicht nur im Bereich der Bildungspolitik und Bildungspraxis ist ein steigendes Interesse für die frühe Förderung sprachlicher Fähigkeiten zu beobachten, sondern auch in der Forschung verschiedener Disziplinen. So liegen zu Spracherwerbsfragen inzwischen etliche das vormalige Wissen differenzierende Erkenntnisse aus neuro- und entwicklungspsychologischen Untersuchungen vor. Hierzu trug nicht zuletzt bei, dass neue Technologien, wie etwa bildgebende Verfahren, Einblicke in Sprachproduktionsprozesse erlauben, die bis dahin verschlossen waren.

Insgesamt liegt ein relativ guter Kenntnisstand über Sprachentwicklungsverläufe bei einsprachig und ohne Spracherwerbsstörungen aufwachsenden Kindern vor. Insbesondere die Erwerbsphase der ersten drei bis vier Lebensjahre wurde intensiv untersucht; hier galt ein Teil der Aufmerksamkeit den Interaktionen in der Sprach- und Denkentwicklung (Weinert 2000; Grimm/Weinert 2002; Szagun 2006). Geringer ist demgegenüber der Kenntnisstand, der über das Aufwachsen mit zwei oder mehr Sprachen zusammengetragen wurde.[1] Die hier zu verzeichnenden Desiderata hängen unter anderem mit den *settings* zusammen, unter denen die Spracherwerbsforschung bei kleinen Kindern sehr oft stattfindet: Die Untersuchungen befassen sich zu einem großen Teil mit Kindern, die einen simultanen Erwerbsprozess zweier Sprachen durchlaufen, etwa, weil die Eltern zwei verschiedene Sprachen sprechen. Zudem sind viele Untersuchungen konzentriert auf Kinder aus bildungsnahen Familien; aus forschungspraktischen Gründen sind es nicht selten die Kinder der Forscher selbst, deren Spracherwerb eingehend beobachtet wurde (z.B. Oksaar 1987, 2003).

Erkenntnislücken bestehen demgegenüber in Bereichen, die bei der Klärung von Problemen oder guten Wegen der sprachlichen Förderung von Kindern mit Migrationshintergrund am meisten interessieren: bei der Frage nach den Erwerbsverläufen im Falle sukzessiver Aneignung von zwei Sprachen einerseits und andererseits beim Problem der Sprachaneignung unter ungünstigen Lebensbedingungen, wie sie mit dem Migrationsstatus – insbesondere in Deutschland – häufig verbunden sind.[2] Sukzessiver Spracherwerb ist im Kontext schulischer Sprachvermittlung, also des Lernens einer Fremdsprache, relativ gut untersucht. Ein Transfer der Ergebnisse auf Prozesse ungesteuerten Spracherwerbs oder die Kombination von ungesteuertem und gesteuertem Erwerb bei Kindern im vorschulischen Alter ist aber kaum möglich. Hiergegen sprechen sowohl entwicklungspsychologische Erkenntnisse als auch die Beachtung der Erwerbsbedingungen: Ungesteuerte Sprachaneignung in lebensweltlichem Kontext unterliegt anderen Gesetzmäßigkeiten als die weitgehend kontrollierte, ein limitiertes Sprachangebot relativ systematisch unterbreitende Fremdsprachenvermittlung im Unterricht.

Ungeachtet solcher Lücken ist unstreitig, dass eine frühe, vor Schulbeginn einsetzende institutionelle Sprachförderung bei Kindern mit Migrationshintergrund Vorteile besitzt, die sich auch in besseren Leistungschancen im schulischen Bildungsprozess noch abbilden lassen. Dies gilt für alle Kinder, also für einsprachig und zweisprachig aufwachsende gleichermaßen, aber es wird immer wieder darauf verwiesen, dass frühe Förderung bei zweisprachig Aufwachsenden besonders relevant sei. Im wissenschaftlichen Diskurs ebenso wie in der breiteren Öffentlichkeit wird diese besondere Relevanz oft mit Rekurs auf die Annahme einer „kritischen Periode" für den Spracherwerb begründet. In den ersten drei bis vier Lebensjahren eines Kindes eignet es sich ohne explizite Unterweisung, gleichsam beiläufig aus dem umgebenden Sprachgebrauch, das Grundgerüst derjenigen Sprache oder Sprachen an, in die es hineingeboren ist. Nach dieser Periode vornehmlich impliziten Lernens setzen mehr an Explizitheit orientierte Aneignungs- und Lernstrategien ein. Die Sprachaneignung wird stärker kognitiv gesteuert und ist in höherem Maße darauf ausgerichtet, neben perzeptiven und reproduzierenden Strategien auch zergliedernde und grammatikalisierende einzusetzen, die einhergehen mit ausdrücklichen Erläuterungen, und noch etwas später mit Unterweisung oder Unterricht.[3] Aus Untersuchungen zum simultanen Erwerb zweier Sprachen liegen Hinweise darauf vor, dass die Abfolge des Erwerbs von syntaktischen Redemitteln sich bei ein- und zweisprachig aufwachsenden Kindern wenig zu unterscheiden scheint. Besonders ausführlich ist dies mit Bezug auf das Deutsche für den Gebrauch des Verbs beschrieben worden (vgl. Tracy/Gawlitzek-Maiwald 2000; Tracy 2007). Zwar können sich auf der Oberflächenebene der Sprachverwendung unterschiedliche Phänomene zeigen; die Untersuchungen legen aber nahe, dass bei einem früh – vor Vollendung des dritten oder vierten Lebensjahres – einsetzenden parallelen Erwerb des Deutschen und einer oder mehreren anderen Sprachen quasi mühelos eine mehrsprachige Kompetenz aufgebaut wird.

Solche Beobachtungen, verbunden mit der Beobachtung ausgeprägterer Differenzen in der sprachlichen Oberfläche zwischen früh Zweisprachigen und spät Zweisprachigen, haben die Annahme einer „kritischen Periode" des Spracherwerbs begründet (vgl. Birdsong 1999). Im Anschluss an Lennebergs Schrift über die biologischen Grundlagen der Sprache (1967) vertreten Anhänger einer starken „kritischen Periode"-Theorie die Auffassung, dass ein „voller Erfolg" bei der Aneignung einer zweiten Sprache spätestens mit dem Eintritt in die Pubertät nicht mehr erreichbar sei (so z.B. Esser 2008). Diese Auffassung ist aber nicht unwidersprochen. Empirische Studien zeigen, dass sehr wohl auch in höherem Lebensalter einsetzender Zweitspracherwerb zu sehr hohen Sprachhandlungskompetenzen führen kann (vgl. Dimroth 2008). Allerdings steigt mit dem Lebensalter bei der ersten Begegnung mit der Zweitsprache die Wahrscheinlichkeit, dass ein(e) Zweitsprachensprecher(in) als solche(r) identifizierbar bleibt: Trotz einer hohen Sprachhandlungsfähigkeit sind bei Zweitsprachlern, die spät(er) in die Zweitsprache eingestiegen sind, nicht selten subtile Abweichungen im Sprachgebrauch bemerkbar, die beim einsprachigen Sprecher nicht erwartet werden. Die Differenzen betreffen insbesondere die Klangebene, also prosodische Merkmale des Sprechens, Wort- und Satzbetonung. Sie können aber auch andere sprachliche Teilkompetenzen, etwa die morpho-syntaktische Ebene betreffen, und sie werden vielfach beim metaphorischen Sprachgebrauch oder auch bei der Treffsicherheit in der Wahl des „angemessenen Stils" einer Äußerung festgestellt.

Gleichwohl können diese Oberflächendifferenzen nicht unmittelbar zum Beleg für die starke Annahme einer kritischen Periode genommen werden, wonach Kinder unbedingt Vorteile gegenüber Erwachsenen bei der Aneignung einer zweiten oder weiterer Sprachen haben und wonach ab einem bestimmten Lebensalter – spätestens der Pubertät – keine „volle" Entfaltung zweitsprachlicher Fähigkeiten mehr möglich sei. Neuere psycholinguistische und neuropsychologische Untersuchungen lassen es vielmehr plausibel erscheinen, dass man insoweit von einer „kritischen Periode" sprechen kann, als Kinder im vorschulischen Alter für ihren gesamten Spracherwerb – unabhängig davon, wie viele Sprachen daran beteiligt sind – vorwiegend implizite Strategien anwenden, die bei erstem Sprachkontakt in höherem Lebensalter zurücktreten. Die „kritische Periode" ist nach diesen Auffassungen die Zeitspanne, in der die Aneignung zweiter oder weiterer Sprachen – zumindest in syntaktischer Hinsicht – ungefähr so verläuft wie die Sprachaneignung Einsprachiger (Hakuta/Bialystok/Wiley 2003).

Die Altersgrenze der „kritischen Periode" ist aber keineswegs als fixe Größe aufzufassen. Zwar unterscheiden sich die Art und Weise des Spracherwerbs, d.h. die dabei eingesetzten Strategien, zwischen Kindern und Erwachsenen. Dabei können aber klare zeitliche Grenzen vorerst nicht definiert werden. Vielmehr lässt sich ein „Erwerbskontinuum" erkennen (Rothweiler/Kroffke 2006, S. 45), dessen einen Pol der doppelte Erstspracherwerb und dessen anderen Pol die Aneignung einer neuen Lebenssprache im Erwachsenenalter bildet. Etliche Untersuchungen drehen sich um die Frage, wann genau sich die Änderung in der Art der Aneignung vollzieht. Meisel (2004) referiert Studien, nach denen die Altersspanne von zwei bis ca. sechs Jahren dafür in Frage käme. Im Sonderforschungsbereich 538 „Mehrsprachigkeit" in Hamburg wurden Untersuchungen vorgelegt, die eine Eingrenzung des Zeitpunkts erlauben, ab dem im Verlauf der Sprachaneignung größere Änderungen auftreten. Insbesondere Rothweiler und Mitarbeiterinnen konnten in Studien über die Sprachaneignung von Kindern mit Türkisch als Familiensprache und Deutsch als Umgebungssprache den Zeitpunkt der Änderung der Erwerbsstrategien eingrenzen (vgl. Kroffke/ Rothweiler 2006). Sie ermittelten, dass der Erwerbsverlauf etwa sechsjähriger Kinder sich in wesentlichen Aspekten vom Erwerbsverlauf bei Kindern, die vor dem vierten Lebensjahr den ersten Kontakt mit der zweiten Sprache hatten, unterscheidet. Zugleich aber unterscheidet sich der Erwerbsverlauf bei den Kindern, die im Alter von sechs Jahren mit der deutschen Sprache ersten Kontakt hatten, noch einmal klar vom Zweitspracherwerb Erwachsener. Die Autorinnen stellen fest, dass der Erwerbsverlauf bei Kindern, die etwa ab dem fünften bis sechsten Lebensjahr ersten Kontakt mit der Zweitsprache erhalten, weder mit dem Verlauf im Falle doppelten Erstspracherwerbs noch mit dem Zweitspracherwerb Erwachsener übereinstimmt (vgl. ebd., S. 151). Freilich ist hier in Rechnung zu stellen, dass man nicht genau abschätzen kann, ob die Veränderung tatsächlich auf Stadien der kindlichen Entwicklung zurückgeht oder darauf, dass sich die Umstände der Sprachaneignung und der kognitiven Entwicklung mit dem Eintritt in die Schule – und vor allem: mit dem Zugang zur Schrift – sehr tiefgreifend wandeln.

Zusammengefasst sind folgende Ergebnisse der bisherigen Forschung für die Frage nach Förderung von Kindern mit Migrationshintergrund vor dem Schuleintritt besonders relevant: Es ist davon auszugehen, dass spätestens ab dem sechsten Lebensjahr kein simultaner Erwerb zweier Sprachen mehr stattfindet. Als feststehendes Ergebnis kann auch gelten, dass früher sukzessiver Erwerb – bei dem der erste Kontakt mit der Zweitsprache bei ca. drei oder vier Jahren liegt – im Bereich der Syntax zu einem ähnlichen Erwerbsverlauf wie bei einsprachig aufwachsenden Kindern führt (vgl. auch Rothweiler 2006 und dort zitierte Literatur). Erster Sprachkontakt, der sich nach diesem Alter ereignet, führt demgegenüber zu einem Erwerbsverlauf, der sich von dem monolingual Aufwachsender unterscheidet und allmählich annähert an den Zweitspracherwerb Erwachsener. Mit Blick auf die potentiellen Ergebnisse eines Erwerbsprozesses besteht keine Einigkeit. Hier wird auf der einen Seite vertreten, dass es mit höherem Lebensalter beim ersten Sprachkontakt nicht mehr zu „vollendeter" Sprachbeherrschung komme (Esser 2008). Auf der anderen Seite wird vertreten, dass dies sehr wohl möglich sei – auch wenn an der Oberfläche des Sprachgebrauchs Spuren der Zwei- oder Mehrsprachigkeit bemerkbar sind. Konsens besteht wieder darüber, dass sich bei in höherem Lebensalter einsetzendem Sprachkontakt die Mechanismen und Strategien deutlich ändern, die ein Mensch einsetzt, um sich die Sprache anzueignen. Plakativ gefasst, übernimmt mit zunehmendem Alter die Bewusstheit immer mehr die Regie über den Spracherwerb, während die impliziten und intuitiven Erwerbsprozeduren in den Hintergrund treten.

Frühe Sprachförderung von Kindern mit Migrationshintergrund, die in der Regel lebensweltlich zweisprachig sind, hat also viel für sich – nicht zuletzt mit Blick auf die Wahrscheinlichkeit, dass sie sich nicht nur eine funktional elaborierte sprachliche Kompetenz aneignen, sondern auch eine auf der Oberfläche der sprachlichen Zeichen nur gering oder gar nicht vom Einsprachigen unterschiedene Variante. Dies ist zwar für Kommunikationsfähigkeit im engeren Sinne kaum relevant, aber Abweichungen von der Norm „zeichnen" einen Sprecher oder eine Sprecherin, und sie führen allzu leicht je nach gesellschaftlichem Status der Sprache, die als „fremd" durchscheint, oder der Gruppe, die mit dieser Sprache verbunden wird, zur Ab- oder Aufwertung einer Person. Im Falle der Kinder und Jugendlichen mit Migrationshintergrund sind aufgrund ihrer häufig prekären Lebenslage negative Bewertungen eines „unnormalen" Sprachgebrauchs eher zu erwarten als positive.

2 Erste Verkürzung: Konzentration auf die Zweitsprache

Nach den über frühen Spracherwerb vorliegenden Erkenntnissen kann es also keinen Zweifel daran geben, dass es für Kinder aus Migrantenfamilien von Vorteil wäre, wenn sie schon früh in Bildungsinstitutionen gefördert werden: Ihre Disposition zu beinahe mühelosem Spracherwerb kann genutzt werden, und die offensichtlichen Spuren der Zwei- oder Mehrsprachigkeit in ihrem Sprachgebrauch können gering bleiben. Insofern ist es also vollkommen berechtigt, der Spracherziehung im Elementarbereich große Aufmerksamkeit zu schenken und dafür zu sorgen, dass Versorgungslücken möglichst geschlossen werden. Solche Lücken bestehen in zweierlei Hinsicht (vgl. zum folgenden Autorengruppe Bildungsberichterstattung 2008): Zum einen mit Blick auf das Eintrittsalter in die Elementarerziehung und zum anderen hinsichtlich regionaler Merkmale des Angebots.

Bei den Fünfjährigen unterscheidet sich die Versorgungsquote von Kindern mit Migrationshintergrund kaum noch von der Quote der Kinder aus nichtgewanderten Familien. Die Dreijährigen sind demgegenüber in deutlich geringerem Maße in Kindertageseinrichtungen anzutreffen. Bei vielen Kindern wird also eine Phase der besonderen Offenheit für Sprachaneignung nicht optimal genutzt. Betrachtet man zudem die regionale Verteilung – und davon abhängig: die Zusammensetzung der Kindergruppen – von Einrichtungen des Elementarbereichs, so wird deutlich, dass auch hier die Vorzeichen für einen optimalen Sprachausbau nicht so günstig stehen: Stärker noch als in der Schule sind im Elementarbereich segregierte soziale Milieus anzutreffen. Kinder mit Migrationshintergrund sind zu großen Teilen in Einrichtungen anzutreffen, in denen sie quasi unter sich sind: Mehr als 60% dieser Kinder besuchen Einrichtungen, in denen – gemessen am jeweiligen Durchschnitt eines Bundeslandes – überdurchschnittlich viele Kinder mit Migrationshintergrund vertreten sind (Autorengruppe Bildungsberichterstattung 2008, S. 53). Da es in Deutschland nur in wenigen Regionen ethnisch-sprachlich homogene Wohnquartiere gibt, wird das gemeinsame Kommunikationsmittel der Kinder meist dennoch das Deutsche sein. Aber sie werden weniger, als dies wünschenswert wäre, gleichaltrige Sprachpartner finden, deren erste Sprache das Deutsche ist.

Ungünstige strukturelle Gegebenheiten können mithin dazu beitragen, dass Kinder mit Migrationshintergrund nicht von einer frühen und adäquaten institutionellen Förderung sprachlicher Fähigkeiten profitieren können. Ein weiterer Sachverhalt steht einer optimalen Nutzung der kindlichen Sprachaneignungsdispositionen entgegen: Eine Durchsicht durch die Praxis der Fördermaßnahmen in den deutschen Bundesländern macht schnell deutlich, dass die Forderung nach früher Sprachförderung sich übersetzt hat in Aktivitäten zur frühen Förderung (allein) des Deutschen. Wie ein Überblick über Maßnahmen der sprachlichen Frühförderung (Jampert et al. 2007) zeigt, sind die konkreten Angebote, die von den unterschiedlichsten Trägern in den Bundesländern etabliert wurden, zum ganz überwiegenden Teil auf die Förderung der deutschen Sprache gerichtet. Zwar werden in den Bildungsplänen (vgl. Diskowski 2008) in einigen Bundesländern Hinweise darauf gegeben, dass die Zwei- oder Mehrsprachigkeit der Kinder mit Migrationshintergrund wertzuschätzen und zu achten sei. Besonders deutlich ist das im Rahmenplan für die Bildung Null- bis Zehnjähriger des Landes Hessen ausgeführt; darin heißt es: „Wertschätzung und Förderung von Mehrsprachigkeit und ‚Deutsch lernen' sind kein Widerspruch, sondern komplementäre Zielsetzungen; sie gehören zusammen" (Bildung von Anfang an 2005). Dem kann nicht widersprochen werden. Aber praktische Umsetzungen dieser Rhetorik sind nur im Ausnahmefall zu finden – so etwa in bilingual organisierten Kindertageseinrichtungen (vgl. z.B. Roth 2005). Die Regel ist, dass nur das Deutsche gefördert wird.

Besonders evident wird die Konzentration auf das Deutsche, wenn die vielfältigen Aktivitäten der Bundesländer zur Sprachdiagnostik vor dem Schulalter betrachtet werden. In den meisten Bundesländern werden sprachdiagnostische Screenings inzwischen spätestens mit dem fünften

Lebensjahr vorgenommen (vgl. KMK 2008). Begründet wird dies damit, dass ein „Förderbedarf" ermittelt werden müsse. An diesen Aktivitäten ist zweierlei bemerkenswert: Zum einen haben sich die Bundesländer jeweils einzeln auf den Weg gemacht, entsprechende Verfahren zu entwickeln. Es gibt wenige Ausnahmen der länderübergreifenden Entwicklung oder des Einsatzes von Diagnoseinstrumenten. Zum anderen ist eine beinahe ausschließliche Konzentration auf die Testung der Deutschkenntnisse zu beobachten (vgl. z.B. Fried 2008). Lediglich in Beobachtungsverfahren (z.B. SISMIK, vgl. Ulich/Mayr 2003) und einzelnen Diagnoseverfahren (z.B. HAVAS 5, vgl. Reich/Roth 2004) soll oder kann die Zweisprachigkeit der Kinder berücksichtigt werden (vgl. Reich 2005).

Diese Praxis der Testung ist in mehrfacher Hinsicht fragwürdig. So ist durchaus die Frage nach dem Kosten-Nutzen-Verhältnis von Totalerhebungen des Sprachstands, wie sie etwa im Land Nordrhein-Westfalen praktiziert werden, zu stellen. Würden Daten zum auf diese Weise ermitteln Förderbedarf mit vorliegenden Daten zur sozio-ökonomischen Bevölkerungszusammensetzung verglichen, so stellte sich vermutlich ein sehr hohes Maß an Übereinstimmung voraus (vgl. z.B. die Sozialraumanalysen des Zentrums für interdisziplinäre Ruhrgebietsforschung: www.ruhr-uni-bochum.de/zefir/sb/biberi/bimo/index.html; Zugriff 30. Juni 2008). Es wäre also auf der Basis solcher vorliegenden Daten wahrscheinlich ohne weiteres möglich, auch ohne flächendeckende Sprachstanderhebungen bedarfsgerechte Angebote zu machen.[4] Der Nutzen extern durchgeführter Testverfahren für den *pädagogischen* Alltag[5], also etwa als Grundlage für eine Förderplanung, wird wiederum – empirisch begründet – bezweifelt; dies gilt mindestens für den augenblicklich erreichten Stand der Entwicklungen (vgl. Ehlich et al. 2005; Reich 2008a). Die aggregierten Daten, die der Praxis aus externer Testung über den Sprachstand eines Kindes zur Verfügung gestellt werden, entbehren der für eine Förderplanung notwendigen Detailgenauigkeit. Überdies kann die einzelne Momentaufnahme, die sich aus einer Testung ergibt, angesichts der Dynamik der Sprachentwicklung im Kindesalter eine kontinuierliche Beobachtung durch das pädagogische Personal der Einrichtungen keineswegs ersetzen. Gewiss setzt dies eine besondere Qualifizierung des Personals für die Aufgabe der Sprachdiagnostik voraus. Dass und wie entsprechende Ansätze gelingen können, zeigt sich in verschiedenen Initiativen der jüngsten Zeit (vgl. Reich 2008b; DJI-Projekt „Sprachliche Förderung in der Kita, www.dji.de/cgi-bin/projekte/output.php?/projekt=384; Zugriff 1.8.2008).

Mit der Konzentration auf das Deutsche bei der Testung ist eine weitere gravierende Einschränkung der Aussagekraft der Daten, die dabei gewonnen werden, verbunden. Wenn in ein Urteil über den Sprachstand eines Kindes, das in zwei oder mehr Sprachen lebt, nur die Information eingeht, die aus dem Bestand einer der Sprachen stammt, so ist eine allgemeine Aussage über den Entwicklungsstand nicht möglich. Es kann dann zum Beispiel nicht differenziert werden, ob ein Kind ein sprachliches Konzept – etwa zum Ausdruck zeitlicher Einordnung von Ereignissen – noch nicht beherrscht oder ob das Konzept sehr wohl vorhanden ist, aber die Redemittel dafür noch fehlen, es angemessen zum Ausdruck zu bringen. Je nach dem, was bei einem Kind der Fall ist, wären aber sehr unterschiedliche Ansätze der Förderung geboten.

So sehr einerseits nachvollziehbar ist, dass aus Gründen der Testökonomie eine Konzentration auf das Deutsche erfolgt, so sehr ist andererseits diese Praxis mit Nachteilen behaftet, die ihren Nutzen fragwürdig erscheinen lassen. Aber nicht nur mit dem Testen, sondern auch mit der Konzentration auf die Förderung lediglich einer Sprache sind Beschränkungen verbunden, die man auch als Verschwendung der kindlichen Möglichkeiten zur Sprachaneignung beschreiben kann. Dafür spricht folgendes: Es gibt keinerlei empirisch untermauerte Zeugnisse dafür, dass Kinder mit der Aneignung von zwei (oder mehr) Sprachen, in denen sie alltäglich leben, überfordert sein könnten. Die vorliegende Forschung zum zweisprachigen Aufwachsen zeigt zwar regelmäßig, dass die bilingualen Kinder in jeder ihrer Sprachen einen geringeren Wortschatz erwerben als einsprachige. Dies ist dem Umstand geschuldet, dass bei der Aneignung von Wortschatz – anders als beim Erwerb von Strukturen – der konkrete Input maßgeblich ist, den ein Kind erfährt. Beim praktischen Sprachhandeln Zwei- oder Mehrsprachiger sind aber in der Regel nicht alle Bereiche des

Sprachgebrauchs quasi doppelt vorhanden, sondern in einigen Domänen wird die eine Sprache bevorzugt, in anderen die andere(n) Sprache(n) (vgl. Auer 2008). Hiermit ist auch zumeist eine Ungleichverteilung von Wortschatz über die Domänen verbunden, je nach Funktionalität der jeweiligen Sprache(n) in Lebensbereichen. Tracy (2007) weist darauf hin, dass die Menge des Wortschatzes, über die Bilinguale in jeder Einzelsprache verfügen, zwar geringer ist, die Gesamtmenge des verfügbaren Wortschatzes Zwei- oder Mehrsprachiger aber nicht hinter der Einsprachiger zurückbleibt.

Für andere Bereiche sprachlicher Entwicklung liegen Forschungsergebnisse vor, die zeigen, dass Kinder, die in zwei Sprachen leben, Vorteile für das Sprachelernen und das Lernen überhaupt davontragen (vgl. Bialystok 2008 und die dort zitierte Literatur). Verantwortlich hierfür ist wahrscheinlich ihre frühe Erfahrung mit der Arbitrarität von Sprachzeichen. Die hierzu vorliegenden Forschungsergebnisse sind zwar nicht widerspruchsfrei, und sie sind möglicherweise auch nicht auf jede Sprachaneignungskonstellation übertragbar. Faktum ist, dass die meisten vorliegenden Untersuchungen in den erwähnten günstigen Lagen durchgeführt wurden, in denen nicht zuletzt die Forschenden selbst und ihre Kinder sich befinden. In etlichen Untersuchungen wurde aber auch für soziale und andere intervenierende Variablen kontrolliert, so dass das Ergebnis belastbar ist, dass in Zweisprachigkeit als Bedingung der kindlichen Sprachaneignung ein besonderes Potential für den frühen Erwerb metasprachlicher Fähigkeiten liegt. Das Verfügen über solche Fähigkeiten ist bei jeder weiteren Sprachaneignung von Vorteil (vgl. z.B. Goto Butler/Hakuta 2004). „Ein rechnerisch verlässlicher Vorteil bilingualer Kinder im Vergleich zu monolingualen ergibt sich dabei interessanterweise nicht global für metasprachliche Kompetenz, sondern vor allem für [die] schwierigen Kontrollprozesse. [...] Mehrsprachige haben besondere Übung in der Konzentration auf aktuell geforderte Details und sind besser in der Lage, konkurrierende, aber irrelevante Signale (wie zum Beispiel die verführerische Semantik) außer Acht zu lassen" (List 2007, S. 30).

Hiermit ist eine gute Voraussetzung dafür gegeben, die im Kindesalter allmählich einsetzenden, spätestens mit dem Schuleintritt überhand gewinnenden Sprachaneignungsstrategien zu nutzen, die mit Bewusstheit und Kontrolle über das Sprachangebot verbunden sind, das dem Kind gemacht wird. Bei einer Konzentration der frühen institutionellen Sprachförderung auf die Zweitsprache Deutsch statt der Bemühung um die Förderung der Zwei- oder Mehrsprachigkeit von Kindern mit Migrationshintergrund wird daher nicht nur deren sprachliche Lebenslage ignoriert, sondern auch die Chance verspielt, sie beim Ausbau eines mitgebrachten, für sprachliches und anderes Lernen besonders vorteilhaften kognitiven Potentials zu unterstützen.

3 Zweite Verkürzung: Konzentration auf die „Frühförderung"

Bei den Maßnahmen, die in den Bundesländern zur sprachlichen Förderung von Kindern mit Migrationshintergrund ergriffen wurden, ist als zweite Verkürzung beobachtbar, dass die Sprachförderung im Elementarbereich die kontinuierliche Begleitung der Sprachentwicklung an der Bildungsbiographie entlang überflüssig machen soll. Zwar scheint sich hier ein Standpunktwechsel anzubahnen; so ist etwa im „Nationalen Integrationsplan" (2007) der Bundesregierung davon die Rede, dass ein kontinuierliches systematisches Sprachförderangebot auch die Schullaufbahn begleiten solle. Bis dato jedoch werden die praktischen Ansätze zur Sprachförderung im Elementarbereich vielfach so begründet, dass die Kinder sich vor der Schule so viel und dasjenige Deutsch aneignen müssten, das ihnen ein „problemloses Mitkommen" in der Schule ermögliche. Aber ist die Hoffnung begründet, dass Sprachförderung vor der Schule die Sprachförderung in der Schule entbehrlich macht?

Die Antwort auf diese Frage lautet: nein. Die Gründe dafür liegen zum einen in spracherwerbstheoretischen Zusammenhängen, zum anderen, und damit verschränkt, im Aspekt der Entwicklung der schulrelevanten Sprache selbst. Ziel der Sprachförderung soll es ja sein, dass Kinder mit Migrationshintergrund systematisch höhere Chancen auf eine erfolgreiche Teilnahme an Bildung erreichen. Damit eröffnet sich die Frage, wie viel Zeit benötigt wird, bis sprachliche Fähigkeiten erreicht sind, die keinen systematischen Nachteil für potentiellen Bildungserfolg mehr erwarten lassen. Hierzu liegen wenige Studien vor; sie behandeln diese Frage in der Regel mit Blick auf die Zweitsprache, die die hauptsächliche Verständigungssprache in einem Bildungssystem ist. Untersucht wird, wie lange es dauert, bis eine Kompetenz in der Zweitsprache erreicht ist, wie sie ein gleichaltriges, einsprachig aufgewachsenes Kind besitzt. Zu dieser Frage, wie zu vielen Problemen der Sprachentwicklung im Falle von Zwei- oder Mehrsprachigkeit, können wir kaum auf Forschungsergebnisse aus dem deutschen Sprachraum oder für Deutsch als Zweitsprache zurückgreifen. Daher muss vorerst der Forschungsstand herangezogen werden, der in Bezug auf das Englische vorliegt. Die entsprechenden Untersuchungen sind vor allem in Kanada und den USA durchgeführt worden.

Diese Untersuchungen sind einzureihen in die Kontroversen über den Sinn und Nutzen von Modellen bilingualer Erziehung im Elementarbereich und in der Schule, die vor allem in den USA seit langen Jahren geführt werden.[6] Einige Beiträge zu dieser Kontroverse behandeln die Frage, ob Kinder in einer bemessenen Zeit „mehr" lernen, wenn sie monolingual unterrichtet werden, oder ob bilingualer Unterricht zu „mehr" Kompetenz führt. Dabei differiert die genaue Bedeutung dessen, was als „mehr" aufgefasst wird. Hierbei gibt es zwei Differenzlinien: Die erste kann gezogen werden zwischen Positionen, denen die Entwicklung von Zweisprachigkeit als bedeutsam erscheint, und solchen, für die allein die zweitsprachliche Entwicklung in der Waagschale liegt. Die zweite Differenzlinie betrifft die Art des sprachlichen Repertoires, das als Ziel der Förderung angesehen wird. In einem Teil der Studien wird der Blick auf die Entwicklung allgemeiner Sprachkompetenzen gerichtet. Hier lautet die leitende Frage also, über welche Zeitspanne Kinder mit Migrationshintergrund bzw. aus sprachlichen Minderheiten der besonderen sprachlichen Förderung bedürfen, bis sie eine allgemeine Verständigungsfähigkeit im Englischen erreichen, die keine nennenswerten Unterschiede zu der Kompetenz einsprachig lebender Kinder mehr erkennen lässt. Andere Untersuchungen richten ihr Augenmerk auf die Zeitspanne, die bis zum Erreichen spezifischer, im Englischen als „academic language" bezeichneter sprachlicher Fähigkeiten benötigt werden. Das Konzept solcher spezifischen sprachlichen Fähigkeiten wurde in die deutschen Debatten über den (ausbleibenden) Bildungserfolg von Kindern mit Migrationshintergrund erst in jüngster Zeit eingeführt, nachdem im Anschluss an die internationalen Schulleistungsvergleichsstudien eine differenziertere Auseinandersetzung mit dem Problem geführt wird, welche Sprachfähigkeiten es genau sind, die die Chance auf erfolgreiche Teilhabe am Bildungsangebot entscheiden. Für den deutschen Kontext wurde zur Bezeichnung dieser speziellen Fähigkeiten der Begriff „bildungssprachliche Fähigkeiten" eingeführt (vgl. Gogolin 2004, 2007; Gogolin/Roth 2007). Unter „Bildungssprache" verstehen wir ein formelles Sprachregister, das auch außerhalb des Bildungskontextes – in anspruchsvollen Schriften oder öffentlichen Verlautbarungen – gebräuchlich ist. Besonderes Gewicht aber besitzt dieses Register im Bildungskontext, weil es in Lernaufgaben, Lehrwerken und anderem Unterrichtsmaterial sowie in Prüfungen verwendet wird, und zwar umso intensiver, je weiter eine Bildungsbiographie fortgeschritten ist, also je weiter sich der Unterricht in Fächer bzw. Fächergruppen ausdifferenziert. Auf der normativen Ebene ist mit „Bildungssprache" dasjenige Register bezeichnet, dessen Beherrschung vom „erfolgreichen Schüler" erwartet wird.

Als „Benchmark" für die Identifizierung „gleicher Sprachfähigkeiten" galt in den betrachteten US-amerikanischen und kanadischen Untersuchungen jeweils das Erreichen von Testwerten in standardisierten Englischtests, die von einsprachig aufgewachsenen Kindern im Durchschnitt erreicht werden. Dabei handelt es sich zum Teil um die regulär in den jeweiligen Bildungsstufen eingesetzten Sprachtests, zum Teil um speziell für die Untersuchungen entwickelte Tests, die an jeweils einsprachigen Populationen normiert worden waren. Die wichtigsten vorliegenden Untersuchungen zeigen eine große Spannweite bei der Dauer der Förderung. So liegt in der Untersuchung von MacSwan und Pray, die sich auf die Förderung in einem bilingualen Modell bezieht, die durchschnittliche Förderdauer bis zum Erreichen einer Fähigkeitsstufe, die von einsprachig aufwachsenden Kindern in der Regel erreicht wird, bei 3,3 Jahren mit einer Standardabweichung von 1,3 Jahren. Die Autoren weisen nicht nur auf die sehr unterschiedliche Förderdauer hin, die Kinder bis zum Erreichen dieser Fähigkeitsstufen benötigen – im Minimum ein Jahr, im Maximum 6,5 Jahre. Sie machen darüber hinaus deutlich, dass eigentlich weder Durchschnitts- noch Extremwerte besonders aussagekräftig sind. „We found that 68.5% of students achieved English proficiency in 4 years, and after 5 years 92.13% had done so" (MacSwan/Pray 2005, S. 667). Nur etwa 2% der Kinder in dieser Untersuchung erreichten nach einem Jahr die Testwerte wie Einsprachige; nach zwei Jahren waren ca. 20% der Kinder so weit. In einer Untersuchung aus dem Staat Arizona, die die Englischkenntnisse von Migrantenschülern nach einem Jahr Unterricht im Anschluss an die Einführung einer strikten "English only"-Politik für die Schulen überprüfte, stellte sich heraus, dass 89% der Schüler *keine* den monolingualen Altersgenossen entsprechenden Fähigkeiten erreicht hatten (Mahoney/MacSwan/Thompson 2005).

Es differiert mithin die ermittelte absolute Anzahl der benötigten Jahre der Förderung über die Studien, und zwar unabhängig davon, ob ein- oder zweisprachige Modelle untersucht wurden. Klar ist aber, dass zweisprachig lebende Kinder eine beträchtliche Zeitspanne benötigen, bis die zweitsprachlichen Kenntnisse so ausgebaut sind, dass Testergebnisse sich nicht mehr von denen einsprachig aufgewachsener Kinder unterscheiden. Wenn nicht sehr begünstigende Bedingungen gegeben sind, ist beim größten Teil der Kinder mit einer mehrjährigen Förderdauer zu rechnen. In den Studien zur Aneignungsdauer zweitsprachlicher Fähigkeiten, die die Differenz zwischen allgemeinen Sprachfähigkeiten und „academic language" einbezogen haben, zeigte sich im Hinblick auf das Erreichen von bildungssprachlichen Fähigkeiten in der Schulsprache wiederkehrend die Tendenz, dass die Zeitspanne, die benötigt wird, bis Kinder, die in zwei Sprachen leben, in diesem Register die gleichen Testergebnisse erreichen wie einsprachig aufgewachsene Kinder, noch einmal deutlich länger ist als die Spanne, die bis zum Erreichen einer allgemeinen Kommunikationsfähigkeit zu veranschlagen ist (vgl. z. B. Hakuta/Goto Butler/Witt 2000).

Unabhängig also von der Güte eines Sprachförderprogramms im Elementarbereich, und ebenfalls unabhängig davon, ob die Förderung sich allein auf die Zweitsprache bezieht oder auf Zwei- bzw. Mehrsprachigkeit, kann nicht davon ausgegangen werden, dass eine Förderung vor der Schule hinreicht, um Kinder mit Migrationshintergrund an jene spezifischen Sprachfähigkeiten heranzuführen, die einigermaßen verlässlich und anhaltend für Bildungserfolg ausreichen. Vielmehr muss die systematische Sprachförderung in der Schule weitergeführt werden, und zwar für einen beträchtlichen Teil der Schülerinnen und Schüler mit großer Wahrscheinlichkeit über mehrere Jahre.[7] Wenn die Zielperspektive eines Erreichens von ausreichenden bildungssprachlichen Kompetenzen im Blick ist, ist vermutlich von einer notwendigen Förderdauer über die Grundschule hinaus auszugehen.

4 Fazit

Nach dem vorliegenden Forschungsstand ist sprachliche Frühförderung höchst wahrscheinlich ein wichtiger Beitrag zur Erhöhung der Bildungschancen von Kindern mit Migrationshintergrund. Wenn aber diese in zwei (oder mehr) Sprachen leben,

– sollte keine Beschränkung der Förderung auf die Zweitsprache Deutsch erfolgen, sondern eine Förderung von Zwei- bzw. Mehrsprachigkeit angestrebt werden;

– sollte die Frühförderung Teil eines Gesamtkonzepts sprachlicher Bildung sein, das im schulischen Bildungsgang kontinuierlich, systematisch und über längere Zeit fortgesetzt wird. Wie es derzeit scheint, ist eine solche Sprachbildung weit über die Kindergarten- und Grundschulzeit hinaus erforderlich.

Anmerkungen

1 Wobei es nach allem, was man augenblicklich darüber weiß, beinahe gleichgültig zu sein scheint, ob Kinder in ihrem frühen Spracherwerb mit zwei oder mehr als zwei Sprachen konfrontiert sind. Daher wird hier Zweisprachigkeit als Begriff benutzt, der auch mehr als zwei Sprachen umfassen kann.
2 Hierfür verantwortlich ist nicht zuletzt die über Jahrzehnte unentschlossene politische Reaktion auf Migration nach Deutschland; vgl. dazu z.B. die Analysen in Bommes/Schiffauer 2006.
3 Hier stütze ich mich auf eine tätigkeitstheoretische Sicht auf Spracherwerb, wie sie – anknüpfend an Vygotzkij (1936/ 2002) – beispielsweise von Tomasello (2003) ausformuliert wurde.
4 Selbstverständlich müssten sich solche Angebote an alle Kinder der entsprechenden Regionen richten, denn es ist davon auszugehen, dass aufgrund der sozialen Herkunft auch bei einsprachig Aufwachsenden besondere Förderbedarfe bestehen – dies zeigen etwa die flächendeckenden Analysen in Nordrhein-Westfalen, vgl. Fried 2008.
5 Hier ist, wohlgemerkt, nicht die Rede von Sprachstandsanalysen für wissenschaftliche Zusammenhänge, deren Ergebnisse möglicherweise der pädagogischen Praxis zugutekommen.
6 Diese Kontroverse hat im deutschen Kontext kaum je eine Rolle gespielt (mit der Ausnahme einer lokalen politischen Auseinandersetzung über bilinguale Schulversuche im Land Berlin), denn hier wurden nur vereinzelt solche Modelle etabliert und eine flächendeckende Verbreitung stand nie in Aussicht. Siehe zu dieser Kontroverse Esser 2006, S. 387 ff; Gogolin/Neumann 2008.
7 Bei den aus den USA und Kanada berichteten Ergebnissen ist zu bedenken, dass es sich jeweils um Ganztagsschulangebote handelt, mithin eine täglich längere Zeit der Sprachförderung zu veranschlagen ist als im hiesigen Halbtagsschulsystem.

Anschrift der Verfasserin: Prof. Dr. Ingrid Gogolin, Universität Hamburg, Fakultät für Erziehungswissenschaft, Psychologie und Bewegungswissenschaft, Sektion für Allgemeine, International Vergleichende und Interkulturelle Erziehungswissenschaft, Institut für International Vergleichende und Interkulturelle Erziehungswissenschaft, Von-Melle-Park 8, 20146 Hamburg, Tel.: 040 428 38-3398, Fax: 040 428 38-4298, E-Mail: Gogolin@erzwiss.uni-hamburg.de

Literatur

Auer, P. (2008): Kompetenz in der Performanz. Code-switching und andere Formen bilingualen Sprechens. In: Gogolin, I./ Neumann, U. (Hrsg.): Streitfall Zweisprachigkeit – The Bilingualism Controversy. – Wiesbaden (in Vorbereitung).
Autorengruppe Bildungsberichterstattung (2008): Bildung in Deutschland 2008. Ein indikatorengestützter Bericht mit einer Analyse zu Übergängen im Anschluß an den Sekundarbereich I. – Gütersloh.
Bialystok, E. (2008): Effects of Bilingualism on Cognitive and Linguistic Performance across the Lifespan. In: Gogolin, I./Neumann, U. (Hrsg.): Streitfall Zweisprachigkeit – The Bilingualism Controversy. – Wiesbaden (in Vorbereitung).

Bildung von Anfang an (2005) = Hessisches Sozialministerium/Hessisches Kultusministerium (2005): Bildung von Anfang an. Bildungs- und Erziehungsplan für Kinder von 0 bis 10 Jahren in Hessen. Entwurf für die Erprobungsphase. – Wiesbaden.
Birdsong, D. (Ed.) (1999): Second language acquisition and the critical period hypothesis. – Mahwah, NJ.
Bommes, M./ Schiffauer, W. (Hrsg.) (2006): Migrationsreport 2006. Fakten – Analysen – Perspektiven. – Fankfurt.
Dimroth, Ch. (2008): Perspectives on second language acquisition at different ages. In: Philp, J./Oliber, R./Mackey, A. (Eds.): Child's play? Second Language Acquisition and the Younger Learner. – Amsterdam (in preparation).
Diskowski, D. (2008): Bildungspläne für Kindertagesstätten – ein neues und noch unbegriffenes Steuerungsinstrument. In diesem Band.
Ehlich et al. 2005 = Ehlich, K./van den Bergh, H./Bredel, U./Garme, B./Komor, A./Krumm, H,-J./McNamara, J./Reich, H. H./Schnieders, G./ten Thije, J. D. (2005): Anforderungen an Verfahren der regelmäßigen Sprachstandsfeststellung als Grundlage für die frühe und individuelle Förderung von Kindern mit und ohne Migrationshintergrund. – Berlin: BMBF.
Esser, H. (2006): Sprache und Integration. Die sozialen Bedingungen und Folgen des Spracherwerbs von Migranten. – Frankfurt.
Esser, H. (2008): Der Streit um Zweisprachigkeit: Was bringt die Bilingualität. In: Gogolin, I./Neumann, U. (Hrsg.): Streitfall Zweisprachigkeit – The Bilingualism Controversy. – Wiesbaden (in Vorbereitung).
Fried, L. (2008): Pädagogische Sprachdiagnostik für Vorschulkinder – Dynamik, Stand und Ausblick. In diesem Band.
Gogolin, I. (2004): Zum Problem der Entwicklung von „Literalität" durch die Schule. Eine Skizze interkultureller Bildungsforschung im Anschluss an PISA. In: Zeitschrift für Erziehungswissenschaft, 3. Beiheft, S. 101-111.
Gogolin, I. (2007): Herausforderung Bildungssprache. Textkompetenz aus der Perspektive Interkultureller Bildungsforschung. In: Bausch, K.-R./Burwitz-Melzer, E./Königs, F.G./Krumm, H.-J. (Hrsg.): Textkompetenzen. – Tübingen, S. 73-80.
Gogolin, I./Neumann, U. (2008) (Hrsg.): Streitfall Zweisprachigkeit – The Bilingualism Controversy. – Wiesbaden (in Vorbereitung).
Goto Butler, Y./Hakuta, K. (2004): Bilingualism and Second Language Acquisition. In: Bhatia, T./Ritchie, W. (Eds.): Handbook of Bilingualism. – Oxford, pp. 114-145.
Grimm, H./Weinert, S. (2002): Sprachentwicklung. In: Oerter, R./Montada, L. (Hrsg.): Entwicklungspsychologie. – Weinheim, S. 517-550.
Hakuta, K./Bialystok, E./Wiley, E. (2003): Critical evidence: A test of the critical-period hypothesis for second-language acquisition. In: Psychological Science, Vol. 14 (1), pp. 31-38.
Hakuta, K./Goto Butler, Y./Witt, D. (2000): How long does it take English learners to attain proficiency. Minorities in Higher Education 1999-2000. Seventeenth Annual Status Report. – Washington.
Jampert et al. 2007 = Jampert, K./Best, P./Guadatiello, A./Holler, D./Zehnbauer, A. (2007): Schlüsselkompetenz Sprache. Sprachliche Bildung und Förderung im Kindergarten. Konzepte, Projekte und Maßnahmen – 2. aktualisierte und überarbeitete Aufl. – Berlin.
KMK 2008 = Sekretariat der Ständigen Konferenz der Kultusminister der Länder (2008): Sprachstandsmessung/ -erhebung/ -test und anschließende Förderung in den Bundesländern. – Stand: März 2008 – Bonn.
Kroffke, S./ Rothweiler, M. (2006): Variation im frühen Zweitspracherwerb des Deutschen durch Kinder mit Deutsch als Erstsprache. In: Vliegen, M. (Hrsg.): Variation in Sprachtheorie und Spracherwerb. – Frankfurt, S. 145-153.
Lenneberg, E.H. (1967): The Biological Foundations of Language. – New York.
List, G. (2007): Förderung von Mehrsprachigkeit in der Kita. Expertise im Auftrag des Deutschen Jugendinstituts. – URL: www.dji.de/bibs/384_8288_Expertise_List_MSP.pdf – Download vom 1.8.2008.
MacSwan, J./Pray, L. (2005): Learning English Bilingually: Age of Onset of Exposure and Rate of Acquisition Among English Language Learners in a Bilingual Education Program. In: Bilingual Research Journal, 29, Vol. 3 pp. 653-678.

Mahoney, K./MacSwan, J./Thompson, M. (2005): The condition of English language learners in Arizona: 2005. In: García, D./Molnar, A. (Eds.): The condition of preK–12 education in Arizona, 2005. – Tempe, AZ, pp. 3.1-3.24.
Meisel, J. (2004): The bilingual child. In: Bathia, T.K./Ritchie, W.C. (Eds.): The Handbook of Bilingualism. – Malden, Oxford.
Nationaler Integrationsplan (2007) = Die Bundesregierung (2007): Der Nationale Integrationsplan. Neue Wege – Neue Chancen. – Berlin.
Oksaar, E. (1987): Spracherwerb im Vorschulalter. Einführung in die Pädolinguistik. – 2. Auflage – Stuttgart.
Oksaar, E. (2003): Zweitspracherwerb: Wege zur Mehrsprachigkeit und zur interkulturellen Verständigung. – Stuttgart.
Reich, H.H. (2005): Forschungsstand und Desideratenaufweis zu Migrationslinguistik und Migrationspädagogik für die Zwecke des „Anforderungsrahmens". In: Ehlich, K./van den Bergh, H./Bredel, U./Garme, B./Komor, A./Krumm, H,-J./McNamara, J./Reich, H. H./Schnieders, G./ten Thije, J. D.: Anforderungen an Verfahren der regelmäßigen Sprachstandsfeststellung als Grundlage für die frühe und individuelle Förderung von Kindern mit und ohne Migrationshintergrund. – Berlin: BMBF, Referat Publikationen, S. 121-170.
Reich, H.H. (2008a): Kindertageseinrichtungen als Institutionen sprachlicher Bildung. In: Diskurs Kindheits- und Jugendforschung, 3. Jg., Heft 3, S. 249-258.
Reich, H.H. (2008b): Sprachförderung im Kindergarten. Grundlagen, Konzepte, Materialien – Weimar, Berlin.
Reich, H.H./Roth, H.-J. (2004): HAVAS 5 – Hamburger Verfahren zur Sprachstandsdiagnose Fünfjähriger. – Hamburg: Landesinstitut für Lehrerbildung und Schulentwicklung.
Roth, H.-J. und Mitwirkende (2005): Bericht zur Evaluation der Kindertagesstätten des Caritas-Verbandes Köln. – Köln: Universität zu Köln, Mimeo.
Rothweiler, M. (2006): The acquisition of V2 and subordinate clauses in early successive acquisition of German. In: Lleó, C. (Eds.): Interfaces in Multilingualism. Acquisition and representation. – Amsterdam, pp. 91-113.
Rothweiler, M./Kroffke, S. (2006) Bilingualer Spracherwerb. In: Siegmüller, J./ Bartels, H. (Hrsg.): Leitfaden: Sprache, Sprechen, Stimme, Schlucken. – München, S. 44-49.
Szagun, G. (2006): Sprachentwicklung beim Kind. – Weinheim.
Tomasello, M. (2003): Constructing a Language. A Usage-based Theory of Language Acquisition. – Cambridge, Mass.
Tracy, R. (2007): Wie Kinder Sprachen lernen. Und wie wir sie dabei unterstützen können. – Tübingen.
Tracy, R./Gawlitzek-Maiwald, I. (2000): Bilingualismus in der frühen Kindheit. In: Grimm, H. (Hrsg.): Enzyklopädie der Psychologie, Bd. 3: Sprachentwicklung. – Göttingen, S. 495-535.
Ulich, M./Mayr. T. (2003): SISMIK. Sprachverhalten und Interesse an Sprache bei Migrantenkindern in Kindertageseinrichtungen. – Freiburg.
Vygotskij, L. S. (1934/2002): Denken und Sprechen. Psychologische Untersuchungen. – Weinheim.
Weinert, S. (2000): Beziehungen zwischen Sprach- und Denkentwicklung. In: Grimm, H. (Hrsg.): Enzyklopädie der Psychologie, Bd. 3: *Sprachentwicklung.* – Göttingen, S. 311-361.

Kristin Krajewski, Agnes Renner, Gerhild Nieding, Wolfgang Schneider

Frühe Förderung von mathematischen Kompetenzen im Vorschulalter [1]

Zusammenfassung:
Nach aktuellen Kenntnissen über den Erwerb mathematischer Kompetenzen bei Kindern sollte sich eine frühe Förderung am natürlichen Entwicklungsverlauf mathematischer Kompetenzen orientieren. Vor diesem Hintergrund wurde in einer Pilotstudie überprüft, inwieweit sich frühe Mengen-Zahlen-Kompetenzen auf drei verschiedenen Ebenen durch das Konzept „Mengen, zählen, Zahlen" (MZZ, Krajewski/Nieding/Schneider 2007) bei Vorschulkindern fördern lassen. In der vorliegenden Untersuchung interessierte im Besonderen, ob sich differenzierte Fördereffekte in Abhängigkeit vom Alter der geförderten Vorschulkinder finden lassen. Es zeigte sich eine generelle Überlegenheit der mit dem MZZ geförderten Kinder gegenüber einer Kontrollgruppe ohne systematische Förderung. Darüber hinaus fanden sich altersspezifische Fördereffekte insofern, als die jüngeren Vorschulkinder vor allem auf der ersten Ebene früher Mengen-Zahlen-Kompetenzen profitierten, während die mittlere Altersgruppe auf den ersten beiden und die älteren Vorschulkinder v.a. auf der dritten Kompetenzebene zulegten. Die Ergebnisse zeigen, dass eine differenzierte mathematische Frühförderung möglich und besonders dann erfolgreich ist, wenn sie sich am jeweiligen Entwicklungsstand der Kinder orientiert.

Schlüsselwörter: mathematische Entwicklung; Entwicklungsmodell; Mengen-Zahlen-Kompetenz; mathematische Frühförderung; Trainingsstudie

Abstract:
Early Training of Quantity – Number Competencies in Preschool. Encouragement of the acquisition of early quantity-number competencies should be guided by the natural numerical development. Keeping this in mind the present study proved if the training concept "Quantities, counting, numbers" (Krajewski/Nieding/Schneider 2007) can encourage early numerical competencies via three levels in the last year of kindergarten, effectively. Particularly, age effects should be considered. Results showed significant effects in quantity-number competencies for the training group compared with the control group without structured encouragement. Moreover, the youngest preschoolers improved above all on the first level of competence, the middle-aged preschoolers on the first and second level and the oldest preschoolers on the third level of competence.

Keywords: mathematical development; developmental model; quantity-number competence; early mathematical training; training study

Betrachtet man die Entwicklung mathematischer Kompetenz, fällt schon bei Schulanfängern auf, dass es sich um eine sehr heterogene Gruppe handelt (Rinkens/Hönisch 1997). Während manche Kinder in ihren Eingangsfähigkeiten ihrem Alter schon weit voraus sind, gibt es andere, die in ihrer Entwicklung zurückliegen. Verschiedene Studien belegen, dass sich Unterschiede in frühen Mengen-Zahlen-Kompetenzen bereits im Kindergartenalter abzeichnen und Kinder mit defizitären basalen mathematischen Fertigkeiten verstärkt Gefahr laufen, auch später schwache Rechner zu werden (Krajewski/Schneider 2006; Stern 1997; von Aster/Schweiter/Weinhold-Zulauf 2007; Weißhaupt/Peucker/Wirtz 2006). Um dieses Risiko präventiv zu minimieren, ist es naheliegend, die Kinder frühzeitig zu fördern. Nach Erkenntnissen aus der Schriftsprachforschung ist zu erwarten, dass Vorläuferkompetenzen besonders wirksam im Vorschulalter gefördert werden können und sich entsprechende Transfereffekte auf schulische Leistungen deutlicher zeigen als bei einer Förderung, die erst nach Schuleintritt beginnt (Einsiedler et al. 2000).

Der vorliegende Beitrag gibt zunächst einen Überblick über die Entwicklung mathematischer Vorläuferfertigkeiten und ihre Bedeutung für die mathematischen Schulleistungen. Anschließend wird ein Blick auf internationale Trainingsstudien zur Frühförderung mathematischer Kompetenzen geworfen, bevor das Konzept „Mengen, zählen, Zahlen" (MZZ, Krajewski/Nieding/ Schneider 2007) vorgestellt wird. Es folgt eine empirische Untersuchung zur Frage, inwieweit sich mit diesem Konzept mathematische Frühförderung entwicklungsangemessen umsetzen lässt.

1 Theoretische Vorbetrachtungen

In den neuen deutschen Bildungsplänen für Kindergärten und Tageseinrichtungen finden sich Vorgaben, nach denen die kindlichen Kompetenzen von Anfang an und entwicklungsangemessen gefördert werden sollen (Fthenakis et al. 2005). Für die Förderung der spezifischen Vorläuferkompetenzen, in diesem Fall der frühen Mengen-Zahlen-Kompetenzen, bedeutet dies, dass sie sich möglichst an der natürlichen Entwicklung spezifischer mathematischer Fähigkeiten orientieren und auf diejenigen Kompetenzen abzielen sollte, die in der jeweiligen „Zone der nächsten Entwicklung" liegen (vgl. Wygotski 1934). Der Erwerb mathematischer Kompetenzen bis zum Schuleintritt wird in dem auf der Theorie von Resnick (1989) basierenden und daraus weiterentwickelten Modell von Krajewski (2008; vgl. Krajewski/Schneider 2006) beschrieben, das in Abbildung 1 veranschaulicht ist.

– *Ebene I:* Nummerische Basisfertigkeiten lassen sich schon bei sehr kleinen Kindern finden. Von Geburt an sind Babys in der Lage zwischen *Mengen zu unterscheiden*. Diese Fähigkeit bezieht sich jedoch eher auf den Umfang und die Ausdehnung von Mengen (kontinuierlich) und weniger, wie früher angenommen, auf die Unterscheidung von Anzahlen (diskret). Ab einem Alter von zwei bis drei Jahren beginnen Kinder mit dem *Zählen* und bringen später die Zahlen auch in ihre exakte Reihenfolge. Ein Bezug zu Mengen besteht dabei noch nicht, d.h., die Zahlworte werden vielmehr wie die Buchstaben des Alphabets aufgesagt.
– *Ebene II:* Erst ab dem Kindergartenalter werden diese zunächst voneinander unabhängigen Teilfertigkeiten miteinander verknüpft und das Verständnis, dass Zahlen Anzahlen repräsentieren, entsteht (*Anzahlkonzept*). Diese Mengen-Zahlen-Verknüpfung erfolgt nach Krajewski zunächst noch in groben Kategorien (Ebene IIa), bevor eine präzise Zuordnung vorgenommen wird (Ebene IIb). Mit etwa drei Jahren verstehen Kinder bereits, dass einige Zahlen eher kleine Mengen („wenig") bezeichnen, während andere Zahlen für größere Mengen („viel") oder sehr große Mengen („sehr viel") stehen. Den groben Mengenkategorien werden also gleichzeitig mehrere Zahlen zugeordnet (z.B. sind „8" viel, aber auch 20 „viel"; *unpräzises Anzahlkonzept*, IIa). Dadurch ist es für Kinder in dieser Phase noch nicht möglich, zwischen Zahlen innerhalb dieser Kategorien zu unterscheiden. Sie können also noch nicht sagen, welche von zwei Nachbarzahlen (z.B. 15 und 16) „mehr" ist. Erst mit Erwerb des *präzisen Anzahlkonzepts* (Ebene IIb) lernen Kinder, auch innerhalb der groben Kategorien zu differenzieren und (ausgezählte) Mengen an die exakte Zahlenfolge anzuordnen. Durch die exakte Zuordnung aufsteigender Zahlen zu aufsteigenden Anzahlen können Zahlen nun exakt miteinander verglichen werden (16 ist „mehr" als 15). Unabhängig vom Anzahlkonzept entwickelt sich das Verständnis, dass Mengen (z.B. viele Käfer) in Teilmengen zerlegbar sind (einige Käfer stehen, einige liegen auf dem Rücken) und durch Wegnehmen oder Hinzufügen verändert werden können (von allen Käfern fliegen einige

Abbildung 1: Entwicklungsmodell früher mathematischer Kompetenzen nach Krajewski (2008; vgl. auch Krajewski/Schneider 2006)

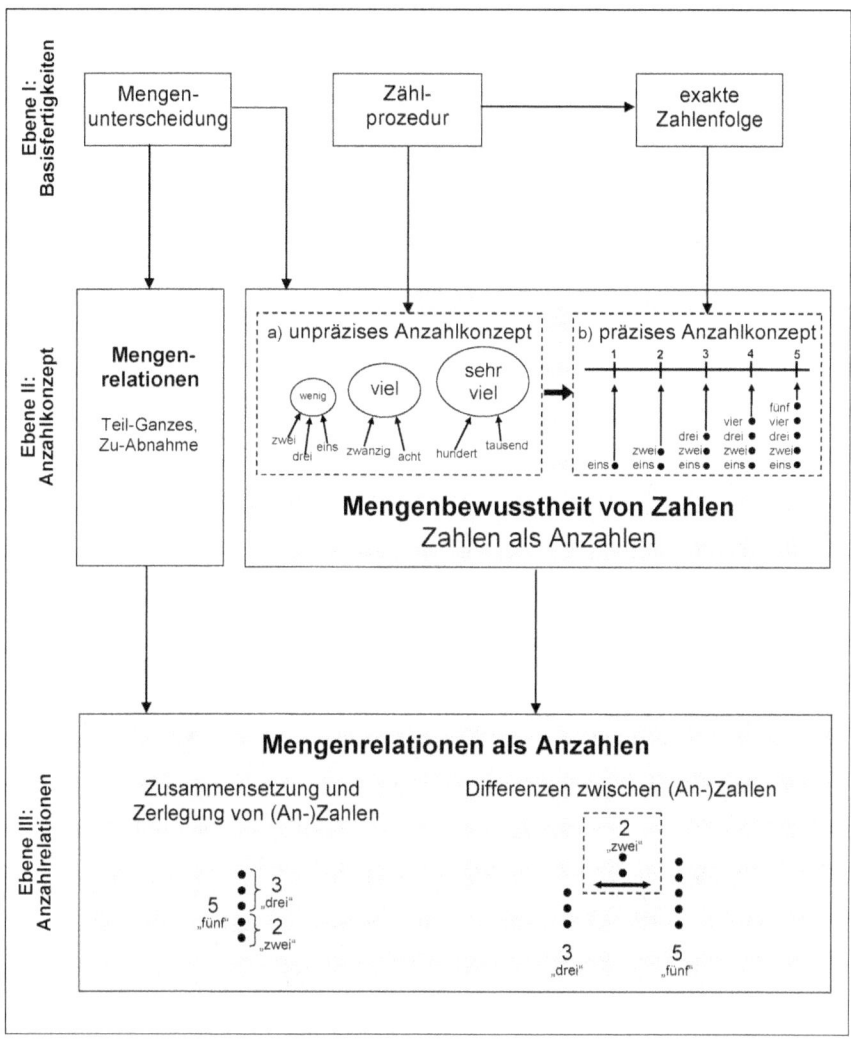

weg, es bleiben einige übrig). Eingeschlossen ist hier auch das Verständnis, dass ohne Wegnehmen und Hinzufügen die Anzahl unverändert bleibt (*Mengenrelationen ohne Zahlbezug*).
- *Ebene III:* In der nächsten Entwicklungsphase lernen Kinder schließlich, dass die Beziehungen zwischen Mengen auch mit Zahlen dargestellt werden können (*Anzahlrelationen*). Sie verstehen, dass Zahlen zerlegt werden können (von fünf Käfern stehen zwei und drei liegen auf dem Rücken) und dass der Unterschied zwischen Anzahlen (z.B. drei Kinder in der Igelgruppe und fünf Kinder in der Bärengruppe) wieder durch eine Zahl ausgedrückt wird (zwei Kinder mehr in der Bärengruppe).

Auf der dritten Ebene gelingen also schon einfache Rechenoperationen, weshalb vor allem die ersten beiden Ebenen als mathematische Vorläuferkompetenzen bezeichnet werden können. Den empirischen Nachweis für die Bedeutung dieser beiden Kompetenzebenen erbrachte eine Langzeitstudie, in der 26 % der Unterschiede in den Mathematikleistungen am Ende der Grundschulzeit durch die bereits vier Jahre zuvor (vor Schuleintritt) erhobenen Mengen-Zahlen-Kompetenzen der zweiten Ebene erklärt werden konnten (Krajewski/Schneider 2006). Auch Daten aus der Münchner LOGIK-Studie (Stern 1997) liefern Evidenz. Hier sagte die vorschulische Fähigkeit zum Anzahlschätzen und zur Zahlinvarianz (vgl. Ebene II) das Lösen von Textaufgaben in der zweiten Klasse vorher. Darüber hinaus belegen internationale Studien die prädiktive Bedeutung der einzelnen Kompetenzebenen. Die mathematischen Leistungen finnischer Grundschüler konnten bei Aunola et al. (2004) beispielsweise durch die im Vorschulalter erhobenen Zählfertigkeiten (Ebene I) zuverlässig vorhergesagt werden. Für spätere Mathematikleistungen scheinen zudem Fähigkeiten der zweiten und dritten Ebene (z.B. Zahlvergleich, Mengen schätzen, Teil-Ganzes-Zahlverständnis) eine wichtige Rolle zu spielen (vgl. Gaupp/Zoelch/Schumann-Hengsteler 2004; Moser-Opitz 2007). Die Bedeutung basaler Mengen-Zahlen-Kompetenzen zeigt sich dabei besonders beim Blick auf rechenschwache Grund- und Sekundarschüler, auf Kinder also, die in der Schule besondere Schwierigkeiten mit der Mathematik aufweisen. So lassen sich Defizite rechenschwacher Grundschüler insbesondere im Bereich der genannten Mengen-Zahlen-Kompetenzen der ersten bis dritten Ebene lokalisieren (vgl. Gaupp/Zoelch/Schumann-Hengsteler 2004; Geary/Hamson/Hoard 2000; Landerl/Bevan/Butterworth 2004). Bei Moser-Opitz (2007) fanden sich auch bei rechenschwachen Fünft- und Achtklässlern Defizite bei arithmetischen Operationen (Verdoppeln und Halbieren sowie Ergänzen), die auf dem Verständnis für Anzahldifferenzen und dem Teil-Ganzes-Verständnis beruhten, also auf Mengen-Zahlen-Kompetenzen der dritten Ebene, über welche viele Kinder bereits vor Schuleintritt verfügen. Welch tragende Rolle die Gedächtniskapazitäten eines Kindes (also die Menge an Information, die ein Kind beim einmaligen Hinhören oder Hinschauen erfassen und verarbeiten kann) beim Aufbau der grundlegenden Mengen-Zahlen-Kompetenzen spielen, zeigte sich in einer Langzeitstudie, in der die bereits ein Jahr vor Schuleintritt erfassten Gedächtnisressourcen die Mengen-Zahlen-Kompetenzen kurz vor Schuleintritt vorhersagten (Krajewski/Schneider/Nieding 2008).

Befunde aus internationalen Trainingsstudien
Verschiedene Trainingsstudien geben Hinweise, dass die einzelnen Ebenen der Mengen-Zahlen-Kompetenzen auf eine strukturierte Förderung ansprechen und somit die Entwicklung früher mathematischer Fähigkeiten positiv beeinflusst werden kann. Die Niederländer Van Luit und Van de Rijt (1997) trainierten beispielsweise in 26 strukturierten Sitzungen Vier- bis Siebenjährige mit sehr schwachen Vorläuferkompetenzen in Vergleichskonzepten, Zahlwortgebrauch, 1:1-Zuordnung zweier Mengen und Zählfertigkeiten (Ebene I), der Anordnung von Zahlen (Ebene II) und im Verständnis von Anzahlbeziehungen (Ebene III). Durch das Training erreichte die Fördergruppe das Mengen-Zahlen-Kompetenzniveau der Normstichprobe. Diese Verbesserung konnte sogar über einen Zeitraum von sieben Monaten beibehalten werden. Ähnliche Ergebnisse liefert die amerikanische Forschergruppe von Griffin, Case und Capodilupo (1995). Hier wurden Kindergartenkinder in Kleingruppen 30 Wochen lang durch strukturierte Vorgaben in den Fähigkeiten gefördert zu zählen (Ebene I), Anzahlen zu identifizieren (Ebene IIa), Anzahlen zu vergleichen und anzugleichen (Ebenen II und III) sowie komplexere arithmetische Aufgaben zu lösen (Ebene III). Vier Wochen nach dem Training schnitten die geförderten Kinder in Additions- und Subtraktionsaufgaben besser ab als die Kontrollgruppe mit phonologischem Training und eine Gruppe mit einem anderen mathematischen Training, welches jedoch weniger intensiv das Verständnis der Zahlenstruktur vermittelte. Frühe Mengen-Zahlen-Kompetenzen können demnach erfolgreich gefördert werden. Eine Metaanalyse von Kroesbergen und Van Luit (2003) über 58 internationale Studien zu Effekten mathematischer Förderung von Kindern mit schwachen mathematischen (Vorläufer-)Kompetenzen belegt jedoch, dass eine reine Förderung von Zählfertigkeiten und Zah-

lenkenntnis (I), der Zuordnung von Zahlen zu ausgezählten Mengen (IIa) und der Darstellung von Mengenbeziehungen ohne Zahlbezug (II: Mengenrelationen) allein noch nicht ausreicht, um nachhaltige Effekte auf die mathematische Entwicklung zu bewirken. Die mathematische Frühförderung sollte demnach mindestens den Aufbau des präzisen Anzahlkonzepts (Ebene IIb) mit einbeziehen.

Konzept der Förderung mit „Mengen, zählen, Zahlen"
Der schulvorbereitende Förderansatz „Mengen, zählen, Zahlen" (MZZ; Krajewski/Nieding/ Schneider 2007) wurde konzipiert, um die Mengen-Zahlen-Kompetenzen von Vorschulkindern systematisch von der ersten bis zur dritten Ebene aufzubauen und dadurch besonders bei Kindern mit Schwächen in diesen Bereichen das Fundament für das Verständnis der Grundschulmathematik zu legen. Das oben beschriebene Entwicklungsmodell wird dabei zum Fördermodell, d.h., die drei Kompetenzebenen werden in spielerischen, aufeinander aufbauenden Übungen gefördert, die sich inhaltlich streng an den Entwicklungsphasen orientieren. Das MZZ wird ebenso wie das Programm „Hören, lauschen, lernen" zur Frühförderung des Schriftspracherwerbs (Küspert/ Schneider 2002) in Kleingruppen nach einem strukturierten Zeit- und Inhaltsplan von den Erzieherinnen und Erziehern im Kindergarten durchgeführt. Der Ablauf jeder einzelnen Übung ist ausführlich beschrieben; zudem werden detaillierte Angaben gegeben zum Ziel der jeweiligen Übung, zu den benötigten Materialien und zu Leitfragen, die die pädagogische Fachkraft den Kindern stellen kann, um bewusste Erkenntnisse über die Zahlen anzustoßen. Die Förderung beginnt mit dem Aufbau der Basisfertigkeiten (Mengenverständnis, Zählfertigkeiten, Zahlenkenntnis), die zunächst zum Anzahlkonzept verknüpft werden (Förderschwerpunkt „Zahlen als Anzahlen"). Dabei lernen die Kinder, dass den Zahlworten und arabischen Ziffern bestimmte Anzahlen zugeordnet werden und dass zu Zahlen, die beim Zählen weiter hinten kommen, jeweils mehr Dinge gehören. Im nächsten Schritt (Förderschwerpunkt „Anzahlordnung") sollen die Kinder Anzahlen auch in ihre Reihenfolge bringen und anhand dieser Ordnung miteinander vergleichen (z.B. vier Chips sind mehr als drei Chips). Um den Anzahlaspekt gerade für schwächere Kinder klar herauszuheben und ihn von unwichtigen Merkmalen wie Material, Funktion, Farbe der Veranschaulichungsmittel oder damit assoziierten Geschichten zu isolieren, werden hierfür jeweils Dinge verwendet, die immer von gleicher Art sind (z.B. drei rote Chips sowie vier rote Chips oder drei Löffel sowie vier Löffel zu den Zahlen 3 und 4). Die Zahlen werden also derart veranschaulicht, dass sich die Materialien für zwei Zahlen einzig in ihrer Stückzahl, nicht jedoch in Art, Form, Farbe etc. voneinander unterscheiden. So sollen gezielt die Aufmerksamkeit der Kinder auf die nummerischen Aspekte der Handlungen gelenkt und bewusste Einsichten über die nummerischen Beziehungen zwischen den Zahlen ermöglicht werden. Ziel des dritten Förderschwerpunkts („Teil-Ganzes-Beziehungen und Anzahlunterschiede") ist schließlich die Erkenntnis, dass sich Zahlen in kleinere Zahlen zerlegen und daraus wieder zusammensetzen lassen. Die Kinder sollen hier verstehen, dass der Unterschied zwischen zwei Zahlen wieder eine Zahl ist.

Gerade für diese Erkenntnis erlangt die Verwendung einheitlicher Veranschaulichungsmittel für alle Zahlen (z.B. rote Chips) eine herausragende Bedeutung. Nur bei Beachtung dieses Prinzips können die Zahlbeziehungen für die Kinder klar „sichtbar" gemacht werden (z.B. der Unterschied zwischen drei [roten Chips] auf der linken Seite und fünf [roten Chips] auf der rechten Seite ist zwei [rote Chips]). Diese Erkenntnis wird beispielsweise auch durch die Spindelkästen und die nummerischen Stangen aus den Montessori-Materialien gefördert. An solchen Darstellungsmitteln können Kinder bereits allein beim Betrachten der Materialien die Struktur der Zahlen „sehen". Werden für die jeweiligen Zahlen jedoch verschiedene Materialien verwendet (z.B. drei Murmeln für die Drei und vier Bären für die Vier), ist nicht „sichtbar", dass von der Drei zur Vier eins hinzukommt. Vielmehr gestaltet sich in diesem Beispiel die Veränderung von der Drei zur Vier derart, dass drei Murmeln verschwinden und vier Bären (statt ein Bär) dazukommen. So folgt auch die in den MZZ-Materialien enthaltene „Zahlentreppe", welche im dritten Förderschwerpunkt im Mittelpunkt steht, dem Prinzip der einheitlichen Darstellung von Anzahlen. Hier werden aufsteigende Zahlen durch größer werdende Stufen dargestellt, so dass beispielsweise die Stufe für die Vier doppelt so groß ist wie die Stufe für die Zwei. Auf den Seiten der Stufen sind jeweils Anzahlen abgebildet, die immer eins mehr werden (z.B. drei und vier Punkte, drei und vier Finger, drei und vier Kreisabschnitte). Anhand der Materialien werden die Kinder nicht nur gezielt angeleitet, genau hinzuschauen und die Struktur der Zahlen selbst (intuitiv) zu erkennen, sondern sie sollen dabei durch gezieltes Nachfragen der ErzieherInnen auch verbalisieren, dass beispielsweise „von einer zur nächsten Zahl immer eins dazu kommt". Die abstrakte Struktur der Zahlen wird so für die Kinder einerseits „sicht- und greifbar", so dass nummerische Handlungen an ihr modellhaft visualisiert werden können, und sie wird andererseits den Kindern im Rahmen der Übungen auch über die Sprache bewusst. Gefördert werden durch diese gezielte Anleitung im MZZ und Fragen von Seiten der pädagogischen Fachkräfte einerseits nummerische Basisfertigkeiten (wie Zählen/Ziffernkenntnis, Ebene I) und die Bewusstheit, dass aufsteigende Zahlen mit zunehmenden Anzahlen korrespondieren (Anzahlkonzept/Anzahlordnung, Ebene II). Darüber hinaus werden auch die Zerlegung von Zahlen und die nummerischen Unterschiede zwischen den Zahlen (Ebene III) für die Kinder am konkreten Material nachvollziehbar. Die Kinder gelangen so zu Einsichten über die Prinzipien und Strukturen, die den Zahlen zugrunde liegen.

Inwieweit der angestrebte Aufbau von Mengen-Zahlen-Kompetenzen der ersten bis dritten Ebene tatsächlich durch die Förderung mit „Mengen, zählen, Zahlen" angestoßen werden kann und der alltäglichen mathematischen Förderung im Kindergartenalltag oder einer unspezifischen Förderung (ohne Fokus auf mathematische Inhalte) überlegen ist, wurde in einer Pilotstudie überprüft (Krajewski/Nieding/Schneider 2008). In der vorliegenden Untersuchung interessierte im Besonderen, ob sich differenzierte Fördereffekte in Abhängigkeit vom Alter der geförderten Vorschulkinder finden lassen.

2 Studie zur Förderung früher mathematischer Kompetenzen mit „Mengen, zählen, Zahlen"

2.1 Methode

In der Pilotstudie wurde mit Vorschulkindern (Kinder in ihrem letzten Kindergartenjahr) untersucht, welchen Einfluss eine systematische, strukturierte Förderung mit dem Konzept „Mengen, zählen, Zahlen" (MZZ) auf die Entwicklung spezifisch mathematischer und nicht-spezifischer Kompetenzen (wie Intelligenz, Arbeitsgedächtnis, Sprache, phonologische Bewusstheit) nimmt. Hierbei ließen sich kurz- und langfristig signifikante Effekte auf die mathematischen Vorläuferfertigkeiten von Kindern absichern; erwartungsgemäß zeigten sich hingegen keine signifikanten Einflüsse auf die unspezifischen Kompetenzen (Krajewski/Nieding/Schneider 2008). Im Folgenden soll nun detailliert analysiert werden, wie sich in dieser Trainingsstudie die Vorschulkinder mit MZZ-Förderung in Abhängigkeit von ihrem Alter in ihren mathematischen Fähigkeiten entwickelten. Es soll also überprüft werden, ob jüngere und ältere Vorschulkinder auf den verschiedenen Kompetenzebenen gleichermaßen von der Förderung profitierten. Über einen Zeitraum von zehn Wochen wurden zwischen Oktober und Dezember 2004 69 Vorschulkinder aus vier Kindergärten (davon 12,7% mehrsprachig) in täglichen, etwa halbstündigen Übungen mit der ersten Version des Förderkonzepts „Mengen, zählen, Zahlen" (MZZ) von ihren Erzieherinnen in Kleingruppen mit vier bis neun Kindern innerhalb ihrer üblichen Kindergartengruppen gefördert. Die Kontrollgruppe ohne systematische Förderung umfasste 108 Kinder aus fünf Kindergärten (davon 7,5% mehrsprachig) und folgte der alltäglichen Förderung im normalen Kindergartenalltag (z.B. durch weniger gezielt angeleitete Zählspiele, Aufteilen von Mengen, etc.). Um Alterseffekte zu untersuchen, wurde die gesamte Stichprobe (mittleres Alter zu Studienbeginn 66,5 Monate, Spannweite 58-78 Monate) entsprechend dem jeweiligen Alter der Kinder gedrittelt (von einem Kontrollkind war keine Altersangabe verfügbar). In die Gruppe „Jüngere" fielen hierbei alle Vorschulkinder, die ein Jahr vor Schuleintritt zwischen 58 und 63 Monate alt waren, die Gruppe „Mittlere" umfasste alle Kinder mit einem Alter zwischen 64 und 68 Monaten, die Gruppe „Ältere" alle Kinder mit einem Alter zwischen 69 und 78 Monaten. Da jeweils mehrere Kinder das minimale bzw. maximale Monatsalter an den Gruppengrenzen erreichten (z.B. 16 „jüngere" Kinder 63 Monate alt, 15 „mittlere" Kinder 64 Monate alt), war es nicht möglich, nur einzelne dieser altersgleichen Kinder in die nächste Altersgruppe zu verschieben. Daher war die Anzahl der Kinder in den Altersgruppen nicht exakt gleichverteilt.

Um die mathematische Entwicklung der Kinder festzuhalten, wurden alle Kinder im September 2004 (T1) und Juli 2005 (T2) hinsichtlich ihrer mathematischen Vorläuferfertigkeiten untersucht. Alle Erhebungen erfolgten als Einzeluntersuchungen in den Kindergärten, wobei die studentischen Testleiter keine Information über die Gruppenzugehörigkeit der Kinder hatten. Mathematische Vorläuferfertigkeiten wurden hauptsächlich durch Aufgaben zur Mengen-Zahlen-Kompetenz aus der Studie von Krajewski (2003) erfasst (insgesamt 47 Punkte). Für die Erhebung der Mengen-Zahlen-Kompetenz erster Ebene (max. 21 Punkte) sollte vorwärts und rückwärts gezählt, je drei Vorgänger- und Nachfolgerzahlen sowie Ziffern im Zahlenraum bis 20 benannt werden. Aufgaben zur Mengen-Zahlen-Kompetenz der zweiten Ebene (max. 18 Punkte) beinhalteten das Einordnen von drei Käfern aufgrund der Anzahl der auf ihrem Rücken abgebildeten, systematisch angeordneten Punkte in eine vorgegebene Reihe von Käfern sowie den anschließenden Vergleich mit diesen Käfern (Anzahlseriation). Zudem sollte in einem Subtest zur Anzahlinvarianz die Anzahl von Kindern, die an einer Schwimmbadkasse in einer oder zwei Reihen anstehen, beurteilt und verglichen werden, wobei die Länge einer „Schlange" durch „Drängeln", d.h. Zusammenschieben der Figuren, variiert wurde. Darüber hinaus sollten Zahlen (5-3, 4-6, 12-11, 15-17) aufgrund ihrer Mächtigkeit miteinander verglichen werden (Anzahlvergleich). Kompetenzen zweiter Ebene wurden zudem durch den Subtest Symbol-Mengen-Zuordnung aus Zareki-K von Aster (in Vorb.) erhoben, in welchem Mengen (drei, fünf Punkte) zu Ziffern bzw. Ziffern (4, 7) zu den zugehörigen Mengen zugeordnet werden sollen (eingeschlossen im Punktwert Ebene 2). Die Aufgaben zu Mengen-Zahlen-Kompetenzen der dritten Ebene schließlich (max. 8 Punkte) bestanden aus einfachen Rechenaufgaben, die unter Zuhilfenahme konkreten, anschaulichen Materials zu lösen waren (z.B. „Du hast sechs Murmeln, ich habe vier Murmeln. Wie viele Murmeln muss ich mir noch nehmen, damit ich genau so viele habe wie du?").

2.2 Ergebnisse

Im Rahmen der Rekrutierung der Studienkinder war es nicht möglich gewesen, die Kinder zuerst vorzuuntersuchen, sie nach diesen Ergebnissen zu parallelisieren und sie erst dann den Gruppen (Kontrollgruppe vs. MZZ) zuzuweisen. Vielmehr wurde bereits bei der ersten Kontaktaufnahme mit den Kindergärten geklärt, ob ein Kindergarten als Kontrollkindergarten oder als Kindergarten mit MZZ-Förderung teilnehmen würde. Daher wurden Unterschiede in den Ausgangsbedingungen zwischen den beiden Gruppen erst im Nachhinein analysiert. Es zeigte sich kein signifikanter Unterschied im Gesamtwert Mengen-Zahlen-Kompetenz am Beginn der Studie (T=1.8, p>.05). Tabelle 1 kann jedoch entnommen werden, dass die Kontrollgruppe in den mathematischen Ausgangsbedingungen in allen drei Altersgruppen zu Studienbeginn tendenziell höhere Werte aufwies als die Kinder der MZZ-Gruppe (vgl. Werte Mengen-Zahlen-Kompetenz für Sep-

Tabelle 1: Mengen-Zahlen-Kompetenzen für MZZ- und Kontrollkinder (MZZ vs. KG), getrennt nach Kompetenzebenen (Ebene 1, 2 und 3), Altersgruppen (jüngere, mittlere, ältere Vorschüler) und Messzeitpunkten (T1 und T2)

		Jüngere		Mittlere		Ältere	
		MZZ(n=21)	KG(n=31)	MZZ(n=23)	KG(n=40)	MZZ(n=25)	KG(n=36)
Alter im Sept. (in Monaten)		58-63	58-63	64-68	64-68	69-74	69-78
Kompetenzebene 1							
Sept. (T1)	M (SD)	9.0(5.19)	9.8(6.00)	9.3(4.96)	11.4(5.25)	13.8(5.61)	14.5(4.98)
Juli (T2)	M (SD)	16.7(3.85)	15.1(5.51)	16.6(4.20)	16.6(4.02)	18.7(3.00)	18.6(3.74)
Kompetenzebene 2							
Sept. (T1)	M (SD)	10.9(3.77)	11.4(3.34)	9.7(3.20)	12.4(3.75)	12.6(2.90)	13.3(3.14)
Juli (T2)	M (SD)	13.9(3.70)	14.1(2.93)	13.5(3.18)	14.6(3.19)	15.3(2.41)	15.0(2.58)
Kompetenzebene 3							
Sept. (T1)	M (SD)	2.4(1.63)	2.2(1.77)	2.7(1.66)	2.9(1.93)	3.5(1.83)	4.0(2.02)
Juli (T2)	M (SD)	4.4(2.20)	4.7(2.17)	4.9(2.13)	4.9(1.95)	5.3(2.07)	4.7(2.28)

tember). Für die Kompetenzen der zweiten Ebene wurde die anfängliche Überlegenheit der Kontrollgruppe in der mittleren Altersgruppe signifikant (T=2.9, p<.01). So startete die mittlere Altersgruppe der MZZ-Kinder am Studienbeginn mit einer durchschnittlichen Mengen-Zahlen-Kompetenz zweiter Ebene von 9.7, wohingegen die gleichaltrigen Kontrollkinder einen Wert von 12.4 erreichten. Hinsichtlich genereller Faktoren wie Intelligenz, Arbeitsgedächtnis und Sprachentwicklung, die üblicherweise mittelhoch mit der Mengen-Zahlen-Kompetenz korrelieren, sowie ihrer sozialen Herkunft war die Kontrollgruppe zu Beginn der Studie der MZZ-Gruppe tendenziell, aber nicht signifikant überlegen (vgl. Krajewski/Nieding/Schneider 2008).

In der Entwicklung der Mengen-Zahlen-Kompetenzen zeigte sich von September bis Juli (letztes Kindergartenjahr) sowohl in der Gesamtgruppe der mit dem MZZ geförderten Kinder als auch in der Kontrollgruppe eine sehr hohe Stabilität in den Mengen-Zahlen-Kompetenzen über das letzte Kindergartenjahr (für jede der beiden Gruppen Korrelation Gesamtwert Mengen-Zahlen-Kompetenz September-Juli r=.81, p<.01). Betrachtete man den Zuwachs in diesen Kompetenzen, legte im Laufe des letzten Kindergartenjahres (September-Juli) die Gruppe, die von Oktober bis Dezember systematisch mit dem MZZ gefördert wurde, signifikant stärker in den Mengen-Zahlen-Kompetenzen zu als die Kontrollgruppe (F[1,174]=10.4, p<.01; vgl. Zuwächse in Abbildung 2, oben). Bei detaillierter Betrachtung ergab sich, dass die jüngsten Vorschulkinder im Vergleich zur Kontrollgruppe signifikant stärker auf Kompetenzebene 1 profitierten (Zuwachs Ebene 1: F[1,50]=6.6, p<.05; Zuwachs Ebene 2: F[1,50]=0.2, p>.05; Zuwachs Ebene 3: F[1,50]=0.9, p>.05; Abb. 2: Diagramme 2-4), die mittleren Vorschulkinder signifikant stärker als die Kontrollgruppe auf den Ebenen 1 und 2 (Zuwachs Ebene 1: F[1,61]=6.9, p<.05; Zuwachs Ebene 2: F[1,61]=4.0, p<.05, Zuwachs Ebene 3: F[1,61]=0.1, p>.05; Abb. 2: Diagramme 2-4) und die ältesten Vorschulkinder signifikant stärker als die Kontrollgruppe auf Ebene 3 zulegten (Zuwachs Ebene 1: F[1,59]=0.5, p>.05; Zuwachs Ebene 2: F[1,59]=1.7, p>.05; Zuwachs Ebene 3: F[1,59]=4.6, p<.05; Abb. 2: Diagramme 2-4). Alle anderen, in Abbildung 2 nicht mit Doppelpfeil und Sternchen gekennzeichneten Unterschiede zwischen den Zuwächsen der MZZ- und Kontrollkinder wurden nicht signifikant und dürfen demzufolge nicht interpretiert werden.

Abbildung 2: Zuwachs in den Mengen-Zahlen-Kompetenzen zwischen September und Juli in Abhängigkeit von Förderbedingung (MZZ: MZZ-Förderung vs. Kontrollgruppe: ohne systematische Förderung) und Alter der Vorschüler (Jüngere, Mittlere, Ältere); signifikante Unterschiede mit Sternchen (*)

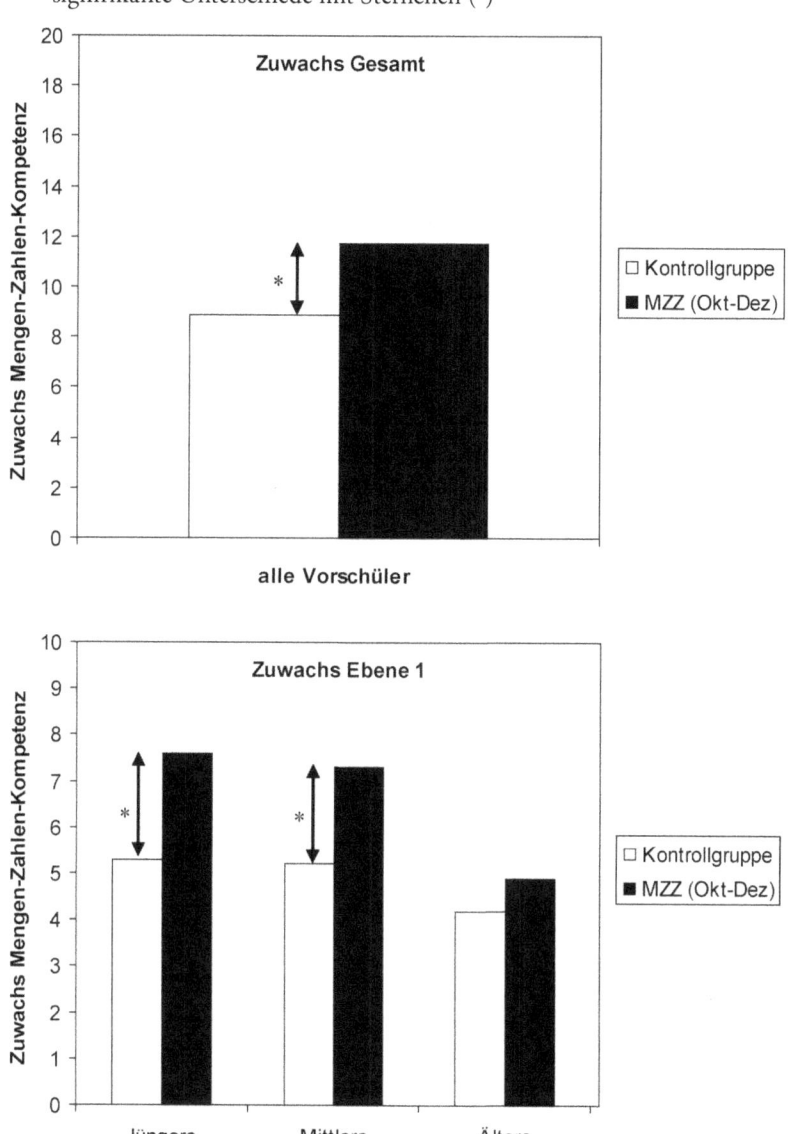

Abbildung 2: (Fortsetzung)

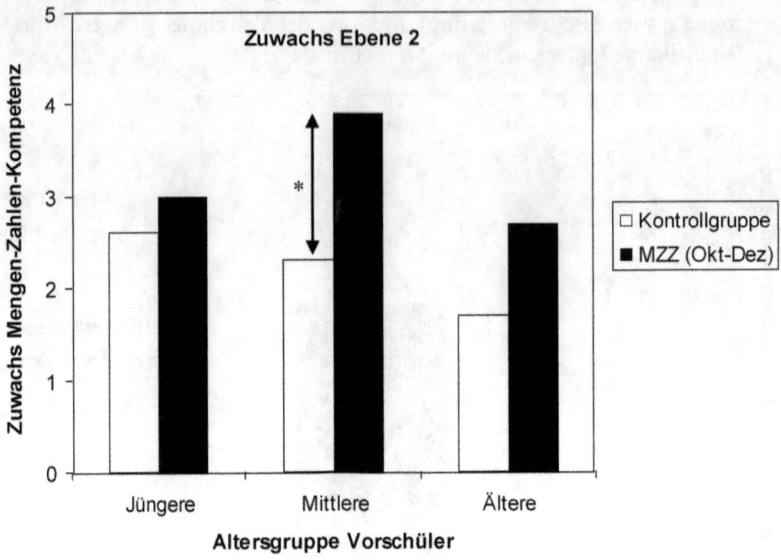

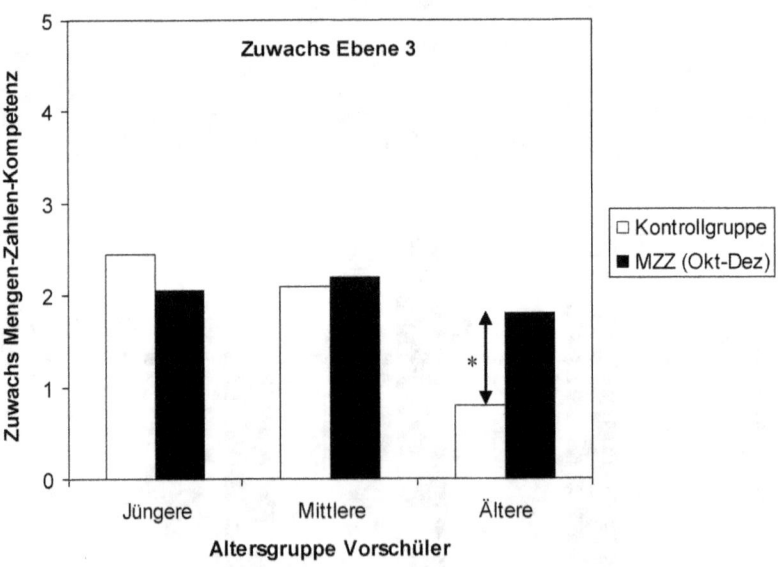

3 Diskussion

In der vorliegenden Untersuchung sollte überprüft werden, inwieweit sich mit dem entwicklungspsychologisch orientierten Förderkonzept „Mengen, zählen, Zahlen" (MZZ) die mathematischen Vorläuferfertigkeiten von Vorschulkindern fördern lassen. Besonderes Augenmerk wurde auf die Frage gelegt, ob sich differenzierte Fördereffekte in Abhängigkeit vom Alter der Vorschulkinder zeigen. Zunächst konnte über das gesamte letzte Kindergartenjahr eine sehr hohe interindividuelle Stabilität in den frühen Mengen-Zahlen-Kompetenzen der Kinder nachgewiesen werden, was dafür spricht, dass einerseits die mathematischen Vorläuferfertigkeiten sehr zuverlässig erfasst werden können und sich andererseits Unterschiede in diesen Kompetenzen frühzeitig manifestieren (vgl. auch Krajewski/Schneider 2006; von Aster/Schweiter/Weinhold-Zulauf 2007; Weißhaupt/Peucker/Wirtz 2006). Umso bedeutsamer scheint der Befund, dass die mathematische Frühförderung mit „Mengen, zählen, Zahlen" zu einem signifikant stärkeren Kompetenzzuwachs führte als in der Kontrollgruppe. Das heißt, die Kinder, die zu Beginn ihres letzten Kindergartenjahres systematisch mit dem strukturierten Konzept „Mengen, zählen, Zahlen" gefördert wurden, legten im Laufe des letzten Kindergartenjahres stärker in ihren Mengen-Zahlen-Kompetenzen zu als die Kinder, die dem normalen Kindergartenalltag folgten. Dies steht in Einklang mit den Ergebnissen aus internationalen Trainingsstudien, bei denen eine Förderung auf allen drei Ebenen der frühen Mengen-Zahlen-Kompetenzen erfolgte und zu Effekten auf die frühen mathematischen Kompetenzen führte (Griffin/Case/Capodilupo 1995; Van Luit/Van de Rijt 1997). Der stärkere Zuwachs in den Mengen-Zahlen-Kompetenzen der MZZ-Kinder ging mit differenzierten Alterseffekten einher. Es zeigte sich, dass die jüngeren Vorschulkinder besonders auf der ersten Kompetenzebene (nummerische Basisfertigkeiten), die mittlere Altersgruppe darüber hinaus auch auf der zweiten Kompetenzebene (Anzahlkonzept/Anzahlordnung) profitierten. Die ältesten Vorschulkinder hingegen legten durch die gezielte Förderung vor allem auf der dritten Kompetenzebene (Zahlbeziehungen/Zahldifferenzen) zu. Diese Ergebnisse bestätigen das eingangs beschriebene Entwicklungs- und Fördermodell (Krajewski 2008) derart, dass im jüngeren Alter die basalen Mengen-Zahlen-Kompetenzen noch nicht vollständig ausgebildet sind, so dass eine gezielte kompetenzorientierte Förderung wie mit dem MZZ vor allem auf den ersten beiden Kompetenzebenen Lücken schließen kann. Später hingegen, wenn die Entwicklung schon weiter vorangeschritten ist und grundlegende Kompetenzen bereits gefestigt sind, kann durch eine gezielte Förderung vor allem die Ausbildung höherer Mengen-Zahlen-Kompetenzen angestoßen werden. Diese Befunde gehen konform mit Wygotskis Forderung nach gezielter kompetenzorientierter Förderung in der „Zone der nächsten Entwicklung" (Wygotski 1934). Sie machen deutlich, dass sich selbst in einem eng umgrenzten Altersrahmen (Kinder im letzten Kindergartenjahr) die Förderung am individuellen Entwicklungsstand der Kinder orientieren sollte, so dass die Förderung keine „Zone" überspringt, sondern dort (zu wirken) beginnt, wo die Kinder stehen. Die Ergebnisse zeigen auch, dass dies beispielsweise mit dem Konzept „Mengen, zählen, Zahlen" möglich ist, welches sich an der natürlichen Entwicklung orientiert und eine systematische Förderung der Kompetenzen als Ziel hat. Da die Förderung mit diesem Konzept nur für Kinder in ihrem letzten Kindergartenjahr untersucht wurde, werfen die vorliegenden Ergebnisse die Frage auf, inwieweit sich eine entwicklungsangemessene frühe mathematische Förderung in noch inhomogeneren Altersgruppen (beispielsweise mit Vier- bis Sechsjährigen) umsetzen lässt.

Insgesamt betrachtet können die vorliegenden Ergebnisse als Indiz gewertet werden, dass mit dem Konzept „Mengen, zählen, Zahlen" eine differenzierte Förderung früher mathematischer Kompetenzen möglich ist und Kinder unterschiedlicher Altersgruppen kompetenzorientiert gefördert werden können. Für einen erfolgreichen Schulstart ist es wünschenswert, dass die Kinder durch die Förderung nicht nur in den nummerischen Basisfertigkeiten (Ebene I) gestärkt werden, sondern dass – vor allem die besonders schwachen Kinder – auch das Anzahlkonzept (Ebene II) nachhaltig erwerben bzw. festigen und bereits in ihren Erkenntnissen über die Beziehungen zwischen Zahlen (Ebene III) angestoßen werden. Nach den Ergebnissen der vorliegenden Untersuchung sollte dies besonders gut möglich sein, wenn die Förderung mit „Mengen, zählen, Zahlen" etwa ein halbes Jahr vor Schuleintritt beginnt, da die Vorschulkinder dann älter sind und vornehmlich auf den beiden höheren Kompetenzebenen profitieren sollten.

1 Die hier berichteten Forschungsarbeiten wurden im Rahmen einer von der Deutschen Forschungsgemeinschaft geförderten Sachbeihilfe (NI 496/4-1) durchgeführt

Kontaktanschrift der Verfasser: Dr. Kristin Krajewski, Deutsches Institut für Internationale Pädagogische Forschung, Arbeitseinheit Bildung und Entwicklung, Schloßstr. 29, 60486 Frankfurt am Main, E-Mail: Krajewski@dipf.de

Literatur

Anunola et al. 2004 = Aunola, K./Leskinen, E./Lerkkanen, M-K/Nurmi, J-E. (2004): Developmental dynamics of mathematical performance from preschool to grade 2. In: Journal of Educational Psychology, Vol. 96, pp. 699-713.

Einsiedler et al. 2000 = Einsiedler, W./Frank, A./Kirschhock, E.-M./Martschinke, S./Treinies, G. (2000): Der Einfluss verschiedener Unterrichtsmethoden auf die phonologische Bewusstheit sowie auf Lese- und Rechtschreibleistungen im 1.Schuljahr. – Nürnberg: Berichte und Arbeiten aus dem Institut für Grundschulforschung.

Fthenakis et al. 2005 = Fthenakis, W.E./Gisbert, K./Griebel, W./Kunze, H.-R./Niesel, R./Wustmann, C. (2005): Auf den Anfang kommt es an: Perspektiven für eine Neuorientierung frühkindlicher Bildung. – Berlin: Bundesministerium für Bildung und Forschung.

Gaupp, N./Zoelch, C./Schumann-Hengsteler, R. (2004): Defizite numerischer Basiskompetenzen bei rechenschwachen Kindern der 3. und 4. Klassenstufe. In: Zeitschrift für Pädagogische Psychologie, Bd. 18, S. 31-42.

Geary, D.C./Hamson, C.O./Hoard, M.K. (2000): Numerical and arithmetical cognition: A longitudinal study of process and concept deficits in children with learning disability. In: Journal of Experimental Child Psychology, Vol. 77, pp. 236-263.

Griffin, S./Case, R./Capodilupo, A. (1995): Teaching for understanding: The importance of the central conceptual structures in the elementary mathematics curriculum. In: McKeough, A./Lupart, J./Marini, A. (Eds.): Teaching for Transfer: Fostering generalization in learning. – Hillsdale, NJ, pp. 123-152.

Krajewski, K. (2003): Vorhersage von Rechenschwäche in der Grundschule. – Hamburg.

Krajewski, K. (2008): Vorschulische Förderung bei beeinträchtigter mathematischer Entwicklung. In: Borchert, J./Hartke, B./Jogschies, P. (Hrsg.): Prävention von Behinderungen: Frühe Kindheit, Schul- und Jugendalter. – Stuttgart, S. 122-135.

Krajewski, K./Nieding, G./Schneider, W. (2007): Mengen, zählen, Zahlen: Die Welt der Mathematik verstehen (MZZ). – Berlin.

Krajewski, K./Nieding, G./Schneider, W. (2008): Kurz- und langfristige Effekte mathematischer Frühförderung im Kindergarten durch das Programm „Mengen, zählen, Zahlen". In: Zeitschrift für Entwicklungspsychologie und Pädagogische Psychologie, Bd. 40, S. 135-146.

Krajewski, K./Schneider, W. (2006): Mathematische Vorläuferfertigkeiten im Vorschulalter und ihre Vorhersagekraft für die Mathematikleistungen bis zum Ende der Grundschulzeit. In: Zeitschrift für Psychologie in Erziehung und Unterricht, Bd. 53, S. 246-262.

Krajewski, K./Schneider, W./Nieding, G. (2008): Zur Bedeutung von Arbeitsgedächtnis, Intelligenz, phonologischer Bewusstheit und früher Mengen-Zahlen-Kompetenz beim Übergang vom Kindergarten in die Grundschule. In: Zeitschrift für Psychologie in Erziehung und Unterricht, Bd. 55, S. 118-131.

Kroesbergen, E./Van Luit, J. (2003): Mathematical interventions for children with special education needs: A meta-analysis. In: Remedial and Special Education, Vol. 24, pp. 97-114.

Küspert, P./Schneider, W. (2002): Hören-Lauschen-Lernen: Sprachspiele für Kinder im Vorschulalter. Würzburger Trainingsprogramm zur Vorbereitung auf den Erwerb der Schriftsprache – 3. Aufl. – Göttingen.

Landerl, K./Bevan, A./Butterworth, B. (2004): Developmental Dyscalculia and Basic Numerical Capacities: A Study of 8-9 Year Old Students. In: Cognition, Vol. 93, pp. 99-125.

Moser-Opitz, E. (2007): Rechenschwäche/Dyskalkulie. Theoretische Klärungen und empirische Studien an betroffenen Schülerinnen und Schülern. – Bern.

Resnick, L. B. (1989): Developing mathematical knowledge. In: American Psychologist, Vol. 44, pp. 162-169.

Rinkens, H.-D./Hönisch, K. (1997) (Hrsg.): Arithmetische Vorkenntnisse von Schulanfängern. – Hannover.

Stern, E. (1997): Early Training: who, what, when, why, and how? In: Beishuizen, M./Gravemeijer, K.P.E/van Lieshout, E.C.D.M. (Eds.): The role of contexts and models in the development of mathematical strategies and procedures. – Utrecht, pp. 239-253.

Van Luit, J.E.H./Van de Rijt, B.A.M. (1997): Stimulation of early mathematical competence. In: Beishuizen, M./Gravemeijer, K.P.E./van Lieshout, E.C.D.M. (Eds.): The role of contexts and models in the development of mathematical strategies and procedures. – Utrecht, pp. 215-237.

von Aster, M. (in Vorb.): ZAREKI-K: Neurologische Testbatterie für Zahlenverarbeitung und Rechnen bei Kindern – Kindergartenversion. – Frankfurt.

von Aster, M./Schweiter, M./Weinhold-Zulauf, M. (2007): Rechenstörungen bei Kindern: Vorläufer, Prävalenz und psychische Symptome. In: Zeitschrift für Entwicklungspsychologie und Pädagogische Psychologie, Bd. 39, S. 85-96.

Weißhaupt, S./Peucker, S./Wirtz, M. (2006): Diagnose mathematischen Vorwissens im Vorschulalter und Vorhersage von Rechenleistungen und Rechenschwierigkeiten in der Grundschule. In: Psychologie in Erziehung und Unterricht, Bd. 53, 236-245.

Wygotski, L. S. (1934, dt. Übers. 1974): Denken und Sprechen. – Frankfurt.

Sybille Stöbe-Blossey, Susanne Mierau, Wolfgang Tietze

Von der Kindertageseinrichtung zum Familienzentrum – Konzeption, Entwicklungen und Erprobung des Gütesiegels „Familienzentrum NRW"

Zusammenfassung:
Der Beitrag thematisiert die Funktionserweiterung von Kindertageseinrichtungen zu Familienzentren. Über die klassische Aufgabe der Bildung, Betreuung und Erziehung hinaus sollen Familienzentren als Anlaufstellen für Beratungs-, Unterstützungs- und Bildungsangebote für Eltern im Sozialraum fungieren und auf diesem indirekten Weg über die Eltern einen zusätzlichen Beitrag zur Förderung von Kindern leisten. Der Beitrag skizziert die internationale Einbettung dieser Entwicklung und thematisiert im Engeren das Projekt Familienzentren NRW, das gegenwärtig ambitionierteste Vorhaben dieser Art in Deutschland. Beschrieben werden u. a. Ansatz und Ziele des Projekts sowie die Entwicklung eines Gütesiegels „Familienzentrum NRW" als Prüfinstrument einer angemessenen Implementierung und als Steuerungsinstrument für eine outputorientierte Finanzierung. Einen Schwerpunkt bilden die Erfahrungen mit dem Gütesiegel in der Pilotphase mit über 250 Einrichtungen. Der Beitrag schließt mit offenen Forschungsfragen und verweist auf die Notwendigkeit einer intensiven Begleitforschung.

Schlüsselwörter: Elternbildungsprogramme – Familienzentrum – Gütesiegel – Kindertageseinrichtungen – Unterstützung von Familien – Zertifizierung

Abstract:
From Kindergarten to Family Center – Concept, development and test of the quality mark "Family Center NRW". This article focuses on a new development in German early childhood care and education centers, i. e. their functional extension to so-called "family centers". Family centers are designed to provide support, counseling and training for parents and thereby to foster children's development indirectly, in addition to the direct care which education centers already provide for children. Within the context of this international trend, the article describes the project "Family-Center North-Rhine Westphalia"; the most ambitious approach presently implemented in Germany. Concept and aims of the project will be described as well as the development of a certification procedure to secure appropriate implementation and quality assurance. A central part of the article deals with the experiences associated with the certification of 250 centers in a pilot phase. Finally, open research questions which are crucial for the development of the whole approach will be formulated.

Keywords: certification – early childhood care – education programs – family center – family support programs – quality assurance

1 Einleitung

Kindertageseinrichtungen können in Deutschland auf eine gut 200jährige Geschichte zurückblicken. Aus der im 19. Jahrhundert sich dokumentierenden doppelten Entwicklungslinie von Einrichtungen mit Betreuungs- und Versorgungsfunktion für Kinder aus sozialen Unterschichten einerseits („Bewahranstalten") und pädagogischen, auf frühe Bildung von Kindern gerichteten Einrichtungen für Kinder aus bürgerlichen Schichten andererseits („Kindergärten") haben sich inzwischen frühpädagogische Einrichtungen entwickelt, die die Bildung, Betreuung und Erziehung von Kindern als ein integratives Angebot für alle Kinder bereithalten und mittlerweile als ein mehr oder weniger flächendeckendes Angebot zur Verfügung stehen.

Der Ausbau der Einrichtungen und das Engagement der öffentlichen Hand erfolgten zunächst nur zögerlich und nach dem Ende des II. Weltkrieges in den beiden deutschen Teilstaaten in sehr unterschiedlichem Tempo. Während in der damaligen DDR der Ausbau des Kindergarten- und – leicht zeitversetzt – des Krippenwesens zu einem Vollsystem von Anfang an planvoll angegangen wurden, lässt sich ein erster Ausbauschub des Kindergartens (Elementarbereich) in der alten Bundesrepublik erst im Zuge der Bildungsreform in der ersten Hälfte der 1970er Jahre verzeichnen (vgl. Tietze 1993). Der Ausbau des Elementarbereichs zum Vollsystem wurde dann durch den 1996 in Kraft getretenen Rechtsanspruch auf einen Kindergartenplatz eingeleitet. Für den Bereich der unter Dreijährigen hat dieser Prozess erst vor Kurzem begonnen, soll aber in wenigen Jahren mit dem für 2013 vorgesehenen Rechtsanspruch auch für Kinder ab dem vollendeten ersten Lebensjahr abgeschlossen sein.

Interessanterweise bahnt sich parallel zur quantitativen Expansion ein gewisser Paradigmenwechsel in der Funktion von Kindertageseinrichtungen an. Danach werden wachsende Anteile von Kindertageseinrichtungen in Zukunft nicht mehr ausschließlich auf Bildung, Betreuung und Erziehung von Kindern im vorschulischen Alter spezialisierte Institutionen sein. Vielmehr lässt sich eine Funktionserweiterung dahingehend erkennen, dass die direkten Adressaten der pädagogischen Dienstleistung neben den Kindern selbst vermehrt auch deren Familien sein werden. Diese Funktionserweiterung folgt der Erkenntnis,

- dass die Familie der Türöffner für die Förderung eines Kindes in einer Kindertageseinrichtung ist und dass Familien diese Funktion in Abhängigkeit von ihrer sozialen und kulturellen Lage wie auch ihrer Erziehungskompetenz sehr unterschiedlich wahrnehmen (vgl. 12. Kinder- und Jugendbericht, Bundesministerium für Familie, Senioren, Frauen und Jugend 2006, Kap. 5.2 und 5.3.3.2),
- dass die Familie in ihrer Bedeutung als primäre Sozialisationsinstanz einen größeren Effekt auf Bildungs- und Sozialisationsoutcomes von Kindern hat als die Kindertageseinrichtung – einen Effekt, der im Regelfall zwei- bis dreimal so groß ist (Tietze 2007, S. 282),
- dass im familialen Setting verschiedene Einflussebenen für Bildung und Entwicklung von Kindern zu unterscheiden sind, die von der ökonomischen Basis der Familie, ihrer Haushaltsorganisation, ihrer kulturellen Integration über die Aufgeschlossenheit für Erziehungsfragen bis zur konkreten Erziehungskompetenz von Eltern reichen (Bundesministerium für Familie, Senioren, Frauen und Jugend 2006, Kap. 3.4).

Eine gute Bildung, Betreuung und Erziehung der Kinder bleibt auch in diesem erweiterten Paradigma das vorrangige Ziel. Es liegt jedoch insofern eine Erweiterung vor, als neben einem direkten Effekt qualitativ guter Kindertageseinrichtungen auf Bildung, Entwicklung und Wohlbefinden von Kindern ein substanzieller *indirekter* Effekt angenommen wird, indem sich über eine Verbesserung der familialen Bedingungen, die durch die Kindertageseinrichtung initiiert und gestützt wird, die Bildungs- und Entwicklungschancen der Kinder in den verschiedenen Bereichen verbessern.

2 Internationale Forschungsergebnisse

Das hier skizzierte Modell von Familienzentren lässt sich in verschiedenen nationalen und internationalen Projekten wiedererkennen. Die Ausgestaltung kann hierbei sehr unterschiedlich ausfallen, besonders was Form, Verbindlichkeitsgrad, Umfang und Intensität des Einbezugs von Eltern, aber auch was das Alter der Kinder anbelangt. Dementsprechend muss nach vorliegenden Erfahrungen mit unterschiedlichen Graden der Wirksamkeit gerechnet werden.

In einer internationalen Perspektive zeigen erwartungsgemäß Ansätze, die die institutionelle Förderung der Kinder mit einer Elternintervention verbinden, die deutlichsten Fördereffekte bei Kindern, wenn diese Programme gut durchdacht und klar strukturiert sind und wissenschaftlich begleitet werden. Voraussetzungen für das Erreichen der intendierten Effekte sind weiterhin gut ausgebildetes und angemessen bezahltes Personal, günstige Personal-Kind-Schlüssel, ein früher Beginn, ein intensiver Einbezug der Eltern mit Anleitung zu gezielten Aktivitäten in den Familien sowie weitere Maßnahmen zur Unterstützung der Familien in ihrem Lebenszusammenhang. Zu den bekanntesten Programmen dieser Art mit gut dokumentierter Wirksamkeit gehören das High/Scope Perry Preschool Project (Schweinhart et al. 2005), das Child-Parent Center Project in Chicago (Reynolds/Ou/Topitzes 2004) und das Syracuse Family Development Research Project (Lally/Mangione/Honig 1988).

Einzel-Evaluationen und Meta-Analysen zeigen, dass solche kombinierten Programme, die institutionelle Förderung der Kinder mit intensivem Einbezug von Eltern verbinden, in kurzfristiger wie auch in längerfristiger Perspektive bessere Effekte auf Schulfähigkeit und Schulleistung, die sozial-emotionale Entwicklung und die spätere Lebensführung im Jugend- und Erwachsenenalter haben (z. B. geringere Delinquenzraten, geringere Arbeitslosigkeit, seltenere Abhängigkeit von sozialer Wohlfahrt, höheres Einkommen) als andere Programme mit nur institutioneller oder gar nur familialer Förderung. In den Metaanalysen von Gorey (2001) und von Blok et al. (2005) finden sich – in Abhängigkeit von den Kriterienmaßen – mittlere bis starke Effekte (0.6-0.8) beim Übergang in die Grundschule.

Bei sogenannten Large-Scale-Programmen, deren Implementation weniger strengen Regeln unterliegt und die, wenn überhaupt, nur weniger eng wissenschaftlich begleitet werden können, ist mit weniger ausgeprägten Effekten zu rechnen. Ergebnisse zu den in dieser Hinsicht vermutlich am besten untersuchten Programmen, dem Head Start Programm in den USA (US Department of Health and Human Services 2005) wie auch zu seiner Variante für unter dreijährige Kinder, dem Programm Early Head Start (Love et al. 2005), zeigen deutlich geringere Fördereffekte für die Kinder. Ramey und Ramey (2004) verweisen auf eine Reihe von hierfür vermutlich ausschlaggebenden Gründen: Im Vergleich zu den Modellprogrammen haben die Large-Scale-Programme weniger qualifiziertes Personal aufzuweisen, ist ihre Intensität geringer, werden die Kinder nicht so früh einbezogen, sind die Ansätze weniger multi-systemisch, d. h., der Elterneinbezug und die Zusammenarbeit im institutionellen Netzwerk in der Gemeinde sind weniger intensiv. Der Metaanalyse von Gorey (2001) lässt sich entnehmen, dass das Eintrittsalter des Kindes, die Intensität wie auch die Dauer der Teilnahme generell entscheidende Faktoren bilden. Love et al. (2005) fanden in ihrer Analyse von 17 Early Head Start Programmen, dass die Kombination von institutioneller Betreuung zusammen mit einem klaren Elternunterstützungsprogramm in Verbindung mit voll implementierten Qualitätsstandards den besten Erfolg bei den verschiedenen Programmvarianten aufwies.

Im Vergleich zu kombinierten Programmen (wie auch zu rein institutionellen Ansätzen früher Förderung) kann von nur familienbasierten Programmen kaum eine kognitive und sprachliche Förderung der Kinder erwartet werden. So fanden Sweet und Appelbaum (2004) in ihrem Überblick über 60 Familienunterstützungsprogramme aus verschiedenen Ländern zwar schwache bis moderate Effekte auf die Erziehungskompetenz der Eltern und die sozialemotionale Entwicklung der Kinder, jedoch nicht auf deren sprachliche und kognitive Entwicklung (vgl. auch Blok et al. 2005; Brooks-Gunn/Markman 2005).

3 Zur Situation in Deutschland

In die deutsche Fachdiskussion und Praxisentwicklung haben Ansätze, die die institutionelle Bildung, Betreuung und Erziehung von Kindern im vorschulischen Alter mit einer expliziten Elternbildung und Familienunterstützung verbinden, erst in den letzen 10 Jahren Einzug gehalten. Die Entwicklung ausgearbeiteter Modelle und entsprechender Evaluationen solcher Modelle hinsichtlich ihrer Akzeptanz, Implementation und Wirksamkeit steht noch in den Anfängen. Dementsprechend finden sich in der deutschen Diskussion häufig Bezüge auf ausländische Modelle.

Breite Beachtung hat in Deutschland vor allem der Ansatz der britischen „Early Excellence Centres" gefunden, deren Ziel es ist, mit Angeboten aus einer Hand auf die komplexen Bedürfnisse von Kindern und Familien einzugehen (vgl. Bertram et al. 2002), und die die Ausgangssituationen für das englische Sure Start bilden (vgl. Belsky et al. 2006; Rutter 2006). Das vermutlich bekannteste Beispiel für ein Early Excellence Centre ist das „Pen Green Centre for under 5's and their families". Es wurde 1983 in dem von Stahlarbeit geprägten Ort Corby im englischen North Hampshire eröffnet, um eine effektive und kindgerechte Früherziehung zu gewährleisten. Im Mittelpunkt steht die Einbindung der Eltern in die Erziehungsarbeit und Entwicklung des Kindes. Durch Angebote zur Fort- und Weiterbildung sollen die Kompetenzen und das Selbstbewusstsein der Eltern gestärkt werden, damit sie sich für die Belange ihrer Kinder besser einsetzen können. Entsprechend den Bedürfnissen der Kinder und der Eltern werden in einem ständig wechselnden und expandierenden Angebot Projekte, Kurse, Gruppenbetreuungen, Workshops und Seminare durchgeführt. Darüber hinaus werden im Bedarfsfall Beratungs- und Unterstützungsleistungen von externen Personen und Institutionen zur Verfügung gestellt bzw. für den notwendigen Zeitraum in die tägliche Arbeit des Pen Green Centre integriert (Esch/Klaudy/Stöbe-Blossey 2005). In Deutschland hat sich das von der Dürr-Stiftung geförderte Berliner Early-Excellence-Zentrum für Kinder und ihre Familien von diesem Programm inspirieren lassen (www.early-excellence.de).

Im US-Staat Maryland werden seit 2001 sogenannte „Judy-Centers" gefördert. Ihr Auftrag ist es, eine umfangreiche Ganztagsbetreuung anzubieten, die durch die Förderung der Kinder von Geburt an sicherstellt, dass sie im Alter von fünf Jahren tatsächlich schulfähig sind. Hierzu wurden Programme entwickelt, die sowohl die Bereiche Sprache und Kognition, Motorik und Wohlbefinden der Kinder fördern als auch die Entwicklung von bestimmten Lernmethodiken der Kinder unterstützen. Zudem sollen die Familien in ihrer Fähigkeit gestärkt werden, das frühe Lernen ihrer Kinder zu begleiten. Zusätzlich zu dieser Grundversorgung werden weitergehende Leistungen wie Familien unterstützende Zentren, eine Elternschule und ein Leseprogramm für Familien angeboten. Den Zielsetzungen entsprechend definiert ein Handbuch (Maryland State Department of Education 2004) den Aufbau und den Ablauf eines Akkreditierungsverfahrens, das Einrichtungen durchlaufen müssen, um als Judy Center gefördert zu werden (Esch et al. 2006, S. 95ff.).

Neben der Orientierung an solchen externen Modellen hat sich in Deutschland eine Vielzahl von lokalen Ansätzen entwickelt. Diese wurden vor allem im Kontext von zwei durch das Bundesfamilienministerium in Auftrag gegebene Recherchen zum Thema „Häuser für Kinder und Familien" (Deutsches Jugendinstitut 2004, 2005) bekannt. In dieser Recherche wurden in Deutschland keine Einrichtungen angetroffen, die bereits über eine ausgereifte Praxis nach den skizzierten Vorbildern verfügten. Es wurde jedoch eine Vielzahl von Ansätzen vorgefunden, die deutlich machen, dass viele Einrichtungen ein umfassendes Konzept verfolgen, das sowohl erweiterte Betreuungsangebote – in der Institution selbst oder über eine Vernetzung mit Tagesmüttern – als auch zahlreiche, niederschwellige familienunterstützende Dienste enthält, die im Sinne eines kombinierten Ansatzes der Förderung von Kindern zu betrachten sind.

Auch in Nordrhein-Westfalen gab es bereits eine Reihe von Beispielen guter Praxis, an die angeknüpft werden konnte, als die Landesregierung im Juni 2005 in ihrer Koalitionsvereinbarung die Absicht niederlegte, eine große Anzahl von Tageseinrichtungen für Kinder zu „Familienzentren" weiterzuentwickeln, die „zu einem Knotenpunkt des familienunterstützenden Netzwerkes in den Kommunen" werden sollten. Konkretisiert wurde die politische Absicht mit dem Start eines Pilotprojekts zu Beginn des Jahres 2006 mit rund 250 Kindertageseinrichtungen. Mittelfristig – bis zum Jahre 2012 – ist vorgesehen, dass sich etwa ein Drittel der gut 9.000 Kindertageseinrichtungen in Nordrhein-Westfalen zu Familienzentren entwickelt.

4 Familienzentren NRW – Ansatz eines systematischen und flächendeckenden Programms

Zum Start der Pilotphase wurden alle Träger und Einrichtungen in Nordrhein-Westfalen aufgerufen, sich mit einem Kurzkonzept für die Teilnahme an der Pilotphase zu bewerben, die sich über das Kindergartenjahr 2006/2007 erstrecken sollte. Im Aufruf des Ministeriums für Generationen, Familie, Frauen und Integration (MGFFI) findet sich eine nähere Beschreibung der Funktion von Familienzentren: „Tageseinrichtungen für Kinder werden auf diese Weise Knotenpunkte in einem neuen Netzwerk, das Familien umfassend berät und unterstützt. [...] Um dies zu gewährleisten, kooperieren die Familienzentren mit Familienberatungsstellen, Familienbildungsstätten und anderen Einrichtungen wie z. B. den Familienverbänden und Selbsthilfeorganisationen. Sie sollen frühe Beratung, Information und Hilfe in allen Lebensphasen ermöglichen und Eltern über die Alltagsnähe der Kindertageseinrichtung entsprechende Angebote leichter zugänglich machen. [...] Dies führt zu einer nachhaltig verbesserten Frühprävention und ist ein Beitrag für mehr Familienfreundlichkeit vor Ort." (URL: http://www.familienzentren.nrw.de/projekte/1/ueber_die_pilotphase/ziele_des_landesprojektsbr/ziele_des_landesprojektsbr.html) Um diese Ziele zu erreichen, sollten die Tageseinrichtungen, die sich beteiligen wollten, folgende Grundvoraussetzungen erfüllen:

– Schriftliche Verankerung von Sprachförderung im Konzept der Einrichtung und Unterbreitung von konkreten Angeboten der Sprachförderung,
– Kooperation mit den örtlichen Familienberatungsstellen, den Familienbildungsstätten, den Familienverbänden sowie anderen Einrichtungen der Familienhilfe,
– Leistung von Hilfe und Unterstützung bei der Vermittlung von Tagesmüttern und Tagesvätern sowie
– Ausrichtung des Angebots an den Bedingungen des Sozialraums.

Das Konzept Familienzentren NRW folgt insgesamt gesehen einer Kombination von Top-Down- und Bottom-Up-Strategie: Das Konzept versteht sich als ein teiloffenes Programm mit einem hohen Grad an Adaptabilität an lokale Bedingungen. Der Grundgedanke ist, die lokal vorhandenen Beratungs- und Unterstützungssysteme – mit möglichst geringen Zusatzkosten – zu vernetzen und ihr Potenzial über einen niederschwelligen Zugang über Kindertageseinrichtungen, die praktisch von allen Kindern besucht werden, allen Familien und Kindern verfügbar zu machen.

Aus 1.000 Bewerbungen wurden 251 Einrichtungen für die Teilnahme an der Pilotphase ausgewählt – mindestens eine aus jedem Jugendamtsbezirk und darüber hinaus je nach Größe des Bezirks bis zu fünf weitere. Hinzu kamen sechs Einrichtungen, deren Entwicklung in Richtung „Familienzentrum" schon so weit fortgeschritten war, dass sie als „Best-Practice-Einrichtungen" definiert wurden, die den anderen Einrichtungen während der Pilotphase Orientierung geben konnten. Zur Unterstützung der Einrichtungen ließ das Land zahlreiche Fortbildungsveranstaltungen für das pädagogische Personal in Kindertageseinrichtungen organisieren und beauftragte das Institut für Soziale Arbeit (ISA, URL: www.isa-muenster.de) mit der Durchführung eines individuellen Coachings im Umfang von etwa vier Beratungstagen für jede der in der Pilotphase teilnehmenden Einrichtungen.

Das teiloffene Konzept mit seiner Anpassung an die lokalen Bedingungen sollte allerdings kein Einstieg in die Willkürlichkeit bedeuten. Vielmehr sollten – bei gegebener Offenheit – Bedingungen erfüllt sein, damit sich eine Kindertageseinrichtung als Familienzentrum qualifiziert. Hierfür sah das Land die Einrichtung eines Gütesiegels „Familienzentrum NRW" vor, mit dem die spezifische Qualität einer oder mehrerer Kindertageseinrichtungen als Familienzentren überprüft werden sollte. Mit der Entwicklung dieses Gütesiegels sowie mit der allgemeinen wissenschaftlichen Begleitung der Pilotphase wurde PädQUIS[1] beauftragt. Im Folgenden werden die Konstruktionsprinzipien dieses Gütesiegels, seine Erprobung in der Pilotphase sowie auf das Gütesiegel bezogene Evaluationsergebnisse dokumentiert.

5 Das Gütesiegel als Instrument der Qualitätssicherung und -entwicklung

5.1 Konzeptionelle Grundlagen

Mit dem Gütesiegel „Familienzentrum NRW" sollte ein Instrument der Qualitätssicherung entwickelt und implementiert werden, das definierte Leistungen eines Familienzentrums überprüft. Zugleich wurde vom Land Nordrhein-Westfalen vorgesehen, dass die Zertifizierung durch das Gütesiegel die Voraussetzung für die künftige jährliche Förderung von 12.000 € für ein Familienzentrum bilden sollte. Das Gütesiegel sollte damit als Kernelement im Rahmen einer neuen Steuerung eingesetzt werden, indem die jährliche Förderung von der Erbringung eines bestimmten Leistungsspektrums abhängig gemacht wird. Dies bedeutet einen Übergang von einer Input- zu einer Outputsteuerung: Kontrolliert wird nicht der Input – also etwa die Kosten für das eingesetzte Personal oder für die Räumlichkeiten –, sondern der Output, also die Leistungen, die für die Familien im Umfeld der Einrichtungen zugänglich sind. Für die Entwicklung und Ausgestaltung des Gütesiegels im Engeren waren die folgenden Gesichtspunkte handlungsleitend:

– *Konzeptgebundenes Gütesiegel:* Mit dem Gütesiegel „Familienzentrum NRW" sollte ein sogenanntes konzeptgebundenes System der Qualitätssicherung (vgl. Esch et al. 2006, 30f.) eingeführt werden, das heißt, es sollte dabei nicht um eine Evaluierung der Einrichtung als ganzes und ihrer allgemeinen pädagogischen Qualität gehen, sondern um die Prüfung, inwieweit die im Konzept „Familienzentrum" speziell enthaltenen Leistungen und Strukturen umgesetzt werden.
– *Individualisierte Einrichtungsprofile:* Das Gütesiegel sollte unterschiedliche Einrichtungsprofile ermöglichen, abgestimmt auf die Situationen und Bedarfe im Sozialraum, und damit beides sichern: individualisierte Schwerpunktbildung und nicht unterschreitbare Mindeststandards.
– *Orientierung an wissenschaftlichen Standards:* Das Gütesiegel sollte wissenschaftlichen Standards der Objektivität, Zuverlässigkeit und Gültigkeit genügen. Gütesiegel können als kurzfristige Marketinginstrumente missbraucht werden. Ihr Wert ist dann gering und geht mittelfristig gegen Null, weil potenzielle Nutzer die Gütesiegelinformationen als inhaltsleer bis irreführend wahrzunehmen lernen.

- *Unabhängige Vergabeinstanz:* Die Güte der Gütesiegelinformation und damit der Wert eines Gütesiegels hängen auch von der Unabhängigkeit und Reputation der Instanz ab, die die dem Gütesiegel zugrunde liegende Untersuchung durchführt und das Gütesiegel vergibt. Diese Instanz sollte daher unabhängig von Trägern bzw. Trägerorganisationen der Kinder- und Jugendhilfe sowie von der öffentlichen Jugendhilfeadministration sein.
- *Kosten:* Jedes Gütesiegel ist mit Kosten verbunden. Güte und Kosten eines Gütesiegels korrelieren im Regelfall positiv. Beim Gütesiegel „Familienzentrum NRW" sollte eine ausgewogene Balance zwischen Güte und Kosten gefunden werden. Dabei waren nicht nur seine technische Güte zu berücksichtigen (Validität, Zuverlässigkeit), sondern insbesondere auch seine fachliche und öffentliche Akzeptanz sowie die langfristigen qualitativen Verbesserungen und Sicherungen im Feld, die durch die Anwendung des Gütesiegels erreicht werden.
- *Partizipativer Prozess:* Der Entwicklungs- und Einführungsprozess sollte dialogisch gestaltet werden, damit das Instrumentarium von möglichst allen Trägern und Einrichtungen akzeptiert und mitgetragen werden kann. Damit sollte vermieden werden, dass dieses Qualitätssicherungskonzept nur als ein bürokratisches Verfahren begriffen würde, das vor allem Ressourcen bindet und das seine Anforderungen in den Einrichtungen nur formal abgearbeitet und vielleicht auch nur scheinbar erfüllt werden.

5.2 Entwicklung, Aufbau und Verfahren des Gütesiegels „Familienzentrum NRW"

5.2.1 Entwicklung

Um einen partizipativen Diskussionsprozess in Gang zu setzen, legte die wissenschaftliche Begleitung im August 2006 eine Operationalisierung des Konzepts Familienzentrum vor („Orientierungspunkte"), welche eine Auflistung von möglichen Merkmalen eines Familienzentrums enthielt (siehe Beispiele im Kasten 1). Nach Abstimmung mit dem zuständigen Ministerium (MGFFI) wurden diese Orientierungspunkte den Verbänden, den Jugendämtern, den Piloteinrichtungen

---

Kasten 1: Inhalte der Orientierungspunkte für die Entwicklung von Familienzentren (23.08.2006) – Beispiele

Im Familienzentrum wird mindestens einmal monatlich eine offene Sprechstunde von Erziehungs- bzw. Familienberatung angeboten.
Im Familienzentrum werden Eltern-Kind-Gruppen für Familien mit unter dreijährigen Kindern angeboten.
Das Familienzentrum verfügt über eine Übersicht über Angebote der Eltern- und Familienbildung in der Umgebung.
Im Familienzentrum werden Kurse zur Stärkung der Erziehungskompetenz angeboten.
Im Familienzentrum wird ein Elterncafé angeboten, das Eltern als Treffpunkt dient.
Über das Familienzentrum werden Tagespflegepersonen vermittelt – entweder unmittelbar auf der Basis einer Kartei oder in Kooperation mit einem Partner auf der Basis einer Kartei des Partners.
Das Familienzentrum führt Deutschkurse für Eltern mit Migrationshintergrund durch.
Angebote im Familienzentrum können auch von Familien im Ortsteil genutzt werden, die keine Kinder in der Einrichtung haben.
Das Familienzentrum hat mit wichtigen Kooperationspartnern Kooperationsvereinbarungen abgeschlossen.

und anderen interessierten Akteuren zur Verfügung gestellt. Daraus entstand ein Diskussionsprozess mit einer Vielfalt von Stellungnahmen, die für die Weiterentwicklung der Orientierungspunkte zum Gütesiegel ausgewertet wurden und – gemeinsam mit ersten Resultaten der Begleitforschung – die Basis für die Konkretisierung des Gütesiegels bildeten.

Im Ergebnis wurden im März 2007 insgesamt 112 Gütesiegelkriterien vorgelegt (MGFFI 2007).

5.2.2 Aufbau

Die 112 Gütesiegelkriterien gliedern sich in vier Leistungsbereiche mit jeweils 18 Leistungen und in vier Strukturbereiche mit jeweils 10 Strukturen. In den Leistungsbereichen werden die einzelnen Angebote definiert, die die Inhalte eines Familienzentrums ausmachen. In den Strukturbereichen werden Strukturen benannt, mit denen eine am Bedarf des Sozialraums orientierte und nachhaltige Angebotsgestaltung unterstützt wird. Im Einzelnen handelt es sich um die folgenden acht Bereiche (Beispiele für Gütesiegelkriterien aus Leistungs- und Strukturbereichen finden sich im Kasten 1):

- **Leistungsbereiche:** Beratung und Unterstützung von Kindern und Familien; Familienbildung und Erziehungspartnerschaft; Kindertagespflege; Vereinbarkeit von Beruf und Familie
- **Strukturbereiche:** Sozialraumbezug; Kooperation und Organisation; Kommunikation; Leistungsentwicklung und Selbstevaluation

5.2.3 Bepunktung

Die Bepunktung sollte mehreren Anforderungen genügen:

1. Es sollte unterschieden werden zwischen Basisleistungen und -strukturen einerseits und Aufbauleistungen und -strukturen andererseits. Erstere stehen dabei für die grundlegenden Merkmale eines Familienzentrums.
2. Der aktuelle Stand eines Familienzentrums sollte in jedem der vier Leistungs- und vier Strukturbereiche jeweils auf einer gemeinsamen mehrstufigen Skala abgebildet werden.
3. Der Cut-off-Punkt für Gütesiegelfähigkeit auf der mehrstufigen Skala sollte so gesetzt sein, dass auch unterhalb und oberhalb der Stufe „gütesiegelfähig" differenziert werden konnte. Damit sollte sichergestellt werden, dass sowohl verschiedene „Anbahnungsstufen" als auch hohe Stufen von Gütesiegelfähigkeit unterschieden werden können.
4. Die Punktwerte auf der mehrstufigen Skala sollten so definiert werden, dass sie durch unterschiedliche Kombinationen von Kriterien erzielt werden können, ohne jedoch in Beliebigkeit abzugleiten.

Jeder Leistungsbereich besteht aus acht Basisleistungen und zehn Aufbauleistungen; jeder Strukturbereich besteht aus vier Basisstrukturen und sechs Aufbaustrukturen. Analog zum Deutschen Kindergarten Gütesiegel (vgl. Tietze/Förster 2005) wurde eine sechs-stufige „Gütesiegelskala" mit einem Cut-off-Punkt bei 3 gewählt. Ein Punktwert von 3 symbolisiert Gütesiegelfähigkeit im jeweiligen Bereich, ein Punktwert darunter (1 oder 2) eine Anbahnungsstufe, Punktwerte über 3 zeigen besonders hohe Qualität als Familienzentrum an. Im Einzelnen wird ein Leistungs- oder Strukturbereich als gütesiegelfähig definiert, in dem mindestens fünf Basis*leistungen* bzw. mindestens drei Basis*strukturen* nachgewiesen werden können. Ist dies der Fall, erhält die Einrichtung für den jeweiligen Bereich drei Punkte auf der sechs-stufigen Gütesiegelskala. Durch den Nachweis von Aufbauleistungen bzw. -strukturen oder von zusätzlichen Basisleistungen und -strukturen können in jedem Bereich bis zu drei Zusatzpunkte erzielt werden, so dass pro Bereich maximal sechs Punkte und insgesamt höchstens 48 Punkte erreichbar sind. Das erreichte Qualitätsniveau wird damit in jedem der vier Leistungs- und in jedem der vier Strukturbereiche einheitlich auf einer Sechs-Punkte-Skala abgebildet und ermöglicht damit die Erstellung eines Qualitätsprofils mit Stärken und Schwächen, das auch für ein differenzierendes Feedback an die Einrichtungen genutzt werden kann.

Um das Gütesiegel zu erlangen, muss eine Einrichtung in mindestens drei Leistungsbereichen und in mindestens drei Strukturbereichen die Gütesiegelfähigkeit erreichen. Damit sind bereits mind. 18 Punkte erreicht. Zusätzlich werden mind. weitere sechs Punkte benötigt, die in beliebigen Bereichen erzielt werden können, um insgesamt auf eine Mindestpunktzahl von 24 Punkten zu kommen. Bei Nicht-Erfüllung der Mindestanforderungen in einem der vier Leistungsbereiche kann ein Ausgleich unter bestimmten Bedingungen durch Zusatzpunkte in einem anderen Leistungsbereich erfolgen; gleiches gilt für die Strukturbereiche. Eine Einrichtung, die in allen Bereichen die Mindestanforderungen erfüllt bzw. entsprechend ausgleichen kann, benötigt somit mindestens 20 von 72 Leistungen und 12 von 40 Strukturen, um das Gütesiegel zu erhalten (MGFFI 2007).

Dieses Anforderungsniveau mag auf den ersten Blick niedrig erscheinen, ebenso wie die Anzahl von insgesamt 112 Gütesiegelkriterien sehr hoch wirkt. Beides ist jedoch dadurch bedingt, dass die 112 Gütesiegelkriterien ein sehr breites Spektrum an Leistungen und Strukturen abdecken, aus denen die einzelne Einrichtung ihr spezifisches, an den Bedingungen ihres Sozialraums, der lokalen Infrastruktur und den eigenen Prioritäten und Möglichkeiten orientiertes Profil entwickeln kann. Zugleich sind die Auswahlmöglichkeiten nicht unbegrenzt: Mit der Definition von Basisleistungen und -strukturen soll vermieden werden, dass einzelne Einrichtungen sich auf eher „exotische" Gütesiegelkriterien konzentrieren. Um das Gütesiegel zu erhalten, muss eine Einrichtung zumindest einen großen Teil der Leistungen und Strukturen nachweisen, die als „Basis" eines Familienzentrums betrachtet werden.

Insgesamt gesehen ist die Justierung des Gütesiegels in der Pilotphase so ausgelegt, dass möglichst viele Einrichtungen die Möglichkeit haben sollten, das Gütesiegel zu erreichen. Eine zu hohe Messlatte zu Beginn der Einführung eines flächendeckenden Programms „Familienzentren" mit zu vielen Misserfolgen hätte stark demotivierend wirken können und das auf mehrere Jahre hin ausgelegte Ausbauprogramm von vornherein stark belasten bzw. in seinen Realisierungschancen gefährden können.

5.2.4 Überprüfung und Vergabe des Gütesiegels

Die Überprüfung auf Gütesiegelfähigkeit wurde als dreistufiger Prozess angelegt:

- als Selbstevaluation durch die Leiter der Familienzentren auf der Grundlage eines standardisierten Fragebogens mit entsprechenden Belegunterlagen,
- gefolgt von einer inhaltsanalytischen Auswertung des Fragebogens und der Belegunterlagen (verbunden mit telefonischen Überprüfungen) sowie
- einer Begehung vor Ort. Letztere wurde in der Pilotphase lediglich in einem Drittel zufällig ausgewählter Familienzentren durchgeführt.

Konkret bekamen im März 2007 alle Piloteinrichtungen einen Selbstevaluationsfragebogen, in dem sie ankreuzen und teilweise erläutern mussten, welche Leistungen und Strukturen sie vorhalten. Zusätzlich mussten zu Kontaktdaten von Kooperationspartnern und auch weiteren Aspekten entsprechende Unterlagen (z. B. Kooperationsverträge) beigebracht werden. Die inhaltsanalytische Auswertung und Überprüfung erfolgte zentral durch PädQUIS in Berlin. 33 % der Einrichtungen wurden vorab zufällig ausgewählt und durch entsprechend geschulte Begeher vor Ort überprüft. Auf dieser Grundlage erhielten 95 % der Piloteinrichtungen im Juni 2007 das Gütesiegel; die übrigen wurden bis zum Herbst 2007 zertifiziert.

5.3 Ergebnisse der Gütesiegel-Überprüfung

Bei den Einrichtungen der Pilotphase waren besonders günstige Voraussetzungen für eine erfolgreiche Zertifizierung gegeben. Zum einen handelte es sich um eine selbst selegierte Gruppe von Einrichtungen, die auf der Grundlage einer Eigenbewerbung, in der konzeptuelle Grundvorstellungen für ein Familienzentrum dargelegt werden mussten, ausgewählt worden waren. Zum anderen erhielten die dann ausgewählten Piloteinrichtungen das erwähnte Coaching durch das Institut ISA mit mehrmaligen Besuchen pro Einrichtung, das sich über ein gutes halbes Jahr erstreckte.

Vor diesem Hintergrund waren die Gütesiegelkriterien für die Erreichung des Gütesiegels, wie unter 5.2.3 dargestellt, festgelegt worden. Es zeigte sich, dass rund 5 % (12 von 260 Einrichtungen) die Standards des Gütesiegels nicht erfüllten. Von besonderem Interesse war die Frage, welches Qualitätsniveau von den Familienzentren im Einzelnen auf der sechsstufigen Gütesiegelskala erreicht worden war und wie sich der Entwicklungsstand der Familienzentren in den Basis- und Aufbaubereichen der vier Leistungs- und der vier Strukturbereiche darstellte. Von den 260 Familienzentren erreichten auf der sechs-stufigen Gütesiegelskala

- 1,9 % in allen Gütesiegelbereichen sechs Punkte,
- 22,3 % in allen Gütesiegelbereichen mindestens fünf Punkte,
- 32,3 % in allen Gütesiegelbereichen mindestens vier Punkte,
- 10,4 % in allen Gütesiegelbereichen mindestens drei Punkte,
- 28,5 % in mindestens einem Bereich keine Gütesiegelfähigkeit,
- 4,6 % blieben ohne Gütesiegel.

Damit hat neben den knapp 5 % der Familienzentren, die die Gütesiegelkriterien nicht erfüllt haben, jedes dritte bis vierte Familienzentrum (28,5 %) in mindestens einem der jeweils vier Leistungs- und Strukturbereiche die Stufe der Gütesiegelfähigkeit (mindestens drei Punkte) nicht erreicht, auch wenn das erreichte Qualitätsniveau insgesamt gesehen noch für die Zertifizierung ausreiche (Ausgleich durch höhere Punktzahl in anderen Bereichen). Zwei Drittel der Familienzentren erreichen zertifizierungsfähige Qualität in jedem der acht Bereiche (erreichte Gütesiegelpunkte jeweils ≥ 3). Darunter haben 2 % der Familienzentren herausragende Gütesiegelqualität (sechs Gütesiegelpunkte) und 22 % sehr gute Gütesiegelqualität (mindestens fünf Gütesiegelpunkte) in allen acht Bereichen erreicht. Die Ergebnisse zeigen damit auch innerhalb der Gruppe der zertifizierten Familienzentren eine beachtenswerte Streuung in der Qualität als Familienzentrum.

Von Interesse war die Frage, welche Leistungs- und Strukturbereiche bzw. auch welche einzelnen Basis- und Aufbaukriterien als eher „leicht" oder eher „schwierig" für die Familienzentren anzusehen sind. In der Abbildung 1 ist wiedergegeben, wie viel Prozent der Basis- und Aufbauleistungen bzw. Basis- und Aufbaustrukturen in einem Bereich im Durchschnitt der Familienzentren gegeben sind.

Am häufigsten umgesetzt sind innerhalb der Basis-Leistungsbereiche die Kriterien des Bereichs „Familienbildung und Erziehungspartnerschaft" mit rund 86 %, aber auch die anderen Bereiche liegen ähnlich hoch. Innerhalb der Basisstrukturen sind die Strukturbereiche „Kooperation und Organisation" sowie „Kommunikation" als besonders gut umgesetzt hervorzuheben (jeweils rund 95 %). Insgesamt sind die Basis*strukturen* etwas besser umgesetzt als die Basis*leistungen*.

Ein Vergleich der Aufbauleistungen mit den Aufbaustrukturen zeigt noch deutlichere Unterschiede als bei den Basisleistungen und -strukturen. Die Aufbaukriterien der Leistungsbereiche

Abbildung 1: Erreichte Basisleistungen und -strukturen sowie erreichte Aufbauleistungen und -strukturen. Angaben in Prozent.

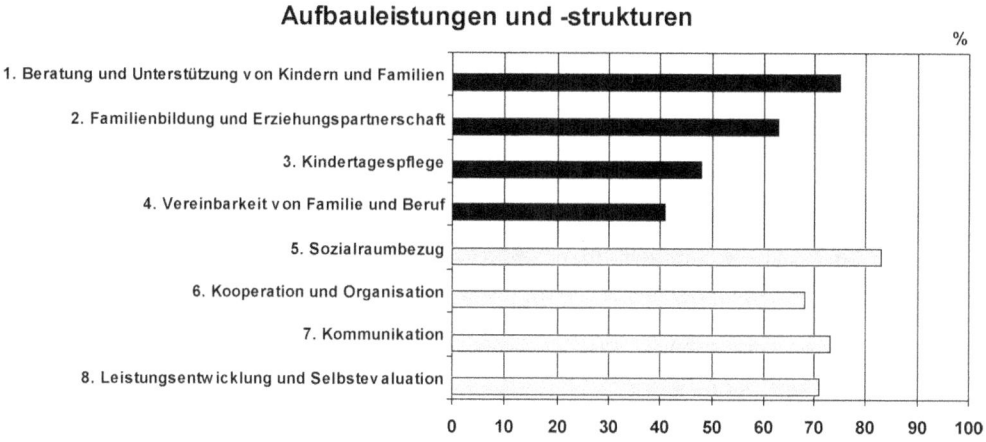

werden von den Familienzentren weniger erfüllt als die Aufbaukriterien der Strukturbereiche. Eine Ausnahme bildet hierbei der Bereich „Beratung und Unterstützung von Kindern und Familien", dessen Aufbauleistungen zu 75 % in den Familienzentren gegeben sind und damit annähernd gleich häufig sind wie die Aufbaukriterien der Strukturbereiche. Die übrigen Aufbauleistungen liegen niedriger, speziell die Aufbauleistungen im Bereich „Vereinbarkeit von Familie und Beruf" werden nur zu 41 % erfüllt. Bei den Aufbaustrukturen werden die Kriterien des Sozialraumbezugs zu 83 % erfüllt; die anderen liegen leicht darunter. Die Aufbauleistungen „Kindertagespflege" und „Vereinbarkeit von Familie und Beruf" stellen offensichtlich die am schwierigsten zu erfüllenden Kriterien für die Familienzentren dar.

Erwartungsgemäß zeigt sich, dass die Basisleistungen und -strukturen im Durchschnitt deutlich häufiger erfüllt werden als diejenigen der Aufbaubereiche. Die Differenz variiert zwischen drei Prozentpunkten beim Leistungsbereich „Beratung und Unterstützung von Kindern und Familien" (78 vs. 75 %) und 38 Prozentpunkten beim Bereich „Vereinbarkeit von Familie und Beruf" (79 vs. 41 %). Bei den Strukturen ergibt sich die geringste Differenz mit fünf Prozentpunkten beim Bereich „Sozialraumbezug" (88 vs. 83 %), die größte mit 27 Prozentpunkten beim Strukturbereich „Kooperation und Organisation" (95 vs. 68 %). Unter „messtheoretischen" Gesichtspunkten erscheinen die beiden Bereiche mit den niedrigen Prozentpunktdifferenzen von 3 und 5 kritisch; die Aufbaukriterien heben sich hier im Schwierigkeitsgrad im Durchschnitt kaum von den Basiskriterien ab.

Das im Voranstehenden berichtete Durchschnittsbild für die Leistungs- und Strukturbereiche differenziert sich, wenn die Leistungs- und Strukturkriterien einzeln betrachtet werden. Die Schwierigkeitsindizes (jeweils prozentualer Anteil der Familienzentren, bei denen das Kriterium erfüllt ist) reichen von 9 bis 99 %. Kriterien, die von nur wenigen Familienzentren erfüllt werden, sind

- Betreuungsangebot bis mindestens 18.30 Uhr (wenigstens einmal pro Woche): 14,6 %,
- regelmäßige Betreuungsangebote am Wochenende (wenigstens zweimal im Monat): 9,6 %,
- Sprachförderungsmöglichkeiten für Kinder, die keine Kindertageseinrichtung besuchen: 25,8 %,
- Kooperation mit Unternehmen (z.B. Belegrechte, Notbetreuungskontingente): 11,9 %.

Zu den Kriterien, die von (nahezu) allen Familienzentren erfüllt werden, gehören:

- aktuelles Verzeichnis von Beratungs- und Therapiemöglichkeiten in der Umgebung vorhanden: 97,3 %,
- Eltern können in der Einrichtung hospitieren: 99,2 %,
- Eltern werden über die Wege zur Vermittlung von Tageseltern in der Kommune beraten: 97,7 %,
- aktuelles Verzeichnis der Kooperationspartner, in dem Anschriften, zentrale Ansprechpartner, Aufgaben und Leistungen der Kooperationspartner angegeben sind: 95,4 %.

Die hier auf Aggregatebene berichteten Ergebnisse zu den Gütesiegelkriterien, zu den Leistungs- und Strukturbereichen wie auch zu den erreichten Gütesiegelpunkten wurden für jedes Familienzentrum auch in Form eines individuellen Qualitätsprofils aufbereitet. Dieses Qualitätsprofil dient einem doppelten Zweck: Zum einen bildet es die Grundlage, auf der jedes Familienzentrum sein Zertifizierungsergebnis im Detail nachvollziehen kann, zum anderen ist damit ein Stärken- und Schwächenprofil gegeben, das von jedem Familienzentrum als Ausgangsbasis für eine gezielte Weiterentwicklung genutzt werden kann. Das Interesse der Familienzentren an diesem Profil war groß: Über 90 % der Familienzentren forderten ein solches Profil an und wollten es für die eigene Weiterbildung nutzen.

Angesichts der Neuartigkeit des Gütesiegelverfahrens wurden die teilnehmenden Familienzentren nach Abschluss des Zertifizierungsprozesses um eine summarische Bewertung gebeten, und zwar unter den Aspekten Verständlichkeit des Verfahrens, Zeitaufwand und Gesamtbewertung. Der Selbstevaluationsfragebogen, verbunden mit Belegen zu den jeweiligen Angaben als das grundlegende Instrument im Zertifizierungsprozess, wurde von 80 % der befragten Leiter/innen als gut verständlich bewertet. Die Zeit, die die einzelnen Familienzentren für die Bearbeitung der Zertifizierungsunterlagen benötigten, variierte sehr stark: 16 % hatten bis max. zehn Stunden benötigt, weitere 24% bis max. 20 Stunden und der Rest mehr. Bei der starken Streuung dieser Zeitangaben und bei dem z. T. hohen zeitlichen Aufwand ist zu berücksichtigen, dass – wie wir aus den Beratungen wissen – bestimmte Unterlagen erst im Zertifizierungsprozess erstellt wurden (z. B. schriftliche Kooperationsvereinbarungen). Manche dieser Zeiten gehen hier in die Angaben für den zeitlichen Aufwand des Zertifizierungsprozesses ein, obwohl sie im engeren Sinne nicht dazu gehören. Zu berücksichtigen ist auch, dass die von den Leiter/innen im Zertifizierungsprozess zu leistenden Aufgaben in dieser Form erstmals von ihnen gefordert wurden, so dass bei einer Routinisierung des Verfahrens mit erheblichen Absenkungen des erforderlichen Zeitaufwands zu rechnen ist.

Was die Gesamtbewertung des für die Gütesiegelvergabe eingesetzten Instrumentariums wie auch der Unterstützung im Zertifizierungsprozess durch PädQUIS anbelangt, vergaben jeweils gut 80 % der befragten Leiter/innen die Schulnoten „gut" und „befriedigend". Angesichts der Neuartigkeit der Herausforderungen sowie der Präzedenzlosigkeit des Verfahrens dürfen diese Ergebnisse als eine im Allgemeinen positive Beurteilung verstanden werden.

6 Diskussion und Ausblick

Bei der Einführung eines neuen Steuerungsinstruments wie dem Gütesiegel „Familienzentrum NRW" ist neben zustimmenden und unterstützenden Äußerungen mit einem Spektrum an kritischen Reaktionen zu rechnen. Die Implementierung des Gütesiegels „Familienzentrum NRW" als trägerübergreifendes Verfahren stieß dementsprechend an verschiedenen Stellen auf große Skepsis, obwohl damit die Anerkennung trägerspezifischer Verfahren und trägerspezifischer Leitbilder in den Kindertageseinrichtungen unberührt blieb. Dass Einrichtungen von anderen als trägerinternen bzw. trägergesteuerten Instanzen und Personen geprüft werden sollten, wurde teilweise als Eingriff in die Trägerautonomie empfunden und führte zu Konflikten. Einige Trägerverbände waren der Auffassung, dass ihr jeweiliges Leitbild auch Eingang in das Gütesiegel für Familienzentren finden müsse. Dies wäre jedoch mit dem Anspruch eines trägerübergreifenden Steuerungsinstruments nicht vereinbar gewesen.

Als schwierig erwies sich bei vielen Einzelfragen auch die angestrebte Abgrenzung zwischen allgemeinen Anforderungen an Kindertageseinrichtungen und Merkmalen, die für ein Familienzentrum spezifisch sind und somit Eingang in ein konzeptgebundenes Gütesiegel finden sollten. Zum einen stellte sich heraus, dass es einige Leistungen gibt, die unabhängig von der Funktion als Familienzentrum in vielen Tageseinrichtungen erbracht werden, für ein Familienzentrum jedoch unabdingbar sind. Zum anderen wurde deutlich, wie heterogen die Standards in Kindertageseinrichtungen sind. Es zeigte sich, dass es keine allgemein geteilte Auffassung darüber gibt, was Tageseinrichtungen leisten sollten: Was die einen als selbstverständlichen Standard einer jeden Einrichtung bezeichneten, wurde von anderen als unzumutbar hohe Belastung selbst für ein Familienzentrum angesehen. Diese unterschiedlichen Auffassungen betrafen beispielsweise den Einsatz von Beobachtungsverfahren, die Durchführung von Hausbesuchen oder das Angebot von gemeinsamen Bildungsveranstaltungen für Eltern und Kinder.

Insgesamt gesehen wurde in diesem Prozess deutlich, dass es schwierig ist, einen breiten Konsens über ein Gütesiegel herzustellen. Dies hing teilweise auch damit zusammen, dass die Entwicklung des Gütesiegels durch andere Konfliktlinien überlagert wurde: Zum einen wurde zeitlich parallel – begleitet von scharfen Auseinandersetzungen zwischen dem Land und den Trägerverbänden – der Entwurf für ein neues Kindergartengesetz erarbeitet (vgl. KiBiz 2007); zum anderen wurde die für die Familienzentren vorgesehene Förderung von 12.000 € jährlich von vielen Beteiligten als zu gering und dementsprechend der Aufwand für die Gütesiegelprüfung als unverhältnismäßig angesehen. Beide Punkte überlagerten die Gütesiegeldiskussion.

Andere Konfliktpunkte weisen auf grundsätzliche Probleme in der Entwicklung und Umsetzung von Qualitätssicherungssystemen im Allgemeinen und von Steuerungskonzepten im Besonderen hin. Die tatsächliche Akzeptanz der Grundgedanken von Qualitätsmanagement scheint längst nicht so weit gediehen, wie es die breite Debatte zu diesem Thema auf den ersten Blick erwarten lässt. Zum einen läuft jeglicher Versuch einer trägerübergreifenden Steuerung Gefahr, als unzulässiger Eingriff in die Trägerautonomie interpretiert zu werden. Zum anderen stößt das Prinzip einer externen Prüfung auf eine weit verbreitete Ablehnung – Prüfungen werden als Ausdruck von Misstrauen gedeutet und bottom-up-Prozesse werden als eigentlicher Kern von Qualitätsentwicklung angesehen, die durch die Festlegung von Standards eher gestört werden. Solche Diskussionen lassen sich als spezifisch für die sozialpädagogische Fachdebatte betrachten: So würde beispielsweise niemand fordern, dass medizinische Standards sich je nach Trägerschaft eines Krankenhauses unterscheiden, und niemand würde bestreiten, dass die Einhaltung medizinischer Standards unabhängig von den Prozessen innerhalb der einzelnen Organisation erforderlich ist.

Soweit in der Debatte über das Gütesiegel „Familienzentrum NRW" eine Bereitschaft zu erkennen war, Qualitätssicherung über die Initiierung von Organisationsentwicklungsprozessen hinaus als eine Definition und Überprüfung von trägerübergreifenden Mindeststandards zu begreifen, wurde häufig gewünscht, dass diese Überprüfung innerhalb des Systems verbleiben solle. In diese Richtung zielten Vorschläge, die Prüfungen durch die Landesjugendämter oder wechselseitig durch Fachberater anderer Kommunen oder anderer Träger vornehmen zu lassen. Dabei wird nicht nur übersehen, dass insbesondere wechselseitige Prüfungen auch wechselseitige Abhängigkeiten mit sich bringen und von daher der Objektivität des Verfahrens entgegen stehen. Problematisch an derartigen Lösungen wäre auch, dass sich die Prüfer in der Praxis ihren Herkunftsinstitutionen und ihrer jeweiligen fachlichen Orientierung stärker verpflichtet fühlen würden als den definierten Standards des Gütesiegels, was ebenfalls die Objektivität der Prüfung beeinträchtigen würde.

Trotz dieses in mancherlei Hinsicht kritischen Kontexts konnte in der Pilotphase des Projekts „Familienzentrum NRW" aufgezeigt werden,

- wie ein solchermaßen komplexes pädagogisches Konzept operationalisiert werden kann,
- wie in einem solchen multikriterialen Rahmen individuelle Auslegungen des Konzepts möglich sind, die beides sicherstellen: die Einhaltung von Mindeststandards und individuelle, sozialraumbezogene Schwerpunktbildungen,
- wie die damit verbundenen Zielgrößen in eine Prüfprozedur übersetzt werden können (Gütesiegel), über die zuverlässig ermittelt werden kann, wie gut die einzelnen Gütesiegelkriterien gegeben sind und
- wie die Prüfergebnisse nicht nur für eine Zertifizierung (Gütesiegel: Ja/Nein), sondern auch als Grundlage für qualitative Weiterentwicklung eines Familienzentrums genutzt werden können.

Die für die Pilotphase gegebenen empirischen Befunde vermitteln alles in allem ein erstaunlich positives Bild. Der ganz überwiegenden Mehrheit der Familienzentren ist es gelungen, dem Kriterium für die Erreichung „Familienzentrum NRW" auf hohem Niveau zu entsprechen. Auch zeigt sich ein hohes Maß an Akzeptanz und positiver Bewertung des Gütesiegelverfahrens. Das ist umso bemerkenswerter, als externe Qualitätsüberprüfungen und Gütesiegelverfahren im Feld der Frühpädagogik noch weitgehend unüblich sind und überwiegend kritisch betrachtet werden (vgl. Diller/Leu/Rauschenbach 2005). Die Befunde weisen darauf hin, dass Wahrnehmungen und Bewertungen auf der Ebene der Einrichtungen offenbar von denen auf der Ebene von Trägern bzw. Trägerverbänden differieren. Trotz dieser für den Anfang sehr ermutigenden Ergebnisse stellen sich zahlreiche offene Fragen, von denen einige im Folgenden thematisiert werden sollen:

1. *Generalisierbarkeit der Befunde:* Die Pilotphase des Projekts „Familienzentren NRW" wurde – wie bei den meisten pädagogischen Entwicklungsprojekten üblich – an einer selbstselegierten Stichprobe von Einrichtungen (Bewerbereinrichtungen) und unter besonderen Bedingungen der Unterstützung (Coaching) durchgeführt. Dies begrenzt die externe Validität aller Befunde. Ob ähnlich positive Resultate unter stärker „alltagsähnlichen" Bedingungen zu verzeichnen sein werden, werden die Ergebnisse der nächsten Zertifizierungswelle von ca. 750 neuen Familienzentren im Kindergartenjahr 2007/2008 und die weiteren zunehmend „normalen" Wellen bei abnehmenden Graden der Selbstselektion erweisen.
2. *Familienzentren als zusätzliche Leistung oder auf Kosten der Kernaufgabe Bildung, Betreuung und Erziehung*: Kindertageseinrichtungen, die Familienzentren werden, bleiben ihrer Kernaufgabe,

der Bildung, Betreuung und Erziehung von Kindern, verpflichtet. Eine zentrale und bisher unbeantwortete Forschungsfrage besteht darin, aufzuklären, ob die zusätzlichen Aufgaben als Familienzentrum von Kindertageseinrichtungen erbracht werden, die ihr „Kerngeschäft" besonders gut bewältigen und auf dieser Grundlage Zusatzaufgaben wahrnehmen, oder ob die Zusatzaufgaben durch Qualitätsminderung im Kerngeschäft erbracht werden, also Qualität im Kerngeschäft der Bildung, Betreuung und Erziehung evtl. negativ mit der Qualität als Familienzentrum korreliert. Eine vor dem Abschluss stehende Untersuchung an einer Substichprobe von Pilot-Familienzentren wird hierzu erste Hinweise liefern.

3. *Kostentragung:* Die Erbringung einer jeglichen zusätzlichen Leistung in Kindertageseinrichtungen ist mit Kosten verbunden, und es stellt sich die Frage, wer die Kosten trägt bzw. wie diese entgolten werden können. Im Falle der Familienzentren stellt sich die Frage nach den Kosten in mehreren Hinsichten. Zum einen wäre zu untersuchen, mit welchen Kosten die „Organisation" als Familienzentrum, d. h. die Organisation des niedrigschwelligen Zugangs zu Angeboten und Leistungen, verbunden ist, die im Umfeld auf Abruf bereitstehen, wie auch die Installierung von neuen Leistungen in den Kindertageseinrichtungen, die für eine erfolgreiche Arbeit als Familienzentrum erforderlich sind. Die zuständige politische Instanz sieht hierfür ein monatliches Entgelt von 1000 € pro Familienzentrum vor. Aus qualitativen Befragungen ist bekannt, dass dieser Beitrag von den Akteuren vor Ort als deutlich zu niedrig eingestuft wird bzw. dass vor allem zusätzliche Stundenkontingente eingefordert werden, um die neuen Aufgaben bewältigen zu können (vgl. Meyer-Ullrich/Schilling/Stöbe-Blossey 2008, Kap. 4.8). Das Verhältnis von Leistungsanforderungen an Familienzentren einerseits und politisch regulierter Zusatzförderung andererseits ist bislang unaufgeklärt und sollte untersucht werden, wenn das System von Familienzentren auf Dauer stabilisiert werden soll. Weitere Untersuchungen zu Kostenfragen sollten sich darauf beziehen, zu welcher – politisch gewollten – Nachfragesteigerung nach familialen Unterstützungsleistungen die Auslastung von Familienzentren führen wird und mit welchen Kosten diese vermutbare Nachfrageexpansion verbunden ist. Dabei stellen sich selbstverständlich nicht nur Kostenfragen, sondern auch die Frage nach dem Nutzen der Angebote und Leistungen, der hierdurch vor allem auch langfristig erzielt wird (vgl. Heckman 2006).

4. *Kosten outputorientierter Qualitätssteuerung:* Es wurde bereits darauf hingewiesen, dass das Land NRW mit dem Gütesiegel „Familienzentrum NRW" und der davon abhängigen Finanzierung von Familienzentren einen neuen outputorientierten Weg der Steuerung beschritten hat. Neben der Effizienz dieses Steuerungsansatzes, d. h. der Analyse des Grades seiner Zielerreichung, stellt sich die Frage nach den Kosten bzw. der Kosteneinsparung, speziell auch im Vergleich zu den Kosten eines traditionell inputorientierten Finanzierungsansatzes. Was sind die monetären Kosten, die mit der Zertifizierung als Familienzentrum durch eine externe Instanz verbunden sind, was die Opportunitätskosten auf Seiten der Familienzentren? Welche traditionellen Verwaltungskosten stehen dem bei einem inputorientierten Steuerungsansatz gegenüber? Wie sind neben den Kosten die Effekte alternativer Steuerungsansätze auf die angestrebten Outputs zu beurteilen?

5. *Veränderung von Netzwerkstrukturen:* Die Weiterentwicklung zu Familienzentren bedeutet nicht nur eine nachhaltige Funktionserweiterung für die beteiligten Kindertageseinrichtungen, sondern ist auch mit internen Umstrukturierungen, Veränderungen im Leistungsangebot und Neuausrichtungen im Feld bei den beteiligten Kooperationspartnern verbunden. Im Rahmen der wissenschaftlichen Begleitung durch PädQUIS werden hierzu gegenwärtig Befragungen von Erziehungsberatungsstellen, Familienbildungsstätten und Jugendämtern als den zentralen Kooperationspartnern durchgeführt. Die Neujustierungen im Netzwerk der Kooperationspartner von Familienzentren werden darüber hinaus aber der fortlaufenden Beobachtung und begleitenden Analyse bedürfen, um die Funktion der neu entstandenen Netzwerke zu stützen und – wo immer möglich – zu verbessern.

6. *Familienzentrumsleistungen aus der Sicht von Eltern:* Die im Voranstehenden aufgeführten Forschungsdesiderate thematisieren Fragen des Aufbaus und der Funktion von Familienzentren und damit im Weitesten die „Angebotsseite". Familienzentren werden die an sie geknüpften Erwartungen allerdings nur dann angemessen erfüllen können, wenn die Abnehmer- und Nutzerseite, die Eltern und Familien, über die Angebote gut informiert sind, diese als für sich selbst nützlich begreifen, sie akzeptieren und tatsächlich in Anspruch nehmen. Es ist zu vermuten, dass die elterliche „Akzeptanz" und die Gelingensvoraussetzungen hierfür lokal variieren und Familienzentren damit in sehr unterschiedlicher Weise ihre Adressaten erreichen. Die laufende wissenschaftliche Begleitung schließt zwar erste Befragungen von Eltern zu Bekanntheitsgrad, Wünschbarkeit und Inanspruchnahme familienzentrumsspezifischer Angebote ein. Man wird hier jedoch von einem dynamischen System ausgehen müssen, in dem sich die Bedarfsstruktur von Familien und die Angebotsstruktur von Familienzentren immer wieder neu in mehr oder auch weniger gelingender Form aufeinander zu bewegen. Untersuchungen zur Nutzerseite – besonders auch nach Abschluss einer Aufbau- und Implementationsphase – werden erforderlich sein, um zu ermitteln, inwieweit die intendierten Nutzer familienzentrumsspezifischer Angebote tatsächlich und leichter erreicht werden.

7. *Outcomes bei Kindern:* Die Erreichung von Familien mit unterstützenden Angeboten zur Stabilisierung ihrer ökonomischen Lage, der Vereinbarkeit von Familie und Beruf, ihrer kulturellen Integration und der Förderung ihrer Erziehungskompetenz ist im Konzept der Familienzentren kein Selbstzweck, sondern dient dem letztlichen Ziel der Bildungs- und Entwicklungsförderung und dem Wohlbefinden der Kinder (vgl. Tietze et al. 1998, 19f.). Das Projekt Familienzentrum wird sich dieser Frage – nach Abschluss einer zeitlich nicht zu knapp bemessenen Implementationsphase – stellen müssen. Hierbei sollte u. a. untersucht werden, ob Entwicklungsauffälligkeiten bei Kindern im Wirkkreis von Familienzentren früher erkannt und die betreffenden Kinder früher und erfolgreich gefördert werden, ob speziell Kinder aus Problemgruppen die Angebote früher Bildung und Erziehung vermehrt in Anspruch nehmen und sich Erfolge in definierten (bzw. zu definierenden) Bildungsoutcomes zeigen. Neben Einzeluntersuchungen zu entsprechenden Fragen sollte auch im Anschluss an die Empfehlungen der Sachverständigenkommission des 12. Kinder- und Jugendberichts (Bundesministerium für Familie, Senioren, Frauen und Jugend 2006, Kap. 7.3) darüber nachgedacht werden, die Untersuchung von Effekten bei Kindern mit „Monitoring"-Ansätzen zu verbinden, wie sie sich mit durchgängigen Sprachstandsmessungen bei vierjährigen Kindern (vgl. http://www.delfin4.fb12.uni-dortmund.de/) bzw. mit den etablierten Schuleingangsuntersuchungen abzeichnen. Vermutlich wird man auch mit ernüchternden Ergebnissen rechnen müssen, wie manche ausländischen Ergebnisse zeigen (Belsky et al. 2006; Rutter 2006). Die Frage der Outcomes bei den Kindern bleibt langfristig aber das zentrale Prüfkriterium, nicht zuletzt um Familienzentren gezielt weiterentwickeln zu können.

Anmerkungen

1 PädQUIS gGmbH ist ein Kooperationsinstitut der Freien Universität Berlin unter der Leitung von Prof. Dr. Wolfgang Tietze.

Kontaktanschrift: Univ.-Prof. Dr. Wolfgang Tietze, Freie Universität Berlin, PädQUIS, Habelschwerdter Allee 45, 14195 Berlin, Tel.: (030) 838-546 64, Fax: (030) 838-540 24, E-Mail: tietze@zedat.fu-berlin.de

Literatur

Belsky et al. 2006 = Belsky, J./Melhuish, E./Barnes, J./Leyland, A. H./Romaniuk, H. (2006): Effects of Sure Start local programmes on children and families: early findings from a quasi-experimental, cross sectional study. In: British Medical Journal, Vol. 332(7556). – URL: http://www.pubmedcentral.nih.gov/articlerender.fcgi?artid=1482335 (Download: 25.08.2008).

Bertram et al. 2002 = Bertram, T./Pascal, C./Bokhari, S./Gasper, M./Holtermann, S. (2002): Early Excellence Centre Pilot Programme, Second Evaluation Report 2000 – 2001, Research Report 361. DfES. – London.

Blok et al. 2005 = Blok, H./Fukkink, R. G./Gebhardt, E. C./Leseman, P. P. M. (2005): The relevance of delivery mode and other program characteristics for the effectiveness of early childhood intervention with disadvantaged children. In: International Journal of Behavioral Development, Vol. 29, pp. 35-47.

Brooks-Gunn, J./Markman, L. B. (2005): The contribution of parenting to ethnic and racial gaps in school readiness. In: The Future of Children, Vol. 15(1), pp. 139-168.

Bundesministerium für Familie, Senioren, Frauen und Jugend (Hrsg.) (2006): Zwölfter Kinder- und Jugendbericht. – Berlin.

Diller, A./Leu, H. R./Rauschenbach, T. (Hrsg.) (2005): Der Streit ums Gütesiegel. Qualitätskonzepte für Kindertageseinrichtungen. – München.

Deutsches Jugendinstitut e. V. (2004): Rechercheberich Häuser für Kinder und Familien. (Erstellt vom Deutschen Jugendinstitut im Auftrag des BMFSFJ). – URL: http://www.bmfsfj.de/bmfsfj/generator/RedaktionBMFSFJ/Abteilung5/Pdf-Anlagen/haus-kinder-familie,property=pdf,bereich=,sprache=de,rwb=true.pdf (Download: 25.08.2008).

Deutsches Jugendinstitut e.V. (2005): Eltern-Kind-Zentren: Die neue Generation kinder- und familienfördernder Institutionen. Grundlagenbericht. (Erstellt vom Deutschen Jugendinstitut im Auftrag des BMFSFJ). – URL: http://www.dji.de/bibs/411_Grundlagenbericht_Eltern-Kind-Zentren.pdf (Download: 25.08.2008).

Esch, K./Klaudy, E. K./Stöbe-Blossey, S. (2005): Bedarfsorientierte Kinderbetreuung. Gestaltungsfelder für die Kinder- und Jugendpolitik. – Wiesbaden.

Esch et al. 2006 = Esch, K./Klaudy, E. K./Micheel, B./Stöbe-Blossey, S. (2006): Qualitätskonzepte in der Kindertagesbetreuung. – Wiesbaden.

Flöter et al. 2007 = Flöter, M./Ihlow, S./Lee, H.-J./Stöbe-Blossey, S./Tietze, W. (2007): Gütesiegel „Familienzentrum NRW" (Abschlussbericht zur Pilotzertifizierung (PädQUIS gGmbH. Forschungsbericht). – Berlin.

Gorey, K. M. (2001): Early childhood education: A meta-analytic affirmation of the short- and lang-term benefits of educational opportunity. In: School Psychology Quarterly, Vol. 16, pp. 9-30.

Heckman, J. J. (2006): Skill formation and the economics of investing in disadvantaged children. In: Science, 5728, pp. 1901-1902.

KiBiz (2007): Gesetz zur frühen Bildung und Förderung von Kindern (Kinderbildungsgesetz – KiBiz) – Viertes Gesetz zur Ausführung des Kinder- und Jugendhilfegesetzes – SGB VIII – veröffentlicht im Gesetz- und Verordnungsblatt für das Land Nordrhein-Westfalen – Nr. 25; S. 462-469, vom 16.11.2007.

Lally, J. R./Mangione, P. L./Honig A. S. (1988): The Syracuse University Family Development Research Program: Long-Range Impact on an Early Intervention With Low-Income Children and Their Families. In: Powell, D.R./Sigel, I.E. (Eds.): Parent Education as Early Childhood Intervention: Emerging Directions in Theory, Research, and Practice: Annual Advances in Applied Developmental Psychology, Vol. 3. – Norwood, N. J.

Love et al. 2005 = Love, J. M./Kisker, E. E./Ross, C./Raikes, H./Constantine, J./Boller, K./Brooks-Gunn, J./Chazan-Cohen, R./Tarullo, L. B./Brady-Smith, C./Fuligni, A. S./ Schochet, P. Z./Paulsell, D./Vogel, C. (2005): The effectiveness of early head start for 3-year-old children and their parents: Lessons for policy and programs. In: Developmental Psychology, Vol. 41, pp. 885-901.

Maryland State Department of Education (2004): Standards for Implementing Quality in Early Childhood Programs. – Baltimore.

Meyer-Ullrich, G./Schilling, G./Stöbe-Blossey, S. (2008): Der Weg zum Familienzentrum. Eine Zwischenbilanz der wissenschaftlichen Begleitung (PädQUIS gGmbH – Forschungsbericht). – Berlin.

Ministerium für Generationen, Familie, Frauen und Integration des Landes Nordrhein-Westfalen (2007): Das Gütesiegel Familienzentrum NRW. Zertifizierung der Piloteinrichtungen. Autoren: Stöbe-Blossey, S./Strotmann, M./Tietze, W. – Düsseldorf.

Ramey, C. T./Ramey, S. L. (2004): Early learning and school readiness: Can early intervention make a difference? In: Merill-Palmer Quarterly, Vol. 50, pp. 471-491.

Reynolds, A. J./Ou, S./Topitzes, J. W. (2004): Paths of effects of early childhood intervention on educational attainment and delinquency: A confirmatory analysis of the Chicago Child-Parent Centers. In: Child Development, Vol. 75, pp. 1299-1338.

Reynolds et al. 2002 = Reynolds, A. J./Temple, J. A./Robertson, D. L./Mann, E. A. (2002): Age 21 cost-benefit analysis of the Title I Chicago Child-Parent Centers. In: Educational Evaluation and Policy Analysis, Vol. 24, pp. 267-303.

Rutter, M. (2006): Is Sure Start an Effective Preventive Intervention? In: Child and Adolescent Mental Health, Vol. 11(3), pp. 135-141.

Schweinhart et al. 2005 = Schweinhart, L. J./Montie, J./Xiang, Z./Barnett, W. S./Belfield, C. R./Nores, M. (2005): Lifetime Effects. The High/Scope Perry Preschool Study Through Age 40. – Ypsilanti, Michigan.

Sweet, M. A./Appelbaum, M. I. (2004): Is home visiting an effective strategy? A meta-analytic review of home visiting programs for families with young children. In: Child Development, Vol. 75, 1435-1456.

Tietze, W. (1993): Institutionelle Erfahrungsfelder für Kinder im Vorschulalter: Zur Entwicklung vorschulischer Erziehung in Deutschland. In: Tietze, W./Roßbach, H.-G. (Hrsg.): Erfahrungsfelder in der frühen Kindheit: Bestandsaufnahme, Perspektiven. – Freiburg, S. 98-125.

Tietze, W. (2007): Sozialisation in Krippe und Kindergarten. In: Hurrelmann, K./Grundmann, M./Walper, S. (Hrsg.): Handbuch Sozialisationsforschung. – 7. Auflage. – Weinheim, S. 274-289.

Tietze, W./Förster, C. (2005): Allgemeines pädagogisches Gütesiegel für Kindertageseinrichtungen. In: Diller, A./Leu, H. R./Rauschenbach, T. (Hrsg.): Der Streit ums Gütesiegel. Qualitätskonzepte für Kindertageseinrichtungen. – München, S. 31-66.

Tietze et al. 1998 = Tietze, W./Meischner, T./Gänsfuß, R./Grenner, K./Schuster, K.-M./Völkel, P./Roßbach, H.-G. (1998): Wie gut sind unsere Kindergärten? – Neuwied.

U.S. Department of Health and Human Services (2005): Head Start Impact Study: First year findings. – Washington, DC: U.S. Department of Health and Human Services, Administration for Children and Families.

Susanne Viernickel

Reformmodelle für die Ausbildung des frühpädagogischen Fachpersonals

Zusammenfassung:
Seitdem Bildungserfahrungen in der frühen Kindheit nicht nur in Fachkreisen, sondern auch in der gesamtgesellschaftlichen Wahrnehmung als bedeutsam für die weitere Bildungsbiografie erkannt wurden, steht parallel zur Entwicklung frühpädagogischer Curricula und Konzepte auch die Ausbildung der in den Institutionen tätigen Fachkräfte auf dem Prüfstand. Aktuell erfolgt ein rascher und weitgehend ungesteuerter Aufbau zahlreicher Bachelor-Studiengänge im Bereich der Pädagogik der frühen Kindheit, während der Diskurs über sinnvolle und notwendige Veränderungen der Erzieherinnenausbildung[1] nach wie vor in vollem Gange ist. In diesem Beitrag wird nach einem kurzen Abriss der Geschichte und des aktuellen Stands der fachschulischen Form der Erzieherinnenausbildung in Deutschland der Diskussionsstand zur Anhebung des formalen Ausbildungsniveaus dargestellt. Über eine strukturelle und inhaltliche Systematisierung der aktuell existierenden und in Planung befindlichen Studienangebote wird danach der Versuch unternommen, sich ihren profilbildenden Besonderheiten anzunähern und Chancen und Risiken des aktuellen Entwicklungsprozesses zu identifizieren. Schließlich werden Ansatzpunkte für die Qualitätssicherung reflektiert.

Schlüsselwörter: Akademisierung – Erzieherinnenausbildung – Frühpädagogik

Abstract:
Reform Models for the Training of Staff for Early Childcare. Education and learning in the early years have become important topics in scientific discourses and in society in general. This has promoted the development and implementation of concepts and early childhood curricula and has led to critical perspectives on the professional training of daycare and kindergarten teachers in Germany. Several universities and colleges of higher education have begun to offer degree programs in early childhood education despite the many unsolved questions concerning sensible and necessary changes to the educational system. This article starts out with a brief outline of the history and actual state of affairs concerning early childhood teacher training in Germany and provides some arguments for an upgrading of the level of formal early childhood teacher education. It then focuses on an analysis of existing degree programs and their similarities and differences in both structure and content along with an appreciation of their innovative potential and the possible risks involved. The article closes with some reflections on quality management.

Keywords: early childhood education – teacher training

1 Die Ausbildung des frühpädagogischen Fachpersonals: Geschichte und aktuelle Reformansätze

1.1 Geschichte der Erzieherinnenausbildung

Der Beginn des erzieherischen Berufsstandes ist naturgemäß eng mit dem Wandel der ab ca. 1825 entstandenen Kleinkinderbewahranstalten zu Kindergärten im Fröbelschen Sinne verwoben, die nunmehr nicht nur verwahren, sondern auch zur körperlichen, geistigen und seelischen Vorbereitung auf Schule und Arbeitswelt beitragen sollten und eine Entfaltung der kindlichen Gesamtpersönlichkeit anstrebten. Mit der Gründung des ersten „Seminars für Kleinkinderlehrerinnen" durch Theodor Fliedner im Jahre 1836 und der Eröffnung der von Friedrich Fröbel gegründeten Ausbildungsstätte für Kindergärtnerinnen in Bad Liebenstein (1840) begann die Institutionalisierung der frühpädagogischen Ausbildung, die damals u.a. Unterrichtsfächer wie Pädagogik, Menschenkunde, Religion, Geschichte, Fremdsprachen, Zeichnen und Singen umfasste. Bereits 1908 wurde die Kindergärtnerinnenausbildung staatlich geregelt und 1928 als zweijährige Regelausbildung gemeinsam mit Hortnerinnen etabliert. Die reformpädagogische Ausrichtung dieser Ausbildung wurde während des nationalsozialistischen Regimes zwar bekämpft; nach dem zweiten Weltkrieg knüpften die Bundesländer in der ehemaligen BRD jedoch im Wesentlichen wieder an die Pädagogik und Kindergärtnerinnenausbildung der Weimarer Republik an (von Derschau 1987).

Mit den Rahmenvereinbarungen der Kultusministerkonferenz aus dem Jahr 1967 wurde die Ausbildung erneut reformiert. Die Ausbildungsgänge für Kindergärtnerinnen/ Hortnerinnen und Jugend-/Heimerzieherinnen wurden zusammengefasst und an Fachschulen für Sozialpädagogik (in Bayern: Fachakademien) angeboten. Die Ausbildung dauerte jetzt 3 Jahre inklusive eines Anerkennungsjahres und schloss mit der Prüfung zum „Staatlich anerkannten Erzieher" ab. Gleichzeitig wurden die Ausbildungsgänge Sozialarbeiter, Jugendpfleger und Jugendleiter zu einer einheitlichen Ausbildung zum Sozialarbeiter zusammengefasst, was mit einer Statusanhebung der Ausbildungsstätte zur Fachhochschule einherging. Erzieherinnen ging damit die Qualifizierungsmöglichkeit zur Jugendleiterin als einer Fachkraft für die Leitung einer Kindertageseinrichtung verloren.

In Reaktion auf die mit den Jahren zunehmende Diversität in den Ausbildungs- und Prüfungsordnungen der Bundesländer trat 1982 die „Rahmenvereinbarung über die Ausbildung und Prüfung von Erziehern/Erzieherinnen" in Kraft. Wiederum wurden Veränderungen eingeführt, z.B. in den Zugangsvoraussetzungen, die jetzt statt des einjährigen Vorpraktikums eine abgeschlossene Berufsausbildung oder eine mehrjährige Berufstätigkeit bzw. eine vergleichbare Alternative vorsahen.[2] Demgegenüber gab es nach Rauschenbach, Beher und Knauer (1996, S. 185ff.) jedoch eher geringe Veränderungen in der Ausbildungsform, der Ausbildungsdauer und den Inhalten.

In der DDR wurde die Vielfalt der Erzieherinnenberufe beibehalten. Es gab Kindergärtnerinnen, Hortnerinnen, Heimerzieherinnen und Krippenerzieherinnen. Die Ausbildung zur Kindergärtnerin in der DDR schloss sich an den Abschluss der 10. Klasse der Polytechnischen Oberschule an. Sie dauerte 4 Jahre und wurde an einem Institut für Lehrerbildung absolviert. Die Strukturierung der Ausbildung zur Erzieherin war weit gefächert, von Unterrichtsfächern wie Mathematik oder Deutsch, über Psychologie, Pädagogik hin zur Gesundheitserziehung und Politik einschließlich praktischer Ausbildungsanteile mit Hospitationen in Kindergärten bis zum Vorbereiten von Ferienfreizeiten (Fuchs 1997, S. 89f.). Mit der Wiedervereinigung wurde diese Ausdifferenzierung aufgegeben. In den neuen Bundesländern entstand schnell eine Reihe von Fachschulen für Sozialpädagogik, in denen das westdeutsche Ausbildungssystem übernommen wurde. Die vorhandenen pädagogischen Fachkräfte wurden durch Anpassungs- und Nachqualifizierungen in den Beruf der „Erzieherin" überführt.

1.2 Kennzeichen der aktuellen fachschulischen Ausbildung: Breitbandausbildung, Lernfeldkonzept, Betonung des Lernorts Praxis

Die Erzieherinnenausbildung, wie sie aktuell an Fachschulen und Fachakademien verankert ist, gilt als Breitbandausbildung. Sie soll die Absolventinnen befähigen, Betreuungs-, Bildungs- und Erziehungsaufgaben in allen sozialpädagogischen Arbeitsfeldern selbständig und eigenverantwortlich zu übernehmen und qualifiziert für die Arbeit mit Kindern, Jugendlichen und jungen Erwachsenen bis zum Alter von 27 Jahren.[3] Laut KMK-Rahmenvereinbarung (Ständige Kommission der Kultusminister der Länder 2002) sollen ausgebildete Erzieherinnen Kinder und Jugendliche in ihrer Personalität und Subjektstellung sehen können, deren Kompetenzen, Entwicklungsmöglichkeiten und Bedürfnisse alters- und entwicklungsgerecht erkennen und pädagogisch fördern und sich dabei an den jeweiligen Lebensrealitäten orientieren. Sie sollen auf Grund ihrer Kenntnisse von sozialen und gesellschaftlichen Zusammenhängen die Lage von Kindern, Jugendlichen und ihren Eltern erfassen und Unterstützung in Konfliktsituationen leisten können, Kooperationsstrukturen mit anderen Einrichtungen im Gemeinwesen entwickeln und aufrechterhalten, betriebswirtschaftliche Zusammenhänge erkennen und dienstleistungsorientiert denken und planen. Dazu bedarf es neben fachlicher und methodischer Kenntnisse auch weit reichender personaler und sozialer Kompetenzen, wie menschliche Integrität und die Fähigkeit zur Selbstreflexion, Einfühlungsvermögen und gefestigte Kommunikations- und Kooperationsfähigkeiten.

Die Beschlüsse der Kultusministerkonferenz (Ständige Konferenz der Kultusminister der Länder 2002) bzw. Jugendministerkonferenz (1998, 2001) stehen für eine umfassende Reformierung der Struktur und Ausbildungsinhalte der fachschulischen Erzieherinnenausbildung. In der zitierten KMK-Rahmenvereinbarung über die Fachschulen wurde der Rahmen für die Ausbildung und die Prüfung von Erzieherinnen neu geregelt. Orientiert am beruflichen Anforderungsprofil werden die mit der Ausbildung angestrebten genannten Qualifikationen als Bezugspunkte für den gesamten Ausbildungsprozess bestimmt. Die Rahmenvereinbarung sieht eine Abkehr vom Fächerkanon und die Einführung eines lernfeldorientierten Unterrichtskonzepts vor. Dazu wurden erstmalig ein fächerübergreifender Unterricht und ein handlungsorientierter didaktischer Ansatz in der Unterrichtsgestaltung zusammengeführt und als verbindliche Rahmenstruktur für die von den Ländern zu erlassenen Ausbildungsordnungen vorgegeben (vgl. hierzu ausführlich Müller-Neuendorf 2006, S. 171ff.). Als Ziel der Ausbildung wurde der Erwerb beruflicher Handlungskompetenz formuliert; äquivalent dazu ist auch in der Unterrichtsgestaltung eine Handlungsorientierung vorgesehen. Der Lernfeldansatz schreibt verbindlich fünf Ausbildungsbereiche vor: Kommunikation und Gesellschaft; Sozialpädagogische Theorie und Praxis; Musisch-kreative Gestaltung; Ökologie und Gesundheit; Organisation, Recht und Verwaltung. Ein Lernfeld stellt dabei eine thematische Unterrichtseinheit dar, die sich aus den beruflichen Aufgaben bzw. Handlungsfeldern von Erzieherinnen ableitet. Definiert wird ein Lernfeld durch die angestrebten Lernziele (= Kompetenzen), durch seine Inhalte (= Lernsituationen) und durch den zeitlichen Stundenumfang, der für die Bearbeitung im Rahmen der Gesamtausbildung vorgesehen ist (= Zeitrichtwert) (vgl. Ebert 2004).

Reformpotential wurde auch in der Neubestimmung des Verhältnisses der Lernorte Schule und Praxis gesehen, wobei den praktischen Ausbildungsstätten für die Sicherstellung einer qualifizierten Ausbildung eine stärkere Verantwortung als bisher zukommen sollte. Dazu wurden Vorschläge der Kommission Kindertagesstätten, Tagespflege, Erziehung in der Familie im Bericht „Der Lernort Praxis in der Ausbildung von Erzieherinnen und Erziehern" niedergelegt und von der Jugendministerkonferenz im Mai 2001 zur Berücksichtigung in Ausbildungs- und Prüfungsordnungen empfohlen. Sie reichen von der Einrichtung eines Beirats am Lernort Schule über die Vereinbarung gemeinsamer Fortbildungen bis zur Entwicklung neuer Curricula, die die beiden

Lernorte im Grundsatz als gleichwertig anerkennen und ihre gemeinsame Verantwortung für die Ausbildung von Schlüsselqualifikationen für die pädagogische Arbeit angehender Erzieherinnen festschreiben.

2 Argumente für die Entwicklung von Ausbildungsangeboten auf akademischem Niveau

Trotz dieser Reformansätze bleiben Kritikpunkte an der bisherigen Form und „Höhenlage" der Erzieherinnenausbildung bestehen. Zwar bereitet die fachschulische Ausbildung – fasst man die wenigen empirischen Befunde zusammen – gut auf die allgemeinen Aufgaben des Berufsalltags vor. Absolventinnen fühlen sich weitgehend kompetent bei der Planung und Bewältigung des pädagogischen Alltags, in der direkten pädagogischen Arbeit mit Kindern und Jugendlichen und in der Teamarbeit mit den Kolleginnen (Dippelhofer-Stiem 1999). Sie sind jedoch nach eigener Einschätzung eher unsicher und tendenziell unvorbereitet in Situationen jenseits des „pädagogischen Kerngeschäfts", z.B. im Umgang mit verhaltensauffälligen Kindern, in der Zusammenarbeit mit Eltern und anderen Institutionen und bei der Wahrnehmung von Leitungs- und Managementfunktionen. Auch scheint die Auseinandersetzung mit theoretischem, abstraktem und wissenschaftlich generiertem Wissen zu kurz zu kommen. Insbesondere das Erlernen von vordefiniertem Wissen in schulähnlichen Strukturen und ohne forschungs- und wissenschaftstheoretische Einbettung wird häufig kritisiert (zusammenfassend Thole/Cloos 2006, S. 57f.) und ist einer der Gründe für die Forderung nach einer Anhebung der Ausbildung auf akademisches Niveau.[4]

Nach Oberhuemer (2006) lassen sich weitere Argumentationslinien identifizieren. Befördert durch die bildungspolitischen Auswirkungen der ersten PISA-Studie werden Kindertageseinrichtung als erste Stufe des Bildungssystems ernst genommen; es stellt sich nun die Frage, ob die bisherige Ausbildung auf die gestiegenen Anforderungen an frühkindliche Bildungsförderung bei zunehmend heterogenen Ausgangslagen ausreichend vorbereiten kann. Parallel dazu wird aus einer berufspolitischen Sicht heraus das mit der fachschulischen Verortung einhergehende niedrige formale Ausbildungsniveau – vor allem im europäischen Vergleich – kritisiert, ebenso wie der schwache Status der Berufsgruppe innerhalb des deutschen Bildungssystems und des beruflichen Schulwesens. Auch die uneinheitliche, in Teilen unbefriedigende und unzureichende Qualifizierung der Lehrkräfte an Fachschulen, für die bis heute keine einheitliche Ausbildungs- und Zugangsregelung existiert, sorgt für Zweifel an der Sicherung notwendiger Qualitätsanforderungen (Schmidt 2005).

Mit der Akademisierung der Erzieherinnenausbildung werden von ihren Befürwortern nicht nur hohe Erwartungen an die Erziehungskompetenz, Reflektionsfähigkeit und wissenschaftliche Grundlegung des pädagogischen Handelns der Absolventinnen verbunden (vgl. u.a. Geene/Borkowski o.Jg.). Man erhofft sich durch diesen Professionalisierungsschub mittel- und langfristig die qualitative Verbesserung der pädagogischen Arbeit im Elementarbereich, die Sicherung bzw. Wiederherstellung der internationalen Anschlussfähigkeit der Frühpädagogik in Deutschland und die Einlösung des Bildungsauftrags von Kindertageseinrichtungen. Vor dem Hintergrund der gestiegenen und diversifizierten beruflichen Anforderungen erscheint eine Anpassung der Ausbildung auch denjenigen notwendig, die nicht einschränkungslos für eine Akademisierung plädieren. Sie werfen allerdings die Frage auf, ob und wie sich das Verhältnis von Fachschul- und Hochschulausbildung als eines gestalten lässt, das keine Zwei-Klassen-Ausbildung festschreibt und eine Durchlässigkeit zwischen Fachschule, Fachhochschule und ggf. Universität vorsieht. So treten die Bundesarbeitsgemeinschaft katholischer Ausbildungsstätten für Erzieherinnen/Erzieher (BAGKAE), der Bundesverband evangelischer Ausbildungsstätten für Sozialpädagogik (BEA) und die Bundesarbeitsgemeinschaft öffentlicher und freier nicht konfessionell gebundener Ausbildungsstätten für Erzieher/innen (BöfAE) in einem gemeinsamen Positionspapier dafür ein, als Zugangsvoraussetzung für die Fachschule ebenfalls die Fachhochschulreife festzuschreiben, eine verstärkte Kooperation zwischen den verschiedenen Ausbildungsebenen aufzubauen und für ein transparentes System aufeinander aufbauender berufsqualifizierender Abschlüsse zu sorgen (BAGKAE/BEA/BöfAE 2004). Die Jugendministerkonferenz (2005) sieht die Bedeutung der entstehenden Studiengänge bisher noch insbesondere in einer Verbesserung der Qualifikationsstruktur im Hinblick auf die Qualifizierung für Leitungsaufgaben bzw. andere herausgehobene Funktionen.

Seit dem Start der ersten frühpädagogischen Bachelor-Studiengänge in Berlin, Freiburg und Emden im Jahr 2004 ist eine rasante, weitgehend ungesteuerte und unübersichtliche Entwicklung zu verzeichnen. Eine aktuelle Recherche[5] (Stand März 2008) weist an über 55 Standorten knapp 60 umgesetzte oder in konkreter Planung befindliche Studienangebote im Bereich (früh-)kindlicher Bildung und Erziehung nach. Sie sind an Fachhochschulen, seltener an Universitäten, Pädagogischen Hochschulen oder Berufskollegs angesiedelt. Wenige davon blicken auf eine längere Tradition zurück; es sind dies die ausnahmslos an Universitäten noch möglichen frühpädagogischen Schwerpunktsetzungen im Rahmen der erziehungswissenschaftlichen Diplom- oder Magisterstudiengänge. Die überwiegende Mehrzahl der zum jetzigen Zeitpunkt existierenden Angebote führt zum Abschluss Bachelor of Arts. Daneben gibt es wenige Masterprogramme und einige wenige auf Hochschulebene angesiedelte Weiterbildungsstudiengänge, mit denen jedoch kein anerkannter akademischer Abschluss, sondern lediglich ein Zertifikat erworben wird.

Im Folgenden werden die mittlerweile entstandenen Studiengänge zuerst nach strukturellen Merkmalen und im Anschluss gemäß ihrer inhaltlich-fachlichen Schwerpunktsetzungen systematisiert, in ihren charakteristischen Merkmalen beschrieben und auf Chancen und Risiken untersucht.

3 Modelle der Akademisierung in struktureller Systematik

Strukturell können Studiengänge danach unterschieden werden, an welchen Ausbildungsorten sie angesiedelt sind, welche Studienorganisation sie zu Grunde legen und welche Abschlüsse sie anbieten. Unter Rückgriff auf diese drei Merkmale lassen sich, in Teilen hier Sell (2004) und Rauschenbach (2005) folgend, verschiedene Reformmodelle identifizieren. Dabei werden nicht alle möglichen, sondern – mit Ausnahme des Modells der Aufwertung von Fachschulen zu Fachhochschulen – nur die tatsächlich praxiswirksamen, das heißt bereits realisierten Modelle im Sinne von Prototypen aufgeführt.

3.1 Grundständige Präsenzstudiengänge an Fachhochschulen, Pädagogischen Hochschulen oder Universitäten, Abschluss B.A.

Die Einrichtung von eigenständigen Bachelor-Studiengängen, in denen eine Qualifizierung für die Bildung und Erziehung von Kindern und ggf. Jugendlichen erfolgt, ist sowohl an Fachhochschulen als auch – in weitaus geringerem Umfang – an Universitäten bereits erfolgt. Häufig sind diese Studiengänge an den sozialwissenschaftlichen Fachbereichen angesiedelt. Mit starker politischer Unterstützung haben auch die Pädagogischen Hochschulen in Baden-Württemberg mit der Einrichtung frühpädagogischer Studiengänge begonnen und betten diese damit in ein wissenschaftliches Lehr- und Forschungsumfeld ein, das durch die Ausrichtung auf die Institution Schule und die Ausbildung von Lehrerinnen und Lehrern geprägt ist. Programmatisch wirken die

Titel der Studiengänge, die die Fokussierung auf den Bereich der frühen Kindheit und ihrer Institutionen hervorheben und damit eine deutliche Abgrenzung zu den oft in langer Tradition stehenden Studienangeboten in Sozialer Arbeit signalisieren. Inwieweit sich die intendierte Spezialisierung auch im formalen Curriculum und weiter in den realen Lehrveranstaltungen wieder findet, ist ein Forschungsdesiderat, das sich bisher nur anhand von Einzelfallkenntnissen beantworten lässt. Faktisch werden in einigen der neuen Studiengänge Module gemeinsam für Studierende der Frühpädagogik und der Sozialen Arbeit angeboten.

Neben der allgemeinen Hochschulreife bzw. der Fachhochschulreife wurde anfänglich in einigen Studiengängen der Abschluss der fachschulischen Ausbildung zur Erzieherin vorausgesetzt. Diese Praxis wird aktuell jedoch nur noch selten weiter verfolgt. Ein vorgängiges Praktikum von mehrwöchiger bis zu halbjährlicher Dauer wird dagegen in den meisten Studiengängen verlangt. Generell sind praktische Anteile in die Ausbildung integriert, wobei die quantitative Relation und inhaltliche Vernetzung theoretischer und praktischer Ausbildungsanteile variieren. Formal sind die Bachelor-Abschlüsse an Fachhochschulen, Universitäten und Pädagogischen Hochschulen gleichgestellt. Die Regelstudienzeit beträgt zwischen sechs und sieben Semestern. An einigen Hochschulen erwerben die Absolventinnen mit dem akademischen Abschluss auch die staatliche Anerkennung als Erzieherin.

3.2 Berufsbegleitende Studiengänge an Fachhochschulen oder Universitäten, Abschluss B.A.

Strukturell unterscheiden sich berufsbegleitende Studiengänge von Präsenzangeboten durch die obligatorisch vorgeschaltete abgeschlossene Berufsausbildung und die einschlägige, in der Regel auch während der Studienzeit ausgeübte berufliche Tätigkeit der Studierenden. Diese Konstellation erfordert es, dass die Möglichkeit eines Teilzeitstudiums eingeräumt werden muss. Sie ist aber auch besonders gut geeignet, um die im Studium erworbenen theoretischen Wissensbestände für die reflektierte Weiterentwicklung alltagspraktischer Handlungskompetenz fruchtbar zu machen und umgekehrt die Praxisrelevanz von Theorien, Konzepten und Modellen beständig zu überprüfen. Noch ist die Zielgruppe der bereits im Beruf stehenden pädagogischen Fachkräfte im Zuge der Diskussion um eine Anhebung des Qualifikationsniveaus nicht ausreichend in den Blick genommen worden. Entsprechend gering ist das bisherige Angebot an berufsbegleitenden Studienangeboten. In der Realität sind allerdings nicht wenige berufstätige Erzieherinnen in den unter 3.1 beschriebenen grundständigen Studiengängen zu finden. Dies erklärt sich vorrangig aus der Gestaltung der Zulassungsvoraussetzungen, die mancherorts eine abgeschlossene Berufsausbildung als Erzieherin fordern und dadurch auch einen Personenkreis rekrutieren, der bereits berufstätig war und diesen Status aus persönlichen oder finanziellen Gründen nicht oder nicht vollständig aufgeben möchte. Angesichts des ungünstigen Passungsverhältnisses von beruflicher Tätigkeit und Studium mit hohen Präsenzanteilen und den daraus resultierenden Risiken der Mehrfachbelastung und evtl. des Studienabbruchs muss die Entwicklung von Studienangeboten für Berufstätige als prioritär eingestuft werden. Es steht zu erwarten, dass mit einem steigenden Angebot an berufsbegleitenden Studienangeboten die Praxis von Präsenzstudiengängen, einen vorgängigen Berufsabschluss als Zulassungskriterium zu fordern, nicht mehr angewendet werden wird.

3.3 Studiengänge an Fachhochschulen oder Universitäten, Abschluss M.A.

Masterprogramme, die im Bereich der Kinder- und Jugendhilfe, der Sozialen Arbeit oder des Sozialmanagements angesiedelt sind, existieren an vielen Hochschulen. Sie können auch für Absolventinnen der frühpädagogischen Studiengänge eine attraktive Option der Weiterqualifikation bieten. Ebenfalls wird auch die Entwicklung von inhaltlich voll anschlussfähigen Masterstudiengängen für Absolventinnen frühpädagogischer Bachelor-Studiengänge vorangetrieben. Das hochschulpolitische Interesse daran speist sich nicht zuletzt aus der prekären Mangelsituation an wissenschaftlichem Nachwuchs im frühpädagogischen Bereich und der dringenden Notwendigkeit, Qualifizierungskorridore für Personen zu schaffen, die an wissenschaftlicher Forschung und Lehre interessiert sind. An der TU Dresden hat im WS 07/08 der Masterstudiengang „Childhood Research and Education – Kindheitsforschung, Beratung und Bildung" begonnen; die Universität Halle-Wittenberg ist zeitgleich mit dem ambitionierten internationalen Master „European Master for Early Education and Care" gestartet, der allerdings aus sechs teilnehmenden Staaten jährlich jeweils nur 5 Bewerberinnen bedienen kann. Zum jetzigen Zeitpunkt ist noch nicht abzusehen, ob exklusiv auf den Bereich der frühen Kindheit spezialisierte Masterstudiengänge auf Dauer ausreichend viele Studieninteressierte rekrutieren können. Insofern dürften insbesondere Standorte, die Bachelorstudiengänge sowohl im Bereich Sozialer Arbeit als auch im Bereich der frühen Kindheit anbieten, Interesse haben, mittelfristig integrierte Masterprogramme z.B. mit Forschungs- oder Beratungsschwerpunkten bereit zu stellen, die Absolventinnen beider Studiengänge ansprechen. Entsprechende Bestrebungen gibt es u.a. an der Alice Salomon Hochschule Berlin, die im WS 08/09 mit einem Master „Praxisforschung in Sozialer Arbeit und Pädagogik" startet.

3.4 Verbundkonzepte Fachschule/Fachhochschule, Abschluss B.A.

Im Sinne der Gewährleistung vertikaler Durchlässigkeit und der Forderung nach der Anerkennung außerhochschulisch erworbener Kompetenzen entstehen in mehreren Bundesländern Studienangebote, bei denen der erste Teil der Ausbildung an Fachschulen für Sozialpädagogik absolviert bzw. die fachschulische Ausbildung in Teilen auf das Studium angerechnet wird. Relativ unproblematisch umsetzbar ist dieses Konzept, wenn eine direkte Kooperation zwischen spezifischen Fachschulen und der Hochschule besteht. Über vorab erfolgende pauschale Anerkennungsverfahren, deren Gültigkeit in Kooperationsvereinbarungen festgehalten wird, werden die Leistungen und workload-Anteile aus der fachschulischen Ausbildung auf das Studium angerechnet. Je früher solche Kooperationen angebahnt werden, desto höher ist die Chance, Inhalte und fachliches Niveau sinnvoll aufeinander abzustimmen. Entsprechende Verbundkonzepte existieren u.a. an der Hochschule für angewandte Wissenschaft und Kunst Hildesheim, Holzminden, Göttingen („Bildung und Erziehung B.A."), an der Fachhochschule München (Anrechnung von bis zu 90 Leistungspunkten aus vorgängiger Ausbildung an einer der bayerischen Fachakademien im Studiengang „Bildung und Erziehung im Kindesalter") und an der Fachhochschule Oldenburg, Ostfriesland, Wilhelmshaven im Studiengang „Integrative Frühpädagogik". Eine solche Lösung bindet jedoch an einem Studium interessierte Fachschülerinnen einerseits in hohem Maße an eine „abnehmende" Hochschule und mindert damit deren Wahlmöglichkeiten. Die Hochschulen wiederum sind aufgrund des einseitig auf die Kooperation zugeschnittenen Studienkonzepts auf ausreichend viele Studienanfängerinnen aus den Fachschulen angewiesen und begeben sich damit in gewisse Abhängigkeiten. Diese sind von nicht unwesentlicher Bedeutung, hängt doch die Finanzierung der Studiengänge häufig direkt von der Anzahl der jeweiligen Studienanfängerinnen ab.

Eine andere Möglichkeit der Anerkennung von in der Fachschule erworbenen Kompetenzen besteht in Einzelfallprüfungen, die auf unterschiedliche Art und Weise angelegt sein können. Neben der Erfüllung der formalen Voraussetzungen, die bei diesen Konzepten in der Regel den obligatorischen erfolgreichen Abschluss der Fachschulausbildung als Erzieherin oder als Heilerziehungspflegerin bzw. eine vergleichbare Qualifikation beinhalten, erfolgt an einigen Standorten eine Einstufungsprüfung in schriftlicher und/oder mündlicher Form. Auch wird der Einsatz von

Portfolios, die das bisherige Lernen und den Kenntnisstand der Bewerberinnen dokumentieren, erprobt. In Konsequenz werden den Studierenden dann in der Regel die ersten beiden Studiensemester anerkannt. Solch ein Konzept besteht u.a. an der Katholischen Fachschule Nordrhein-Westfalen (Studiengang „Bildung und Erziehung im Kindesalter" B.A.).

3.5 Aufwertung von Fachschulen zu Fachhochschulen, Abschluss B.A.

Im Zuge der Forderung nach einer breiten Akademisierung des frühpädagogischen Fachpersonals wird – vor allem von Fachschulseite – die Möglichkeit einer Aufwertung von Fachschulen zu Fachhochschulen diskutiert. Tatsächlich können die bereits existierenden Verbundkonzepte als ein erster Schritt dorthin betrachtet werden, bewerten sie doch die fachschulische Ausbildung als äquivalent zu den ersten beiden Studiensemestern an der Hochschule. Bei einer Angleichung der Zulassungsvoraussetzungen an Fachschulen und Fachhochschulen, wie das in einigen Bundesländern bereits der Fall ist, wäre zumindest das Eingangsniveau nivelliert und damit von der Ausgangslage her als gleichwertig zu betrachten. Langenmayr (2005) sieht in der Aufwertung von Fachschulen eine sinnvolle Entwicklung, wenn die Fachschulen weiterhin breiter – nunmehr aber auf akademischem Niveau – für erzieherische Tätigkeiten ausbilden würden, die Fachhochschulstudiengänge dagegen eine klare Spezialisierung anböten. Naiv wäre es allerdings, eine rein formale Angleichung oder Umbenennung mit einem Automatismus in Richtung höherwertige Ausbildung zu assoziieren, also quasi automatisch einen Zuwachs derjenigen Merkmale zu erwarten, die ein wissenschaftliches Studium charakterisieren. Umgekehrt ist man bisher aber auch die Antwort darauf schuldig geblieben, welche Unterschiede tatsächlich zwischen fachschulischen und hochschulischen Ausbildungsgängen bestehen und inwiefern sich Hochschulabsolventinnen in Fach- und Methodenkompetenz, Analyse-, Planungs- und Reflektionsfähigkeiten von Absolventinnen der Fachschulen unterscheiden.

4 Modelle der Akademisierung in inhaltlicher Systematik

Die derzeit eingerichteten bzw. geplanten Studienmodelle reflektieren in ihrer Gesamtheit den unabgeschlossenen Diskurs über die inhaltlich-fachliche Ausrichtung der hochschulischen Ausbildungsgänge, in dem es darum geht, das Verhältnis der Frühpädagogik zu angrenzenden Disziplinen und ihre Verortung innerhalb des Arbeitsfeldes der Kinder- und Jugendhilfe zu bestimmen. Aufgeworfen werden Fragen zur Relation von allgemeinen fach- und arbeitsfeldübergreifenden Qualifikationen zu spezifischen und genuin frühpädagogischen Inhalten, zur Relation von Handlungskompetenzen in der Arbeit mit Kindern und ihren Bezugspersonen versus der Ausbildung von Leitungs- und Managementkompetenzen sowie Fragen, die die Bezüge und Verbindungen zwischen Elementarbereich und Grundschule betreffen. Entsprechend gibt es Studienangebote, bei denen eine Verbindung von Frühpädagogik und Sozialer Arbeit angestrebt wird, ebenso wie Studiengänge, die Leitungs- und Managementqualifikationen betonen, und solche, die auf ein Themenfeld eng geführte Spezialisierungen offerieren. Dominierend bleibt aber das klare Bekenntnis zur Fokussierung auf die Bildung und Erziehung in der (frühen) Kindheit, auch wenn „Spielarten" entwickelt werden.

4.1 Studienangebote mit konsequenter Ausrichtung auf Pädagogik der frühen Kindheit

Die Mehrzahl der neu eingerichteten Studiengänge hebt sich deutlich von Studienangeboten im Bereich der Sozialen Arbeit oder der allgemeinen Erziehungswissenschaft ab. Sie wollen eine wissenschaftlich fundierte fachliche Ausbildung gewährleisten, die zuvorderst für eine qualitativ hochwertige pädagogische Arbeit mit Kindern und ihren Bezugspersonen qualifiziert. Damit einher geht die klare Absage an die Breitbandausbildung, wie sie an den Fachschulen vorgesehen ist. Anstelle der Qualifikation für die Arbeit mit Zielgruppen im Alter von 0 bis 27 Jahren in unterschiedlichen Institutionen der Kinder- und Jugendhilfe wird eine Fokussierung auf die frühe und mittlere Kindheit und auf die Institutionen Kindertagesstätte und Schule vorgenommen. Diese Ausrichtung entspricht weitgehend den Forderungen der Deutschen Gesellschaft für Erziehungswissenschaft zur Qualifizierung des Personals im Bereich der „Vorschulischen Pädagogik" (2006) nach Studienangeboten, die schwerpunktmäßig für die vorschulische Bildungsarbeit und für den Übergang vom Elementar- in den Primarbereich qualifizieren und dabei frühkindliche, sozialpädagogische und grundschulpädagogische Erziehungs- und Bildungskonzepte integrieren. Kritisch anzumerken bleibt, dass zukünftige Absolventinnen damit hochwertiger für ein eingeschränkteres Arbeitsfeld ausgebildet werden. Gleichzeitig wird ihnen – wahrscheinlich nicht unberechtigt – eine Aufstiegsorientierung unterstellt. Viele Studienpläne sehen deshalb Module vor, die Leitungs- und Managementkompetenzen vermitteln sollen. Diese Praxis korrespondiert vordergründig mit der Forderung, vorrangig potentielles Leitungspersonal auf Hochschulniveau zu qualifizieren, die u.a. von Seiten der Jugendministerkonferenz (2005) erhoben wird. Schon die quantitative Bemessung der leitungsbezogenen Inhalte in vielen Studiengängen wirft allerdings die Frage auf, ob hiermit tatsächlich fundiert das für Leitungstätigkeiten erforderliche Wissen und Können vermittelt werden kann oder ob in Wahrheit eher die Bereitstellung von überblicksartigem Grundlagenwissen dominiert und damit lediglich ein erstes Verständnis für und Heranführen an Leitungsaufgaben erreicht wird.

4.2 Integration von Frühpädagogik und Sozialer Arbeit

Eine deutliche Kritik an genuin frühpädagogischen Studienangeboten zur Qualifizierung von Erzieherinnen formuliert der Deutsche Berufsverband für Soziale Arbeit (2004), der insbesondere die Festlegung der Absolventinnen auf nur ein Arbeitsfeld und den Verlust der Bezugnahme zur Sozialen Arbeit mit ihrer Schlüsselkompetenz Erziehung befürchtet. Er schlägt vor, die Erzieherinnenausbildung nicht grundsätzlich zu akademisieren, sondern in Bereichen, die „ein fundiertes akademisches Wissen" erfordern, wie z.B. Anamnese, Diagnostik, Elternberatung, Gestaltung des Übergangs Kindertageseinrichtung/Schule oder Leitung, Absolventinnen von Studiengängen der Sozialen Arbeit/Sozialpädagogik einzusetzen. Tatsächlich hatten die bisherigen, an Fachhochschulen angesiedelten Diplom-Studiengänge den Anspruch, für den sozialen und sozialpädagogischen Bereich insgesamt zu qualifizieren, also auch für die Arbeit mit Kindern und in Kindertageseinrichtungen. Dieser Umstand fand jedoch keine Entsprechung in den Rekrutierungsprozessen der abnehmenden Organisationen. Vielmehr bildete sich gerade im Bereich der Kindertageseinrichtungen eine sozialpädagogische Subkultur mit spezifischen Qualifikationsstrukturen („akademikerfreie Zone") heraus (vgl. Rauschenbach 2005). Aus fachlich-inhaltlicher Sicht erscheint überdies die Vorstellung einer segmentierten Bildungs- und Erziehungsarbeit bedenklich, bei der akademisch ausgebildete Generalisten Aufgaben übernehmen, die vielleicht theoretisch, jedoch kaum handlungspraktisch aus der Verwobenheit mit alltäglichen pädagogischen Interaktionsprozessen herauszulösen sind. Unbestritten sind andererseits Wissensbestände, Fach-

und Methodenkompetenzen, wie sie in sozialen und sozialpädagogischen akademischen Ausbildungsgängen vermittelt werden, ebenso für frühpädagogische Handlungsfelder relevant. Trotz zunehmender Spezialisierung von Arbeits- und Handlungsfeldern des Sozial- und Bildungsbereiches werden gemeinsame Grundprämissen weiterhin Bestand haben. Die diesbezüglich an vielen Hochschulen vorhandene Lehr- und Forschungskompetenz nicht daraufhin zu überprüfen, inwieweit sie für eine akademisierte Erzieherinnenausbildung nutzbar gemacht werden kann, wäre möglicherweise eine immense Vergeudung von Ressourcen.

Insofern erscheint die Entwicklung von Studienangeboten sinnvoll, die eine Zusammenführung von Inhalten aus Studiengängen der Sozialen Arbeit und der Frühpädagogik konzeptionell vorsehen. Programmatisch betreiben dies die Hochschule für Technik und Wirtschaft des Saarlandes und die staatliche Studienakademie Breitenbrunn, die die Verbindung beider Disziplinen bereits im Studiengangstitel führen („Soziale Arbeit und Pädagogik der Kindheit B.A." resp. „Soziale Arbeit in der Elementarpädagogik" B.A.). Neben konzeptionellen Überlegungen werden allein schon aus Kapazitätsgründen an Fachbereichen mit sozialen und sozialpädagogischen Studiengängen Überschneidungen entstehen. Dies betrifft sowohl den Einsatz des vorhandenen Lehrpersonals in den neuen Studiengängen als auch die Planung gemeinsamer übergreifender Lehrveranstaltungen. Wie auch bei der Integration von Frühpädagogik und Grundschullehrerausbildung gilt es hier, das Risiko einer zu geringen Betonung spezifisch frühpädagogischer Herangehensweisen und Konzepte im Blick zu behalten.

4.3 Qualifikation für Leitungs- und Managementaufgaben

Fast alle neuen Bachelor-Studienangebote formulieren das Ziel, auch für die Übernahme von Leitungsaufgaben zu qualifizieren. Während bei der Mehrzahl davon jedoch die Vermittlung von Leitungskompetenzen quantitativ deutlich hinter den genuin frühpädagogischen Inhalten zurückbleibt, wenden sich einige Studienangebot explizit an Fachkräfte, die bereits in Leitungspositionen arbeiten oder diese anstreben, und weisen hier auch eine klare Schwerpunktsetzung aus. Diese Studiengänge qualifizieren berufserfahrene pädagogische Fachkräfte durch die Vermittlung von theoretischem Wissen und von Handlungskompetenzen in Planung, Organisation, Evaluation, Personalführung und Gestaltung von Veränderungs- und von Kommunikationsprozessen. Die Studiengänge sind so konzipiert, dass sie eine begleitende Berufstätigkeit nicht nur ermöglichen, sondern sogar voraussetzen. Deshalb stellt die Studienorganisation eine besondere Herausforderung dar und muss als ernsthaftes Kriterium für eine dauerhafte Nachfrage gelten. Im Allgemeinen werden Blockzeiten freitags und an den Wochenenden geplant sowie eine intensive Verschränkung von theoretischem Input, der Anwendung des Gelernten in den Praxisphasen und der nachgängigen Reflektion an der Hochschule angestrebt. Der erste akkreditierte Leitungsstudiengang im Elementarbereich wurde an der Fachhochschule Koblenz am Standort Remagen eingerichtet („Bildungs- und Sozialmanagement/Schwerpunkt Frühe Kindheit"); weitere Studienangebote sind entstanden, u.a. an der Katholischen Fachhochschule Freiburg („Management von Erziehungs- und Bildungseinrichtungen B.A."), der Katholischen Stiftungsfachhochschule München („Bildung und Erziehung im Kindesalter" mit möglicher Anerkennung von zwei Semestern bei vorgängiger Ausbildung an bayerischen Fachakademien) und der Universität Erfurt („Pädagogik der Kindheit B.A.").

4.4 Fachprofilbildende Studiengänge

Die neuen Studiengänge sind angetreten, das Proprium, also den Kern frühpädagogischen Wissens und Könnens, auf akademischem Niveau zu vermitteln. Gleichzeitig stehen sie in Konkurrenz zueinander und damit vor der Doppelaufgabe, die grundlegenden Inhalte nicht zu vernachlässigen und sich gleichzeitig von anderen Studienangeboten abzuheben. Die Selbstbeschreibungen der Studiengänge enthalten in der Mehrzahl Hinweise auf ihre profilbildenden fachlich-inhaltlichen Besonderheiten, z.B. in den Bereichen Religionspädagogik, Kultur und Medien, Interkulturelle Arbeit oder Arbeit mit Kindern mit Behinderungen. Allerdings drückt sich die jeweilige Schwerpunktsetzung nur an einigen Standorten sowohl im Titel des Studiengangs als auch deutlich im Verhältnis des Lehrangebots in den proklamierten Schwerpunkten zum restlichen Modulangebot aus. Diese Intransparenz ist eine Hürde auf dem Weg zu einer aufeinander abgestimmten, auf die Bedürfnisse und Nachfrage von Einrichtungsträgern und Fachpraxis zugeschnittenen Ausbildungslandschaft. Mit dem Studiengang „Integrative Frühpädagogik B.A." der FH Oldenburg/Ostfriesland/Wilhelmshaven, Standort Emden, und dem Studiengang „Sprachförderung und Bewegungserziehung B.A." der Pädagogischen Hochschule Karlsruhe sind aktuell zumindest zwei klar erkennbare profilbildende Studienangebote vorhanden. Deutliche Kritik an einer fachlichen Verengung äußert die Arbeitsgemeinschaft für Kinder- und Jugendhilfe (2006), die auf ein Themenfeld oder besondere methodische Zugangsformen eng geschnittene Spezialisierungen und Profilbildungen in hochschulische Weiterbildungs- und Spezialstudiengänge oder in die außerhochschulische Fort- und Weiterbildung verortet sehen möchte.

4.5 Integration von Frühpädagogik und Grundschullehramt

Ein weiterer Weg der Neugestaltung der Erzieherinnenausbildung liegt in der Anbindung an bzw. Integration in die Lehramtsausbildung für Grundschulen. Dies ist zurzeit ausschließlich an Universitäten und Pädagogischen Hochschulen möglich. An eine gemeinsame Grundausbildung für alle pädagogischen Fachkraftberufe könnten sich eigenständige Vertiefungen in Richtung Elementar- oder Primarbereich anschließen. Dieses Modell bietet nach Beher und Rauschenbach (o.J.) die Chance der stärkeren Vernetzung und Annäherung von Prozessen der Bildung und Erziehung in Kindertageseinrichtungen und Grundschule; dies gilt gleichermaßen für den schulischen Unterricht und die außerschulische Bildung, was durch die entstehenden Ganztagsschulkonzepte ohnehin an Bedeutung gewinnt. Die Anbindung der frühpädagogischen Ausbildung an die Lehrerbildung birgt jedoch auch Risiken, die inhaltlich vor allem in der Überbetonung schulpädagogischer und fachdidaktischer Herangehensweisen gesehen werden.

Die Universität Bremen ist die erste Universität Deutschlands, die einen polyvalenten Bachelor anbietet, der gleichzeitig auf die Arbeit in der Grundschule ausgerichtet ist und für die Tätigkeit im Elementarbereich qualifiziert. Für den sechssemestrigen Bachelor of Arts „Fachbezogene Bildungswissenschaften" werden zwei Fächer (Deutsch oder Elementarmathematik und Interdisziplinäre Sachbildung) mit fächerübergreifenden Anteilen und Fachdidaktik sowie Erziehungswissenschaft studiert und Angebote zu Schlüsselqualifikationen sowie vier Praktika absolviert, die z.T. in ausgewählten Kindertageseinrichtungen stattfinden und engmaschig begleitet werden. Die PH Schwäbisch Gmünd hat einen zweisemestrigen Erweiterungsstudiengang „Frühe Bildung" für Grundschullehrerinnen und -lehrer konzipiert, die ihre Kompetenzen im Bereich Frühförderung von Kindern im Vorschulalter sowie bei der Gestaltung des Übergangs vom Kindergarten in die Grundschule ausbauen möchten.

5 Übergreifende und spezifische Ansätze zur Qualitätssicherung

Wie generell im Kontext der Etablierung eines einheitlichen europäischen Hochschulraumes stellt die Akkreditierung von frühpädagogischen Studiengängen durch anerkannte Akkreditierungsagenturen ein zentrales Instrument ihrer Qualitätssicherung dar. Die Akkreditierung erfolgt nach Prüfung fachlich-inhaltlicher Mindeststandards, der Berufsrelevanz des zu vergebenden Abschlusses und der Kohärenz, Konsistenz und Studierbarkeit der Gesamtkonzeption des Studienganges. Sie wird im Rahmen eines transparenten, formalisierten externen Begutachtungsverfahrens (peer review) befristet vergeben, so dass der Studiengang nach Ablauf einer bestimmten Zeit erneut überprüft werden muss. Um das Akkreditierungsverfahren erfolgreich zu durchlaufen, sind inhaltliche, konzeptionelle und organisatorische Abstimmungsprozesse und Festlegungen notwendig, die aufwändig dokumentiert werden müssen. Insofern bietet die Akkreditierung eine gewisse Orientierung für Hochschulen, Studierende und Arbeitgeber hinsichtlich der Qualität von Studienangeboten, ohne die Hochschulen inhaltlich besonders stark festzulegen.

Im fachwissenschaftlichen Diskurs wird insbesondere die Notwendigkeit, Ziele, Inhalte und anzustrebende Lernergebnisse in frühpädagogischen Studiengängen zu regulieren oder jedenfalls orientierende Materialien bereit zu stellen, als vordringlich dargestellt und behandelt. Entsprechende Initiativen gehen von der Deutschen Gesellschaft für Erziehungswissenschaft und der Robert Bosch Stiftung aus, die mit dem Projekt PiK – Profis in Kitas einen Qualitätsschub für die Aus- und Weiterbildung von Frühpädagogen auslösen will (www.profis-in-kitas.de). Beiden Organisationen gemeinsam ist die Überzeugung von der Notwendigkeit eines Kerncurriculums für die Vermittlung von frühpädagogischem Wissen und Können auf akademischem Niveau. Dazu hat der Vorstand der DGfE ein Kerncurriculum für das grundständige universitäre erziehungswissenschaftliche Studium mit der Studienrichtung Pädagogik der frühen Kindheit entwickelt, welches allerdings keine Ausbildung für Erzieherinnen darstellt, sondern für Aufgaben auf Beratungs-, Entwicklungs- und Steuerungsebenen und für die wissenschaftliche Laufbahn qualifiziert (Deutsche Gesellschaft für Erziehungswissenschaft 2008). Die Festlegung eines gemeinsamen Kerns an Studieninhalten als verbindliches Minimum soll der Vergleichbarkeit des Studiums an verschiedenen Universitätsstandorten dienen, die Mobilität der Studierenden erleichtern und die Verständigung der Studienabsolventen in den verschiedenen Berufsfeldern verbessern. Gemäß der breiteren Anlage erziehungswissenschaftlicher Studiengänge an Universitäten ist der spezifisch frühpädagogische Anteil auf Bachelor-Ebene mit 36 Leistungspunkten vom Umfang her geringer angelegt als die allgemeinen erziehungswissenschaftlichen Studien, die mit 52 Leistungspunkten ausgewiesen werden. Auf Master-Ebene erfolgt dann eine Umverteilung mit Stärkung der frühpädagogischen Anteile.

Die Projektstruktur des von der Robert Bosch Stiftung geförderten Projekts PiK-Profis in Kitas sieht neben der Förderung von konkreten Studiengängen an fünf ausgewählten Hochschulstandorten auch die hochschulübergreifende Arbeit an Querschnittsthemen vor. Eines der Querschnittsthemen ist die Entwicklung eines Qualifikationsrahmens für frühpädagogische Fachkräfte, der im Juni 2007 einer ausgewählten Fachöffentlichkeit vorgestellt wurde und Eingang in einen Orientierungsrahmen für die Entwicklung frühpädagogischer Studiengänge gefunden hat (Robert Bosch Stiftung 2008). Der Orientierungsrahmen basiert auf einer Sichtung vorhandener Konzepte, Veröffentlichungen und auch empirischer Untersuchungen. Weitere zentrale Bezugspunkte sind Standards, die auf deutscher und europäischer Ebene entwickelt worden sind, u.a. die Rahmenvereinbarung über die Ausbildung und Prüfung von Erziehern/Erzieherinnen (Ständige Konferenz der Kultusminister der Länder 2000), der Qualifikationsrahmen für deutsche Hochschulabschlüsse (Ständige Konferenz der Kultusminister der Länder 2005) und der Qualifikationsrahmen für soziale Arbeit (Fachbereichstag Soziale Arbeit 2006).

6 Risiken und Chancen von Akademisierung und Profilbildung

Wenn von Akademisierung gesprochen wird, geht es – dies sollte durch die inhaltliche Systematisierung deutlich geworden sein – weniger um eine generelle Transponierung der fachschulischen Ausbildungsinhalte als vielmehr um eine mehr oder weniger starke Spezialisierung auf die Pädagogik der (frühen) Kindheit. Damit verbunden ist aus professionspolitischer Sicht eine weitere Ausdifferenzierung der sozialpädagogischen Berufe und mittelfristig ein Konkurrenzszenario im Hinblick auf die bereits vorhandenen einschlägigen Hochschulausbildungen (Sozialpädagogik, Soziale Arbeit, Erziehungswissenschaft). Aus individueller Perspektive kann dies eine Einschränkung des potentiellen Tätigkeitsfeldes und damit einen Verlust anderer beruflicher Optionen bedeuten.[6] Ebenfalls auf individueller Seite der Absolventinnen verbleibt das Risiko des Berufseinstiegs mit einem in dieser Form noch nicht bekannten Abschluss. Mit den neuen Studienabschlüssen verbundene Ambivalenzen auf Abnehmerseite dürften sich zum einen auf das Theorie-Praxis-Verhältnis beziehen – die Angst vor praxisfernen Theoretikerinnen wird von Trägerseite häufig artikuliert. Die hochschulische Ausbildung muss darauf mit Formaten reagieren, innerhalb derer die sich wechselseitig ergänzenden Lern- und Erfahrungsmöglichkeiten an den Lernorten Hochschule und Fachpraxis (Praktika) wirksam aufeinander bezogen werden können (vgl. Nentwig-Gesemann/von Balluseck 2008). Sie muss weiter darauf abzielen, bei den Studierenden professionelle Selbstbilder und Haltungen zu befördern, die ein forschendes Lernen sowohl bei den Kindern als auch für die eigene Weiterentwicklung bejahen und im Sinne eines auf pädagogischem Professionswissen aufruhenden Habitus in pädagogischen Alltagssituationen handlungswirksam werden (Nentwig-Gesemann 2007). Weitere Unsicherheitsfaktoren, die Hindernisse für die Berufseinmündung darstellen könnten, sind nicht hochschulseitig abzufedern. Dies trifft beispielsweise auf Irritationen zu, die die formale Höherqualifizierung einer neuen Mitarbeiterin im Team auslösen könnte, als auch darauf, dass noch nicht einschätzbare Auswirkungen auf das Tarifgefüge manche Träger von der Einstellung einer Hochschulabsolventin abhalten könnten. Andererseits liegen hier auch gerade die Chancen der Akademisierung, nämlich in der gesellschaftlichen, auch monetären Aufwertung des Bereichs frühkindlicher Bildung, Erziehung und Betreuung, die eventuell auch zu der vielfach angemahnten Erhöhung des Anteils an männlichen Fachkräften führen könnte.

Es gibt gute Gründe für die Annahme, dass es angesichts der Entwicklungen der letzten Jahre zu dem gewünschten Professionalisierungsschub kommen wird – und zwar auf mehreren Ebenen. Im Praxisfeld selbst zeichnen sich bereits jetzt Veränderungen durch die Qualitätsdebatte und die damit verbundenen gesetzlichen Anforderungen an Evaluation und Qualitätssicherung sowie durch die Implementierung von Bildungsplänen bzw. -programmen ab. An den Fachschulen wird die Umsetzung der oben beschriebenen Reformkonzepte ebenso Impulse setzen wie auch der angesichts der Konkurrenzsituation zu den Bachelor-Studiengängen entstandene und nicht zu leugnende Qualitäts- und Rechtfertigungsdruck. Und schließlich wird eine Veränderungsdynamik zu einem nicht unerheblichen Anteil durch die neuen frühpädagogischen Bachelor-Studiengänge entstehen, deren Absolventinnen in Gruppen- oder auch Einrichtungsleitungspositionen als Expertinnen für die frühe Kindheit tätig werden und dazu beitragen, den bisher bisweilen völlig fehlenden, oft aber zumindest verlangsamten und verkürzten Transfer von aktuellen fachwissenschaftlichen Erkenntnissen und Konzepten in die frühpädagogische Praxis zu befördern.

Rechtfertigungsdruck besteht indes nicht nur für die Fachschulen; auch die frühpädagogischen Studiengänge können sich ihrer intendierten Wirkungen nicht gewiss sein, denn empirische Belege für ihre berufsbiografischen Sozialisationsleistungen, ihre Qualität, ihre differentiellen Effekte auf Einstellungen und Kompetenzen oder gar ihre Überlegenheit gegenüber traditionellen nicht-akademischen Ausbildungsgängen sind nicht vorhanden. Notwendig ist deshalb die wissenschaftliche Begleitung und Evaluation der Reformen. Damit könnten die bisherigen, fast nur in anekdotischer Form vorliegenden Erkenntnisse über Bedingungen und Wirkungen von Professionalisierungsprozessen im Rahmen der Ausbildung von Frühpädagoginnen an Hochschulen erweitert und vergleichenden Analysen zugänglich gemacht werden.

Anmerkungen

1 Da der weitaus größte Teil des frühpädagogischen Fachpersonals weiblich ist, wird zur sprachlichen Vereinfachung im Text durchgängig die weibliche Form benutzt.
2 Die Fachschule ist damit im engeren Sinne keine grundständig berufsqualifizierende Institution, sondern eine Weiterbildungseinrichtung. Die vorgängige Berufsausbildung wird allerdings häufig durch ein einjähriges Vorpraktikum kompensiert.
3 Ob diese Zielsetzung der Realität an den Fachschulen entspricht, lässt sich, Engelhardt/Ernst (1992) folgend, durchaus bezweifeln, da sich gerade an Fachschulen in freier Trägerschaft oftmals eigene Traditionen bezüglich der inhaltlichen Schwerpunktsetzungen gebildet haben.
4 Inwieweit sich Fachschulen von dieser Art der Wissensvermittlung durch die weiter oben beschriebenen neuen Konzepte bereits entfernt haben, ist ebenso wenig empirisch erfasst wie die anzunehmende hohe Varianz an Lehrkonzepten – von traditionell-verschult bis innovativ-konstruktivistisch – und ihrer Realisierung an einzelnen Standorten.
5 Die Recherche erfolgte in Kooperation mit der Bundesarbeitsgemeinschaft Bildung und Erziehung im Kindesalter (BAG-BEK). Die Autorin dankt der BAG-BEK für die kollegiale Unterstützung.
6 Angaben über den Anteil von Erzieherinnen, die in Kindertageseinrichtungen tätig sind, im Verhältnis zu allen ausgebildeten Erzieherinnen schwanken je nach Berechnungsmodus zwischen 43% und über 85% (Rauschenbach 2006, S. 20; Beher 2006, S. 83).

Anschrift der Verfasserin: Prof. Dr. Susanne Viernickel, E-Mail: viernickel@asfh-berlin.de, Alice Salomon Hochschule, Alice-Salomon-Platz 5, 12627 Berlin, Tel.: 99245-408

Literatur

Arbeitsgemeinschaft für Kinder- und Jugendhilfe (2006): Anforderungen an die hochschulische Qualifizierung von Fachkräften der Kinder- und Jugendhilfe. – URL: http://www.agj.de/pdf/5/2006/hochschulische_Qualifizierung.pdf – Download vom 06.06.2008.
BAGKAE/BEA/BöefAE (2004) = Bundesarbeitsgemeinschaft katholischer Ausbildungsstätten für Erzieherinnen/Erzieher/Bundesverband evangelischer Ausbildungsstätten für Sozialpädagogik/Bundesarbeitsgemeinschaft öffentlicher und freier nicht konfessionell gebundener Ausbildungsstätten für Erzieher/innen: Zukunftsfähigkeit der Ausbildung von Erzieherinnen und Erziehern in der Bundesrepublik Deutschland: Gemeinsames Positionspapier. – URL: http://www.boefae.de/dokumente/download/2004_Positionspapier_DINA5.pdf – Download vom 01.06.2008.
Beher, K. (2006): Die Fachkräfte: Aufgabenprofile und Tätigkeitsanforderungen. In: Diller, A./Rauschenbach, Th. (Hrsg.): Reform oder Ende der Erzieherinnenausbildung? Beiträge zu einer kontroversen Fachdebatte. – München, S. 79-93.
von Derschau, D. (1987): Personal: Entwicklung der Ausbildung und der Personalstruktur im Kindergarten. In: Erning, G./Neumann, K./Reyer, J. (Hrsg.): Geschichte des Kindergartens. Band II: Institutionelle Aspekte, systematische Perspektiven, Entwicklungsverläufe. – Freiburg, S. 67-81.
Deutsche Gesellschaft für Erziehungswissenschaft. Der Vorstand (2006): Stellungnahme zur Qualifizierung des Personals im Bereich der „Vorschulischen Pädagogik". In: Erziehungswissenschaft, Jg. 16, Bd. 31, S 16-17.
Deutsche Gesellschaft für Erziehungswissenschaft (2008): Kerncurriculum Erziehungswissenschaft. Empfehlungen der Deutschen Gesellschaft für Erziehungswissenschaft. Erziehungswissenschaft, Jg. 19, Sonderband.

Deutscher Berufsverband für Soziale Arbeit (2004): Wir brauchen eine Qualifikation in der Breite. Stellung zur Diskussion über die Zukunft der Kindertageseinrichtungen und zur Akademisierung der Ausbildung von ErzieherInnen. – URL: http://www.kindergartenpaedagogik.de/1120.html – Download vom 18.07.2008.

Dippelhofer-Stiem, B. (1999): Fachschulen für Sozialpädagogik aus der Sicht von Absolventinnen. Ergebnisse einer empirischen Studie. In: Thiersch, R./Höltershinken, D./Neumann, K. (Hrsg.): Die Ausbildung der ErzieherInnen. Entwicklungstendenzen und Reformansätze. – Weinheim, S. 80-92.

Ebert, S. (2004): Die ErzieherInnen-Ausbildung (3). Das Lernfeldkonzept. In: Kindergarten heute, Jg. 34, Heft 1, S. 20-29.

Engelhardt, W.J./Ernst, H. (1992): Dilemmata der Erzieher/innenausbildung zwischen Institution und Profession. In: Zeitschrift für Pädagogik, Jg. 38, S. 419-435.

Fachbereichstag Soziale Arbeit (Hrsg.) (2006): Qualifikationsrahmen Soziale Arbeit. – URL: http://www.ku-eichstaett.de/Fakultaeten/SWF/downloads/HF_sections/ content/QR%20SArb.pdf – Download vom 20.06.2008.

Beher, K./Rauschenbach, T. (o.J.): Soziale Ausbildung im Wandel. Ein Positionspapier zur Neugestaltung. – URL: http://www.dji.de/bibs/231_3.pdf - Download vom 28.07.2008.

Fuchs, H.-W. (1997): Bildung und Wissenschaft in der SBZ/DDR. 1945 – 1989. Beiträge aus dem Fachbereich Pädagogik der Universität der Bundeswehr. – Hamburg.

Geene, R./ Borkowski, S. (o.Jg.): Elementarpädagogik im Wandel. Überlegungen an eine neue Professionalität. – URL: www.kindergartenpädagogik.de/1678.html – Download vom 07.06.2008.

Jugendministerkonferenz (1998): Weiterentwicklung der Struktur der Ausbildung von Erzieherinnen und Erziehern. Beschluss. – URL: http://www.mbjs.brandenburg.de/media/lbm1.a.1222.de/52jmk_98.pdf – Download vom 10.06.2008.

Jugendministerkonferenz (2001): „Lernort Praxis" in der Ausbildung von Erzieherinnen und Erziehern. Beschluss.- URL: http://www.mbjs.brandenburg.de/sixcms/media.php/1222/52jmk01_beschl.pdf – Download vom 06.06.2008.

Jugendministerkonferenz (2005): Aufgabenprofile und Qualifikationsanforderungen in den Feldern der Kinder- und Jugendhilfe. – URL: http://www.mbjs.brandenburg.de/sixcms/detail.php/5lbm1.c.46058.de – Download vom 06.06.2008.

Langenmayr, M. (2005): Quo vadis Erzieher/innen-Ausbildung? Acht Anfragen aus der Sicht der Fachschulen/Fachakademien für Sozialpädagogik. In: Kita spezial, Sonderheft 3/2005, S. 39-45.

Müller-Neuendorf, M. (2006): Ist die Ausbildung der Erzieher und Erzieherinnen an Fachschulen noch zukunftsfähig? In: Diller, A./Rauschenbach, Th. (Hrsg.): Reform oder Ende der Erzieherinnenausbildung? Beiträge zu einer kontroversen Fachdebatte. – München, S. 167-180.

Nentwig-Gesemann, I. (2007): Forschende Haltung. In: Sozial extra, Jg. 31, Heft 5, S. 20-22.

Nentwig-Gesemann, I./von Balluseck, H. (2008): Wissen, Können, Reflexion. In: Sozial extra, Jg. 32, Heft 3, S. 28-32.

Oberhuemer, P. (2006): Zur Reform der Erzieherinnen- und Erzieherausbildung im internationalen Vergleich. In: Fried, L./Roux, S. (Hrsg.): Pädagogik der frühen Kindheit. Handbuch und Nachschlagewerk –Weinheim, S. 367-375.

Rauschenbach, T. (2005): Erzieherinnen in neuer Höhenlage. Unbeabsichtigte Nebenwirkungen einer beabsichtigten Ausbildungsreform. In: Erziehungswissenschaft, Jg. 16, Bd. 31, S. 18-35.

Rauschenbach, T. (2006): Ende oder Wende? Pädagogisch-soziale Ausbildungen im Umbruch. In: Diller, A./Rauschenbach, T. (Hrsg.). Reform oder Ende der Erzieherinnenausbildung? Beiträge zu einer kontroversen Fachdebatte. – München, S. 13-34.

Rauschenbach, T./Beher, K./Knauer, D. (1996). Die Erzieherin - Ausbildung und Arbeitsmarkt. – Weinheim.

Robert Bosch Stiftung (Hrsg.) (2008): Qualifikationsrahmen Frühpädagogik B.A. – URL: http://www.profis-in-kitas.de/fruepaedagogik%20studieren/ausgangspunkte/qualifikationsrahmen-1 – Download vom 22.06.2008.

Schmidt, Th. (2005): Entwicklungen in der Ausbildung von ErzieherInnen. In: Zeitschrift für Pädagogik, Jg. 51, S. 713-728.

Sell, S. (2004): Hochschulausbildung für Erzieherinnen zwischen Wunsch, Wirklichkeit und Hartz IV. Ein Blick auf die Landschaft neuer Studienmodelle. In: Theorie und Praxis der Sozialpädagogik, 9-10/2004, S.88-93.

Ständige Konferenz der Kultusminister der Länder (2000): Rahmenvereinbarung zur Ausbildung und Prüfung von Erziehern/Erzieherinnen. – URL: http://www.kmk.org/doc/beschl/rverzieher.pdf – Download vom 20.06.2008.

Ständige Konferenz der Kultusminister der Länder (2002): Rahmenvereinbarung über Fachschulen. – URL: http://www.kmk.org/doc/beschl/rvfachschul.pdf – Download vom 16.06.2008.

Ständige Konferenz der Kultusminister der Länder (2005): Qualifikationsrahmen für deutsche Hochschulabschlüsse.- URL: http://www.kmk.org/doc/beschl/BS_050421_Qualifikationsrahmen_AS_Ka.pdf – Download vom 20.06.2008.

Thole, W./Cloos, P. (2006): Akademisierung des Personals für das Handlungsfeld Pädagogik der Kindheit. In: Diller, A./Rauschenbach, Th. (Hrsg.): Reform oder Ende der Erzieherinnenausbildung? Beiträge zu einer kontroversen Fachdebatte. – München, S. 47-78.

Hans-Günther Roßbach, Katharina Kluczniok, Susanne Kuger

Auswirkungen eines Kindergartenbesuchs auf den kognitiv-leistungsbezogenen Entwicklungsstand von Kindern

Zusammenfassung:
Vor dem Hintergrund der gegenwärtigen Diskussion um eine stärkere Bildungsförderung im Kindergarten hat der Beitrag zum Ziel, den aktuellen Forschungsstand über Auswirkungen eines Besuchs institutioneller Betreuungsformen in der frühen Kindheit zu sichten. Auf der Basis methodisch gut abgesicherter Längsschnittstudien wird zentral analysiert, welche längerfristigen Auswirkungen institutionelle Betreuung und ihre Qualität im Kindergartenalter auf den kognitiv-leistungsbezogenen Bereich bis in die Grundschule hinein haben. Des Weiteren wird der Frage nachgegangen, ob sich kompensatorische Fördereffekte bei Kindern aus benachteiligten Familien identifizieren lassen und inwieweit die Anregungsqualität von Kindergarten und Grundschule miteinander in Beziehung stehen. Im Ergebnis lassen sich generell kurz- und längerfristige positive Auswirkungen eines Kindergartenbesuchs festhalten. Benachteiligte Kinder profitieren von einem Kindergartenbesuch insbesondere von einem qualitativ hochwertigen Kindergartensetting. Ein inkonsistentes Bild ergibt sich im Hinblick auf das Zusammenspiel von Kindergarten- und Grundschulqualität.

Schlüsselwörter: Grundschule – Kindergarten – Qualität

Abstract:
The Effects of Attending a Kindergarten on Children's Cognitive and Performance-Related Development. In view of the German discussion regarding a more curriculum-guided education in German preschooling, the present paper summarizes the current state of international research and analyses the effects of childcare on early childhood development. The paper analyses the long-term effects institutional care and education during the preschool years – and its quality – have on children's cognitive development and achievement in primary school based on methodologically sound longitudinal studies. Furthermore it analyses whether family risk factors can be compensated for and to what extent quality in preschool and in primary school are interrelated. We conclude that preschool attendance results in overall positive outcomes in the short-run as well as in the long-run. Especially children coming from at-risk-families seem to profit from high quality childcare. However, results concerning the interrelatedness of quality in preschool and primary school must be seen as inconsistent.

Keywords: kindergarten – preschool – quality – elementary school

Die gegenwärtige öffentliche Diskussion um mehr Bildung im Kindergarten[1] ist für die Frühpädagogik nicht neu. Bereits in der Bildungsreform der 1960er/70er Jahre wurde die Bildungsfunktion des Kindergartens betont. An den Kindergarten wurden hohe Erwartungen gerichtet: Er sollte dazu beitragen, das allgemeine Bildungsniveau aller Schüler anzuheben, die Bildungsreserven auszuschöpfen sowie die Sozialisationsdefizite von sozial unterprivilegierten Kindern im Sinne kompensatorischer Erziehung auszugleichen, bevor die Kinder mit dem Schulbesuch beginnen. Auch der in der Vergangenheit häufig wegen seiner Fokussierung auf soziales Lernen gescholtene „Situationsansatz" bzw. das „Curriculum Soziales Lernen" ist von der Grundstruktur her ein Bildungsansatz, der sachbezogenes Lernen, d.h. den Erwerb von Kenntnissen und Fertigkeiten, einem sozialen Lernens unterordnet, d.h. einem Lernen, das direkt zur Bewältigung einer Lebenssituation beiträgt (vgl. Zimmer 2000). Die Betonung der Bildungsfunktion des Kindergartens war aber nicht gleichbedeutend mit einer Vorverlegung schulischen Lernens oder einer eng verstandenen Vorbereitung auf die Schule – auch wenn dies oft von Kritikern unterstellt wurde. Vielmehr wurden der besondere Charakter vorschulischen Lernens und eine Eigenständigkeit des Bildungsauftrags des Kindergartens gegenüber dem der Grundschule betont (vgl. Roßbach 2006). Ein weiteres – bedauerliches – Kennzeichen der Bildungsreform ist das weitgehende Fehlen von systematischen empirischen Evaluationen der vielen damals angestoßenen Reformmaßnahmen, so dass kaum etwas darüber bekannt ist, welche Auswirkungen diese tatsächlich hatten (vgl. Fried et al. 1992; Roßbach 2008).

In vielen Aspekten ist die gegenwärtige Diskussion um die Bildungsfunktion des Kindergartens – nicht zuletzt ausgelöst durch die Suche nach Konsequenzen aus dem schlechten Abschneiden von Schülern in Deutschland in internationalen Schulleistungsvergleichsstudien – ähnlich zu jener in den 1960er/70er Jahren (vgl. Roßbach 2004). Eine Stärkung des Bildungsauftrags und eine stärkere kognitive Förderung im Kindergarten sollen für eine allgemeine Anhebung des Kompetenzniveaus der Kinder und eine Reduzierung von sozial bedingten Ungleichheiten, speziell auch im Hinblick auf Kinder mit Migrationshintergrund, einen besonderen Beitrag leisten – ohne schulisches Lernen vorweg zu nehmen. Damals wie heute ist – zumindest in Deutschland – die Forschungsbasis über mögliche Auswirkungen einer qualitativ hochwertigen Kindergartenpraxis schmal, so dass unsicher ist, ob und wie die hohen Erwartungen von der Kindergartenpraxis erfüllt werden können. Der folgende Beitrag hat deshalb zum Ziel, den gegenwärtigen Forschungsstand über mittel- und längerfristige Auswirkungen des Besuchs einer vorschulischen institutionellen Betreuungsform zu sichten. Im Mittelpunkt stehen dabei Einrichtungen für Kinder ab etwa dem vollendeten 2. oder 3. Lebensjahr bis zum Eintritt in die Schule. Die Konzentration auf diese Altersgruppe erfolgt aufgrund der gegenwärtigen öffentlichen Diskussion um die Bildungsbedeutung des Kindergartens und impliziert keine Abwertung der Bildungsmöglichkeiten in institutionellen Betreuungen für jüngere Kinder (für diese Altersgruppe vgl. Roßbach 2005). Der Schwerpunkt wird aus pragmatischen Gründen auf Auswirkungen im kognitiv-leistungsbezogenen Bereich liegen, wenn möglich auf spätere Auswirkungen während der Schulzeit (hier speziell die für den schulischen Erfolg besonders wichtigen Bereiche Lesen und Mathematik). Damit soll in keiner Weise die Bedeutung eines Kindergartenbesuchs für die Entwicklungen im sozial-emotionalen Bereich geschmälert werden. Die Förderung von sozial-emotionalen Kompetenzen gehört zentral zum Selbstverständnis des Kindergartens und ist auch in ihrer Funktion für die kognitiv-leistungsbezogene Entwicklung wichtig. Eine parallele Berücksichtung beider Aspekte würde aber den Rahmen dieser Arbeit überschreiten.

Der Beitrag geht davon aus, dass für eine Analyse der kurz- und mittelfristigen Auswirkungen ein breiterer konzeptueller Rahmen erforderlich ist, der nicht nur die institutionellen Betreuungserfahrungen alleine, sondern auch z.B. die nachfolgenden schulischen Erfahrungen berücksichtigt. Die Grundhypothese ist, dass die kindliche Kompetenzentwicklung und der zu einem Zeitpunkt erreichte Kompetenzstand als Ergebnis der Kumulation von Erfahrungen in verschiedenen synchron und diachron erlebten Kontexten betrachtet werden muss. In der Zeit vor Beginn der Pflichtschule sind vor allem die Settings Familie und Kindergarten von Bedeutung; mit Eintritt in die Schule kommen die schulische Umwelt wie auch spezifische familiale Aspekte während der Schulzeit hinzu. Diese Kontexte können in unterschiedlicher Qualität auftreten; im Hinblick auf den Kindergarten kann zusätzlich danach unterschieden werden, ob dieses Setting überhaupt für ein Kind gegeben ist oder nicht. Jeder dieser Kontexte kann als solcher, d.h. unabhängig von den anderen, Auswirkungen auf die kindliche Entwicklung haben (in varianzanalytischer Terminologie: Haupteffekte). Zudem sind auch spezifische Kombinationen der Kontexte von Interesse (in varianzanalytischer Terminologie: Interaktionseffekte). Dies betrifft zum einen Zusammenhänge mit familialen Merkmalen, wenn z.B. besondere Auswirkungen einer guten Kindergartenqualität für Kinder aus benachteiligten Familien angenommen werden. Zum anderen kann gefragt werden, ob Auswirkungen der Kindergartenqualität davon abhängen, ob nachfolgend eine gute oder schlechte Grundschulqualität erfahren wird. Der folgende Forschungsüberblick umfasst solche Untersuchungen, die sich – von ihrem Design oder von der Interpretation ihrer Ergebnisse her – auf diesen Rahmen beziehen lassen.

Da es kaum entsprechende Untersuchungen in Deutschland gibt, wird besonders auf die internationale Forschungsliteratur eingegangen. Im Mittelpunkt stehen neuere und methodisch gut abgesicherte Längsschnittstudien aus dem angloamerikanischen Raum sowie Mitteleuropa. Das besondere Augenmerk liegt dabei auf den Studien, die zum einen mit Stichproben durchgeführt wurden, deren Spektrum (z.B. im Hinblick auf den familialen Hintergrund) Vergleiche mit Deutschland ermöglichen, und die zum anderen – jenseits der Unterschiede in den frühpädagogischen Traditionen der Länder – Qualitätsaspekte der pädagogischen Arbeit spezifizieren, die auch in der deutschen Diskussion über die Ausgestaltung der Kindergartenarbeit Relevanz haben (z.B. „kindangemessene" Pädagogik; bereichsspezifische Förderung, wie sie auch in den gegenwärtigen Bildungs- und Orientierungsplänen der Bundesländern betont wird, vgl. Roßbach 2008).

In den verschiedenen Untersuchungen werden zum Teil unterschiedliche „Qualitätsmerkmale" berücksichtigt. Pragmatisch wird in diesem Beitrag folgende Begrifflichkeit benutzt: Der Begriff „Anregungsqualität" bezeichnet als Oberbegriff die verschiedenen Qualitätsaspekte; vergleichbar werden die Begriffe „Kindergartenqualität" und „Schulqualität" für die institutionellen Kontexte und „Familienqualität" für den familialen Kontext verwendet. Oftmals werden drei Qualitätsdimensionen differenziert: Unter „Prozessqualität" werden die beobachtbaren pädagogischen Interaktionen und Förderprozesse in den verschiedenen Umwelten angesprochen. Zur Erfassung werden in der Regel Beobachtungsverfahren benutzt. Für die familiale/häusliche Anregungsqualität wird häufig die Home Observation for the Measurement of the Environment – HOME (Caldwell/ Bradley 1984) eingesetzt. Ein Beispiel für die Erfassung der Prozessqualität/Unterrichtsqualität in der Grundschule ist das von Helmke und Schrader (1997) im Rahmen des SCHOLASTIK-Projekts entwickelte Beobachtungsverfahren. Im Kindergartenbereich (vgl. auch Kuger/Kluczniok 2008) wird international häufig die Early Childhood Environment Rating Scale – ECERS (Harms/Clifford 1980; Harms/Clifford/Cryer 1998) eingesetzt, um die allgemeine oder globale („kindangemessene") Qualität des pädagogischen Geschehens sowie den entwicklungsangemessenen und auf die Bedürfnisse der Kinder abgestimmten Umgang mit diesen einzuschätzen. Zur Erfassung der auf spezifische Bereiche (wie z.B. Sprache, Mathematik) gerichteten Förderqualität in einer Kindergartengruppe kann z.B. auf die Early Childhood Environment Rating Scale – Extension (Sylva/Siraj-Blatchford/Taggart 2003) zurückgegriffen werden, die ursprünglich auf das englische Curriculum bezogen war, aber auch in anderen Ländern eingesetzt wird. Der Begriff der „Strukturqualität" umfasst relativ stabile Rahmenbedingungen in einer Umwelt (z.B. Gruppen- oder Klassengröße im Kindergarten/in der Schule; Anzahl der Bücher im Familienkontext). Gelegentlich werden unter „Orientierungsqualität" die pädagogischen Orientierungen, Ziele und Einstellungen der Akteure in den verschiedenen Umwelten angesprochen.

Vor diesem Hintergrund sind drei Fragen für den Forschungsüberblick leitend, die sich auf die Auswirkungen eines Kindergartenbesuchs und seiner Qualität – unabhängig von den anderen Kontexten – sowie auf Kombinationseffekte des Kindergartenbesuchs mit der familialen Anregungsqualität und/oder der nachfolgenden Unterrichtsqualität in der Grundschule beziehen:

– Welche längerfristigen Auswirkungen haben der Besuch eines Kindergartens und seine Qualität auf die kognitiv-leistungsbezogene Entwicklung von Kindern? Bleiben Effekte bestehen, schwächen sie sich ab oder treten sie später sogar stärker hervor („Sleeper-Effekte")?

– Wie verhält sich die Förderung im Kindergarten zur Förderung in der Familie? Gelten die Auswirkungen der Förderung im Kindergarten gleichermaßen für alle Kinder oder profitieren davon bestimmte Gruppen besonders (z.B. benachteiligte Kinder, Kinder mit Migrationshintergrund)?
– Wie wirken Qualität eines Kindergartens und spätere Qualität des Schulbesuchs zusammen? Führt nur eine gute Qualität in Kindergarten plus Grundschule zu besonderen Fördereffekten, während beide Mal eine schlechte Qualität besonders geringe bzw. negative Effekte nach sich zieht? Bietet allein schon eine hohe Kindergartenqualität möglicherweise einen Schutz gegen eine schlechte Unterrichtsqualität in der Schule (Protektionshypothese)? Kann eine schlechte Kindergartenqualität möglicherweise durch eine nachfolgende gute Unterrichtsqualität kompensiert werden?

1 Längerfristige Auswirkungen des Kindergartens auf die kognitiv-leistungsbezogene Entwicklung von Kindern

Mit dem Eintritt in den Kindergarten – oder eine frühere institutionelle Betreuungsform – werden Kinder gegenüber ihren Erfahrungen in der Familie mit neuen Herausforderungen konfrontiert. Sie machen vielfältige Erfahrungen im Umgang mit anderen Kindern, mit dem Fachpersonal und mit Spiel- und Lernmaterialien und erwerben dabei sowohl im sozial-emotionalen wie auch im kognitiven Bereich grundlegende Kompetenzen, die ihnen helfen, die späteren Anforderungen in der Schule zu bewältigen. Insofern werden von einem Kindergartenbesuch und der Qualität der dort stattfindenden Prozesse positive Einflüsse auf die kindliche Entwicklung erwartet. Die empirischen Untersuchungen hierzu lassen sich in zwei Gruppen einteilen: in Untersuchungen zu den Auswirkungen von üblicherweise in der Praxis vorfindbaren Betreuungsformen und in Untersuchungen zur besonderen Förderung von Kindern aus benachteiligten Familien. Da die zweite Gruppe sich auf Kinder aus einer speziellen Familiensituation bezieht, werden die entsprechenden Untersuchungen im Abschnitt 2 behandelt, während zunächst die Untersuchungen zu den üblicherweise in der Praxis vorfindbaren Betreuungsformen im Mittelpunkt stehen. Dargestellt werden jeweils die Grundstruktur der Untersuchungsanlage, die verwendeten Verfahren zur Einschätzung der Qualität in den vorschulischen Einrichtungen sowie die Hauptergebnisse. In der Regel sind bei den Analysen zu den Auswirkungen auf die kindliche Entwicklung mögliche familiale Selektionsfaktoren umfangreich kontrolliert (zu einem Überblick über diese Studien vgl. auch Roßbach/Weinert 2008).

Die *Cost, Quality, and Child Outcomes in Child Care Centers – CQO – Study* untersuchte in den USA längsschnittlich die kognitive und sozial-emotionale Entwicklung von Kindern vom 4. bis zum 8. Lebensjahr und ihre Förderung in vorschulischen Einrichtungen (Preschools). Die Längsschnittstichprobe umfasste 418 Kinder aus 160 Gruppen aus vier Bundesstaaten; der familiale Hintergrund der Kinder deckte das in den Bundesstaaten gegebene soziodemographische Spektrum breit ab (Peisner-Feinberg et al. 2001). Die Qualität der pädagogischen Prozesse in der in der Regel 2 Jahre lang besuchten Preschool wurde durch Beobachtungen mittels der Early Childhood Environment Rating Scale (Harms/Clifford 1980) erfasst, die sich auf die globale Prozessqualität in einer Gruppe bezieht. Den Ergebnissen dieser Studie zufolge steht die im Alter von 4 Jahren in der Preschool erfahrene Prozessqualität – bei Kontrolle von familialen und kindbezogenen Bedingungen – mit verschiedenen Entwicklungskriterien in Verbindung: So geht sie mit einer besseren Entwicklung der sprachlichen Fähigkeiten von 4 bis 8 Jahren einher. Die Höhe der Beziehung zwischen der Entwicklung des Wortschatzes und der früheren globalen Prozessqualität nimmt allerdings mit zunehmendem Alter der Kinder ab. Der Entwicklungsstand im Wortschatz im Alter von 8 Jahren steht nicht mehr in Zusammenhang mit der früheren Qualität. Die Entwicklung von mathematischen Fähigkeiten im Zeitraum von 4 bis 8 Jahren steht ebenfalls positiv in Verbindung mit der früher erfahrenen Prozessqualität; die Schulleistungen in Mathematik sind im Alter von 8 Jahren besser, wenn ein Kind eine frühere gute Prozessqualität erfahren hat. Im Unterschied dazu gibt es keine Beziehung zwischen früherer Qualität und späteren Leseleistungen.

In Abstimmung mit der CQO-Study verfolgte die *European Child Care and Education – ECCE – Study* in Deutschland, Österreich und Spanien längsschnittlich die Auswirkungen der frühen Erfahrungen in institutionellen Gruppenbetreuungen an 586 Kindern im Alter von 4 bis 8 Jahren (European Child Care and Education (ECCE) - Study Group 1999). Die folgenden Ergebnisse beziehen sich auf den deutschen Teil der Studie; die Kinder besuchten in der Regel den Kindergarten 3 Jahre lang (je nach Untersuchungskriterium n= 261 bis 296 Kinder aus 103 Kindergartengruppen; Tietze/Roßbach/Grenner 2005). Einbezogen waren Kinder und Kindergärten aus fünf Bundesländern (Baden-Württemberg, West- und Ost-Berlin, Brandenburg, Nordrhein-Westfalen, Rheinland-Pfalz); die soziodemographische Zusammensetzung der Stichprobe (z.B. Haushaltseinkommen, Familienstand, elterliche Erwerbstätigkeit) entsprach weitgehend den im Ausgangsjahr der Untersuchung (1993) gegebenen Verhältnissen in der Bundesrepublik Deutschland. Im Alter von 4 Jahren wurde die Qualität der pädagogischen Prozesse in den Kindergärten mit der deutschen Version der Early Childhood Environment Rating Scale – der Kindergarteneinschätzskala (Tietze/Schuster/Roßbach 1997) – erfasst; für die Analysen wurde eine globale Dimension der Kindergartenqualität gebildet, die aus Orientierungen des Fachpersonals sowie Aspekten der Struktur- und Prozessqualität besteht. Diese globale Qualitätsdimension steht positiv mit dem Wortschatz im Alter von 4 Jahren in Verbindung; diese Beziehung ist zwar auch im Alter von 8 Jahren noch zu erkennen, aber deutlich schwächer (nur noch tendenziell signifikant). Eine ebenfalls schwächere positive Beziehung findet sich zu den Schulleistungen im Alter von 8 Jahren (Zusammenfassung der Testergebnisse in Leseverständnis, Rechnen, Lösen angewandter mathematischer Probleme und Sachwissen; tendenziell signifikant).

Das *Effective Provision of Pre-School Education – EPPE – Project* in England untersuchte die Erfahrungen von rund 2.800 Kindern in 141 vorschulischen Einrichtungen vom Eintritt in diese Betreuungsform im Alter zwischen 3 und 4 Jahren bis zum Eintritt in die Schule (in der Regel in die Reception Class zu Beginn des 5. Lebensjahres). Die in die Stichprobe aufgenommenen Einrichtungen deckten die in England vorhandenen frühpädagogischen Einrichtungstypen breit ab (nursery classes, playgroups, local authority day nurseries, private day nurseries, nursery schools, integrated centres). Zusätzlich wurden 314 Kinder berücksichtigt, die in diesem Alter keine bzw. nur sehr geringfügige institutionelle Betreuungen erfahren hatten. Der familiale Hintergrund der gesamten Kinderstichprobe entsprach dem in England gegebenen soziodemographischen Spektrum. In einer ersten Untersuchungsphase wurden die Kinder längsschnittlich bis zum Ende der 2. Klasse im Alter von etwa 7 Jahren verfolgt (Sylva et al. 2004a, b), in einer 2. Untersuchungsphase, dem Effective Pre-school and Primary School Education Project – EPPE 3-11, dann bis zum Ende der 6. Klasse (Alter der Kinder etwa 11 Jahre; im Folgenden werden beide Phasen unter der Abkürzung EPPE angesprochen). Der neueste Forschungsbericht beschreibt die Entwicklung der Kinder bis zum Ende der 5. Klasse (Alter etwa 10 Jahre, Sammons et al. 2007, 2008). Die globale Anregungsqualität in den vorschulischen Einrichtungen erfassten die Autoren über die Early Childhood Environment Rating Scale Revised Edition – ECERS-R (Harms/Clifford/Cryer 1998). Daneben wurde eine Erweiterung der ECERS eingesetzt: die Early Childhood Environment Rating Scale Extension – ECERS-E, die bereichsspezifische Förderqualität in den Bereichen Sprache/Lesen, Mathematik, Naturwissenschaften und individuelle Förderung erhebt (Sylva/Siraj-Blatchford/Taggart 2003). Beide Beobachtungsverfahren wurden während des Aufenthalts der Kinder in den vorschulischen Einrichtungen einmal eingesetzt. Neben den Auswirkungen der Anregungsqualitäten wurden auch jene der Dauer des Besuchs einer vorschulischen Einrichtung analysiert (Dauer in Monaten). Die Dauer des Besuchs hat positive Auswirkungen auf den Entwicklungsstand der Kinder im Hinblick auf Vorläuferfähigkeiten für Lesen, den frühen Zahlbegriff, sprachliche Fähigkeiten und nonverbales Schlussfolgern zu Schulbeginn und auf die Leistungen in Lesen und Mathematik am Ende der 1. Klasse (Alter etwa 6 Jahre). Der Effekt einer längeren Besuchsdauer wird besonders deutlich, wenn die vorschulisch institutionell betreuten Kinder mit jenen ohne vorschulische institutionelle Betreuungserfahrungen verglichen werden. Ende der 2. Klasse (Alter etwa 7 Jahre) unterscheiden sich aber die Kinder mit unterschiedlicher Besuchsdauer in den Einrichtungen nicht mehr in den Schulleistungen in Lesen und Mathematik voneinander. Im Vergleich zu vorschulisch nicht institutionell betreuten Kindern zeigen sich aber weiterhin Vorteile, die bei einer Besuchsdauer von mehr als 36 Monaten (Eintritt etwa mit vollendetem 2. Lebensjahr) am größten sind. Ein noch früherer Beginn hat keinen zusätzlichen Einfluss. Insgesamt sind die Unterschiede aber geringer als am Ende der 1. Klasse. Auswirkungen der unterschiedlichen Prozessqualitäten zeigen sich in Abhängigkeit vom jeweils erfassten Aspekt: Während die globale Prozessqualität (ECERS-R) mit kognitiven Kriterien zu Schulbeginn sowie am Ende der 1. und 2. Klasse in keinem Zusammenhang steht, ist die bereichsspezifische Prozessqualität (ECERS-E) mit der Entwicklung der Vorläuferfähigkeiten für Lesen, des frühen Zahlbegriffs und des nonverbalen Schlussfolgerns zunächst positiv verbunden – ein Effekt, der am Ende der 1. und der 2. Klasse nicht mehr zu finden ist. Bessere Schulleistungen zeigen sich aber für die Kinder mit vorschulischen Betreuungserfahrungen im Vergleich zu vorschulisch nicht institutionell betreuten Kindern, wobei der Unterschied besonders ausgeprägt für die Kinder ist, die eine hohe Prozessqualität in ihren vorschulischen Einrichtungen erfahren haben. Ende der 2. Klasse ist dieser Unterschied aber nur noch relativ klein. Die Autoren analysierten auch Auswirkungen der Effektivität einer Einrichtung, d.h. des Ausmaßes, in dem während der vorschulischen Zeit die jeweilige Preschool ihre Kinder besser oder schlechter förderte, als nach der Ausgangslage der Kinder zu erwarten war.[2] Kinder, die eine im Hinblick auf die Förderung des frühen Zahlbegriffs effektive Preschool besucht haben, zeigen Ende der 1. und der 2. Klasse bessere Schulleistungen in Lesen und Mathematik. Werden die Auswirkungen des Besuchs einer vorschulischen Einrichtung bis Ende der 5. Klasse (Alter etwa 10 Jahre) im Leistungsstand in Lesen und Mathematik betrachtet, so zeigen sich differenzierte Auswirkungen (vgl. Sammons et al. 2007, 2008): Es gibt keine Auswirkungen auf den Leistungsstand Ende der 5. Klasse in Abhängigkeit von dem Preschool-Besuch als solchem (ja oder nein), vom Typ der besuchten Preschool und von der Dauer des Besuchs; Effekte gehen nur von der Qualität und Effektivität der besuchten Preschool aus. Bei mittlerer und höherer Prozessqualität finden sich im Vergleich zu niedriger Qualität bessere Schulleistungen in Lesen und Mathematik, wobei sich Kinder, die vorschulisch eine niedrige Prozessqualität erfahren haben, nicht signifikant von Kindern ohne Preschool-Besuch unterscheiden. Je effektiver eine vorschulische Einrichtung ihre Kinder vor Schulbeginn gefördert hat, desto besser fallen auch die späteren Schulleistungen der Kinder im Lesen und besonders in Mathematik Ende der 5. Klasse aus.[3]

Die *Study of Early Child Care (SECC) des National Institute of Child Health and Human Development (NICHD)* ermöglicht eine sehr differenzierte Analyse der längerfristigen Auswirkungen von nicht-mütterlichen Betreuungsformen in der frühen Kindheit. Dazu wurde in den USA zwischen 1991 und 2006 eine Stichprobe von 1.364 Kindern längsschnittlich von der Geburt an bis zum 15. Lebensjahr mit ihren kumulativen familialen und nicht-mütterlichen bzw. nicht-familialen Betreuungserfahrungen verfolgt. Der familiale Hintergrund der Kinder deckte das damals gegebene sozioökonomische Spektrum in den USA breit ab, wobei es gewisse Einschränkungen im untersten Bereich des Spektrums gab. Der Schwerpunkt der Untersuchung liegt primär auf den Auswirkungen der Kumulation dieser Betreuungserfahrungen während der vorschulischen Zeit und weniger auf den Auswirkungen spezifischer Betreuungsformen.[4] Die Untersuchung, die von einem Konsortium von Forschern unterschiedlichster disziplinärer Herkunft gesteuert wird, dient den verschiedensten Untersuchungsfragen. Die Differenziertheit der Anlage der Studie und der eingesetzten Forschungsinstrumente sowie die Vielzahl der Veröffentlichungen erschwert es, hier einen vollständigen Überblick über die Forschungsergebnisse zu geben. Daher beschränkt sich die folgende Darstellung auf denjenigen Ausschnitt der Ergebnisse, der die Auswirkungen im kognitiven und schulleistungsbezogenen Bereich zum Ende der 3. und 5. Klasse feststellt (vgl. NICHD Early Child Care Research Network 2005; Belsky et al. 2007; zur Anlage der Untersuchung und zu Ergebnissen bis zum Ende der Vorschulzeit vgl. zusammenfassend Roßbach 2005). Die Prozessqualität in den nicht-mütterlichen frühkindlichen Betreuungsformen wurde im Alter von 6, 15, 24, 36 und 54 Monaten mit Hilfe der für die SECC entwickelten Observational Record of the Caregiving Environment (ORCE) erhoben (vgl. allgemein http://secc.rti.org). Das Instrument ist für alle frühkindlichen nicht-mütterlichen Betreuungsformen (in Institutionen, in Tagespflegeformen, durch Freunde und Verwandte, durch den Vater) gleichermaßen anwendbar, wobei mit zunehmendem Alter der Kinder Modifikationen an den untersuchten Merkmalen vorgenommen werden. Mit Hilfe dieses Instruments werden zum einem die Häufigkeiten bestimmter Verhaltensweisen (z.B. positive Gefühlsäußerungen der Betreuungsperson gegenüber dem Kind, Fragen an das Kind, Initiieren von sprachlichen Äußerungen des Kindes, Vorlesen) beobachtet; zum anderen wird die Qualität des Verhaltens der Betreuungsperson in verschiedenen Hinsichten (z.B. Feinfühligkeit, Distanziertheit und Rücksichtnahme der Betreuungsperson auf das Kind, ihre Aufdringlichkeit, die Stimulation der kognitiven Entwicklung des Kindes) eingeschätzt. Insgesamt spricht die ORCE zwar auch bereichsspezifische Förderaspekte an, diese werden aber nicht sonderlich ausdifferenziert. Die Prozessqualität der vor Schulbeginn erfahrenen nicht-mütterlichen Betreuungsformen (kumuliert über die verschiedenen Formen und Messzeitpunkte, d.h. über die gesamte vorschulische Zeit) hat positive Auswirkungen auf kognitive Fähigkeiten der Kinder (Problemlösen, Wortschatz, Satzgedächtnis). Diese Effekte zeigen sich konstant bei den verschiedenen Messzeitpunkten, wenn sie auch Ende der 3. Klasse niedrig ausfallen. Der Effekt auf den Wortschatz bleibt konsistent bis Ende der 5. Klasse bestehen. Umgekehrt hat die während der vorschulischen Zeit erfahrene (kumulierte) Dauer der Betreuung in nicht-mütterlichen Formen insgesamt keine Effekte im kognitiven Bereich. Der kumulierte Umfang der Betreuungen in Einrichtungen während der vorschulischen Zeit steht positiv und konsistent mit dem Satzgedächtnis in Verbindung.

In diesem Abschnitt wurden Ergebnisse von methodisch gut abgesicherten Längsschnittuntersuchungen skizziert, deren Stichproben im Hinblick auf den familialen Hintergrund der Kinder durchaus Vergleiche mit der Situation in Deutschland erlauben. Jenseits bestehender Unterschiede in den frühpädagogischen Traditionen und curricularen Orientierungen der anderen Länder werden in den Untersuchungen (messbare) Qualitätsaspekte der pädagogischen Arbeit spezifiziert, die auch in der deutschen Diskussion über die Ausgestaltung der Kindergartenarbeit Relevanz haben und deren Qualitätsniveau mit jenem in Deutschland vergleichbar ist. Die Gesamtinterpretation der Forschungsergebnisse wird aber dadurch erschwert, dass die institutionellen Anregungsqualitäten in den Untersuchungen teilweise unterschiedlich konzeptualisiert und erfasst wurden, wodurch die Ergebnisse schwierig aufeinander zu beziehen sind (vgl. auch Kuger/Kluczniok 2008). Bereichsspezifische Anregungsqualitäten wurden z.B. nur in einem Teil der Untersuchungen erfasst. Zusammenfassend lässt sich festhalten, dass im Hinblick auf die frühpädagogische institutionelle Förderung im kognitiv-leistungsbezogenen Bereich sowohl der Betreuungsumfang als auch die Qualität der pädagogischen Prozesse von Bedeutung sind.[5] Eine höhere Gesamtdauer des Besuchs einer institutionellen Betreuungsform und z.B. ein Beginn bereits mit dem vollendeten 2. Lebensjahr sind förderlich für die kognitive Entwicklung. Im EPPE-Project zeigte sich, dass ein Beginn des Besuchs vor Vollendung des 2. Lebensjahres keinen zusätzlichen Gewinn im Vergleich zu einem Beginn im Alter von 2 bis 2;6 Jahren hat (Sammons et al. 2002). Eine gute Anregungsqualität ist konsistent mit besseren Ausprägungen in verschiedenen Maßen des kognitiv-leistungsbezogenen Bereichs verbunden. Teilweise sind die Effekte nachhaltig, zumindest bis in die ersten Schuljahre, teilweise schwächen sie sich aber über die Zeit ab. Die Effekte sind zwar in der Regel niedrig; gleichwohl weisen sie auf die Bedeutung einer qualitativen Verbesserung der Kindergartenarbeit hin.

2 Kompensatorische Effekte für Kinder aus benachteiligten Familien

Die Erwartungen an den Kindergarten, dass er zur Kompensation von familialen bzw. sozialen Benachteiligungen beiträgt, sind hoch.[6] Explizit oder implizit wird dabei angenommen, dass die Auswirkungen der Anregungsqualität der frühpädagogischen institutionellen Umwelten sich besonders deutlich z.B. bei Kindern aus Familien mit niedrigem Einkommen bzw. niedriger Sozialschicht, bei Kindern mit Migrationshintergrund und/oder bei Kindern mit einem niedrigen häuslichen Anregungsniveau finden lassen, während sich bei den anderen Kindern, speziell autochthonen Kindern, Kindern aus höheren Einkommensschichten und/oder Kindern mit hohem häuslichen Anregungsniveau, schwächere, keine oder sogar negative Effekte zeigen. Das NICHD Early Child Care Research Network (2000, S. 144f.) spricht drei mögliche Wechselwirkungen an: *kompensatorische Effekte* (Der Besuch oder die gute Qualität einer nicht-elterlichen Betreuung kann die negativen Auswirkungen von familialen Benachteiligungen kompensieren.), *doppeltes Risiko* (Die schlechte Qualität nicht-elterlicher Betreuungen – evtl. verbunden mit einem frühen Beginn und einer langen Dauer – verstärkt die negativen Auswirkungen von familialen Risikofaktoren.) und *verlorene Ressourcen* (Schlechte Qualität und eine längere Besuchsdauer nicht-elterlichen Betreuungen wirken sich negativ bei den Kindern aus, die zu Hause gute förderliche Entwicklungsbedingungen vorfinden.). Barnett (1998, S. 39) geht von der These aus, dass eine institutionellen Förderung umso wirksamer ist, je mehr die Qualität der institutionellen Förderung von der Qualität des häuslichen Lernumfeldes abweicht. Bei einer größeren positiven Distanz (die Qualität des institutionellen Lernumfeldes überschreitet erheblich jene des häuslichen Lernumfeldes) müssten sich dann positive Auswirkungen finden lassen. Entsprechend dürften sich bei einer geringen Distanz nur schwache bis keine Effekte und bei einer negativen Distanz sogar negative Effekte zeigen. Die alternative Hypothese besagt, dass es keine solchen Kombinationseffekte gibt, sondern dass sich gute Anregungsqualitäten der frühkindlichen institutionellen Betreuung für alle Kinder gleichermaßen positiv auswirken.

Die bereits im vorherigen Abschnitt diskutierten Untersuchungen zu üblicherweise in der Praxis vorfindbaren Betreuungsformen, die sich an Kinder aus dem gesamten familialen Spektrum richten (Regeleinrichtungen), weisen unterschiedliche Ergebnisse im Hinblick auf die Förderung von Kindern aus benachteiligten Familien auf. Zu berücksichtigen ist dabei aber, dass Merkmale der familialen Umwelt bzw. des häuslichen Anregungsniveaus sehr unterschiedlich erfasst werden. In einigen Untersuchungen werden nur distale Merkmale (z.B. Sozialschicht, Migrationshintergrund, Bildungsstand der Eltern) betrachtet, während andere sich dem häuslichen Anregungsniveau über die Häufigkeiten von familialen, bildungsbezogenen Aktivitäten und/oder über direkte Beobachtungen der häuslichen Eltern-Kind-Interaktionen zuwenden. Durchgängig zeigen sich zunächst in allen Untersuchungen deutliche Effekte des familialen Hintergrunds und des häuslichen Anregungsniveaus auf die verschiedenen kindlichen Entwicklungsmaße, die in der Regel deutlich höher ausfallen als jene der frühpädagogischen Institutionen (vgl. z.B. Sammons et al. 2007, 2008; Tietze/Roßbach/Grenner 2005). In der *CQO-Study* zeigen sich darüber hinaus schwächere Wechselwirkungen zwischen der Anregungsqualität in Preschools und dem familialen Hintergrund (distale Merkmale, speziell mütterlicher Bildungsstand). Kinder, deren Mütter einen niedrigen Bildungsstand haben, profitieren ganz besonders von einer guten Prozessqualität im Hinblick auf Vorläuferfähigkeiten für Lesen im Alter von 4 Jahren und das Lösen angewandter mathematischer Probleme im Alter von 8 Jahren, während sich die anfänglichen Auswirkungen für Kinder, deren Mütter einen höheren Bildungsstand haben, im Laufe der Zeit abschwächen

(Peisner-Feinberg/Burchinal 1997, S. 468f.; Peisner-Feinberg et al. 2001). Besondere Auswirkungen für Kinder aus benachteiligten Familien finden sich auch im *EPPE-Project*. Über die vorschulische Zeit zeigen sich zwar keine Wechselwirkungen zwischen der institutionellen Anregungsqualität und dem familialen Hintergrund bzw. der häuslichen Anregungsqualität (erfasst über Elternfragebögen, als die Kinder 3 Jahre alt waren). Wohl aber erweist sich eine Betreuung in einer vorschulischen Einrichtung als solche besonders Gewinn bringend für benachteiligte Kinder (darunter auch Kinder mit Migrationshintergrund) speziell hinsichtlich der Sprachfertigkeiten und Vorläuferfähigkeiten für Lesen (Sammons et al. 2002, S. 55ff.; Sylva et al. 2004a, S. 157). Ende der 5. Klasse zeigen sich dann unterschiedliche Auswirkungen der in der Preschool erfahrenen Prozessqualität in Abhängigkeit vom Niveau der häuslichen Anregungsqualität im Alter von 3 Jahren (Sammons et al. 2007, S. 16ff.; Sammons et al. 2008):

– Kinder, die in der vorschulischen Zeit eine geringere häusliche Anregungsqualität erfahren haben, profitieren in den Bereichen Lesen und Mathematik von einer hohen Prozessqualität der von ihnen besuchten Preschool.
– Kinder mit einer mittleren häuslichen Anregungsqualität profitieren in den Bereichen Lesen und Mathematik – hier etwas geringer – ganz generell vom Besuch einer Preschool, unabhängig von deren Qualitätsniveau.
– Kinder mit einer hohen häuslichen Anregungsqualität profitieren von einer mittleren bis hohen Prozessqualität der besuchten Preschool; für Lesen und Mathematik unterscheiden sie sich aber nur gering von Kindern der gleichen häuslichen Anregungsqualität, aber ohne Preschool-Besuch. Die Leistungen der Kinder mit hoher häuslichen Anregungsqualität fallen bei niedriger Prozessqualität der besuchten Preschool gegenüber den Leistungen der Kinder ohne Preschool-Besuch oder mit mittlerer bis höherer Prozessqualität – vor allem im Lesen – ab.

Keine speziellen Kombinationseffekte von familialen Merkmalen (distale Merkmale des familialen Hintergrunds wie auch Aspekte des über Beobachtungen in den Familien erfassten Anregungsniveaus) und dem Besuch einer nicht-elterlichen Betreuungsform und ihrer Qualität finden sich in der NICHD-Study (vgl. z.B. NICHD Early Child Care Research Network 2002, S. 159; Belsky et al. 2007, S. 695). Dies gilt gleichermaßen auch für die ECCE-Study, wobei hier nur die Qualität des besuchten Kindergartens berücksichtigt wurde, nicht aber die Dauer des Besuchs (ECCE-Study Group 1999, S. 220f.; Tietze/Roßbach/Grenner 2005, S. 250).

Ein anderes Ergebnis zeigt sich, wenn nicht Regeleinrichtungen, sondern spezielle Interventionsprogramme für Kinder aus sozial benachteiligten Familien betrachtet werden. Diese Interventionsprogramme wurden in der Regel in den USA durchgeführt und lassen sich in zwei Gruppen aufteilen (Barnett 1998; Leseman 2002). Die erste Gruppe besteht aus – teilweise (quasi-)experimentell angelegten – speziellen Modellprogrammen. Diese Modellprogramme sind zum Teil sehr umfangreich; sie enthalten neben der institutionellen Betreuung weitere Hilfen für die Familien, sind an Universitäten oder Forschungszentren angesiedelt und zeichnen sich durch gute bis sehr gute Erzieherin-Kind-Relationen sowie sehr gut ausgebildetes Personal (meist mit College- oder Universitätsabschluss) aus. Insofern ist von einer hohen Prozessqualität auszugehen, obwohl diese in der Regel nicht direkt erhoben wurde. Die Stichprobenumfänge sind in der Regel klein. Als Beispiele können das Perry-Preschool-Project (Schweinhart et al. 2005) und das Abecedarian-Project (Ramey u.a 2000; Clark/Campbell 1998; Campbell et al. 2002) genannt werden. Bei der zweiten Gruppe handelt es sich um breiter angelegte Interventionen im (öffentlichen) Bildungswesen, die zum Teil ganze Schulbezirke oder sehr große Gruppen von benachteiligten Kindern umfassen. Ihre Anregungsqualität wird – obwohl in der Regel nicht gemessen – als niedriger als bei den Modellprogrammen eingeschätzt, da sie nicht ganz so positive Rahmenbedingungen aufweisen wie die obigen Modellprogramme. Beispiele sind das Chicago Child-Parents Center (CPC) Program (Clements/Reynolds/Hickey 2004; Reynolds et al. 2001) und das Head Start Program

(Currie/Thomas 2000; Lee/Loeb 1995). Die Interventionsprogramme wurden alle in den USA – teilweise in den 1960er/70er Jahren – durchgeführt. Damit stellen sich sowohl im Hinblick auf die Stichproben der damals benachteiligten Kinder als auch auf die verwendeten Curricula Fragen der Übertragbarkeit auf die deutsche Situation. Da aber entsprechende Interventionsprogramme in Deutschland fehlen, muss an dieser Stelle auf die Situation in den USA zurückgegriffen werden.

Positive Effekte von qualitativ hochwertigen Interventionsprogrammen auf Schulleistungen und eine verbesserte Schulkarriere zeigen sich in verschiedenen Evaluationsstudien (vgl. allgemein Barnett 1998). Bei einer früheren zusammenfassenden Analyse von 11 Interventionsstudien in den USA fanden Lazar et al. (1982) bei den Interventionskindern während der Schulzeit seltenere Klassenwiederholungen oder Zuweisungen zu sonderpädagogischen Maßnahmen im Vergleich zu den Kontrollkindern. Auch eine spätere Metaanalyse von öffentlichen Programmen für benachteiligte Kinder (state-funded preschool programs) fand deutliche Effekte auf eine Reduzierung des Sitzenbleibens (Gilliam/Zigler 2000) (zur These des „Auswaschens" der anfänglichen positiven Effekte der Interventionsprogramme auf Schulleistungen während der Schulzeit vgl. Abschnitt 3). Zwei Beispiele sollen die positiven Auswirkungen verdeutlichen:

Im *Perry-Preschool-Project* – das Anfang der 1960er Jahre in Ypsilanti/Michigan durchgeführt wurde und sowohl in wissenschaftlichen, praktischen als auch bildungsökonomischen Zusammenhängen sehr häufig zitiert wird – wurden 123 afro-amerikanische 3- und 4-jährige Kinder aus benachteiligten Sozialschichten und mit niedrigen Intelligenzwerten im Stanford-Binet-Test (IQ 61-88) längsschnittlich bis zum Alter von 40 Jahren untersucht. 58 dieser Kinder besuchten in der Regel 2 Jahre ein an Piaget orientiertes Vorschulprogramm; zusätzlich wurden die Familien der Kinder alle 2 Wochen zu Hause besucht, um den Familien Unterstützung zu geben und eine bessere häusliche kognitive Anregungen der Kinder durch die Eltern zu initiieren (vgl. Schweinhart et al. 2005). Im Vergleich zu den Kindern der Kontrollgruppe (n=65; Zufallsaufteilung der Kinder auf Interventions- und Kontrollgruppe) nahmen bis zum Alter von 27 Jahren nur 15% der Interventionskinder zu irgendeinem Zeitpunkt einmal an besonderen sonderpädagogischen Maßnahmen teil, während dies für 35% der Kontrollgruppenkinder zutraf. 77% der früheren Interventionskinder erreichten bis zum Alter von 40 Jahren einen High School (oder äquivalenten) Abschluss im Vergleich zu nur 60% der Kinder der Kontrollgruppe. Unterschiede zwischen den Interventions- und den Kontrollgruppenkindern in den Anteilen von sonderpädagogischen Maßnahmen oder Klassenwiederholungen zeigten sich erst ab der 3. Klasse. Im Alter von 19 Jahren haben die Interventionskinder signifikant bessere Leseleistungen als die Kontrollgruppenkinder; dieser Unterschied war aber im Alter von 27 Jahren nicht mehr signifikant. Auch in anderen Schulleistungsdimensionen schnitten die Interventionskinder besser ab, wobei die Unterschiede in der Regel erst im Alter von 14 Jahren signifikant wurden.[7]

Das *Chicago Child-Parent Centers – CPC – Program* ist anders als das Perry-Preschool-Project kein Modellprogramm, sondern eine im Schulsystem von Chicago breit angelegte Intervention für benachteiligte Kinder (Clements/Reynolds/Hickey 2004; Reynolds et al. 2001). Das CPC-Program umfasste – neben einer Familien- und Gesundheitskomponente – die Förderung von 3- und 4-jährigen Kindern halbtags in vorschulischen Einrichtungen, von 5-jährigen Kindern in Halbtags- oder Ganztageseinrichtungen des US-amerikanischen Kindergartens (im Folgenden auch als Vorklasse bezeichnet) und von 6- bis 9-jährigen Kindern in den ersten 3 Jahrgangsstufen in der Schule. Die Auswirkungen des Programms bei den Interventionskindern (n=989) wurden im Vergleich zu Kindern einer Kontrollgruppe (n=550 Kinder aus Ganztagseinrichtungen ohne CPC-Interventionsprogramm, aufgeteilt in 374 Kinder ohne und 176 Kinder mit Partizipation am Interventionsprogramm während der Grundschulzeit) analysiert. Die Teilnahme an der vorschulischen Intervention hatte langfristig stabile positive Auswirkungen: Im Alter von 14 Jahren hatten die Interventionskinder im Vergleich zu den Kontrollkindern deutliche Vorteile im Leseverständnis. Bis zum Alter von 15 Jahren mussten zwar 23% der Kinder, die an der vorschulischen Intervention teilgenommen haben, (mindestens) eine Klasse wiederholen; bei den Kontrollgruppenkindern waren es aber 38%. Bis zum Alter von 18 Jahren erfuhren 14% der früheren Interventionskinder sonderpädagogische Maßnahmen gegenüber 25% in der Kontrollgruppe. Im Alter von 20 Jahren hatten 50% der Interventionskinder gegenüber 38% der Kontrollgruppenkinder die High School abgeschlossen.

Als Fazit lässt sich festhalten, dass Evaluationen von qualitativ hoch stehenden – und sehr aufwändigen – Interventionsprogrammen für Kinder aus sozial benachteiligten Familien deutlich positive Auswirkungen der Teilnahme an einem solchen Programm auf verschiedene Entwicklungsbereiche zeigen. Dieses Ergebnis wird oftmals im Sinne kompensatorischer Auswirkungen der Interventionsprogramme interpretiert. Allerdings ist diese Interpretation insofern zumindest voreilig, da die Auswirkungen der Programme nur an Stichproben von Kindern aus sozial benachteiligten Familien in den USA untersucht wurden und somit nicht bekannt ist, ob sich vergleichbare positive Auswirkungen nicht auch bei Kindern aus weniger benachteiligten bzw. bevorzugten Familien zeigen würden. Untersuchungen zu Regeleinrichtungen, wie sie für weitgehend unselegierte Kindergruppen angeboten werden, weisen inkonsistente Ergebnisse auf. Hier ist oftmals eine gute Qualität für alle Kinder gleichermaßen förderlich, und spezielle Effekte für Kinder aus benachteiligten Familien lassen sich nicht feststellen. Möglicherweise können unterschiedliche Ergebnisse auch dadurch erklärt werden, dass in den verschiedenen Studien die häusliche Anregungsumwelt sehr unterschiedlich spezifiziert wird.

Beim gegenwärtigen Forschungsstand lässt sich folgende Hypothese aufstellen: Mit dem Regelangebot an institutioneller Betreuung lassen sich kaum besondere und kompensatorische Effekte bei Kindern aus benachteiligten Familien erreichen. Hierfür sind offensichtlich aufwändigere und kostenintensivere Interventionen erforderlich.

3 Das Verhältnis von vorschulischer und schulischer Förderung

In der Regel erfahren Kinder in Deutschland nacheinander die Förderumwelten Kindergarten und Grundschule. Damit stellt sich die Frage, wie sich die Fördereffekte dieser beiden Umwelten zueinander verhalten: Sind sie unabhängig voneinander oder gibt es spezifische Effekte von Kombinationen der im Kindergarten und in der Grundschule erfahrenen Anregungsqualität? Im Folgenden wird aus Untersuchungen berichtet, die potentiell auf diese Fragen eine Antwort geben können. Auf eigenständige Effekte der Grundschulqualität (in varianzanalytischer Terminologie: Haupteffekte) wird dabei nicht eingegangen. Untersuchungsergebnisse können wieder getrennt für Studien zu frühpädagogischen Regeleinrichtungen und für Evaluationen von Interventionsprogrammen für Kinder aus benachteiligten Familien berichtet werden.

In einer Untersuchung zu Regeleinrichtungen gingen Magnuson, Ruhm und Waldfogel (2007) davon aus, dass die anfänglichen positiven Effekte des Besuchs einer Preschool sich in der 2. oder 3. Klassenstufe insofern abschwächen, als die Preschool-Kinder sich in ihren Leistungen den Kindern angleichen, die keine Preschool besucht haben. Ihre Hypothese ist, dass die anfänglichen Vorteile der Preschool-Kinder bei folgender niedriger Schulqualität verloren gehen können. Andersherum könnte möglicherweise eine spätere hohe Schulqualität ein Kompetenzdefizit zu Schulbeginn, wie er z.B. bei Kindern ohne Preschool-Besuch zu beobachten ist, kompensieren. Ebenso könnten frühere Preschool-Kinder, die nachfolgend eine gute Schulqualität erfahren, in ihrer Entwicklung besonders profitieren. Diese Hypothese verfolgten die Autoren auf der Basis von Daten aus der *Early Childhood Longitudinal Study – Kindergarten cohort (ECLS-K)*. Die ECLS-K stellt eine groß angelegte Längsschnittstudie des National Center for Education Statistics (NCES) in den USA zur frühen Kindheit und den ersten Schuljahren dar. Bisher wurden längsschnittlich 22.782 (in der Regel 5-jährige) Kinder aus 1.277 US-amerikanischen Kindergärten bis zur

5. Klasse verfolgt; die Stichprobe ist für die USA repräsentativ. Für ihre Analysen berücksichtigten Magnuson, Ruhm und Waldfogel Daten bis zur 3. Klasse. Es sei daran erinnert, dass der US-amerikanische Kindergarten vom Typ her eine Vorklasse darstellt. Ob die Kinder vor Eintritt in eine solche Vorklasse eine Preschool besuchten, ein anderes nicht-elterliches Betreuungsarrangement erfuhren oder an einem Head Start Program (vgl. weiter unten) teilnahmen, wurde über eine Elternbefragung bei Eintritt in die Vorklasse retrospektiv erhoben. Die nachfolgende Schulqualität auf Klassenebene wurde über 2 Variablen in einer Lehrer/-innenbefragung erfasst (jeweils gemittelt über Vorklasse, 1. und 3. Klasse): die Klassengröße und den zeitlichen Umfang des Leseunterrichts („niedrig" = 90 Minuten pro Tag oder weniger; „hoch" = mehr als 90 Minuten pro Tag). Am Ende der 3. Klasse haben frühere Preschool-Kinder höhere Lese- und Mathematikleistungen im Vergleich zu Kindern, die vorschulisch keine Preschool besucht hatten. Die Effekte sind am Ende der 3. Klasse schwächer als in der Vorklasse, wenn auch leicht höher als in der 1. Klasse. Kinder, die keine Preschool besucht haben, holen somit tendenziell auf. In Klassen mit vergleichsweise wenig Leseunterricht und in größeren Klassen haben die Preschool-Kinder am Ende der 3. Klasse höhere Werte als Kinder ohne Preschool-Erfahrung, während in kleineren Klassen und solchen mit einem hohen Umfang an Leseunterricht die Kinder ohne Preschool-Erfahrungen offenbar aufholen. Die andauernden Effekte des Preschool-Besuchs in großen Klassen und solchen mit geringem Leseumfang lassen sich nicht dadurch erklären, dass die Preschool-Kinder sich verbessern, sondern dadurch, dass Kinder, die keine Preschool besucht haben, weiterhin auf einem niedrigen Niveau bleiben. Kinder mit schlechteren Leistungen, wie sie bei den Kindern ohne Preschool-Erfahrungen zu Schulbeginn beobachtet werden, profitieren offensichtlich mehr als andere Kinder von kleinen Klassen und einem hohen Umfang an Leseunterricht. Die Analysen von Magnuson, Ruhm und Waldfogel zu Auswirkungen institutioneller Betreuungserfahrungen vor Schulbeginn (hier vor dem US-amerikanischen Kindergarten) berücksichtigten zwar systematisch die spätere Schulqualität. Aufgrund ihrer Datenbasis (ECLS-K) bleiben sie aber insofern unbefriedigend, als sie zum einen nur die Auswirkungen des Preschool-Besuchs als solchem (Besuch versus Nicht-Besuch) betrachten, nicht aber die eigentliche Anregungsqualität in den Preschools. Zum anderen wurde die Qualität des späteren schulischen Klassenkontexts über die beiden Indikatoren Klassengröße und Umfang des Leseunterrichts nur eingeschränkt erfasst.

In der *ECCE-Study* und in der *NICHD-Study* wurden ebenfalls spezielle Abhängigkeiten der Auswirkungen der vorschulischen Anregungsqualitäten von der nachfolgenden Schulqualität in den ersten Schuljahren untersucht, aber nicht gefunden (vgl. Tietze/Roßbach/Grenner 2005, S. 250; NICHD Early Child Care Research Network 2005, S. 563). Hingegen fanden sich solche im *EPPE-Project* (vgl. Sammons et al. 2007, S. 24; Sammons et al. 2008). Die Unterrichts-/Schulqualität in der später besuchten Primary School wurde allerdings nicht direkt erhoben. Als Indikatoren wurden bei früheren Kohorten erhobene nationale Schulleistungsdaten in England herangezogen (in den Fächern Englisch, Mathematik und Naturwissenschaften). Dabei wurde auf der Basis eines Vergleichs der Testleistungen der Schüler/-innen im Alter von 7 Jahren mit denen im Alter von 11 Jahren ein Effektivitätswert der jeweiligen Primary School gebildet, der als Indikator für die Schulqualität in die Analysen des EPPE-Projects einging. Ende der 5. Klasse zeigen sich spezifische Kombinationseffekte von der Qualität der früher besuchten Preschool (bereichsspezifische Prozessqualität erfasst über die Early Childhood Environment Rating Scale Extension – ECERS-E; Sylva/Siraj-Blatchford/Taggart 2003) mit der später erfahrenen Schulqualität. Die Effekte sind für die Schulleistungen im Fach Lesen allerdings nicht signifikant, so dass hier nur auf das Fach Mathematik eingegangen wird (Vergleichsgruppe: Kinder ohne Preschool-Erfahrungen, die später eine Primary School mit niedriger Qualität besuchen):

– Kinder ohne Preschool-Besuch profitieren besonders von einer mittleren bis höheren Qualität ihrer Primary School.

– Kinder, die eine Preschool mit einer niedrigen bis mittleren Prozessqualität besucht haben, profitieren in geringem Ausmaß zusätzlich von einer Primary School mit mittlerer oder höherer Qualität. Auch wenn sie eine Primary School mit niedriger Qualität besuchen, haben sie Vorteile gegenüber Kindern aus der Vergleichsgruppe (ohne Preschool-Besuch und niedriger Qualität der später besuchten Primary School).
– Bei Kindern, die eine Preschool mit einer hohen Prozessqualität besucht haben, spielt die Qualität der nachfolgend besuchten Primary School keine differenzierende Rolle. Sie haben aber deutliche Vorteile gegenüber der Vergleichsgruppe. Die Autoren folgern daraus, dass eine hohe Qualität der besuchten Preschool gegen spätere schlechtere Primary Schools schützt (Protektionseffekt).

In einigen der Interventionsprogramme in den USA für Kinder aus sozial benachteiligten Familien gab es anschließend an die vorschulische Förderung spezielle schulische Förderprogramme. Beispiele sind das *Abecedarian-Project* und das *Chicago Child-Parents Center (CPC) Program*. Das Abecedarian-Project (Start 1972) stellt eine sehr intensive Intervention dar, die ab 1974 in Chapel Hill, North Carolina, durchgeführt wurde (vgl. Clark/Campbell 1998; Ramey et al. 2000; Campbell et al. 2002). Kinder aus sozial benachteiligten Familien (Indexbildung aus soziodemographischen und psychosozialen Risikofaktoren) wurden zufällig der Interventionsgruppe (n=57) und einer Kontrollgruppe (n=54) zugewiesen. Die vorschulische Intervention begann mit Eintritt in das Programm im Alter von 6 bis 12 Wochen und dauerte bis zum Eintritt in den US-amerikanischen Kindergarten. An die vorschulische Förderphase schloss sich eine schulische Intervention im US-amerikanischen Kindergarten und in den ersten beiden Schuljahren an. Diese bestand aus Hausbesuchen durch die Lehrer/-innen alle 2 Wochen und individualisierten Förderplänen, die die Lehrer/-innen für jedes Interventionskind entwickelten. Im Hinblick auf die allgemeine kognitive Entwicklung (IQ-Werte) zeigen sich keine Unterschiede zwischen den Kindern, die die Förderung nur in der vorschulischen Phase erhalten hatten, und denen, die zusätzlich schulisch gefördert wurden. Im Hinblick auf die Schulleistungen ist nur im Lesen, nicht aber in Mathematik ein zusätzlicher Effekt der schulischen Intervention zu erkennen. Die schulische Intervention hat keinen Einfluss auf die Häufigkeit von Klassenwiederholungen. Barnett (1998, S. 36) folgert, dass allein die vorschulische Intervention die positiven Langzeitauswirkungen hervorgerufen hat. Ein vergleichbares Ergebnis zeigt sich im *CPC-Program* (vgl. Clements/Reynolds/Hickey 2004; Reynolds et al. 2001). Als Folgeprogramm waren in den ersten 3 Jahrgangsstufen die Klassengrößen reduziert worden, und der Unterricht wurde durch Lehrerassistenten, Elternarbeit, zusätzliche Unterrichtsmaterialien und koordinierte Unterrichtsaktivitäten unterstützt. Die Teilnahme an dem Folgeprogramm hat aber nur eingeschränkt zusätzliche Effekte. Im Hinblick auf die Leseleistungen im Alter von 14 Jahren zeigt sich ein – nicht signifikanter – Effekt, der aber nur etwa halb so groß ist wie der Effekt der Teilnahme an dem vorschulischen Programm. Auf Klassenwiederholungen und Zuweisungen zu sonderpädagogischen Maßnahmen zeigen sich aber eigenständige und die vorschulische Intervention positiv ergänzende Effekte der nachfolgenden Intervention in den ersten Schuljahren.

Große öffentliche Aufmerksamkeit haben die Evaluationen des *Head Start Programs* in den USA gefunden. Head Start ist ein nationales, 1965 ins Leben gerufenes Vorschulprogramm, das auf Bundesebene finanziert wird. Es wendet sich an Kinder im Vorschulalter, die aus benachteiligten Familien stammen (z.B. niedriges Einkommen, spanischsprachige Familien, Familien, denen die Großeltern der Kinder vorstehen). Viele Evaluationen wandten sich langfristigen Auswirkungen des Besuchs von Head Start zu und stellten oftmals – nach anfänglichen positiven Auswirkungen auf Intelligenzwerte und Schulleistungen – ein „Auswaschen" (fading-out) der Effekte fest (Takanishi/DeLeon 1994). Eine Hypothese, warum es zu diesem Absinken der Effekte in der Schulzeit kam, ist, dass Kinder nach dem Besuch von Head Start in Schulen übergehen, die – im Vergleich zu den von Kontrollgruppen besuchten Schulen – eine mindere Qualität aufweisen. Lee und Loeb (1995) fanden in der Tat bei einer Analyse von Daten der National Education Longitudinal Study 1988, dass die früheren Head-Start-Kinder als Achtklässler Schulen mit einer minderen Qualität (operationalisiert als soziale Zusammensetzung der Schule, akademische Orientierung, Sicherheit und positive Lehrer-Schüler-Beziehungen) besuchten als Kinder, die keine Preschool oder andere Preschool Programme besucht hatten. Dies galt vor allem für farbige, nicht aber für weiße Head-Start-Kinder (Currie/Thomas 2000). Beide Untersuchungen schlossen aus den Ergebnissen, dass die spätere schlechte Schulqualität die früheren positiven Head Start Effekte unterminiert. Diese Hypothese wurde aber nicht direkt getestet. Zudem können auf der Basis der Daten aus der National Education Longitudinal Study 1988 weder die Qualität der früheren Preschools noch die Unterrichtsqualität während der Schulzeit in den Analysen berücksichtigt werden.

Die These des „Auswaschens" der Head Start Effekte wurde allerdings von Barnett (1998, S. 36) in Frage gestellt. Er bezweifelt, dass sich die Effekte von Programmen für benachteiligte Kinder auf Schulleistungen und Schulkarriere über die Zeit reduzieren. Als Ursache für die vermeintliche Reduzierung von Effekten sieht er methodische Probleme. In vielen Untersuchungen seien auf einer späteren Jahrgangsstufe die Schulleistungen von früheren Programmteilnehmern und Nicht-Teilnehmern verglichen worden. Je höher diese Jahrgangsstufe ist, desto mehr sind die beiden Vergleichsgruppen um Sitzenbleiber bereinigt (die zum Messzeitpunkt eben nicht mehr auf der entsprechenden Jahrgangsstufe sind). Da Sitzenbleiben vor allem leistungsschwächere Schüler/-innen betrifft und Sitzenbleiben häufiger bei den Nicht-Teilnehmern zu beobachten ist, gleichen sich die beiden Gruppen an, was dann als vermeintliches Auswaschen der Effekte interpretiert wird. Barnett folgert deshalb, dass alle Modellprogramme langfristige Effekte auf Schulleistungen und auf Schulkarriere erzeugen, ohne dass es einer nachfolgenden bekräftigenden Intervention während der Schulzeit bedarf. Effekte der vorschulischen Förderung seien somit unabhängig von den nachfolgenden Schulerfahrungen.

In diesem Abschnitt wurden Untersuchungsergebnisse dazu vorgestellt, ob die Auswirkungen vorschulischer Anregungsqualität von der später erfahrenen Qualität in der Schule abhängen. Im Hinblick auf die Interventionsprogramme ist wieder zu berücksichtigen, dass diese in den USA mit hochgradig sozial selegierten Stichproben durchgeführt wurden, so dass sich Probleme im Hinblick auf eine Übertragbarkeit auf die deutsche Situation ergeben. Ingesamt betrachtet ist die Forschungslage uneinheitlich. Abhängigkeiten der Auswirkungen der Qualität der vorschulischen institutionellen Betreuung von der nachfolgend erlebten Qualität im Schulunterricht wurden in verschiedenen Untersuchungen nicht gefunden (z.B. in der *CQO-Study*, der *ECCE-Study* und in der *NICHD-Study*). Andere Untersuchungen zeigten solche aber zum Teil deutlich auf (z.B. in den Analysen der *ECLS-K-Study* und im *EPPE-Project*); schwächere Beziehungen mit einem nachfolgenden Schulprogramm fanden sich in einigen Interventionsprogrammen (z.B. im *Abecedarian-Project* und im *CPC-Program*). Ein möglicher Grund für unterschiedliche Ergebnisse liegt in der unterschiedlichen Konzeptualisierung und Erfassung der späteren Unterrichts- bzw. Schulqualität (z.B. globale Indikatoren wie Klassengröße oder zeitlicher Umfang des Leseunterrichts in den ECLS-K-Analysen; Effektivitätsschätzungen auf Grund von nationalen Schülerleistungen im EPPE-Project; Unterrichtsbeobachtungen in der ECCE-Study und in der NICHD-Study).

4 Zusammenfassung und Fazit

Der Beitrag ging von der Hypothese aus, dass die Auswirkungen eines Kindergartenbesuchs und seiner Qualität nur im Kontext der Erfahrungen in den synchron und diachron erlebten Umwelten (Familie während der Kindergarten- und der Grundschulzeit sowie der institutionelle Kontext Grundschule) betrachtet werden können. Die Forschungslage hierzu ist in Deutschland dürftig, so dass für eine zusammenfassende Betrachtung der Kindergarteneffekte auf den Forschungsstand im angloamerikanischen und mitteleuropäischen Raum zurückgegriffen werden musste. Hier lassen sich zwei Forschungsstränge unterscheiden: Untersuchungen zu Regeleinrichtungen sowie Evaluationsstudien zu Interventionsprogrammen für Kinder aus benachteiligten Familien. Während die Untersuchungen zu Regeleinrichtungen mit Stichproben durchgeführt wurden, die – zumindest teilweise – ein mit der deutschen Situation vergleichbares Spektrum an sozialen und familialen Hintergrundbedingungen beinhalten und Qualitätsaspekte der pädagogischen Arbeit thematisieren, die auch in der deutschen Kindergartendiskussion Relevanz haben, ist eine Übertragbarkeit der Evaluationsergebnisse von Interventionsprogrammen für sozial benachteiligte Kinder in den USA mit Vorsicht zu betrachten. Berücksichtigt wurden mit Blick auf die genannte Hypothese solche Untersuchungen, die von ihrer Anlage oder der Interpretation der Ergebnisse her Antworten auf die Frage nach eigenständigen Auswirkungen eines Kindergartenbesuchs auf die kindliche Entwicklung (in varianzanalytischer Terminologie: Haupteffekte) sowie nach Kombinationseffekten mit familialen Merkmalen oder der nachfolgenden Schulqualität (in varianzanalytischer Terminologie: Interaktionseffekte) geben können. Drei Hauptergebnisse können festgehalten werden:

− Sowohl die Dauer des Besuchs eines Kindergartens wie auch seine Qualität wirken sich positiv auf die kognitiv-leistungsbezogene Entwicklung von Kindern aus. Es gibt Hinweise, dass ein Beginn des Kindergartenbesuchs ab dem vollendeten 2. Lebensjahr besonders förderlich ist, während ein noch früherer Beginn keinen zusätzlichen Effekt verspricht. Die Qualität des besuchten Kindergartens wirkt sich ebenfalls konsistent positiv auf verschiedene Maße im kognitiv-leistungsbezogenen Bereich aus. Allerdings unterscheiden sich die Untersuchungen im Hinblick auf die Persistenz der Auswirkungen. In einigen Untersuchungen bleiben die positiven Effekte über längere Zeit noch während des Schulbesuchs bestehen, in anderen schwächen sie sich ab. Insgesamt betrachtet ist somit ein Kindergartenbesuch förderlich für die kindliche Entwicklung. Reformmaßnahmen, die sowohl auf eine breitere und zeitlich längere Nutzung eines Kindergartens als auch auf eine Qualitätsverbesserung abzielen, werden durch diese Forschungsergebnisse unterstützt.
− Inwieweit der Besuch eines Kindergartens sich besonders förderlich und damit kompensatorisch für Kinder aus sozial benachteiligten Familien auswirkt, ist eine offene Frage. Während aufwändige – und damit teure – Interventionsmodelle in den USA auf deutlich positive Auswirkungen auf den kognitiv-leistungsbezogenen Bereich verweisen, zeigen sich in Untersuchungen von Regeleinrichtungen solche Effekte nicht durchgängig. Vielmehr scheint die Qualität des Kindergartens zunächst für alle Kinder gleichermaßen förderlich zu sein. Um besondere kompensatorische Fördereffekte zu erreichen, sind offensichtlich aufwändigere Interventionen bzw. zumindest eine hohe Qualität des besuchten Kindergartens erforderlich.
− Die Frage nach Kombinationseffekten eines Kindergartenbesuchs und seiner Qualität mit der nachfolgend erfahrenen Qualität in der Schule muss offen bleiben. In einigen Untersuchungen sind die Auswirkungen der vorschulisch erfahrenen Anregungsqualitäten im Kindergarten unabhängig von der nachfolgend erfahrenen Qualität in der Grundschule, während sie sich in anderen Studien mit der nachfolgenden Grundschulqualität verändern. Im Hinblick auf breit angelegte vorschulische Interventionsstudien wie auch auf Regeleinrichtungen wird in den USA die These vertreten, dass die anfänglich positiven Effekte durch nachfolgende schlechte Schulqualität unterminiert werden (obwohl diese Interpretation durchaus in Frage gestellt wird). In einer Untersuchung in England zeigt sich, dass eine hohe Qualität der vorschulisch besuchten Institutionen gegen eine spätere schlechte Qualität in der Schule schützt (Bestätigung der Protektionshypothese).

Wenn sich auch – vor dem Hintergrund des EPPE-Projects in England – der Eindruck aufdrängt, dass es für längerfristige positive Auswirkungen eines Kindergartenbesuchs vor allem auf eine *hohe* Qualität des besuchten Kindergarten ankommt und mithin eine weniger hohe Qualität nicht die gewünschten Auswirkungen zeigt, so muss doch eine solche Schlussfolgerung angesichts der inkonsistenten Untersuchungsergebnisse mit Vorsicht betrachtet werden. Eine Gesamtinterpretation der Forschungsergebnisse wird deutlich dadurch erschwert, dass sich die Konzeptualisierungen und Operationalisierungen von Anregungsqualität in Familie, Kindergarten und Grundschule zum einen erheblich von Untersuchung zu Untersuchung unterscheiden sowie zum anderen innerhalb einer Untersuchung diese drei Kontexte oftmals in unterschiedlicher Breite und Tiefe erfasst werden. Als Beispiel soll nur darauf verwiesen werden, dass im Kindergartenbereich bereichsspezifische Anregungsqualitäten (z.B. in Sprache oder Mathematik) nur in einem Teil der Untersuchungen erfasst und die häusliche Anregungsqualität während der vorschulischen und schulischen Zeit sehr unterschiedlich differenziert wurden (z.B. nur über distale Merkmale wie SES, Migrationshintergrund, über die Häufigkeiten von familialen, bildungsbezogenen Aktivitäten oder über direkte Beobachtungen der bildungsbezogenen Eltern-Kinder-Interaktionen). Des Weiteren wurde die spätere Unterrichts- bzw. Schulqualität einmal über globale Strukturindikatoren (wie z.B. Klassengröße und zeitlicher Umfang des Unterrichts), ein andermal über Unterrichtsbeobachtungen erfasst. Zudem wurden die Anregungsqualitäten innerhalb der Kontexte Familie, Kindergarten und Grundschule oftmals nur zu einem Zeitpunkt erhoben. Ob aber die jeweiligen Qualitäten über die Zeit stabil sind, ist eine offene Frage.

Die skizzierte Forschungslage und die besonderen diesbezüglichen Forschungsdefizite in Deutschland, die in diesem Bericht den Rückgriff auf Längsschnittuntersuchungen aus dem angloamerikanischen Raum sowie aus Mitteleuropa erforderlich machten, können nur durch eigene gezielte Untersuchungen in Deutschland überwunden werden. Dabei wird es zukünftig darauf ankommen, die oben beschriebenen Schwächen zu überwinden. Die erforderlichen Untersuchungen müssen längsschnittlich angelegt sein und mindestens den Zeitraum vom Beginn des Kindergartenbesuchs bis gegen Ende der Grundschulzeit umfassen. Die Anregungsqualitäten in den von den Kindern synchron und diachron erfahrenen Umwelten Familie, Kindergarten und Grundschule sollten soweit wie möglich parallel konzeptualisiert werden. Angesichts der gegenwärtigen Diskussion um Bildungspläne in Deutschland und den dort enthaltenen Anregungen für bereichsspezifische Förderung in Gebieten, die durchaus auf Fächer in der Schule bezogen werden können, sollten sowohl globale Prozessqualitäten als auch jene der bereichsspezifische Förderung speziell von Vorläuferkompetenzen für Schriftsprache und Mathematik erfasst werden. Um mögliche Veränderungen in den Anregungsqualitäten über die Zeit aufdecken zu können, sollten die Qualitäten in der Familie und in den Institutionen zu mehreren Zeitpunkten während der Kindergarten- und der Grundschulzeit erhoben werden. Eine aktuelle Studie, die versucht diese Lücke zu schließen, ist die von der Deutschen Forschungsgemeinschaft (DFG) geförderte interdisziplinäre Forschergruppe „Bildungsprozesse, Kompetenzentwicklung und Selektionsentscheidungen im Vor- und Grundschulalter – BiKS" (vgl. auch Kuger/Kluczniok 2008).

Anmerkungen

1 Für die deutsche Situation wird der Begriff „Kindergarten" als Oberbegriff für die verschiedenen Formen einer institutionellen Betreuung von Kindern ab dem vollendeten 2. oder 3. Lebensjahr bis zum Übergang in die Grundschule benutzt. Er wird anderen Bezeichnungen wie z.B. „Kindertagesstätte" vorgezogen, da er in der Tradition von Friedrich Fröbel immer schon dem Bildungsgedanken verpflichtet ist. International weisen die vergleichbaren Betreuungs- und Bildungseinrichtungen eine große Variabilität auf. So ist z.B. der US-amerikanische Kin-

dergarten eine Einrichtung für 5-jährige Kinder und gleicht von der Struktur her einer Vorklasse. Wie diese sind auch z.B. das englische oder das französische Vorschulsystem relativ curriculumsgebunden. Weniger stark inhaltlich vordefiniert sind dagegen z.B. das deutsche oder das skandinavische vorschulische Betreuungssystem. Aus pragmatischen Gründen wird im Folgenden der Begriff „Preschool" als Obergriff für die verschiedenen Betreuungsformen bzw. -typen in anderen Ländern benutzt – auch wenn darunter möglicherweise sehr unterschiedliche Formen mit unterschiedlichen Orientierungen fallen.
2 Der Indikator für die Effektivität einer Einrichtung wird regressionsanalytisch gebildet. Dabei wird betrachtet, welche Testleistungen am Ende der Preschool-Zeit aufgrund der Ausgangslage der Kinder zu Beginn der Preschool-Zeit im Durchschnitt vorhergesagt werden können. Effektiver sind dann diejenigen Einrichtungen, die über die durchschnittliche Entwicklung hinaus ihre Kinder fördern. Demgegenüber sind die Einrichtungen weniger effektiv, bei denen die Leistungsentwicklung unter dem liegt (vgl. Sammons et al. 2008).
3 Im EPPE-Project werden auch die Auswirkungen eines früheren Pre-School-Besuchs auf die Leistungs*entwicklung* von der 1. bis zur 5. Klasse analysiert. Im Lesen, nicht aber in Mathematik gibt es kleinere Tendenzen, dass der Besuch einer hoch qualitativen Pre-School (gemessen über die bereichsspezifische Prozessqualität mittels der ECERS-E) im Vergleich zum Besuch einer Pre-School mit niedriger Qualität zu einer besseren Entwicklung in diesem Zeitraum führt (Sammons et al. 2007, 2008). Insgesamt betrachtet aber wirkt sich nach Ansicht der Autoren der Besuch einer Pre-School dadurch positiv auf die weitere Schullaufbahn aus, dass den Kindern zu einem besseren Schulbeginn verholfen wird, weniger aber dadurch, dass er die Entwicklungen innerhalb der Schule selbst beeinflusst.
4 Aufgrund der ausgeprägteren nicht-mütterlichen Betreuungen bei unter dreijährigen Kindern in den USA im Vergleich zu Deutschland (speziell in den alten Bundesländern) sind die Ergebnisse zu den Auswirkungen der kumulierten Betreuungserfahrungen während der *gesamten* vorschulischen Zeit nur eingeschränkt auf die deutsche Situation übertragbar. Allerdings findet gegenwärtig in Deutschland eine politisch gewollte Ausweitung der Fremdbetreuungen für unter dreijährige Kinder statt. Zudem entsprechen die in der NICHD-Study gefundenen Ergebnisse weitgehend jenen aus den Untersuchungen, die sich spezifischer Betreuungsformen für Kinder ab etwa dem vollendeten 2. bis 3. Lebensjahr zuwenden.
5 Ein anderes Ergebnis ergibt sich im sozial-emotionalen Bereich (vgl. Roßbach 2005). Die Dauer des Besuchs (Anzahl der Monate) einer institutionellen Betreuungsform steht in keinem Zusammenhang mit den kindlichen Sozialkompetenzen und den Peer-Beziehungen. Allerdings gibt es Hinweis, dass eine lange Dauer des Besuchs institutioneller Betreuungsformen möglicherweise zu einem leicht erhöhten Ausmaß an Verhaltensproblemen führt. Der Effekt ist allerdings sehr niedrig und betrifft nur eine kleine Gruppe von Kindern. Im Unterschied zur Dauer des Besuchs einer Betreuungsform hat die Qualität der pädagogischen Prozesse kurz- und längerfristige positive Auswirkungen auf verschiedene Aspekte des Sozialverhaltens, obwohl sich auch hier teilweise Hinweise auf Abschwächungen der Auswirkungen in den ersten Schuljahren finden lassen.
6 Der Begriff „benachteiligte" Kinder bezieht sich in diesem Diskussionsstrang auf sozial bzw. familial bedingte Benachteiligungen. Nicht eingegangen wird deshalb im Folgenden auf andere Benachteiligungen wie z.B. gesundheitliche, körperlich und/oder geistige Beeinträchtigungen/Behinderungen.
7 Das Perry-Pre-School-Project ist darüber hinaus durch ausgeprägte positive Effekte im sozialen Bereich und durch eine deutliche Reduzierung von auffälligem/kriminellem Verhalten bekannt geworden (vgl. auch Roßbach 2005).

Kontaktanschrift der Verfasser: Prof. Dr. Hans-Günther Roßbach, Otto-Friedrich-Universität Bamberg, Lehrstuhl Elementar- und Familienpädagogik, Markusplatz 3, 96045 Bamberg, Tel. 0951/863-1821, Fax. 0951/863-4820, E-Mail: hans-guenther.rossbach@uni-bamberg.de

Literatur

Barnett, W. S. (1998): Long-term effects on cognitive development and school success. In: Barnett, W. S./Boocock, S. S. (Eds.): Early care and education for children in poverty. Promises, programs, and long-term results. – Albany, NY, S. 11-44.

Belsky et al. 2007 = Belsky, J./Vandell, D. L./Burchinal, M./Clarke-Stewart, K. A./McCartney, K./Owen, M. T (2007): Are there long-term effects of early child care? In: Child Development, Vol. 78, S. 681-701.

Caldwell, B. M./Bradley, R. H. (1984): Home Observation for the Measurement of the Environment. – University of Arkansas, Little Rock.

Campbell et al. 2002 = Campbell, F. A./Ramey, C. T./Pungello, E./Sparling, J./Miller-Johnson, S. (2002): Early Childhood Education: Young adult outcomes from the Abecedarian Project. In: Applied Developmental Science, Vol. 6, S. 42-57.

Clark, S. H./Campbell, F. A. (1998): Can intervention early prevent crime later? The Abecedarian Project compared with other programs. In: Early Childhood Research Quarterly, Vol. 13, pp. 319-343.

Clements, M. A./Reynolds, A. J./Hickey, E. (2004): Site-level predictors of children's school and social competence in the Chicago Child-Parent Centers. In: Early Childhood Research Quarterly, Vol. 19, S. 273-296.

Currie, J./Thomas, D. (2000): School quality and the longer-term effects of Head Start. In: The Journal of Human Resources, Vol. XXXV, S. 755-774.

European Child Care and Education (ECCE)-Study Group (1999): School-age assessment of child development: Long-term impact of pre-school experiences on school success, and family-school relationships. Report written by Tietze, W., Hundertmark-Mayser, J. & Rossbach, H.-G. European Union DG XII: Science, Research and Development. RTD Action: Targeted Socio-Economic Research. – URL: http://www.uni-bamberg.de/fileadmin/uni/fakultaeten/ppp_lehrstuehle/elementarpaedagogik/Team/Rossbach/Ecce_Study_Group.pdf – Download vom 31.07.2008.

Fried et al. 1992 = Fried, L./Roßbach, H.-G./Tietze, W./Wolf, B. (1992): Elementarbereich. In: Ingenkamp, K./Jäger, R. S./ Petillon, H./Wolf, B. (Hrsg.): Empirische Pädagogik 1970 - 1990. Eine Bestandsaufnahme der Forschung in der Bundesrepublik Deutschland. Bd. 1. – Weinheim, S. 197-263.

Gilliam, W. S./Zigler, E. F. (2000): A critical meta-analysis of all evaluations of statefunded preschool from 1977 to 1998: Implications for policy, service delivery and program evaluation. In: Early Childhood Research Quarterly, Vol. 15, S. 441-473.

Harms, T./Clifford, R. M. (1980): Early Childhood Environment Rating Scale. – New York.

Harms, T./Clifford, R. M./Cryer, D. (1998): Early Childhood Environment Rating Scale. Revised Edition. – New York.

Helmke, A./Schrader, F.-W. (1997): Unterrichtsbeurteilungen durch externe Beobachter. In: Weinert, F.E./Helmke, A. (Hrsg.): Entwicklung im Grundschulalter. – Weinheim, S. 510-514.

Kuger, S./Kluczniok, K. Prozessqualität im Kindergarten – Konzept, Umsetzung und Befunde. In diesem Band.

Lazar et al. 1982 = Lazar, I./Darlington, R./Murray, H./Royce, J./Snipper, A./Ramey, C. T. (1982): Lasting effects of early education: A report from the Consortium for Longitudinal Studies. In: Monographs of the Society for Research in Child Development, Vol. 47, Serial No. 195, 2-3.

Lee, V. E./Loeb, S. (1995): Where do Head Start attendees end up? One reason why preschool effects fade out. In: Educational Evaluation and Policy Analysis, Vol. 17, S. 62-82.

Leseman, P. P. M. (2002): Early childhood education and care for children from low-income or minority backgrounds. – OECD.

Magnuson, K. A./Ruhm, C./Waldfogel, J. (2007): The persistence of preschool effects: Do subsequent classroom experiences matter? In: Early Childhood Research Quarterly, Vol. 22, S. 18-38.

NICHD Early Child Care Research Network (2000): The interaction of child care and family risk in relation to child development at 24 and 36 months. In: Applied Developmental Science, Vol. 6, S. 144-156.
NICHD Early Child Care Research Network (2002): Early child care and children's development prior to school entry: Results from the NICHD Study of Early Child Care. In: American Educational Research Journal, Vol. 39, S. 133-164.
NICHD Early Child Care Research Network (2005): Early child care and children's development in the primary grades: Follow-up results from the NICHD Study of Early Child Care. In: American Educational Research Journal, Vol. 42, S. 537-570.
Peisner-Feinberg, E. S./Burchinal, M. (1997): Relations between preschool children's experiences and concurrent development: The Cost, Quality, and Outcomes Study In: Merrill-Palmer Quarterly, Vol. 43, S. 451-477.
Peisner-Feinberg et al. 2001 = Peisner-Feinberg, E. S./Burchinal, M. R./Clifford, R. M./Culkin, M. L./Howes, C./Kagan, S. L./Yazejian, N. (2001): The relation of preschool child-care quality to children's cognitive and social developmental trajectories through second grade. In: Child Development, Vol. 72, S. 534-1553.
Ramey et al. 2000 = Ramey, C. T./Campbell, F. A./Burchinal, M./Skinner, M. L./Gardner, D. M./Ramey, S. L. (2000): Persistent effects of early childhood education on high-risk children and their mothers. In: Applied Developmental Science, Vol. 4, S. 2-14.
Reynolds et al. 2001 = Reynolds, A. J./Temple, J. A./Robertson, D. L./Mann, E. A. (2001): Long-term effects of an early childhood intervention on educational achievement and juvenile arrest. A 15-year follow-up of low-income children in public schools. In: Journal of the American Medical Association, Vol. 285, S. 2339-2346.
Roßbach, H.-G. (2004): Kognitiv anregende Lernumwelten im Kindergarten. In: Zeitschrift für Erziehungswissenschaft, 7. Jg., Beiheft 3, S. 9-24.
Roßbach, H.-G. (2005): Effekte qualitativ guter Betreuung, Bildung und Erziehung im frühen Kindesalter auf Kinder und ihre Familien. In: Sachverständigenkommission Zwölfter Kinder- und Jugendbericht (Hrsg.): Bildung, Betreuung und Erziehung von Kindern unter sechs Jahren. – München, S. 55-174.
Roßbach, H.-G. (2006): Institutionelle Übergänge in der Frühpädagogik. In: Fried, L./Roux, S. (Hrsg.): Pädagogik der frühen Kindheit. Handbuch und Nachschlagewerk. – Weinheim, S. 280-292).
Roßbach, H.-G. (2008): Vorschulische Erziehung. In: Cortina, K.S./Baumert, J./Leschinsky, A./Mayer, K.U./Trommer, L. (Hrsg.): Das Bildungswesen in der Bundesrepublik Deutschland. Strukturen und Entwicklungen im Überblick. - Völlig überarbeitete Neuausgabe - Reinbek bei Hamburg, S. 283-323.
Roßbach, H.-G./Weinert, S. (Hrsg.) (2008): Kindliche Kompetenzen im Elementarbereich: Förderbarkeit, Bedeutung, Messung. Berlin: Bundesministerium für Bildung und Forschung.
Sammons et al. 2002 = Sammons, P./Sylva, K./Melhuish, E./Siraj-Blatchford, I./Taggart, B./Elliot, K. (2002): Measuring the impact of the pre-school on children's cognitive progress over the pre-school period. The Effective Provision of Pre-School Education (EPPE) Project. Technical Paper 8a. – University of London, Institute of Education.
Sammons et al. 2007 = Sammons, P./Sylva, K./Melhuish, E./Siraj-Blatchford, I./Taggart, B./Grabbe, Y./Barreau, S. (2007): Effective Pre-school and Primary Education 3-11 Project (EPPE 3-11). Summary report: Influences on children's attainment and progress in Key Stage 2: Cognitive outcomes in year 5. – Nottingham: DfES Publications.
Sammons et al. 2008 = Sammons, P., Grabbe, Y., Sylva, K., Melhuish, E., Siraj-Blatchford, I., Taggart, B. & Barreau, S. (2008): Children's Cognitive Attainment and Progress in English Primary Schools During Key Stage 2: Investigating the potential continuing influences of pre-school education. In diesem Band.
Schweinhart et al. 2005 = Schweinhart, L./Montie, J./Xiang, Z./Barnett, W. S./Belfield, C. R./Nores, M. (2005): Lifetime effects. The High/Scope Perry Pre-School Study through age 40. – Ypsilanti, Mich.
Sylva et al. 2004a = Sylva, K./Melhuish, E./Sammons, P./Siraj-Blatchford, I./Taggart, B./Elliot, K. (2004a): The Effective Provision of Pre-School Education Project – Zu den Auswirkungen vorschulischer Einrichtungen in England. In: Faust, G./Götz, M./Hacker, H./Roßbach, H.-G. (Hrsg.): Anschlussfähige Bildungsprozesse im Elementar- und Primarbereich. – Bad Heilbrunn, S. 154-167.

Sylva et al. 2004b = Sylva, K./Melhuish, E./Sammons, P./Siraj-Blatchford, I./Taggart, B. (2004b): The Effective Provision of Pre-School Education (EPPE) Project: Final Report. A longitudinal study funded by the DfES 1997-2004. – London: University of London, Institute of Education.

Sylva, K./Siraj-Blatchford, I./Taggart, B. (2003): Assessing Quality in the Early Years: Early Childhood Environment Rating Scale. Extension (ECERS-E). Four curricular subscales. Revised edition. – Stoke on Trent.

Takanishi, R./DeLeon, P. H. (1994): A Head Start for the 21st century. In: American Psychologist, Vol. 49, S. 120-122.

Tietze, W./Schuster, K.-M./Roßbach, H.-G. (1997): Kindergarteneinschätzskala. Deutsche Fassung der Early Childhood Environment Rating Scale von Th. Harms und R.M Clifford. – Neuwied.

Tietze, W./Roßbach, H.-G./Grenner, K. (2005): Kinder von 4 bis 8 Jahren. Zur Qualität der Erziehung und Bildung in Kindgarten, Grundschule und Familie. – Weinheim.

Zimmer, J. (2000): Der Situationsansatz in der Diskussion und Weiterentwicklung. In: Fthenakis, W. E./Textor, M. R. (Hrsg.): Pädagogische Ansätze im Kindergarten. – Weinheim, S. 94-114.

Susanne Kuger, Katharina Kluczniok

Prozessqualität im Kindergarten – Konzept, Umsetzung und Befunde

Zusammenfassung:
Vor dem Hintergrund unterschiedlicher Definitionen von Qualität einer vorschulischen Bildungs- und Betreuungseinrichtungen in einschlägigen Untersuchungen entwickelt der vorliegende Beitrag auf theoretischer Basis ein Konzept der Anregungsqualität in Kindergärten, das verschiedene Dimensionen (Prozess-, Struktur- und Orientierungsqualität) spezifiziert und systematisch zwischen globaler und bereichsspezifischer Förderung unterscheidet. Empirisch umgesetzt wird dieses Konzept im Rahmen der DFG-Forschergruppe „Bildungsprozesse, Kompetenzentwicklung und Selektionsentscheidungen im Vor- und Grundschulalter". Der Beitrag berichtet über das gefundene Qualitätsniveau in Kindergärten und analysiert Abhängigkeiten der beobachteten Prozessqualitäten von Strukturmerkmalen einer Einrichtung und Orientierungsmerkmalen des Fachpersonals. Auffällig ist vor allem die verringerte Prozessqualität einer Kindergartengruppe bei einem höheren Anteil von Kindern mit Migrationshintergrund in einer Gruppe (trotz günstigerer Rahmenbedingungen) und bei einem niedrigeren Durchschnittsalter in der Gruppe, der durch gezielte pädagogische Maßnahmen entgegengewirkt werden sollte.

Schlüsselwörter: Kindergarten – Qualität – Vorschule

Abstract:
Process Quality in Kindergartens – Concepts, implementation and findings. The educational quality of early childhood care and education institutions has been variably defined in the relevant investigations. Therefore, this paper develops a theoretical concept of quality which differentiates between quality dimensions (quality of processes, structures and educational beliefs of teachers) and distinguishes global and domain-specific aspects of process quality. This concept is being implemented within the context of a research group on "Educational processes, competence development and selection decisions at preschool and primary school age" sponsored by the German Research Foundation. The paper reports on the quality levels in the sampled kindergarten groups and analyses the dependency of process quality on structural aspects of kindergartens and on teachers' educational beliefs. The lower level of process quality in kindergarten groups with a higher rate of children with a migration background and with a younger mean age is remarkable and calls for specific educational interventions.

Keywords: kindergarten – preschool – quality

Die verschiedenen empirischen Untersuchungen zu den Auswirkungen einer außerfamilialen Betreuung vor Beginn der Pflichtschule weisen im Allgemeinen auf kurz-, mittel- und auch längerfristige signifikante positive Beziehungen zwischen dem Anregungs- und Förderpotenzial einer frühpädagogischen institutionellen Betreuungsform und verschiedenen Maßen der kindlichen Entwicklung hin (vgl. auch Roßbach 2005a; Roßbach/Kluczniok/Kuger 2008), diese fallen letztlich aber niedrig aus (zusammenfassend Vandell/Wolfe 2000). Eine in der zweiten Hälfte der 1990er Jahre durchgeführte Meta-Analyse von 25 Untersuchungen zum Zusammenhang zwischen der Qualität der institutionellen Settings in der frühen Kindheit und kindlichen Entwicklungsmaßen (White/Cutler/Tietze 1997) findet ebenfalls niedrige, aber konsistente und robuste Beziehungen. Positive Beziehungen finden sich in fast allen Untersuchungen und in unterschiedlichen Entwicklungsbereichen, so z.B. im Hinblick auf kognitive Entwicklung, Sprachentwicklung und soziale Kompetenz. Am deutlichsten sind die Beziehungen zur Sprachentwicklung. Allerdings gibt es auch skeptischere Einschätzungen: Scarr (1998) schließt, dass Unterschiede in der Qualität der nicht-familialen Betreuung nur geringe Auswirkungen auf die gleichzeitig erhobenen Entwicklungsmaße und keine Langzeiteffekte – außer für benachteiligte Kinder – hätten.

Auch wenn sich in verschiedenen empirischen Studien mehr oder weniger vergleichbare Auswirkungen (oder auch gleichermaßen fehlende Auswirkungen) der frühen institutionellen Betreuungen auf die kindliche Entwicklung im kognitiv-leistungsbezogenen und im sozial-emotionalen Bereich zeigen, so wird ein Vergleich der Auswirkungen dadurch erschwert, dass in den Untersuchungen unterschiedliche Aspekte einer Betreuungsform angesprochen werden und die oftmals im Mittelpunkt stehende „Förderqualität" einer Betreuungsform unterschiedlich konzeptualisiert wird (vgl. Pianta et al. 2005). Angesprochen werden – in unterschiedlicher Tiefe und Breite – allgemeine Rahmenbedingungen der Betreuung wie z.B. Gruppengröße oder Erzieherin-Kind-Relation, die pädagogischen Orientierungen des Fachpersonals sowie die Gestaltung der pädagogischen Prozesse während der Betreuung in einer Gruppe. Explizit oder implizit wird oftmals davon ausgegangen, dass die Prozessqualität als Schaltstelle betrachtet werden kann, über die die anderen Qualitätsbereiche ihre Auswirkungen auf die kindliche Entwicklung entfalten. Aber auch der Bereich der Prozessqualität wird von Untersuchung zu Untersuchung unterschiedlich konzeptualisiert und operationalisiert, wobei oftmals eine theoriebezogene Spezifizierung der betrachteten Teilaspekte der Prozessqualität nur in Ansätzen vorhanden ist. Vor diesem Hintergrund entwickelt der folgende Beitrag ein stärker theoretisch orientiertes Konzept von Prozessqualität in frühkindlichen Betreuungseinrichtungen und fragt danach, von welchen Bedingungen die in einer Gruppe realisierte Prozessqualität abhängt.[1]

1 Anregungsqualität in frühpädagogischen Einrichtung

1.1 Struktur-, Orientierungs- und Prozessmerkmale der Qualität

Im Allgemeinen wird die Qualität in einer frühpädagogischen Einrichtung zentral auf der Ebene der einzelnen Gruppen betrachtet. Folgend einer sich in der nationalen und internationalen Diskussion zunehmend durchsetzenden Dreiteilung des allgemeinen Qualitätskonzepts (vgl. z.B. ECCE-Study Group 1997; Tietze et al. 1998; NICHD Early Child Care Research Network 2003; Pianta et al. 2005) werden 3 Qualitätsbereiche in frühpädagogischen Gruppen unterschieden: Unter *Strukturmerkmalen der Qualität* werden die relativ dauerhaften Rahmenbedingungen einer Gruppe verstanden, die in der Regel vorgegeben und die politisch reguliert werden bzw. regulierbar sind. Darunter fallen z.B. die Ausbildung der Erzieherinnen[2], Gruppengröße, Erzieherin-Kind-Schlüssel (Anzahl der Kinder pro Fachkraft in der Gruppe), Gruppenzusammensetzung sowie die materielle Ausstattung. Die 3 zuerst genannten Merkmale werden gelegentlich auch als „eisernes Dreieck" von Strukturmerkmalen bezeichnet (vgl. Hayes/Palmer/Zaslow 1990). In vielen Untersuchungen zeigen sich durchgängig Zusammenhänge zwischen strukturellen Merkmalen und verschiedenen Maßen der kindlichen Entwicklung. Die Untersuchungen unterscheiden sich aber darin, welche Aspekte sich jeweils als bedeutsam erweisen. Es finden sich Hinweise, dass eine günstigere kindliche Entwicklung mit kleineren Gruppen, einem günstigeren Erzieherin-Kind-Schlüssel und einem (formal) höheren Qualifikationsniveau des Fachpersonals verbunden ist (vgl. Roßbach 2005a).

Als zweiter Bereich von Qualitätsmerkmalen werden in einigen Studien die *pädagogischen Orientierungen* spezifiziert. Darunter fallen z.B. allgemeine Erziehungsvorstellungen, Ziele und Werte des Fachpersonals, ihr Bild vom Kind, Einschätzungen der Aufgaben von frühpädagogischen Einrichtungen und Einstellungen zu den verschiedenen Förderbereichen (vgl. z.B. ECCE-Study Group 1997, 1999; Tietze et al. 1998). Pädagogische Orientierungen des Fachpersonals (z.B. auf das Kind als Subjekt bezogenen Einstellungen) stehen in einer europäischen Untersuchung zwar in Zusammenhang mit verschiedenen Entwicklungsmaßen während der Grundschulzeit; das Beziehungsmuster erweist sich allerdings als inkonsistent (ECCE-Study Group 1999).

Den dritten Qualitätsbereich bilden die *Prozessmerkmale der Qualität* in der Gruppe. Diese umfassen die Dynamik des pädagogischen Geschehens und den entwicklungsangemessenen und auf die Bedürfnisse des Kindes abgestimmten Umgang mit dem Kind, ein positives Interaktionsklima sowie eine ermutigende Haltung der Erzieherin gegenüber der Entwicklung des Kindes. Betrachtet werden die Interaktionen der Kinder mit den Betreuungspersonen, mit anderen Kindern und mit der räumlich-materialen Umwelt (vgl. z.B. Tietze/Roßbach/Grenner 2005). Die überwiegende Mehrheit der nationalen und internationalen Untersuchungen verweist auf positive Zusammenhänge der Prozessqualität mit verschiedenen kindlichen Entwicklungsbereichen – speziell im kognitiv-leistungsbezogenen Bereich. Allerdings unterscheiden sich die verschiedenen Untersuchungen im Hinblick darauf, welche Förderaspekte hervorgehoben werden, wodurch sich teilweise inkonsistente und theoretisch unbefriedigende Beziehungsmuster ergeben (vgl. zusammenfassend Roßbach 2005a; Roßbach/Kluczniok/Kuger 2008).

In den meisten Untersuchungen wird – explizit oder oftmals implizit – davon ausgegangen, dass Prozessmerkmale einer frühpädagogischen Gruppe einen direkten Einfluss auf die kindliche Entwicklung haben, während die Merkmale der Strukturqualität und pädagogische Orientierungen nur indirekt über die Prozessmerkmale wirken. Diese Beziehungsstruktur wurde bisher allerdings selten überprüft. Eine Ausnahme bildet eine Analyse im Rahmen der Study of Early Child Care des National Institute for Child Health and Human Development (NICHD) (NICHD Early Child Care Research Network 2002), in der mit Hilfe von Strukturgleichungsmodellen die Annahme von nur indirekten Effekten von Strukturmerkmalen über Prozessmerkmale auf kognitive und soziale Kompetenzen der Kinder überprüft und bestätigt wurde (ohne Berücksichtigung pädagogischer Orientierungen). Aufgrund dieser besonderen Bedeutung der Prozessqualität als Transmissionsriemen rückt die Frage in den Vordergrund, wovon die Produktion einer guten Prozessqualität auf der Gruppenebene abhängt, wobei besonders politisch regulierbare Strukturmerkmale von Interesse sind.

In verschiedenen Untersuchungen wurden Zusammenhänge zwischen einzelnen Strukturmerkmalen und Aspekten der Prozessqualität gefunden (vgl. z.B. die Zusammenfassungen bei Pianta et al. 2005; Tietze et al. 1998). Bei Berk (1985) stehen z.B. übergreifende und spezifische Einstellungen und Orientierungen im engen Zusammenhang mit einem positiveren Interaktionsverhalten. Dagegen findet sich bei Bryant et al. (1994) kein Zusammenhang zwischen den Einstellungen der Erzieherinnen und der Prozessqualität. Analysen, die systematisch Konstellationen von Struktur- und Orientierungsmerkmalen und deren simultanen Einfluss auf die Prozessqualität betrachten, sind seltener. In einer neueren Untersuchung für den USA finden Pianta et al. (2005) bei multivariaten Analysen eine niedrigere Prozessqualität in Gruppen mit einem höheren Anteil von Kindern in Armut, bei Fachpersonal mit einem niedrigeren Ausbildungsniveau in frühkindlichen Fragen und bei „traditionellen" pädagogischen Orientierungen, die die Rolle der Erwachsenen betonen. Keine Beziehungen zur Prozessqualität zeigen sich hingegen bei der Anzahl der Kinder pro Fachkraft oder bei ganztägiger versus halbtägiger Betreuung. Über die erfassten Struktur- und Orientierungsmerkmale hinaus bzw. bei Kontrolle dieser unterscheiden sich die Prozessqualitäten zwischen den Bundesstaaten (möglicherweise als Indikator für allgemeine staatliche Regulierungen des Angebots und für übergreifende Professionalisierungsbemühungen des Fachpersonals) erheblich. Für Deutschland ist nur eine entsprechende Untersuchung bekannt geworden (Tietze et al. 1998), die zum Teil in Vergleiche mit Portugal und Spanien (ECCE-Study Group 1997, 1999) und den USA (Cryer et al. 1999) eingebettet ist. Die Analysen beziehen sich auf das Kindergartenjahr 1993/94 und betreffen somit eine möglicherweise gegenüber heute unterschiedliche Praxis (heute z.B. stärkere Betonung der Bildungsfunktion des Kindergartens, das Vorhandensein von Bildungsplänen in den Bundesländern sowie die höheren Anteile von Kindern mit Migrationshintergrund in den Gruppen). Eine bessere Prozessqualität ist in dieser Untersuchung verbunden mit weniger Kindern pro Erzieherin, mehr Zeit pro Woche zur Vorbereitung auf die Arbeit mit den Kindern und tendenziell mehr verfügbarem Platz pro Kind, während die pädagogischen Orientierungen der Erzieherinnen in keiner Beziehung zur Prozessqualität stehen. Aspekte der Gruppenzusammensetzung – mit Ausnahme des Grades der Altersmischung, der tendenziell positiv mit der Prozessqualität verbunden ist – wurden nicht untersucht. Auch hier zeigen sich über die erfassten Struktur- und Orientierungsmerkmale hinaus deutliche Qualitätsunterschiede zwischen den untersuchten Bundesländern.

1.2 Globale und bereichsspezifische Prozessqualität

Wie bereits erwähnt, wird die Prozessqualität in den verschiedenen Untersuchungen unterschiedlich konzeptualisiert. In den meisten – vor allem in früheren – Untersuchungen wird in der Regel die Prozessqualität auf einer globalen Ebene spezifiziert. Globale Prozessqualität bezieht sich auf eine Erfassung der Qualität, die Pflege- und Betreuungsaspekte, räumlich-materiale Umgebung einer Gruppe, Wärme und Responsivität des Fachpersonals sowie allgemeine Förderaspekte umfasst. Auch wenn hier Aspekte der Förderung in spezifischen Inhaltsbereichen mit erfasst werden, so werden diese nicht gesondert und gezielt betrachtet, sondern in ein globales Gesamtbild verdichtet (vgl. auch La Paro/Pianta/Stuhlman 2004; Pianta et al. 2005). Angesichts der gegenwärtigen Betonung von bereichsspezifischen Förderungen (Roßbach 2005b), wie sie letztlich auch ihren Niederschlag in den Bildungsplänen der Länder gefunden hat (z.B. Bayerisches Staatsministerium für Arbeit und Sozialordnung, Familie und Frauen/Staatsinstitut für Frühpädagogik München 2006), wird eine Erweiterung des Konzepts der globalen Prozessqualität erforderlich. Die bereichsspezifische Prozessqualität thematisiert die Qualität der Förderung in spezifischen Inhaltsbereichen, wie z.B. Sprache/frühe literacy oder frühe mathematische Kompetenzen. Beispiele für die erfolgreiche Berücksichtigung bereichsspezifischer Förderqualitäten finden sich in Home-School Study of Language and Literacy Development in den USA (Tabors/Snow/Dickinson 2001) oder im Effective Pre-school and Primary Education 3-11 Project (EPPE 3-11) in England (vgl. Sammons et al. 2007, 2008; auch Roßbach 2005a; Roßbach/Kluczniok/Kuger 2008). Allerdings bleiben die Beziehungen zwischen globalen und bereichsspezifischen Förderaspekten oftmals konzeptuell unklar. La Paro/Pianta/Stuhlman (2004) z.B. unterscheiden auf der Basis einer Literaturanalyse systematisch zwischen 3 Dimensionen einer frühpädagogischen Gruppe *als Lernumwelt*: sozial-emotionales Klima (Emotional Climate), Gruppenführung (Management) und Lernunterstützung (Instructional Support). Allerdings wird Lernunterstützung hier als allgemeine und nicht auf spezifische Lernbereiche gerichtete Förderung konzeptualisiert (z.B. Förderung der Konzeptentwicklung, Bereitstellung von Lerngelegenheiten, Feedback zu kindlichen Lernprozessen).

Der vorliegende Beitrag baut auf diesen Überlegungen auf und verbindet die Konzeptualisierung der Qualität einer frühpädagogischen Gruppe als Lernumwelt mit allgemeinen Überlegungen aus der auf schulisches Lernen bezogenen Unterrichtsforschung. Nach Klieme et al. (2006) lassen sich 3 Basisdimensionen von Unterrichtsqualität unterscheiden, die sich unterschiedlich auf konzeptuelles Verständnis und Motivationen auswirken: 1. Klassenführung, Regelklarheit, Struktur; 2. unterstützendes Unterrichtsklima; 3. kognitive Aktivierung. Während die ersten beiden Basisdimensionen mehr allgemeine Qualitätsaspekte ansprechen, bezieht sich die dritte auf bereichsspezifische/fachdidaktische Förderaspekte. Diese Basisdimensionen lassen sich ebenfalls auf frühpädagogische Lernumwelten beziehen: Klassenführung in einer Kindergartengruppe bezieht sich z.B. auf Aspekte der Beaufsichtigung und Anleitung von Kindern, Verhaltensregeln, Strukturierung des Tagesablaufs und der pädagogischen Arbeit. Das unterstützende Klima umfasst ein die Kinder unterstützendes, vertrauensvolles und die einzelnen Kinder wertschätzendes Verhalten des Fachpersonals. Kognitive Aktivierung fordert die Lernenden heraus und spezifiziert für den Kindergarten vor allem bereichsspezifische/elementardidaktische Förderaspekte.

Vor diesem Hintergrund lassen sich für diesen Beitrag folgende Fragestellungen festhalten: 1) Wie kann das Qualitätskonstrukt empirisch differenziert werden? 2) Gibt es systematische Zusammenhänge der Prozessqualität in deutschen Kindergärten mit einzelnen Struktur- und Orientierungsmerkmalen in der institutionellen Umwelt?

2 Methodische Anlage

Die folgenden Analysen beruhen auf Daten, die im Rahmen der interdisziplinären DFG-Forschergruppe „Bildungsprozesse, Kompetenzentwicklung und Selektionsentscheidungen im Vor- und Grundschulalter – BiKS" erhoben wurden (vgl. www.biks-bamberg.de; von Maurice u.a. 2007). In den Teilprojekten dieser Forschergruppe werden Bedingungen und Prozesse der Kompetenzentwicklung im Vor- und Grundschulalter sowie die Formationen der Übergangsentscheidungen vom Kindergarten in die Grundschule sowie vom Primar- in den Sekundarbereich untersucht. Zentral berücksichtigt werden dabei Förderqualitäten in Familie, Kindergarten und Schule. Zur Beantwortung der Fragestellungen der BiKS-Forschergruppe werden in Bayern und Hessen 2 Panelstudien BiKS-3-8 und BiKS-8-12 durchgeführt. BiKS-3-8 verfolgt 547 Kinder und ihre Familien aus 97 Kindergärten vom 3. bis zum 8. Lebensjahr. Im Längsschnitt BiKS-8-12 wird eine Gruppe von 2.395 Schülerinnen und Schülern der 3. Klasse bis zum Abschluss der 7. Klasse verfolgt. Die nachfolgenden Analysen beziehen sich ausschließlich auf Daten aus dem Längsschnitt BiKS-3-8.

2.1 Stichprobe und Erhebungsdesign

Das Stichprobendesign des Längsschnitts BiKS-3-8 sieht eine mehrfach geschichtete Zufallsstichprobe vor mit disproportionaler Schichtung nach Bundesland (Bayern, Hessen), Stadt/Land, Migrationshintergrund (definiert über die Muttersprache der Eltern) und Zahl der Grundschulen, auf die die Kinder vom Kindergarten aus übergehen (vgl. von Maurice et al. 2007). Insgesamt nehmen 97 Kindergärten teil (60 in Bayern und 37 in Hessen; davon 37 in städtischen und 60 in ländlichen Regionen), von denen sich 51 in kirchlicher, 31 in kommunaler und 15 in nicht-kirchlicher privater Trägerschaft befinden. Die durchschnittliche Quote von Kindern mit Migrationshintergrund in den Einrichtungen liegt in Bayern bei 18,3% und in Hessen bei 35,0%. Aus den Kindergärten wurde jeweils 1 Gruppe in den Längsschnitt aufgenommen. In diesen Gruppen wurden alle Kinder – Einverständnis der Eltern vorausgesetzt – rekrutiert, die im Schuljahr 2008/09 zur fristgerechten Einschulung anstanden. Es werden somit nicht alle Kinder einer Gruppe in die Untersuchung einbezogen, sondern nur ein über das Geburtsalter definierter Ausschnitt. Zum ersten Messzeitpunkt im September 2005 waren dies 547 Kinder (Durchschnittsalter 44,6 Monate, SD 5,0 Monate). Die Kinder und ihre Familien werden ebenso wie die Kindergärten in halbjährlichem Abstand kontaktiert, um Daten auf Basis von mündlichen und schriftlichen Befragungen, Beobachtungsverfahren sowie Tagebüchern über die kindlichen Aktivitäten zu erhalten. Die kindlichen sprachlich-kognitiven Kompetenzen wurden während der halbjährlichen Besuche im Kindergarten über Testverfahren erhoben. Vom pädagogischen Personal in den Kindergärten wurden Informationen zur Einrichtung insgesamt (Befragung der Kindergartenleitung) und zur ausgesuchten Gruppe (Befragung der Gruppenleitung) erhoben; ab Frühjahr 2006 bearbeitete die Gruppenleitung darüber hinaus ein Tagebuchinstrument zur Erfassung der Aktivitäten der Kinder im Tagesablauf. Ebenfalls ab diesem Zeitpunkt wurden systematische Qualitätsbeobachtungen in den Gruppen begonnen. Die folgenden Analysen beziehen sich ausschließlich auf Daten zu den Gruppen, die über Befragungen der Gruppenleitungen (Herbst 2005) und Tagebuchaufzeichnungen der Erzieherinnen (Frühjahr 2006) sowie über externe Beobachtungen (Frühjahr 2006) gewonnen wurden. Durch geringere Ausfälle in einzelnen Instrumenten liegen für die folgenden Analysen vollständige Datensätze von N= 85 Kindergartengruppen vor.

2.2 Erhebungsinstrumente

Prozessqualität: Die in den Untersuchungsgruppen realisierte Prozessqualität wurde anhand qualitativer und quantitativer Aspekte erhoben. Die qualitativen Aspekte erfassen geschulte externe Beobachter über Ratings, die quantitativen Aspekte werden über ein Tagebuch erhoben. Die Qualitätsratings wurden mit Hilfe von 2 Instrumenten durchgeführt. Die globale Prozessqualität wurde mit der Kindergartenskala KES-R (Tietze et al. 2007) erfasst. Die KES-R ist die deutsche Fassung der Early Childhood Environment Rating Scale Revised – ECERS-R (Harms/Clifford/Cryer 1998), ein international erprobtes und national angepasstes Instrument (interne Konsistenz nach Handbuch .92). Die KES-R deckt mit 43 Merkmalen in 7 Subskalen die globale Qualität einer Kindergartengruppe ab. Die einzelnen Merkmale werden von geschulten Datenerhebern (Schulungsdauer 1 Woche) in einer mehrstündigen Beobachtungssituation auf einer 7-stufigen Skala eingeschätzt, wobei jeweils die Stufen 1 (unzureichende Qualität), 3 (minimale Qualität), 5 (gute Qualität) und 7 (ausgezeichnete Qualität) inhaltlich ausformuliert sind. Die 3 Zwischenstufen 2, 4 und 6 können durch Interpolation erreicht werden. Insgesamt umfasst die KES-R folgende Bereiche: Platz und Ausstattung; Betreuung und Pflege der Kinder; sprachliche und kognitive Anregungen; Aktivitäten; Interaktionen; Strukturierung der pädagogischen Arbeit; Eltern und Erzieherinnen s. S. 178. Zur Veranschaulichung ist im Anhang das Beispielitem „Bücher und Bilder" aus der KES-R abgebildet. Zur Erfassung bereichsspezifischer Förderaspekte, wie sie derzeit in den Bildungsplänen der Bundesländer betont werden, wurde eine Erweiterung der ECERS-R eingesetzt: die Early Childhood Environment Rating Scale Extension ECERS-E (Sylva/Siraj-Blatchford/Taggart 2003). Dieses Instrument wurde ursprünglich für das englische Vorschulcurriculum entwickelt, ist aber auch geeignet, die Aspekte bereichsspezifischer Qualität in deutschen Kindergartengruppen zu erfassen. Für eine revidierte Version der ECERS-E berichten die Autoren Inter-Rater-Übereinstimmungen von 88.4 bis 97.6% sowie Kappas von .83 bis .97 (Sylva/Siraj-Blatchford/Taggart 2006). In BiKS wird die bisher unveröffentlichte deutsche Version KES-E von Roßbach/Tietze (in Vorb.) verwendet. Sie umfasst mit 18 Items die Bereiche Lesen, Mathematik, Naturwissenschaft und Umwelt sowie Individuelle Förderung. Alle 18 Items werden wie die Items der KES-R auf 7-stufigen Einschätzskalen bewertet. International finden sich vergleichbare Beobachterübereinstimmungen bei den KES-Skalen (Howes et al. 2008).

Die beiden Instrumente KES-R und KES-E werden im Folgenden allerdings nicht in ihrer Originalform benutzt. Vielmehr werden 28 Items der beiden Instrumente aufgrund der weiter oben skizzierten theoretischen Überlegungen in 3 Skalen neugruppiert[3]. Die erste Skala „*Gruppenführung/Klima*" umfasst 12 Merkmale (interne Konsistenz α = .78), in denen Aspekte der Gruppenführung, der allgemeinen Interaktionsgestaltung, der Supervision der Kinder und des allgemeinen Klimas angesprochen werden. Die beiden anderen neuen Skalen beziehen sich auf bereichsspezifische Förderqualitäten. Die Skala „*Förderung von Literacy/Sprache*" besteht aus 9 sprachbezogenen Merkmalen (α = .74), die in Anlehnung an Kammermeyer (2007) Förderaspekte der mündlichen Sprache und des frühes Schriftspracherwerbs ansprechen. Der Skala „*För-

derung von Mathematik" werden in Anlehnung an Steinweg (im Druck) 7 Merkmale zugeordnet, die sich auf Ziffern, das Zählen sowie räumliche oder kategorisierende Konzepte beziehen ($\alpha = .77$).

Die Daten zu den Häufigkeiten ausgewählter Aktivitäten wurden über ein standardisiertes Tagebuch erhoben, das für die Studie neu entwickelt wurde und in das die Gruppenleitungen über 2 Tage hinweg im Viertelstundenrhythmus die von ihnen durchgeführten Aktivitäten eintragen mussten. Das Tagebuch enthält 22 verschiedenen Aktivitäten (z.B. Rollenspiel, Vorlesen, künstlerisches Gestalten, Experimentieren); in jedem Viertelstundabschnitt können bis zu 3 Aktivitäten genannt werden. Gleichzeitig gibt die Gruppenleitung an, welche Förderbereiche (z.B. Sozialverhalten, Phantasie, Buchstaben-Lautkombinationen, Ziffernkenntnis) mit den Aktivitäten angesprochen werden sollten, d.h., welche Förderabsichten mit dieser Aktivität verbunden sind. Aus den Angaben zu den Förderbereichen werden 2 Häufigkeitsskalen gebildet: „*Aktivitäten zur Förderung von Literacy*" (alle Aktivitäten, die nach Angaben der Erzieherinnen die Bereiche Zweck und Funktionalität von Schreiben und Lesen, Buchstabe-Laut-Kombination, Selbstlesen und -schreiben ansprechen sowie entsprechende Vorläuferfertigkeiten fördern sollen) und „*Aktivitäten zur Förderung von Mathematik*" (alle Aktivitäten nach Angabe der Erzieherinnen zur Förderung der Kenntnisse und Fertigkeiten bezüglich Zählen, Ziffernkenntnis, Form/Muster/räumliche Relationen, Vergleichen und Kategorisieren sowie problemlösen/schlussfolgerndes Denken). Die jeweiligen Skalen beinhalten die Anzahl der Viertelstundenabschnitte mit entsprechenden Förderintentionen über 2 Tage.[4]

Strukturmerkmale: Rahmenbedingungen der einzelnen Kindergartengruppen, der Einrichtungen insgesamt sowie des institutionellen Kontexts wurden über selbstentwickelte standardisierte schriftliche und mündliche Befragungen der Gruppen- sowie der Einrichtungsleitung erhoben. Darunter fallen z.B. Informationen zu Rahmenbedingungen der Gesamteinrichtung (räumliche Ressourcen, Lage, Personal, Öffnungszeiten, Sozialstruktur, Träger,…) und der untersuchten Kindergartengruppe in der Einrichtung (Erzieherin-Kind-Relation, Gruppenzusammensetzung, räumliche Ressourcen, materielle Ausstattung,…) sowie zur Person der Einrichtungsleitung und der Gruppenleitung (Ausbildung, Berufserfahrung). In die im Folgenden berichteten Analysen geht eine Auswahl dieser Strukturmerkmale ein, die sich in bisherigen Studien als bedeutsam erwiesen haben (vgl. auch Hayes/Palmer/Zaslow 1990; Mashburn et al. 2008): Anzahl Kinder in der Gruppe, Anzahl Kinder pro Fachkraft, Durchschnittsalter der Kinder, Migrationsquote in der Gruppe, Anzahl Berufsjahre der Gruppenleiterin, ihre Zufriedenheit und Quadratmeter pro Kind in den Gruppenräumen. Aufgrund einer relativ homogenen Ausbildungsstruktur der Erzieherinnen konnte das Ausbildungsniveau, das sich in anderen Ländern als bedeutsam erwiesen hat, hier nicht berücksichtigt werden. Die beiden Merkmale der Gruppenzusammensetzung (Durchschnittsalter der Kinder; Migrationsquote) beziehen sich auf alle Kinder der Kindergartengruppe und stellen keine Aggregationen über die ausgewählten Stichprobenkinder dar.[5]

Orientierungen: Persönliche Einstellungen und Orientierungen der Einrichtungsleitung und der Gruppenleitung zu Kooperationen, Bildungs- und Erziehungsfragen, der eigenen Institution und dem eigenen Beruf wurden über standardisierte schriftliche und mündliche Befragungen erhoben. In die vorliegenden Analysen gehen zwei pädagogische Orientierungen ein, die den Grad der Ausprägung einer konservativen Erziehungseinstellung (Befürwortung von Erziehungszielen wie z.B. Folgsamkeit, gute Umgangsformen und Religiosität) und den Grad der Ausprägung eines partnerschaftlichen Rollenverständnisses der Gruppenleitungen gegenüber den Kindern (Betonung der eigenen Rolle z.B. als Partner, Lernender, Freund und Vorbild der Kinder) ausdrücken.

2.3 Analyseplan

Zur Erklärung des Beziehungsmusters der 3 Komponenten institutioneller Qualität werden zunächst die einfachen Zusammenhänge der Struktur- und Orientierungsmerkmale mit den Prozessmerkmalen (qualitative Ratings und Häufigkeit von ausgewählten Aktivitäten) untersucht. Im Anschluss wird mittels linearer Regressionsmodelle der jeweilige spezifische Einfluss der relevanten Struktur- und Orientierungsvariablen auf die qualitativen Ratings und die quantitativen Nennungen der Prozessqualität untersucht.

3 Ergebnisse

Die Verteilung der ausgewählten Strukturmerkmale sowie der Prozessqualitäten der BiKS-Kindergärten sind in Tabelle 1 ersichtlich.

Im Vergleich zur amtlichen Statistik (Bundesministerium für Familie, Senioren, Frauen und Jugend 2008) liegen die durchschnittliche Gruppengröße und die durchschnittliche Erzieherin-Kind-Relation leicht höher als in den beiden Bundesländern insgesamt (Gruppengröße: Bayern=24, Hessen=20; Erzieherin-Kind-Relation: Bayern=11,4, Hessen=10,6). Auffällig sind die hohen Streuungen, die von einer Gruppengröße von 9 Kindern bis zu einer mit 30 Kindern sowie von einer Gruppe mit 4,5 Kindern pro Erzieherin bis zu einer von fast 28 Kindern pro Erzieherin reichen. Ähnlich unterschiedlich ist auch das Durchschnittsalter der Kinder in der Gruppe. Während in einer Gruppe die Kinder im Durchschnitt etwas über 3 Jahre alt sind, sind sie in einer anderen Gruppe im Durchschnitt knapp über 5;5 Jahre alt. Hier spielen vermutlich regionale Bedingungen oder unterschiedliche Praktiken der Zusammensetzung der Gruppen eine Rolle. Im Durchschnitt hat etwa ein Viertel der Kinder in den Gruppen einen Migrationshintergrund (definiert über die Muttersprache der Eltern). Die Unterschiede zwischen den Gruppen sind wieder enorm; sie rei-

Tabelle 1: Deskription ausgewählter Struktur- und Prozessmerkmale der BiKS-Kindergartenstichprobe.

	M	SD	Min	Max
Strukturmerkmale				
Anzahl der Kinder in der Gruppe	24.3	3.6	9.0	30.0
Anzahl Kinder pro Fachkraft in der Gruppe	12.4	4.6	4.5	26.7
Durchschnittsalter der Kinder in der Gruppe	4;7	0;5	3;1	5;7
Quote der Kinder mit Migrationshintergrund in der Gruppe	24.6	26.8	0.0	100.0
Anzahl der Berufsjahre der Gruppenleiterin	15.0	9.0	0.3	40.0
Zufriedenheit der Gruppenleiterin (1=unzufrieden, 4=zufrieden)	3.2	0.4	2.0	4.0
Quadratmeter pro Kind in den Gruppenräumen	3.3	2.6	1.3	1 9.6
Prozessmerkmale				
Qualitative Ratings				
Gruppenführung/Klima (12 Items)	3.8	0.9	1.7	6.0
Förderung in Literacy/Sprache (9 Items)	3.7	0.9	1.2	6.1
Förderung in Mathematik (6 Items)	3.4	1.0	1.5	5.7
Häufigkeiten der Aktivitäten (Summe von Viertelstundenabschnitten über 2 Tage) zur ...				
Förderung von Literacy	2.8	4.5	0.0	30.0
Förderung von Mathematik	8.2	8.5	0.0	37.0

chen von Gruppen ohne Kinder mit Migrationshintergrund bis zu solchen, in denen alle Kinder einen Migrationshintergrund haben. Die in die Studie eingehenden Orientierungen der Gruppenleiterinnen stellen Faktorenwerte dar und sind aus diesem Grund in Tabelle 1 nicht dargestellt.

Die drei qualitativen Ratings der Prozessmerkmale liegen – bezogen auf die 7-stufige Skala – im mittleren Bereich. Nimmt man eine international gebräuchliche Einteilung zum Maßstab, nach der Werte kleiner als 3 eine unzureichende Qualität, solche zwischen 3 und 5 eine mittelmäßige Qualität und solche von 5 und höher eine gute Qualität indizieren, dann gibt es in allen drei betrachteten Aspekten noch einen erheblichen Verbesserungsbedarf, um eine gute Qualität zu erreichen. Dabei darf aber nicht die große Spannbreite vergessen werden, nach der es Gruppen mit nahezu unzureichender Qualität und solche mit einer Qualität zwischen gut und ausgezeichnet gibt. Betrachtet man nicht die drei neu gebildeten Skalen, sondern die Gesamtwerte aller Items der KES-Instrumente (ohne Tabelle), so liegt die globale Prozessqualität gemessen mit der KES-R mit einem Mittelwert von 3,7 (SD=0,7) geringfügig unter nationalen und internationalen Vergleichsdaten (z.B. 4,1 bei Tietze et al. 2007; 4,1 bei Pianta et al. 2005). Der Gesamtmittelwert aller Items der KES-E fällt mit 2,8 (SD=0,7) im Vergleich zum Gesamtwert der KES-R um fast einen Skalenpunkt niedriger aus. Dieser im Vergleich zur KES-R relativ niedrige Wert findet sich auch in anderen Studien wieder, z.B. im EPPE-Project (Sylva et al. 2004), und indiziert, dass es gegenwärtig – trotz der Betonung in den Bildungsplänen – noch Mängel in der bereichsspezifischen Förderung der Kinder gibt. Die Angaben zu den Häufigkeiten ausgewählter Aktivitäten mit spezifischer Förderabsicht liegen – wiederum bei erheblichen Unterschieden zwischen den Gruppen – auffallend niedrig. Während Aktivitäten mit einer Förderabsicht im Bereich Literacy im Durchschnitt über die untersuchten Gruppen nur zu 2,8 Viertelstundenabschnitten (das entspräche 42 Minuten) an 2 Tagen stattfinden, nehmen Aktivitäten mit der Förderabsicht Mathematik mit 8,2 Viertelstundenabschnitte (das entspräche 123 Minuten) einen deutlich höheren Zeitraum ein. Dieser Unterschied bedeutet nicht zwingend, dass die Erzieherinnen die Förderung von Mathematik im Kindergarten als bedeutsamer einschätzen als die der Literacy und deshalb vermehrt entsprechende Aktivitäten durchführen. Der Unterschied könnte auch daran liegen, dass den Erzieherinnen in der gegenwärtigen fachlichen Diskussion deutlicher ist, mit welchen Aktivitäten eine frühe Mathematik gefördert werden kann im Vergleich zu einer Förderung von früher Literacy bzw. entsprechenden Vorläuferfähigkeiten.

Tabelle 2 enthält die bivariaten Korrelationen zwischen Struktur- sowie Orientierungsmerkmalen auf der einen und den qualitativen und quantitativen Indikatoren der Prozessqualität auf der anderen Seite.

Die Struktur- und Orientierungsmerkmale korrelieren nur eingeschränkt untereinander. Größere Gruppen gehen mit einer Verschlechterung der Erzieherin-Kind-Relation einher. Die Möglichkeiten, eine steigende Gruppengröße durch den Einsatz von mehr Personal zu kompensieren, scheinen somit begrenzt. Darüber hinaus stehen größere Gruppen erwartungsgemäß mit einem höheren Durchschnittsalter in Beziehung, da bei einem höheren Anteil von jüngeren Kindern die Gruppengrößen generell verkleinert werden. Bei einem steigenden Anteil von Kindern mit Migrationshintergrund sinken die Gruppengrößen und finden sich weniger Kinder pro Fachkraft in der Gruppe. Dies kann durchaus im Sinne einer positiven Diskriminierung interpretiert werden. Die Erzieherinnen in diesen Gruppen mit höherer Migrantenquote haben außerdem weniger stark ausgeprägt konservative Erziehungseinstellungen. Weiterhin fällt auf, dass auch zufriedenere Erzieherinnen stärker ausgeprägte konservative Erziehungseinstellungen aufweisen. Schließlich sind die räumlichen Möglichkeiten in den hessischen Kindergärten (Indikator Quadratmeter pro Kind in den Gruppenräume) günstiger als in Bayern, zugleich liegt der Anteil an Kindern mit Migrationshintergrund in den hessischen Stichprobengruppen höher.

Die verschiedenen Indikatoren der Prozessqualität sind wie erwartet nicht unabhängig voneinander. Die qualitativen Aspekte korrelieren untereinander zwischen .53 und .60. Es gibt somit

Tabelle 2: Bivariate Korrelationen der Struktur-, Orientierungs- und Prozessvariablen.

	1	2	3	4	5	6	7	8	9	10	11	12	13	14	15
1	--														
2	.21*	--													
3	.32*	.01	--												
4	-.32*	-.35**	-.06	--											
5	.02	.20+	-.07	-.08	--										
6	.10	-.01	-.02	-.10	.01	--									
7	-.06	-.17	.13	-.06	.10	.12	--								
8	.04	.17	.05	-.13	.13	.00	-.20+	--							
9	.10	.20+	-.07	-.21*	.03	.28**	-.02	.04	--						
10	-.05	-.11	.05	.30**	-.06	.03	.26*	-.20+	-.11	--					
11	-.06	-.13	.24*	-.17	-.22*	.20+	.20+	.06	-.06	.01	--				
12	-.01	.03	.24*	-.27**	-.03	.11	.09	.35**	-.13	-.07	.57**	--			
13	.13	-.05	.26*	-.29**	-.05	.14	.16	.14	-.06	-.25*	.53**	.60**	--		
14	-.03	-.10	.17	-.28*	-.16	.01	-.04	.06	-.15	-.33**	.23*	.31**	.40**	--	
15	.02	-.18	.12	-.20+	-.08	-.08	-.16	.03	-.15	-.31**	.21+	.18	.29*	.53**	--

Signifikanzniveaus werden wie folgt veranschaulicht: +: $p < .1$; *: $p < .05$; **: $p < .01$; ***: $p < .001$.
1 Anzahl der Kinder in der Gruppe
2 Anzahl Kinder pro Fachkraft in der Gruppe
3 Durchschnittsalter der Kinder in der Gruppe
4 Quote der Kinder mit Migrationshintergrund in der Gruppe
5 Anzahl der Berufsjahre der Gruppenleiterin
6 Zufriedenheit der Gruppenleiterin (1=unzufrieden, 4=zufrieden)
7 Quadratmeter pro Kind in den Gruppenräumen
8 Partnerschaftliches Rollenverständnis
9 Konservative Erziehungseinstellung
10 Bundesland (1=Bayern, 2=Hessen)
11 Gruppenführung/Klima (Ratings)
12 Förderung in Literacy/Sprache (Ratings)
13 Förderung in Mathematik (Ratings)
14 Förderung von Literacy (Häufigkeitsnennungen)
15 Förderung von Mathematik (Häufigkeitsnennungen)

deutliche Gemeinsamkeiten in den Qualitätsmerkmalen Gruppenführung/Klima, Förderung von Literacy/Sprache und Förderung von Mathematik: Eine Gruppe, die in einem von diesen Merkmalen eine gute Qualität aufweist, hat in der Regel auch eine höhere Qualität in den anderen Merkmalen. Allerdings – bei gemeinsamen Varianzen zwischen 28 und 36% – werden tendenziell doch unterschiedliche Qualitätsaspekte des Kindergartenalltags durch die 3 Merkmale erfasst. Eine ähnlich hohe Korrelation findet sich auch zwischen den Häufigkeiten der Aktivitäten zur Förderung von Literacy und jenen zur Förderung von Mathematik. Deutlich niedriger sind im

Allgemeinen die Korrelationen zwischen den qualitativen und quantitativen Prozessaspekten: Die Häufigkeit von Aktivitäten, die mit bestimmten Förderabsichten durchgeführt werden, scheinen somit nur in einem geringeren Zusammenhang mit der über die Ratings eingeschätzten Qualität dieser Anregungen zu stehen.

Bei der Betrachtung der einfachen Korrelationen zwischen den Struktur-/Orientierungsmerkmalen auf der einen und den Prozessqualitäten auf der anderen Seite fällt zunächst die Bedeutung der Zusammensetzung der Kindergartengruppen auf: Zum einen steigen mit zunehmendem Durchschnittsalter der Kinder in einer Gruppe auch die über die Ratings erfassten Qualitäten an. In „älteren" Gruppen sind die Gruppenführung bzw. das Klima sowie die Förderung von Literacy/Sprache und Mathematik qualitativ besser, wenngleich die Zusammenhänge als eher niedrig einzuschätzen sind. Zum anderen sinkt mit zunehmendem Migrantenanteil in einer Gruppe die Prozessqualität. Dieser Befund zeigt sich durchgängig bei den verschiedenen qualitativen und quantitativen Prozessmerkmalen und trotz günstigerer Vorbedingungen (s.o.: kleinere Gruppengrößen und bessere Erzieherin-Kind-Relationen). Die positive Diskriminierung von Gruppen mit einem höheren Migrantenanteil (in Bayern werden z.B. Kinder mit Migrationshintergrund mit einer größeren Gewichtung in die Kinderanzahl eingerechnet, was zu einer höheren finanziellen Bezuschussung der Personalmittel führt) scheint somit nicht ausreichend zu sein, um auch in der Alltagspraxis zu einer besseren Prozessqualität zu führen bzw. führen zu können. Mit Blick auf Unterschiede zwischen den Bundesländern zeigt sich in der über Ratings erfassten Qualität der mathematischen Förderung sowie in den Häufigkeiten von Aktivitäten mit spezifischen Förderabsichten ein Vorteil zugunsten bayerischer Kindergärten. Möglicherweise spielt hier die zeitversetzte Einführung der bundeslandspezifischen Bildungspläne eine Rolle: Während der Bildungs- und Erziehungsplan in Bayern (Bayerisches Staatsministerium für Arbeit und Sozialordnung, Familie und Frauen/Staatsinstitut für Frühpädagogik München 2006) im Kindergartenjahr 2003/04 erprobt wurde und seit 01.08.2005 implementiert ist, befindet sich das hessische Pendant (Hessisches Sozialministerium/Hessisches Kultusministerium 2007) erst seit März 2005 in Erprobung. Als Letztes soll noch auf zwei Einzelergebnisse verwiesen werden: Mit zunehmender Berufserfahrung sinkt die Qualität der Gruppenführung bzw. des Klimas, was möglicherweise als vorsichtiger Hinweis auf eine Vorstufe des „Burn-out-Syndroms" interpretiert werden kann. Interessanterweise zeigt sich dies nicht bei den anderen bereichsspezifischen Prozessqualitäten. Ein partnerschaftliches Rollenverständnis geht einher mit einer verbesserten Förderung in Literacy/Sprache, was insofern nicht überrascht, als für diese Förderung kommunikative und interaktionale Aspekte (z.B. in der Vorlese-Situation) eine besondere Rolle spielen.

Aufgrund der – wenn auch niedrigen – Interkorrelationen zwischen Struktur- und Orientierungsmerkmalen wurde in einem nächsten Schritt geprüft, ob die bivariaten Zusammenhänge auch bei einer simultanen Betrachtung in einer multiplen Regressionsanalyse erhalten bleiben. Dazu wurde – aufgrund des Beziehungsmusters der Kontextvariablen Bundesland – ein zweistufiges Verfahren gewählt. Im Modell 1 werden zunächst alle Struktur- und Orientierungsmerkmale als Prädiktoren simultan berücksichtig. Im Modell 2 kommt dann die Kontextvariable Bundesland hinzu, um zu überprüfen, ob sich bei ihrer Aufnahme die Beziehungen zwischen den Prädiktoren und den Prozessqualitäten verändern.[6] Die Ergebnisse der blockweisen hierarchischen Regressionen der 5 Merkmale der Prozessqualität auf die ausgewählten Struktur-, Orientierungs- und Kontextmerkmale sind in Tabelle 3 enthalten.

Insgesamt können durch den gewählten Satz der Struktur- und Orientierungsmerkmale 26 bis 32% der Varianz in den verschiedenen Aspekte der Prozessqualität erklärt werden (jeweils Model 2; R^2 korrigiert 14 bis 23%). Die Erklärungskraft kann damit als zufriedenstellend eingeschätzt werden. Für die Produktion von Prozessqualität sind somit die vorgegebenen Rahmenbedingungen sowie die Orientierungen des Fachpersonals bedeutsam. Allerdings werden dadurch die Prozessqualitäten bei weitem nicht determiniert. Für eine Verbesserung der Prozessqualitäten muss damit

Tabelle 3: Blockweise hierarchische Regression der Prozessmaße auf die ausgewählten Struktur- und Orientierungsvariablen.

	Qualitative Ratings						Häufigkeiten der Aktivitäten zur ...			
	Gruppenführung/ Klima		Förderung in Literacy/Sprache		Förderung in Mathematik		Förderung in Literacy		Förderung in Mathematik	
	1	2	1	2	1	2	1	2	1	2
Anzahl der Kinder in der Gruppe	-.21+	-.21+	-.19+	-.19+	-.03	-.01	-.19	-.17	-.09	-.07
Anzahl Kinder pro Fach- kraft in der Gruppe	-.10	-.10	-.03	-.04	-.12	-.10	-.17	-.15	-.30*	-.28*
Durchschnittsalter der Kinder in der Gruppe	.25*	.25*	.24*	.24*	.23*	.23*	.20+	.21+	.15	.15
Quote der Kinder mit Migrationshintergrund	-.29*	-.26*	-.32**	-.33**	-.33**	-.24*	-.44***	-.34**	-.38***	-.30*
Anzahl der Berufsjahre der Gruppenleiterin	-.23*	-.23*	-.07	-.07	-.06	-.07	-.13	-.15	-.01	-.02
Zufriedenheit der Gruppenleiterin	.22*	.22*	.16	.15	.14	.15	.06	.08	-.04	-.03
Quadratmeter pro Kind in den Gruppenräumen	.14	.14	.07	.06	.11	.18	-.13	-.05	-.25*	-.19
Partnerschaftliches Rollenverständnis	.10	.10	.35***	.35***	.14	.11	.03	-.00	-.02	-.04
Konservative Erziehungseinstellung	-.12	-.12	-.21*	-.21*	-.13	-.14	-.20	-.21+	-.15	-.17
Bundesland (1= Bayern, 2= Hessen)		.01		.03		-.25*		-.28*		-.24+
R² (korrigiert)	.18	.17	.24	.23	.13	.18	.13	.19	.10	.14
R² (total)	.27**	.27**	.32***	.32**	.22*	.28**	.24*	.30**	.21+	.26*

Signifikanzniveaus werden wie folgt veranschaulicht: +: p < .1; *: p < .05; **: p < .01; ***: p < .001.

nach zusätzlichen Wegen gesucht werden, die über Verbesserung der erfassten Struktur- und Orientierungsmerkmale hinausgehen. Die Berücksichtigung des Bundeslandes (Bayern versus Hessen) im Modell 2 führt praktisch zu keinen Veränderungen in den Beziehungsstrukturen der anderen Prädiktoren. Bei 3 Prozessaspekten – Förderung von Literacy (nur bei qualitativen Ratings) und Förderung von Mathematik (Ratings und Häufigkeiten) – hat die Bundeslandzugehörigkeit einen signifikanten Effekt (vgl. auch Tabelle 2); bei diesen Aspekten sinken auch die Effekte der Migrationsquote leicht, bleiben aber weiterhin substantiell.

Im Vergleich zu den bivariaten Korrelationen zeigen sich bei den Regressionskoeffizienten kaum Unterschiede. Einige wenige Effekte werden jetzt im Vergleich zu den Korrelationen signifikant: In diesen Fällen haben sich die entsprechenden Beziehungen aber schon dort angedeutet. Eine gewisse Ausnahme bildet die Gruppengröße, die jetzt – aber nur tendenziell – negativ mit einigen der Prozessindikatoren in Verbindung steht. Durchgängig zeigen sich wieder ausgeprägte Effekte der Gruppenzusammensetzung, wonach eine bessere Qualität einhergeht mit einem höheren Durchschnittsalter der Kinder in der Gruppe (bei den Häufigkeiten der Förderaktivitäten nicht signifikant) und einem geringeren Anteil von Kindern mit Migrationshintergrund. Im Hinblick auf die Ratings der Prozessqualitäten fällt ein Unterschied zwischen der mehr globalen Förderung (Gruppenführung/Klima) und der bereichsspezifischen Förderung (hier für die Förderung von Literacy/Sprache) auf: Für eine qualitativ höherwertige Gestaltung der Gruppenführung und des Klimas in einer Gruppe sind mehr allgemeine personale Merkmale der Gruppenleiterin (eher weniger Berufsjahre und eine höhere Zufriedenheit) bedeutsam, während für eine positive bereichsspezifische Förderung von Literacy/Sprache die Orientierungsaspekte (höheres partnerschaftliches Rollenverständnis und weniger ausgeprägte konservative Erziehungsvorstellungen) eine Rolle spielen (zur Relevanz traditioneller Orientierungen vgl. auch Pianta et al. 2005, S. 153). Hier deutet sich möglicherweise eine Differenzierung für die verschiedenen Prozessqualitäten an, nach der die mehr berufsspezifischen Erfahrungen der Erzieherinnen stärker mit globaleren und die pädagogischen Orientierungen stärker mit bereichsspezifischen Förderaspekten zusammenhängen. Auch wenn die Ratings der bereichsspezifischen Förderqualitäten nur niedriger mit den Häufigkeiten entsprechender Förderaktivitäten korrelieren (vgl. w.o.), so zeigen sich dennoch nur geringere Unterschiede in ihrer Prädiktion. Auffällig ist, dass die Erzieherin-Kind-Relation kaum eine Bedeutung für die qualitativen Aspekte der bereichsspezifischen Förderungen hat,[7] während die Häufigkeiten entsprechender Aktivitäten – ausgeprägt bei Förderaktivitäten für Mathematik – bei einer sich verschlechternden Relation ebenfalls sinken. Nicht die Qualität, wohl aber die Häufigkeit von Förderaktivitäten wird somit durch die personellen Ressourcen beeinflusst. Demgegenüber scheinen die Häufigkeiten anders als bei den qualitativen Ratings kaum von den pädagogischen Orientierungen der Erzieherinnen beeinflusst zu sein (abgesehen von einer leichten, negativen Tendenz bei ausgeprägteren konservativen Erziehungseinstellungen).

4 Diskussion und Ausblick

Der Beitrag ist ausgegangen von einer konzeptuellen Differenzierung des Qualitätskonstrukts, nach der systematisch zwischen Prozess-, Struktur- und Orientierungsqualität unterschieden wird. Nicht zuletzt aufgrund der gegenwärtigen Betonungen von bereichsspezifischen Förderungen in frühpädagogischen Konzepten und in den Bildungsplänen der Bundesländer wurde weiterhin die Prozessqualität differenziert in globale und bereichsspezifische Prozessqualität. Auf der Basis national und international erprobter Ratingverfahren zur Qualitätsbeurteilung – KES-R und KES-E – und Überlegungen aus der Unterrichtsforschung wurden 3 neue Ratingskalen entwickelt: Gruppenführung/Klima, Förderung in Literacy/Sprache sowie Förderung in Mathematik. Ergänzend wurde ein Tagebuchverfahren entwickelt, das die Häufigkeiten von Aktivitäten, die von den Erzieherinnen mit den Förderabsichten Literacy und Mathematik belegt sind, an 2 Kindergartentagen erfasst. Datenbasis für die Analysen bildet der Längsschnitt BiKS-3-8. Folgende Hauptergebnisse lassen sich festhalten:

- Die unterschiedlichen Indikatoren der Prozessqualität hängen zum Teil relativ stark miteinander zusammen. Dabei korrelieren die qualitativen Ratings untereinander ebenso wie die Häufigkeiten der Förderaktivitäten untereinander stärker. Demgegenüber fallen die Zusammenhänge zwischen den qualitativen Aspekten einerseits und den Häufigkeiten der Förderaktivitäten andererseits geringer aus. Die Häufigkeiten von Förderaktivitäten sagen damit nur relativ wenig über ihre qualitative Ausgestaltung aus und umgekehrt. Die höheren Korrelationen der qualitativen Förderaspekte untereinander sind allerdings nicht so hoch, dass eine differenzierende Betrachtung von globalen Förderqualitäten (Gruppenführung/Klima) und bereichsspezifischen Förderqualitäten unnötig wäre. Eine differenzierende Betrachtung unterschiedlicher Aspekte der Prozessqualität wird auch durch eine neuere Untersuchung von Mashburn et al. (2008) nahe gelegt, die unterschiedliche Auswirkungen verschiedener Prozessaspekte auf die kindliche Entwicklung feststellen.
- Durchaus in Übereinstimmung mit anderen nationalen und internationalen Untersuchungen zeigt sich auch in dieser Stichprobe ein nur mittelmäßiges Qualitätsniveau (hier im Hinblick auf Gruppenführung/Klima; Förderung von Literacy/Sprache; Förderung von Mathematik). Angesichts von Untersuchungsergebnissen, nach denen (nur) eine hohe Prozessqualität längerfristig positive Auswirkungen auf die kindliche Entwicklung hat (vgl. Roßbach/Kluczniok/Kuger 2008; Sammons et al. 2008), besteht hier nicht nur Verbesserungspotenzial, sondern Verbesserungsnotwendigkeit. Verbesserungen von Struktur- und Orientierungsmerkmalen eines Kindergartens können dazu – nach den Ergebnissen der multiplen Regressionen – offensichtlich nur einen eingeschränkten Beitrag leisten (vgl. ähnlich Cryer et al. 1999; Tietze et al. 1998). Es werden damit Qualitätsentwicklungsmaßnahmen erforderlich, die stärker an der unmittelbaren Qualität einer Einrichtung vor Ort ansetzen (vgl. Roux 2006; Tietze et al. 1998). Ein möglicher Qualitätsentwicklungsmechanismus wäre die Vergabe eine Gütesiegels für Kindergärten (Tietze/Förster 2005), um auf diesem Weg Anreize für Verbesserungsmaßnahmen zu setzen.
- Die Analysen haben deutliche Qualitätsunterschiede zwischen Kindergärten in Bayern und Hessen festgestellt (besonders im Hinblick auf die Häufigkeiten von Förderaktivitäten sowie die Qualität der Förderung in Mathematik). Vergleichbare Qualitätsunterschiede finden Pianta et al. (2005) zwischen Bundesstaaten in den USA, die die Autoren vor allem auf unterschiedliche Regulierungen des frühpädagogischen Bereichs in den verschiedenen Bundesstaaten zurückführen. Im vorliegenden Fall hängen die unterschiedlichen Qualitäten in Bayern und Hessen möglicherweise mit der zeitlich unterschiedlichen Einführung von Bildungsplänen zusammen. Vermeiden ließen sich diese Qualitätsunterschiede in der frühpädagogischen Förderung zwischen den Bundesländern dann möglicherweise durch die Vereinheitlichung der Bildungspläne auf hohem Niveau (vgl. Diskowski 2008).
- Merkmale der Gruppenzusammensetzung stehen durchgängig in klaren Zusammenhängen mit den Aspekten der Prozessqualität. Von besonderer Bedeutung ist die Quote der Kinder mit einem Migrationshintergrund (erfasst über die Muttersprache der Eltern). Obwohl versucht wird, den Problemen, die mit einer steigenden Migrantenquote einhergehen, durch Senkung der Gruppengrößen und einer Verbesserung der Erzieherin-Kind-Relation entgegenzuwirken, sinkt die Qualität der Förderprozesse. Möglicherweise steht in Gruppen mit vielen Kindern mit Migrationshintergrund die Förderung des Deutschen als Alltagssprache derart im Vordergrund der Förderbemühungen, dass andere Förderaspekte darunter leiden. Erst wenn die sprachlichen Grundvoraussetzungen bei den Kindern vorliegen, kann, darauf lassen Aussagen des Fachper-

sonals schließen, z.B. eine spezifische Förderung in Vorläuferkompetenzen des Schriftspracherwerbs einsetzen. Dieses Ergebnis weist auf die Notwendigkeit hin, den Einrichtungen gezielte Förderkonzepte für Kinder mit Migrationshintergrund an die Hand zu geben, die über Sprachförderungen im letzten oder in den beiden letzten Kindergartenjahren hinausgehen. Ohne solche – auch mit zusätzlichen Ressourcen ausgestattet – Förderprogramme scheinen Erzieherinnen im Alltag damit überfordert, den Kindern eine angemessene umfassende Förderung zukommen zu lassen. Das Durchschnittsalter in einer Gruppe steht vor allem mit den qualitativen Förderaspekten in Zusammenhang. Je älter die Kinder einer Gruppe im Durchschnitt sind, desto besser ist die Förderung in der Gruppe. Es gibt damit offensichtlich eine Tendenz, nach der Erzieherinnen ihre Förderbemühungen und vor allem deren Qualität an „älteren" Gruppen ausrichten und damit die Qualität parallel zum mittleren Alter in einer Gruppe sinkt – möglicherweise zugunsten einer stärkeren Betonung von Betreuungs- und Beschäftigungsaspekten. Diesem Ergebnis kommt angesichts der gegenwärtig vermehrten Aufnahme von Kindern unter 3 Jahren in die klassischen Kindergartengruppen und damit einer Reduzierung des Durchschnittsalters eine besondere Bedeutung zu. Durch die vermehrte Aufnahme von jüngeren Kindern wird zwar angesichts von sinkenden Jahrgangsstärken der Erhalt von Kindergartengruppen bzw. Kindergärten ermöglicht. Gleichzeitig scheint dies gegenwärtig aber mit einer Qualitätsreduzierung verbunden zu sein, so dass gegensteuernde Maßnahmen – z.B. auf der Ebene der Entwicklung geeigneter pädagogischer Konzepte – erforderlich werden. Anders als in der Untersuchung von Pianta et al. (2005) in den USA, die deutliche Qualitätsreduzierungen bei einem steigenden Anteil von Kindern in Armut festgestellt haben, konnte eine entsprechende Beziehung für die untersuchten deutschen Kindergärten nicht festgestellt werden (ohne Tabelle; vgl. Endnote 5). Möglicherweise ist die für die USA gegebene Armutslage, sowohl in ihrer Tiefe als auch regionalen Häufung, so in Deutschland nicht gegeben und/oder die Kindergärten bzw. die Erzieherinnen sind in der Lage, das Förderangebote unabhängig von der einkommensbezogenen Zusammensetzung einer Gruppe zu gestalten.
- Die Größe einer Kindergartengruppe spielt nur eine untergeordnete Rolle für die realisierte Förderqualität, die (tendenziell) bei größeren Gruppen schlechter ausfällt. Ebenso steht die Erzieherin-Kind-Relation in keinem Zusammenhang mit den qualitativen Förderaspekten, wohl aber – speziell bei Mathematik – mit der Häufigkeit von entsprechenden Förderaktivitäten. Insgesamt aber sind die Gruppengröße und die Erzieherin-Kind-Relation für die Produktion der Prozessqualität eher von untergeordneter Bedeutung. Hier gibt es Parallelen zur Bedeutung der Klassengröße im Schulbereich (Hattie 2005).
- Die Bedeutung der Differenzierung verschiedener Aspekte von Prozessqualität (hier auf die qualitativen Ratings bezogen) zeigt sich auch darin, dass allgemeine berufssozialisatorische Erfahrungen eher mit globalen Qualitätsaspekten zusammenhängen, während die bereichsspezifischen Förderungen mehr mit den pädagogischen Orientierungen des Fachpersonals in Beziehung stehen. Dieser Zusammenhang und seine möglichen Konsequenzen muss in weiteren Analysen verfolgt werden.

Einschränkend muss festgehalten werden, dass globale und bereichsspezifische Prozessqualitäten in dieser Untersuchung zwar an einer sorgfältig geplanten, aber mit 85 Kindergartengruppen doch eher kleinen Stichprobe aus nur 2 Bundesländern analysiert werden konnten. Die externen Rater für die Erfassung der Prozessqualitäten wurden intensiv geschult. Ebenso wurde sehr viel Wert darauf gelegt, die Tagebücher zur Erfassung der Aktivitäten so zu gestalten, dass valide Selbstauskünfte durch die Erzieherinnen erwartbar sind. Gleichwohl ist aber nicht auszuschließen, dass die unterschiedlichen Erhebungsmodalitäten zu den Unterschieden zwischen den qualitativen Ratings und den Häufigkeiten der Förderaktivitäten beigetragen haben. Sicherlich wäre es auch wünschenswert, noch weitere Instrumente zur Erfassung von Prozessqualitäten simultan zu berücksichtigen, um Ähnlichkeiten und Unterschiede aufdecken zu können (vgl. z.B. die Erhebungsverfahren in NICHD Early Child Care Research Network 2002, 2003; Pianta et a. 2005; Smith et al. 2002). Dies hätte allerdings die gegebenen Untersuchungsressourcen gesprengt. Offen bleibt gegenwärtig auch, welche Auswirkungen die unterschiedlichen Aspekte der Prozessqualität auf die kindliche Entwicklung haben bzw. ob und wie die realisierte Anregungsqualität selbst sich in Abhängigkeit vom Entwicklungsstand der Kinder in einer Gruppe realisiert. Diese Fragestellungen werden in Zukunft in längsschnittlicher Perspektive anhand der Daten der BiKS-Studie untersucht.

Anmerkungen

1 Die vorliegende Arbeit ist entstanden im Rahmen der von der Deutschen Forschungsgemeinschaft geförderten interdisziplinären Forschergruppe BiKS im elementarpädagogischen Teilprojekt 2 (Leitung: Prof. Roßbach; RO 820/11). Wir danken den an der Studie teilnehmenden Kindern, Erzieher/-innen und Eltern für ihre Teilnahme und allen im Rahmen der Datenerhebungen eingesetzten Studierenden für ihre engagierte Mitarbeit.
2 Im Folgenden wird der Einfachheit und Lesbarkeit halber auf die geschlechtsneutrale Darstellung „Erzieher/-innen" verzichtet. Selbstverständlich ist bei der Verwendung des weiblichen Terms „Erzieherin" auch die geringe Anzahl männlichen Fachpersonals in Kindertagesstätten mit inbegriffen.
3 In die Skala „Gruppenführung/Klima" gehen folgende Items ein: Beaufsichtigung/Begleitung/Anleitung bei grobmotorischen Aktivitäten; Allgemeine Beaufsichtigung/Begleitung/Anleitung der Kinder (außer bei grobmotorischen Aktivitäten); Mobiliar für Pflege, Spiel und Lernen; Raumgestaltung; Rückzugsmöglichkeiten; Tagesablauf; Gruppenstruktur; Verhaltensregeln/Disziplin; Erzieher-Kind-Interaktion; Kind-Kind-Interaktion; Förderung von Toleranz und Akzeptanz von Verschiedenartigkeit/Individualität; Berücksichtigung individueller Lernbedürfnisse bei der Planung. Die Skala „Förderung in Literacy/Sprache" vereint die Items: Bücher und Bilder; Anregung zur Kommunikation; Allgemeiner Sprachgebrauch; Schrift im Alltag: Buchstaben und Wörter; Bücher und Lesebereich; Erwachsene lesen mit den Kindern; Klang in Wörtern; Vorbereitung des Schreibens/Zeichen machen; Sprechen und Zuhören. Die Skala „Förderung in Mathematik" umfasst die Items: Mathematisches Verständnis; Zählen und die Anwendung des Zählens; Lesen und Schreiben einfacher Zahlen; Nutzung der Sprache zur Entwicklung kognitiver Fähigkeiten; Form und Raum, Sortieren; Zuordnen und Vergleichen; Feinmotorische Aktivitäten.
4 In vorgängigen Analysen wurde nicht nur die absolute Zahl der Nennungen, sondern auch das Verhältnis zu allen Nennungen einer Erzieherin sowie das Verhältnis zu der Öffnungs-/Betreuungszeit einer Einrichtung betrachtet. Die verschiedenen Maße korrelieren über .90, so dass im Folgenden nur die absolute Anzahl der Nennungen berücksichtigt wird.
5 Inwieweit die Angabe der Gruppenleiterin zur Zusammensetzung der Gruppe mit Aggregationen über die Stichprobenkinder übereinstimmt, wurde am Beispiel Quote der Kinder mit Migrationshintergrund überprüft. Die Übereinstimmung beider Maße ist hoch (r=.78). Ein weiteres Merkmal der Gruppenzusammensetzung, welches nur als aggregiertes Maß zur Verfügung stehen würde, ist der höchste sozioökonomische Status (HISEI) der Familien. Dieser wurde aus den Daten der Stichprobenfamilien gebildet, danach allerdings aufgrund fehlender Prädiktivität aus den Analysen ausgeschlossen. In vorgängigen Analysen wurde auch der Einfluss der Trägerschaft der Einrichtungen (kirchliche, kommunale und nicht-kirchliche private Träger) überprüft. Da sich keine systematischen Unterschiede in den verschiedenen Prozess-, Struktur- und Orientierungsmerkmalen zeigen, wird die Trägerschaft in den Analysen nicht weiter berücksichtigt.

6 Die in verschiedenen Publikationen (vgl. z.B. Pianta et al. 2005) angewandte Strategie, Kontextfaktoren als erste Stufe einer schrittweisen Regression zu berücksichtigen und Struktur- und Orientierungsvariablen nachrangig und damit unter Kontrolle des Bundeslandes zu interpretieren, wurde ebenfalls überprüft. In der relativen Relevanz und Bedeutungskraft der Prädiktoren ergeben sich jedoch keine bedeutsamen Unterschiede. Die Linearität der Beziehungen zwischen den Prädiktoren und den Prozessmerkmalen sowie die Kollinearitäten wurden vorgängig überprüft. In keinem Fall ergeben sich besondere Auffälligkeiten.

7 In der früheren Untersuchungen von Tietze et al. (1998) sinkt die Prozessqualität relativ deutlich bei steigender Erzieherin-Kind-Relation. Allerdings wurde dort nur die globale Prozessqualität über eine frühere Version der KES erfasst, so dass ein Vergleich schwerfällt.

Anschriften der Verfasserinnen: Dipl.-Psych. Susanne Kuger, Otto-Friedrich Universität Bamberg, BiKS Forschergruppe, Jäckstraße 3, 96052 Bamberg, Tel.: (0951) 863-2789, Fax: (0951) 863-1198, E-Mail: susanne.kuger@uni-bamberg.de; Dipl.-Päd. Katharina Kluczniok, Otto-Friedrich Universität Bamberg, BiKS Forschergruppe, Jäckstraße 3, 96052 Bamberg, Tel.: (0951) 863-2788, Fax: (0951) 863-1198, E-Mail: katharina.kluczniok@uni-bamberg.de

Literatur

Bayerisches Staatsministerium für Arbeit und Sozialordnung, Familie und Frauen/Staatsinstitut für Frühpädagogik München (2006): Der Bayerische Bildungs- und Erziehungsplan für Kinder in Tageseinrichtungen bis zur Einschulung. – Weinheim.

Berk, L. (1985): Relationship of caregiver education to child-oriented attitudes, job satisfaction and behavior towards children. In: Child Care Quarterly, Vol. 14, S. 103-129.

Bundesministerium für Familie, Senioren, Frauen und Jugend (2008): DJI-Zahlenspiegel 2007 – Kinderbetreuung im Spiegel der Statistik. – URL: http://www.bmfsfj.de/bmfsfj/generator/Publikationen/zahlenspiegel2007/root.html – Download vom 07.07.2008.

Bryant et al. 1994 = Bryant, D. M./Burchinal, M./Lau, L. B./Sparling, J. J. (1994): Family and classroom correlates of Head Start children's developmental outcomes. In: Early Childhood Research Quarterly, Vol. 9, pp. 289-309.

Cryer et al. 1999 = Cryer, D./Tietze, W./Burchinal, M./Leal, T./Palacios, J. (1999): Predicting process quality from structural quality in preschool programs: a cross-country comparison. In: Early childhood research quarterly, Vol. 14, pp. 339-361.

Diskowski, D. (2008): Bildungspläne für Kindertagesstätten – ein neues und noch unbegriffenes Steuerungsinstrument. In diesem Band.

ECCE-Study Group 1997 = European Child Care and Education - Study Group (1997): European Child Care and Education Study. Cross national analyses of the quality and effects of early childhood programmes on children's development. – Berlin: Freie Universität Berlin, Fachbereich Erziehungswissenschaft, Psychologie und Sportwissenschaft, Institut für Sozial- und Kleinkindpädagogik.

ECCE-Study Group 1999 = European Child Care and Education - Study Group (1999): School-age assessment of child development: Long-term impact of pre-school experiences on school success, and family-school relationships. Report written by Wolfgang Tietze, Jutta Hundertmark-Mayser and Hans-Guenther Rossbach. Report submitted to: European Union DG XII: Science, Research and Development. RTD Action: Targeted Socio-Economic Research. – URL: http://www.uni-bamberg.de/fileadmin/uni/fakultaeten/ppp_lehrstuehle/elementarpaedagogik/Team/Rossbach/Ecce_Study_Group.pdf – Download vom 01.06.2008.

Harms, T./Clifford, R. M./Cryer. D. (1998): Early Childhood Environment Rating Scale. Revised Edition. – New York.

Hattie, J. (2005): The Paradox of Reducing Class Size and Improving Learning Outcomes. In: International Journal of Educational Research, Vol. 43, pp. 387-425.

Hayes, C. D./Palmer, J.- L./Zaslow, M. J. (Hrsg.) (1990): Who cares for America's children? – Washington D. C.

Hessisches Sozialministerium/Hessisches Kultusministerium (2007): Bildung von Anfang an Bildungs- und Erziehungsplan für Kinder von 0 bis 10 Jahren in Hessen. – Wiesbaden.

Howes et al. 2008 = Howes, C./Burchinal, M./Pianta, R./Bryant, D./Early, D./Clifford, R./Barbarin, O. (2008): Ready to learn? Children's pre-academic achievement in pre-Kindergarten programs. In: Early Childhood Research Quarterly, Vol. 23, pp. 27-50.

Kammermeyer, G. (2007): Mit Kindern Schriftsprache entdecken. In: Stiftung Bildungspakt Bayern (Hrsg.): Das KiDZ-Handbuch. – Köln, S. 205-263.

Klieme et al. 2006 = Klieme, E./Lipowsky, F./Rakocy, R./Ratzka, N. (2006): Qualitätsdimensionen und Wirksamkeit von Mathematikunterricht. In: Prenzel, M./Allolio-Näcke. L. (Hrsg.): Untersuchungen zur Bildungsqualität von Schule. – Münster, S. 127-146.

La Paro, K. M./Pianta, R.C./Stuhlman, M. (2004): The Classroom Assessment Scoring System: Findings from the prekindergarten year. In: The Elementary School Journal, Vol. 104, pp. 409-426.

Mashburn et al. 2008 = Mashburn, A. J./Pianta, R. C./Hamre, B. K./Downer, J. T./Barbarin, O. A./Bryant, D./Burchinal, M./Early, D. E./Howes, C. (2008): Measures of classroom quality in prekindergarten and children's development of academic, language, and social skills. In: Child Development, Vol. 79, pp. 732-749.

NICHD Early Child Care Research Network (2002): Child-care structure – process – outcome: Direct and indirect effects of child care quality on young children's development. In: Psychological Science, Vol. 13, pp. 199-206.

NICHD Early Child Care Research Network (2003): Does quality of child care affect child outcomes at age 4 ½? In: Developmental Psychology, Vol. 39, pp. 451-469.

Pianta et al. (2005) = Pianta, R./Howes, C./Burchinal, M./Bryant, D./Clifford, R./Early, D./Barbarin, O. (2005): Features of pre-kindergarten programs, classrooms, and teachers: Do they predict observed classroom quality and child-teacher interactions? In: Applied Developmental Science, Vol. 9, pp. 144-159.

Roßbach, H.-G. (2005a): Effekte qualitativ guter Betreuung, Bildung und Erziehung im frühen Kindesalter auf Kinder und ihre Familien. In: Sachverständigenkommission 12. Kinder- und Jugendbericht (Hrsg.): Bildung, Betreuung und Erziehung von Kindern unter 6 Jahren. – München, S. 55-174.

Roßbach, H.-G. (2005b): Die Bedeutung der frühen Förderung für den domänspezifischen Kompetenzaufbau. In: Sache – Wort – Zahl, Jg. 33, Heft 73, S. 4-7.

Roßbach. H.-G./Kluczniok, K./Kuger, S. (2008): Auswirkungen eines Kindergartenbesuchs auf den kognitiv-leistungsbezogenen Entwicklungsstand von Kindern. In diesem Band.

Roßbach, H.-G./Tietze, W. (in Vorb.): Kindergarten-Skala Erweiterung (KES-E). Deutsche Fassung der The Early Childhood Environment Rating Scale-Extension (ECERS-E) von K. Sylva/I. Siraj-Blatchford/B. Taggart (2003).

Roux, S. (2006): Frühpädagogische Qualitätskonzepte. In: Fried, L./Roux, S. (Hrsg.): Pädagogik der frühen Kindheit. Handbuch und Nachschlagwerk. – Weinheim, S. 129-139.

Sammons et al. 2007 = Sammons, P./Sylva, K./Melhuish, E./Siraj-Blatchford, I./Taggart, B./Grabbe, Y./Barreau, S. (2007): Effective Pre-school and Primary Education 3-11 Project (EPPE 3-11). Summary report: Influences on children's attainment and progress in Key Stage 2: Cognitive outcomes in year 5. – Nottingham.

Sammons et al. 2008 = Sammons, P./Grabbe, Y./Sylva, K./Melhuish, E./Siraj-Blatchford, I./Taggart, B./Barreau, S. (2008): Children's Cognitive Attainment and Progress in English Primary Schools During Key Stage 2: Investigating the potential continuing influences of pre-school education. In diesem Band.

Scarr, S. (1998): American child care today. In: American Psychologist, Vol. 53, pp. 95-108.

Smith et al. (2002) = Smith, M. W./Dickinson, D. K./Sangeorge, A. & Anastasopoulos, L. (2002): Early Language and Literacy Classroom Observation Tool (ELLCO). – Baltimore.

Statistisches Bundesamt (2008): Statistiken der Kinder- und Jugendhilfe. Kinder und tätige Personen in Tageseinrichtungen am 15.03.2007. – Wiesbaden.

Steinweg, A. S. (im Druck): Grundlagen mathematischen Lernens vor der Schule. In: Vásárhelyi, E. (Hrsg.): Beiträge zum Mathematikunterricht. – Münster.

Sylva, K./Siraj-Blatchford, I./Taggart, B. (2003): The Early Childhood Environment Rating Scale-Extension (ECERS-E). – Stoke on Trent.
Sylva et al. 2004 = Sylva, K./Melhuish, E./Sammons, P./Siraj-Blatchford, I./Taggart, B. (2004): The Effective Provision of Pre-School Education (EPPE) Project: Findings from Preschool to end of Key Stage 1. – London: DfES/Institute of Education, University of London.
Sylva, K./Siraj-Blatchford, I./Taggart, B. (2006): The Early Childhood Environment Rating Scale-Extension (ECERS-E), revised edition. – Stoke on Trent.
Tabors, P. O./Snow, C. E./Dickinson, D. K. (2001): Homes and schools together: Supporting language and literacy. In: Dickinson, D. K./Tabors, P. O. (Hrsg.): Beginning literacy with language: young children learning at home and school. – Baltimore, MD, S. 313-334.
Tietze et al. 1998 = Tietze, W./Meischner, T./Gänsfuß, R./Grenner, K./Schuster, K.-M./Völkel, P./Roßbach, H.-G. (1998): Wie gut sind unsere Kindergärten? Eine Untersuchung zur pädagogischen Qualität in deutschen Kindergärten. – Neuwied.
Tietze, W./Förster, C. (2005): Allgemeines pädagogisches Gütesiegel für Kindertageseinrichtungen. In: Diller, A./Leu, H. R./Rauschenbach, T. (Hrsg.): Der Streit um Gütesiegel. Qualitätskonzepte für Kindertageseinrichtungen. – München, S. 31-66.
Tietze, W./Roßbach, H.-G./Grenner, K. (2005): Kinder von 4 bis 8 Jahren. Zur Qualität der Erziehung und Bildung in Kindergarten, Grundschule und Familie. – Weinheim.
Tietze et al. 2007 = Tietze, W./Schuster, K.-M./Grenner, K./Roßbach, H.-G. (2007): Kindergarten-Skala. Revidierte Fassung (KES-R). Deutsche Version der Early Childhood Environment Rating Scale, Revised Edition, von T. Harms/R. M. Clifford/D. Cryer. – 3. überarbeitete Auflage – Weinheim.
Vandell, D. L./Wolfe, B. (2000): Child care quality: Does it matter and does it need to be improved? – University of Wisconsin-Madison, Institute for Research on Poverty.
von Maurice et al. 2007 = von Maurice, J./Artelt, C./Blossfeld, H.-P./Faust, G./Roßbach, H.-G./Weinert, S. (2007): Bildungsprozesse, Kompetenzentwicklung und Formation von Selektionsentscheidungen im Vor- und Grundschulalter: Überblick über die Erhebungen in den Längsschnitten BiKS-3-8 und BiKS-8-12 in den ersten beiden Projektjahren. PsyDok [On-line], 2007/1008. Verfügbar unter: URN: urn:nbn:de:bsz:291-psydok-10089. – URL: http://psydok.sulb.uni-saarland.de/volltexte/2007/1008/ – Download vom 29.07.2008.
White, K. R./Cutler, J. C./Tietze, W. (1997): Pädagogische Qualität in Kindertageseinrichtungen und kindliche Entwicklung: Ein Forschungsresümé. Paper presented at the 7th EECERA Conference on the Quality of Early Childhood Education. München.

Anhang: Beispielmerkmal „Bücher und Bilder" der KES-R

Unzureichend	Minimal	Gut	Ausgezeichnet
1 2	3 4	5 6	7
1.1 Sehr wenige Bücher zugänglich	3.1 Einige Bücher für Kinder zugänglich (z.B. während des Freispiels stehen den Kindern genügend Bücher zur Verfügung, sie brauchen sich nicht darum zu streiten).	5.1 Eine breite Auswahl an Büchern ist an einem wesentlichen Teil des Tages zugänglich.	7.1 Bücher und Materialien zur Sprachförderung werden ausgetauscht, um das Interesse der Kinder aufrechtzuerhalten.
1.2 Erzieherin initiiert keine Aktivitäten zur Förderung des Sprachverständnisses (z.B. selten Zeiten für Geschichten, Erzählen; wenig individuelles Vorlesen).	3.2 Täglich mindestens eine von der Erzieherin initiierte Aktivität zur Förderung des Sprachverständnisses eingeplant (z.B. Vorlesen, Geschichten erzählen, Bildergeschichten).	5.2 Einige zusätzliche Materialien zur Sprachförderung werden täglich genutzt.	7.2 Einige Bücher beziehen sich auf laufende Aktivitäten oder Themen in der Gruppe (z.B. Bücher zu jahreszeitlichen Themen werden aus der Bibliothek ausgeliehen).
		5.3 Bücher befinden sich in einer Leseecke.	
		5.4 Bücher, Sprach-materialien und Aktivitäten sind angemessen für die Kinder der Gruppe.	
		5.5 Erzieherin liest in verschiedenen Situationen Bücher vor (z.B. während des Freispiels, vor dem Schlafen, zur Erweiterung einer Aktivität).	

Ergänzende Hinweise:
(2.2) Vorlesen kann in kleinen oder größeren Gruppen geschehen, je nach den Fähigkeiten der Kinder, dem Inhalt zu folgen.
(1.1) Eine breite Auswahl von Büchern beinhaltet eine Vielfalt von Themen: Fantasie- und Sachgeschichten; Geschichten über Menschen, Tiere und Wissenschaft; Bücher über verschiedene Kulturen und Fähigkeiten.
(1.2) Beispiele für zusätzliche Materialien zur Sprachförderung sind Poste und Bilder, Bildmaterialien für Pinnwand, Bildgeschichten, Bildspielkarten und Kassetten mit Geschichten oder Liedern.
(4.4) Beispiele für angemessene Materialien und Aktivitäten schließen ein: einfache Bücher zum Vorlesen für jüngere Kinder; Großdruckmaterialien für Kinder mit Beeinträchtigungen des Sehvermögens; Bücher in den Muttersprachen der Kinder; Reim- und Sprachspiele für ältere Kinder.
(4.5) Vorlesen muss mindestens einmal beobachtet werden, um diesen Aspekt als gegeben bewerten zu können.

Fragen:
(1.1) Gibt es weitere Bücher, die Sie mit den Kindern nutzen? Wie gehen Sie dabei vor?
(1.2) Wie wählen Sie Bücher aus?

Pam Sammons, Yvonne Anders, Kathy Sylva, Edward Melhuish,
Iram Siraj-Blatchford, Brenda Taggart and Sofka Barreau

Children's Cognitive Attainment and Progress in English Primary Schools During Key Stage 2: Investigating the potential continuing influences of pre-school education

Abstract:
This paper examines the longer term impact of pre-school education and care on children's cognitive attainment and progress in England using data for a sample of over 2550 children drawn from 141 pre-school settings collected as part of a major longitudinal government funded mixed methods study of Effective Pre-school and Primary School Education (EPPE 3-11). It explores attainment outcomes measured at age 10 (Year 5 of primary school) in reading and mathematics and progress in these areas between ages 6 and 10 using multilevel models. Several measures of pre-school experience – including duration in months of attendance, quality of pre-school experience (measured by systematic observations), and effectiveness of pre-school (derived from value added analyses of young children's developmental progress in pre-reading and early number concepts prior to primary school entry) – are tested as predictors of later cognitive outcomes. The impact of the quality of the primary school attended measured by independent value added indicators of academic effectiveness is also explored. Small but significant continuing positive effects on children's attainment and progress for measures of pre-school quality and effectiveness are found. The analyses identify child and family background factors that predict attainment and progress, particularly the mother's highest qualification level and the home learning environment. Significant primary school effects are also identified and the combined influence of pre-school and primary school influences on attainment is modelled. The policy implications of the results are discussed.

Keywords: pre-school quality, pre-school effectiveness, home learning environment, primary school academic effectiveness

Zusammenfassung:
Die Entwicklung kognitiver Leistungen von Kindern in englischen Grundschulen: Eine Untersuchung der langfristigen Auswirkungen des Besuchs vorschulischer Bildungseinrichtungen. Der Beitrag untersucht langfristige Auswirkungen von vorschulischer Erziehung und Betreuung auf die kognitiven Leistungen und die Entwicklung der Kinder in England anhand einer Stichprobe von mehr als 2550 Kindern aus 141 Vorschuleinrichtungen. Die Daten entstammen dem „Effective Pre-School and Primary School Education" – Projekt (EPPE 3-11), welches eine groß angelegte Längsschnittstudie zur Untersuchung effektiver Vorschul- und Grundschulbildung in England ist, die von der britischen Regierung gefördert wird. EPPE 3-11 kombiniert quantitative und qualitative Methoden. In dieser Arbeit werden mit Hilfe von Mehrebenen-Modellen die Einflussfaktoren auf die Leistungen in Lesen und Mathematik im Alter von 10 Jahren sowie den Leistungsfortschritt in diesen Bereichen zwischen 6 und 10 Jahren untersucht. Neben familiären, sozialen und individuellen Einflussfaktoren werden verschiedene Indikatoren der Vorschulerziehung, wie z.B. die Dauer des Besuchs, die Qualität und die Effektivität der vorschulischen Einrichtung als Prädiktoren der späteren kognitiven Leistungen getestet. Ferner wird der Einfluss der Effektivität der später besuchten Grundschule einbezogen. Auch im Alter von 10 Jahren lassen sich – unter Kontrolle sozialer und familiärer Hintergrundvariablen

– noch kleine, aber signifikante positive Effekte einer qualitativ hochwertigen bzw. effektiven Vorschulerziehung auf die Leistungen und den Leistungsfortschritt in Lesen und Mathematik nachweisen. Auch die Effektivität der Grundschule hat einen maßgeblichen Einfluss auf die Leistungsentwicklung der Kinder. Die Arbeit untersucht zusätzlich die kombinierten Effekte von Vorschul- und Grundschulbildung. Bildungspolitische Implikationen der Resultate werden diskutiert.

Schlüsselwörter: Vorschulqualität, Vorschuleffektivität, Familienbildung, Schuleffektivität

1 Theoretical Background and Objectives

Research investigating variations in the cognitive and social behavioural development of children has demonstrated that a number of child, family and home background factors are significant predictors (exert an influence, either positive or negative) of these developmental outcomes from a young age (Davie/Butler/Goldstein 1972; Mortimore et al. 1988; Tizard et al. 1988; ECCE Study Group 1999; Cox 2000; NICHD 2002; Sammons et al. 2004; Melhuish et al. 2008; Anders et al. 2008; Sammons, forthcoming). For example, there is consistent evidence that children who grow up in disadvantaged families, such as those with low socio-economic status (SES), tend to show poorer achievement and cognitive development and that the attainment gap tends to widen with age (e.g. Feinstein 2003). There is continued debate, however, concerning the explanation for such differences and it is likely that a variety of features (socio-structural, environmental and educational) combine to increase the likelihood of poor cognitive development and attainment for low SES groups. Comparative international studies such as PISA (OECD 2007) demonstrate that the strength of the association between student SES and educational achievement levels varies significantly between different countries and this supports the view that the interaction between different features of social structure and educational provision plays a part in reducing or exacerbating the size of the equity gap in educational attainment. It has also been shown that low SES is associated with other aspects of children's development e.g. social/behavioural development (Davie/Butler/Goldstein 1972; Sammons/Kysel/Mortimore 1983; Rutter 1995; Sammons et al. 2004). Furthermore, other important influences associated with SES such as parental education levels, especially maternal education but also family income are also important predictors of better educational outcomes (e.g. NICHD 2002; Sammons et al. 2004).

Another factor found to be strongly associated with young children's development is related to the nature of parenting activities such as reading to a child, using complex language, teaching songs and nursery rhymes, taking a child to the library etc. All these practices are predictive of better developmental outcomes (e.g. Bradley 2002). Low SES tends to be linked with a reduced emphasis on such activities, which may help to explain in part the relationship between SES and developmental outcomes (e.g. Brooks et al. 1997; Bradley et al. 2001). Nonetheless, such features are only moderately associated with SES and there is evidence that a good home learning environment has a powerful net impact even when features such as SES and maternal education are controlled (Sammons et al. 2004; Melhuish et al. 2008).

Over the last decade a growing interest and federal support for early education programs has been observed in many different countries. Behind such support lies the assumption that preschool enrolment leads to better school readiness in terms of cognitive skills and behavioural skills and that the better start also translates into long-term benefits for children, especially for disadvantaged children. There is now considerable evidence of short-term benefits of pre-school education for children generally and not just the disadvantaged (e.g. NICHD 2002; Magnuson et al. 2004; Sammons et al. 2004; Sylva et al. 2004; Melhuish et al. 2006). However, some studies have shown that the attainment advantage for children associated with the experience of early education tends to fade by the second or third year of formal schooling, as their counterparts who did not attend pre-school centres tend to "catch up" (McKey et al. 1985; Barnett 1985; Lazar et al. 1982). However, these studies usually did not have access to data to control for other important influences such as the home-learning environment or could not differentiate between children with low versus high quality or low versus high effective pre-school centre experience, or for duration of pre-school. Further, subsequent school experiences might be expected to help explain the fade out of pre-school effects for some children but not for others, as schools also vary in their overall academic effectiveness (Teddlie/Reynolds 2000) and teacher effects are especially important in accounting for variations in children's progress across grades, some classrooms are more enriching than others (Magnusson/Ruhm/Waldfogel 2007). Observational studies suggest that early elementary classrooms vary widely in features linked with the quality of instruction (Pianta et al. 2002; Hamre/Pianta 2005; Muijs/Reynolds 2005; Sammons et al. 2006) and educational effectiveness research suggests teacher effects can be substantial (Bressoux/Bianco 2004).

In this paper we present results of a study where children's attainment, and progress at primary school are investigated taking into account quality and effectiveness characteristics of the pre-school centre attended, characteristics of the home-learning environment as well as indicators of the academic effectiveness of the primary school attended after children leave pre-school. The study was conducted as part of the Effective Pre-school and Primary Education Project 3-11 (EPPE 3-11) (Sylva et al. 2004; see also Rossbach/Kuger/Kluczniok 2008). Sammons and colleagues (2007a, 2007b) have reported on children's cognitive attainment and social behavioural attainment at age 10, in this paper we focus on cognitive results in reading and mathematics and extend the research presented recently, especially in providing more evidence on influencing factors for children's cognitive progress during primary school from age 6 to 10 years (grades 1 to 5).

EPPE 3-11 is a large scale, longitudinal government funded study of the influence of pre-school and primary school on children's cognitive and social/behavioural development in England (for a discussion of the research design and methodology see Sammons et al. 2005; Siraj-Blatchford et al. 2006). The initial phase of the research followed children from pre-school to the end of Key Stage 1 (KS 1). Beginning around the age of 3 years children were assessed and then followed up at entry to primary school (rising 5 years). Multilevel models were used to calculate value added estimates (residuals) of individual centre level effects at the end of the pre-school period and on entry to reception (see Sammons et al. 2002, 2003). These 'value added' measures were used as indicators of pre-school effectiveness in later analyses that tracked children up to age 7 years (the end of Key Stage 1). Observational measures of the quality of individual pre-school centres (Early Childhood Environment Rating Scale ECERS-E and ECERS-R, see Sylva/Siraj-Blatchford/Taggart 2003; Sylva et al. 2006; see also Kuger/Kluczniok 2008) were also collected and were found to predict young children's progress and development from age 3 to 5 years. The continued impact of pre-school on children's later educational outcomes was further explored at the end of KS 1. The second follow-up phase of the longitudinal research explores the development of the same group of children across Key Stage 2 (KS 2) of primary education (7-11 years).

The present investigation uses longitudinal data and multilevel models to analyse cognitive outcomes in reading and mathematics tests at age 10 (end of Year 5). The first set of analyses sought to identify the relative influence of a wide range of factors in predicting variations in children's *attainment in reading and mathematics*. The first step identified relevant child, family and home factors with a statistically significant influence on age 10 attainment. The second step tested whether any net pre-school or primary school effect could be established while controlling for the influences of significant child, family and home background factors. In a third step the combined influences of different predictors such as pre- and primary school experience on attainment were explored.

The second set of analyses sought to compare the relative impact of different factors on children's *cognitive progress* between the end of year 1 of primary school (age 6) and end of Year 5 (age 10). Again, in a first step child, family and home-learning factors were tested as potentially influencing factors. The next step tested whether any pre-school effect for cognitive progress between age 6 and age 10 could be identified. In the last step analyses explored the combined effects of home-learning environment and pre-school experience on progress because it was hypothesised that both these features of early years experience might influence children's learning and thus might be detected in studies of subsequent progress at primary school.

The present investigation is the first longitudinal study that has explored the combined effects of pre-school experience and primary school academic effectiveness on attainment outcomes at age 10, a full 5 years after children left pre-school, using a national sample in England and the combined effects of pre-school and HLE on progress.

2 Data Source and Methods

Participants and Procedures

Data for the present investigation were drawn from the EPPE 3-11 study. The sample consists of 2556 EPPE 3-11 children with valid standardized cognitive test scores at age 10. This represents 80 % of the original EPPE pre-school sample which was recruited when children were age 3 years plus and a comparison 'home' group who had not attended any pre-school centre recruited at entry to primary school (age rising 5 years) (Sammons et al. 2004). In addition to the test scores, EPPE collected a wide range of background information on the children in the study. Shortly after recruitment to the research the parent (or guardian) mainly in charge of the care of the child (usually the mother) was interviewed. Parents gave information about a child's health and care history, details of family structure and parents' own educational and occupational background as well as of parent-child activities and routines during the pre-school years. The appendix shows the characteristics of the EPPE child sample in the present analyses. A quarter of children in the sample were classified as not white UK for ethnicity. In all, for 11 % English was a second language (EAL), although the proportion who needed EAL-support at school (in teacher records) by the end of Year 5 was smaller (3.7 %). In all, 13.8 % of the children grew up in 'large' families, classified as those with 3 or more siblings. In terms of social economic status, approximately 19 % of the mothers' and 29 % of the fathers' occupations were in the professional categories. A quarter of the mothers were in skilled (non-manual or manual) work, for the father this proportion was quite similar (36.2 %). A third of the mothers, but only 7 % of the fathers were unemployed or not working (for mothers the majority of those working were in part time jobs). In total nearly a fifth (19.4 %) of the children received free school meals, an indicator for low family income (this is slightly higher than the national figure in England at the time which was round 17%).

Measures

Two outcome measures were used. Cognitive attainments were assessed by NFER-Nelson Reading Level 2 and Mathematics Age 10 (NFER/France 1981; NFER/Patilla 1994) tests at the end of year 5 of primary schooling. These test scores were internally age-standardized using the EPPE-sample as reference group (M= 100, SD = 15).

The following predictors were included:
- *Child Factors:* The following child characteristics were tested as potential predictors of attainment: gender, EAL, age in months, ethnic group, birth weight, parent record of early health problems, early developmental problems, premature child and number of siblings.
- *Family Factors*: These included family structure, parents' employment status, parental education, family salary, family SES and the free school meals (FSM) proxy measure for low income.

- *Early Years Home Learning Environment*: Parent-child activities and routines reported during the pre-school years which provide an indication of aspects of early years home learning environment (HLE) were aggregated to a scale measure described in Melhuish and colleagues (2008). This index measures the frequency of engagement in certain activities such as teaching songs and nursery rhymes, painting and drawing, reading to the child, listening to the child read, taking a child to the library, practicing numbers with the child etc. as reported by the parents shortly after the children were included in the study.
- *Pre-School Measures*: Measures of the duration of pre-school attendance in months, quality and effectiveness of the pre-school centre were regarded as potential factors that might raise attainment at age 10 and could be seen as potential protective factors. The quality of pre-school measure was based on researchers' observations of each pre-school centre using environment ratings (ECERS-E) (Sylva/Siraj-Blatchford/Taggart 2003; Sylva et al. 2006; see also Kuger/Kluczniok 2008). Measures of the effectiveness of individual pre-school settings (in terms of promoting children's progress in pre-reading and early numeracy) were obtained from earlier value added analyses of children's progress between age 3 and 5 years (Sammons et al. 2002, 2004).
- *Primary School Academic Effectiveness Measures*: To examine the impact of primary school, measures of primary school academic effectiveness in English and Mathematics were derived from independent value added analyses of pupil progress for three successive full national pupil cohorts (2002 – 2004) using National Assessment data sets matched between Key Stage 1 and 2 over three years for all primary schools in England (see Melhuish et al. 2006). The value added estimates for the individual primary schools attended by EPPE children were then added to the EPPE data bases.
- *Cognitive Attainment at Age 6*: Cognitive attainments at age 6 were assessed by NFER-Nelson Reading Level 1 and Mathematics Age 6 tests administered at the end of year 1 of primary schooling (NFER/France 1981; NFER/Patilla 1999). These scores were also internally age-standardized using the EPPE-sample as reference group (M= 100, SD = 15). Children's prior test results at age 6 were used as predictors in the progress models but not in the Year 5 attainment models.

Statistical Analysis
Contextualised pupil attainment models for the two cognitive outcomes used multilevel regression analyses to investigate which of the potential influencing factors had a statistically significant relationship in accounting for variation in children's attainment at age 10. First all available child, family and home characteristics were tested. The models were developed stepwise and only statistically significant variables were retained in the final attainment models. This procedure produced two background models for predicting reading and mathematics outcomes. The strength of influence of the different factors was compared using effect sizes (ES) and overall variance accounted for in the model. Effect sizes are most commonly used in experimental studies and essentially measure the strength of mean differences. In this study effect sizes were used to compare the strength of individual predictors for the two different outcomes studied, net of the influence of other predictors in the model. They were based on the child level variance after controlling for background factors and coefficients for predictors included in the multilevel statistical models adopting the formulae outlined by Tymms, Merrell and Henderson (1997).

Subsequently the predictive power of several indicators related to pre-school education was tested individually in hierarchical regression models while controlling for all other variables retained in the final background models. All analyses were conducted using the STATA 9 program (StataPress 2005). As the data has naturally a nested structure with children being nested in primary schools at age 10, multilevel analyses are the appropriate methodological approach to disentangle effects on the school level and effects on the child level (Goldstein 1995). Ignoring the multilevel structure would lead to unreliable standard errors of the coefficients in the model. Multilevel models allow for clustering in the sample at the level of the primary school. This is helpful because it provides better (more precise) estimates of any level 1 (individual child) predictors tested in the models and can provide an indication of the potential influence attributable to the primary school attended. Such models are now commonly adopted in educational effectiveness research (Teddlie/ Reynolds 2000). However, in this sample 957 schools were included and the average number of children per primary school at age 10 was only 2.7 for the EPPE sample (Min: 1, Max: 45). This is not an ideal sample to estimate level 2 variance although interestingly the estimates in both null and final models are in broad accord with estimates in other primary school effectiveness studies (see results section) and for this reason the use of multilevel models was retained to provide more efficient and accurate estimates of the fixed effects predictors at level 1 (the main focus of this aspect of the research). Due to the uneven distribution of the sample at level 2 additional analyses were conducted to investigate and control for possible school influences. These involved including independently derived academic effectiveness measures as fixed effects in the models (as noted above). For details of the national data sets and analyses used to produce these independent estimates for all primary schools in England see Melhuish and colleagues (2006).

The *pupil progress models* were built using the background factors of the attainment models, but the equivalent prior cognitive assessments at age 6 provided baseline measures for the longitudinal analyses of pupil progress over four school years (Year 1 to year 5). When prior attainment is included as an additional predictor, the effect sizes for the other predictors can be interpreted as representing net effects on pupil progress between age 6 and age 10.

The number of missing values due to non-response was generally low. A number of variables were subject to imputation of values where item level data were missing, either due to item or wave non-response. The imputation methods employed as was 'last observation carried forward'. Specifically, the 'last observation' was data from the initial EPPE parent interview or earlier data waves. The variables subject to imputation used in the analyses for this report were socio-economic status (SES) of mother/father, eligibility for free school meals and age. When appropriate the "missing category" was treated as a category in the multilevel analyses in order to conduct analyses on as large a sample as possible.

3 Results

3.1 Attainment Models

Null models
The null models with no explanatory variables included indicate for reading that the intra-class correlation is 18.6 %. This shows the amount of variance in children's scores related to differences between individual primary schools, while the majority reflects differences between individual children, though this does not imply that pupil background accounts for all the remaining individual level variance. The intra-class correlation for mathematics in the null model is slightly higher (21.2 %). These estimates are in accord with findings in other primary school studies in the UK (e.g. Mortimore et al. 1988; Tymms/Merrell/Henderson 1997; Sammons /Smees 1998; Strand 2002).

Contextualized multilevel model for attainment in reading and in mathematics
Table 1 shows the final contextualised model for reading at age 10. Only predictors with a statistically significant net effect (p<0.05) or those verging significance (p<0.08) that improved model fit were retained in the model. Mother's highest qualification level (ES = 0.63, degree versus no qualification) and the early years HLE (ES = 0.58, very high versus very low) were found to be the strongest net predictors for reading attainment at age 10 years. Examining just the child factors, very low birth weight (ES = - 0.40) is the predictor with the highest net effect size: Children with normal birth weight show higher attainment in reading than children with very low birth weight. On the other hand, need of EAL support at year 5 of primary school remains quite strong influence also (ES = - 0.38, need of support versus no need) for poor reading. The presented model accounts for 92.9 % of the school level variance and 12.8 % of the child variance (X^2_{55} = 957.79, p < 0.01).

Table 1: Reading and Mathematics Contextualized Model (impact of child, parent, home environment and other measures on year 5 standardised reading/ mathematics attainment)

	Reading				Mathematics			
	Estimate	SE	z	Effect Size	Estimate	SE	z	Effect Size
Gender (girls compared to boys)	1.342*	0.525	2.560	0.11	-1.293*	0.540	-2.390	-0.10
Age at outcome test (centred around mean)	0.013	0.071	0.180	0.01	0.043	0.073	0.590	0.02
Birth weight (compared to normal birth weight)								
Very low (<= 1500g)	-5.075*	2.277	-2.230	-0.40	-5.305*	2.329	-2.280	-0.42
Low (1501 - 2500)	0.450	1.035	0.430	0.04	-1.446	1.073	-1.350	-0.11
Ethnic group (compared to White UK Heritage)								
White European Heritage	-4.724**	1.510	-3.130	-0.37	-2.596	1.565	-1.660	-0.21
Black Carribean Heritage	-0.592	1.384	-0.430	-0.05	1.463	1.471	1.000	0.12
Black African Heritage	-2.312	1.895	-1.220	-0.18	-2.419	1.975	-1.220	-0.19
Indian Heritage	0.621	1.886	0.330	-0.05	4.892*	2.029	2.410	0.39
Pakistani Heritage	-2.951	1.401	-2.110	-0.23	-0.308	1.564	-0.200	-0.02
Bangladeshi Heritage	-4.557*	2.521	-1.810	-0.36	-0.758	2.620	-0.290	-0.06
Mixed Race Heritage	-1.092#	1.139	-0.960	-0.09	-0.750	1.188	-0.630	-0.06
Any other ethnic minority Heritage	-1.969	1.785	-1.100	-0.16	1.136	1.872	0.610	0.09
No. of siblings (compared to singleton)								
1-2 siblings	-0.684	0.747	-0.920	-0.05	n/s	n/s	n/s	n/s
3+ siblings	-2.522*	1.011	-2.490	-0.20				
Need of EAL support in year 5 (compared to no need of EAL support)								
EAL support needed	-4.784**	1.480	-3.230	-0.38	-6.448**	1.530	-4.210	-0.51
Early developmental problems (compared to none)								
1 problem	-2.170**	0.830	-2.610	-0.17	n/s	n/s	n/s	n/s
2 + problems	-5.332*	2.517	-2.120	-0.42				

Table 1: (continued)

		Reading				Mathematics			
		Estimate	SE	z	Effect Size	Estimate	SE	z	Effect Size
Early health problems (compared to none)									
1 problem		n/s	n/s	n/s	n/s	-0.470	0.620	-0.760	-0.04
2 problems						0.134	1.059	0.130	0.01
3 + problems						-5.657*	2.308	-2.450	-0.45
Free School Meal Eligibility (FSM) (compared to not eligible)		-3.528**0.775		-4.550	-0.28	-2.799**0.799		-3.500	-0.22
Family SES (compared to professional non manual)									
Other professional non manual		-1.556	1.023	-1.520	-0.12	-1.794	1.056	-1.700	-0.14
Skilled non manual		-2.902*	1.191	-2.440	-0.23	-3.373**1.227		-2.750	-0.27
Skilled manual		-4.218**1.243		-3.390	-0.33	-3.668**1.281		-2.860	-0.29
Semi skilled		-4.446**1.498		-2.970	-0.35	-3.890*	1.544	-2.520	-0.31
Unskilled		-4.867*	2.327	-2.090	-0.38	-3.702	2.392	-1.550	-0.29
Unemployed: not working		-3.180*	1.600	-1.990	-0.25	-2.059	1.646	-1.250	-0.16
Mother's highest level of qualification (compared to no qualifications)									
Vocational		1.188	0.986	1.210	0.09	0.387	1.012	0.380	0.03
Academic age 16		2.713**	0.818	3.320	0.21	2.485**	0.839	2.960	0.20
Academic age 18		4.179**	1.199	3.490	0.33	4.630**	1.235	3.750	0.37
Degree or equivalent		8.039**	1.234	6.510	0.63	6.878**	1.277	5.390	0.55
Higher degree		9.737**	1.783	5.460	0.77	6.863**	1.841	3.730	0.54
Other / miscellaneous		4.931*	2.252	2.190	0.39	6.448**	2.299	2.810	0.51
Father's highest level of qualification (compared to no qualifications)									
Vocational		1.507	1.056	1.430	0.12	2.591*	1.085	2.390	0.21
Academic age 16		0.350	0.911	0.380	0.03	1.451	0.936	1.550	0.12
Academic age 18		1.385	1.243	1.110	0.11	0.830	1.281	0.650	0.07
Degree or equivalent		4.014**	1.212	3.310	0.32	4.320**1.246		3.470	0.34
Higher degree		3.548*	1.709	2.080	0.28	4.845**1.765		2.740	0.38
Other / miscellaneous		-0.116	2.767	-0.040	-0.01	0.926	2.823	0.330	-0.07
Father absent		0.782	0.885	0.880	0.06	0.742	0.907	0.820	0.06
Early years HLE (compared to 0-13, Very low)									
Low	14-19	1.629	1.044	1.560	0.13	2.467*	1.076	2.290	0.20
Medium	20-24	3.207**	1.057	3.030	0.25	2.481*	1.086	2.280	0.20
High	25-32	5.057**	1.052	4.810	0.40	4.787**	1.085	4.410	0.38
Very High	33-45	7.289**	1.256	5.800	0.58	6.754**	1.287	5.250	0.54
Family salary (compared to no salary)									
£ 2500 – 15000		-0.104	1.215	-0.090	-0.01	0.839	1.251	0.670	-0.07
£ 17500 – 27500		1.664	1.269	1.310	0.13	2.755*	1.309	2.100	0.22
£ 30000 – 35000		0.564	1.385	0.410	0.04	2.593#	1.427	1.820	0.21
£ 37500 – 66000		2.570#	1.339	1.920	0.20	4.029**	1.383	2.910	0.32
£ 67500 – 132000		3.397*	1.692	2.010	0.27	4.119*	1.752	2.350	0.33

Note: **Statistically significant at the 0.01 level, * Statistically significant at the 0.05 level, #Verging significance (p<0.08).

Note: Note that the reported effect sizes might differ very marginally from those reported in Sammons et al. (2007a). This is due to the use of
a slightly reduced background model adopted for reasons of simplicity in presentation.

The final contextualised model for attainment in mathematics is also presented in table 1. Again, mother's highest qualification level (ES = 0.54, degree versus no qualification) and early years HLE (0.54, very high versus very low), have the strongest net impact on the outcome. Examining just the child factors we again find that need for EAL support at age 10 is a strong net predictor of poorer mathematics outcomes, indeed the ES for mathematics is larger than in the equivalent model for reading (ES = - 0.51). Early health problems also show to be relatively predictive for later lower attainment in mathematics (ES = - 0.45). The model accounts for 62.9 % of the school variance and 10.7 % of the variance at child level. For attainment in reading we found that differences between schools can be largely explained by background factors whereas for attainment in mathematics, this effect is also profound but not as strong as for reading.

Pre-school Effects
At the age of 10 years, there are no longer significant net effects (controlling for all significant child, family and home background indicators) on attainment for the most basic indicator: attendance at a pre-school centre compared to no pre-school (ES = 0.05 for reading, $p > 0.05$, ES = 0.13 for mathematics, $p > 0.05$). This is in contrast to findings for the EPPE sample at younger ages (Sammons et al. 2003, 2004) where attendance at any pre-school showed a significant positive net effect on pre-reading, early number concepts, language attainment and general cognitive ability at entry to primary school (rising 5 years) and attainment in reading and mathematics at age 6 years, indicating that this early boost attributable to just attending any pre-school is not sustained after 5 years.

To investigate the impact of pre-school quality, the sample was divided into groups of children whose pre-school experience could be classified as ranging from no quality (the 'home' group, approximately 9 % of the sample) through low (14 %), medium (54 %) and high quality (22 %), based on the 141 individual pre-school centres' ECERS-E scores. The quality indicators were tested in the multilevel attainment models at age 10 and results for reading and mathematics are compared in table 2. These indicate that relatively small but statistically significant differences in reading attainment remain between the low quality group and the medium (ES = 0.14, $p < 0.05$) and high quality (ES = 0.15, $p < 0.05$) groups. Interestingly, children who stayed at home show no worse outcomes in reading than those children who went to a low quality pre-school. For mathematics, no statistically significant net quality effects were found, although results followed a very similar pattern to reading with children who went to high quality pre-school tending to show better outcomes than the home children with a similar strength in effect size (ES = 0.16, $p = 0.11$).

In order to establish whether the effectiveness of the pre-school setting attended before starting primary school shows any continuing impact on later attainment, an indicator of pre-school centre effectiveness (measured in terms of pre-school value added residual estimates) for children's progress in pre-reading, was also tested as a potential predictor for later reading attainment at age 10, while an indicator of pre-school centre effectiveness in terms of promoting progress in early number concepts, was tested as a predictor for later mathematics attainment at age 10. Results are compared for reading and mathematics in table 2. Controlling for child, family and HLE influences, measures of pre-school centre effectiveness still show a small positive net impact on children's attainment in both reading and mathematics at year 5 (e.g. ES = 0.13 for reading when comparing high effective pre-school centres compared to low effective pre-school experience, $p < 0.05$; ES = 0.21 for mathematics when comparing highly effective pre-school centres to no pre-school experience, $p < 0.05$). These effect sizes are somewhat larger than those attributable to gender (see table 1).

The pattern of findings suggests that children who had the benefit of attending a more effective or high quality pre-school receive a small but significant boost in attainment that lasts through primary school, controlling for other background influences, although this is rather weaker than the benefits of pre-school identified at earlier time points, as might be expected. At age 6 years

Table 2: Contextualised Models: Comparison of net impact of pre-school quality measured by ECERS-E and pre-school effectiveness on Reading and Mathematics Attainment in Year 5

	Estimate	SE	z	Effect Size
Pre-school quality				
Reading				
Pre-school quality (compared to low quality)				
Medium quality	1.769*	0.791	2.240	0.14
High quality	1.883*	0.920	2.050	0.15
No pre-school	0.872	1.235	0.710	0.07
Mathematics				
Pre-school Quality (compared to no pre-school)				
Low quality	0.800	1.325	0.600	0.06
Medium quality	1.631	1.161	1.410	0.13
High quality	2.040#	1.261	1.620	0.16
Pre-school effectiveness				
Reading				
Pre-school Effectiveness in Pre-reading (compared to low effective)				
Medium effective	1.336#	0.729	1.830	0.11
High effective	1.696*	0.856	1.980	0.13
No pre-school	0.486	1.186	0.410	0.04
Mathematics				
Pre-school Effectiveness: early number concepts (compared to no pre-school)				
Low effective	0.919	1.382	0.670	0.07
Medium effective	1.330	1.155	1.150	0.11
High effective	2.715*	1.274	2.130	0.21

Note: * Statistically significant at the 0.05 level, # p = 0.11

significant effects for the most basic indicator: "attendance at a pre-school centre" compared to "no pre-school" were identified using the same background variables as controls (ES = 0.21 for reading, p < 0.05, ES = 0.28 for mathematics, p < 0.01). At age 6 years children who went to high quality (reading: ES = 0.17, p < 0.05, or medium quality pre-school (ES = 0.18, p < 0.01) showed significantly higher attainment in reading.

Primary School Effects
Further multilevel analyses were conducted on the EPPE 3-11 data to explore the net impact of overall primary school academic effectiveness controlling for all relevant family, child and home-learning characteristics. The primary schools' value added effectiveness scores provide a measure of the academic success of the individual primary schools in promoting pupils' academic progress over several years for three successive cohorts. The primary school's value added effectiveness in English was modelled as a potential predictor for EPPE 3-11 children's reading outcomes at age 10,

and the school's value added effectiveness in mathematics as a potential predictor for the EPPE sample's outcomes in mathematics.

Results in table 3 show that the academic effectiveness of the primary school attended is a significant predictor of better cognitive outcomes for the EPPE 3-11 child sample in both domains. Children in the sample who were fortunate to have moved on to attend a high (very high/high combined) or medium academically effective primary school in terms of overall mathematics results in national assessments measured across three years had significantly better scores in separate project tests of mathematics at age 10 than children who had attended a low academic effective primary school (very high/high effective compared to low effective: ES = 0.28, $p < 0.05$; medium effective compared to low effective: ES = 0.16, $p < 0.05$). Likewise, children who had attended a primary school identified as very high/high effective in terms of national assessment English results across three years also showed significantly better reading attainment scores at the end of year 5 (age 10) in comparison with children who went to a low academic effective primary school (ES = 0.19, $p < 0.05$), controlling for other background influences. These results also show that school differences are somewhat stronger for mathematics than reading, this result is in line with findings from previous school effectiveness research (Teddlie/Reynolds 2000). For mathematics, the net strength of the school influence is comparable to that identified for low family income (as measured by the free school meals (FSM) indicator, ES = 0.22, see table 1).

For some of the schools no academic effectiveness scores were available. Most of these schools with missing effectiveness data are private schools (that are not required to conduct national assessments in England). We see from the ES estimates that those schools with missing data seem to have a similar positive influence to that of the medium to high effective schools, this is likely to reflect the private school influence since such schools tend to have a strong academic focus.

Combined pre-school and primary school effects

In addition to the single analyses of the impact of pre- and primary school academic effectiveness, these two measures were taken together and incorporated in the same model so that their combined effects on attainment could be studied. We sought to establish whether going to a more effective pre-school had a protective influence if a child went to a less effective primary school, and whether home children or those who went to a less effective pre-school centre did better later if they later went to a more academically effective primary school.

Table 3: Contextualised Models: Comparison of net impact of primary school academic effectiveness on Reading and Mathematics Attainment in Year 5

	Estimate	SE	z	Effect Size
Reading				
Primary School Academic Effectiveness in English (compared to low effective)				
Medium effective	0.081	0.755	0.110	0.01
Very high/High effective	2.354*	1.071	2.200	0.19
Missing/private school	2.731*	1.146	2.380	0.22
Mathematics				
Primary School Academic Effectiveness in Mathematics (compared to low effective)				
Medium effective	2.008*	0.889	2.260	0.16
Very high/High effective	3.567*	1.271	2.810	0.28
Missing/private school	2.425	1.279	1.870	0.19

Note: *Statistically significant at the 0.05 level.

Figure 1: Combined effect of pre- and primary school effectiveness on attainment in mathematics

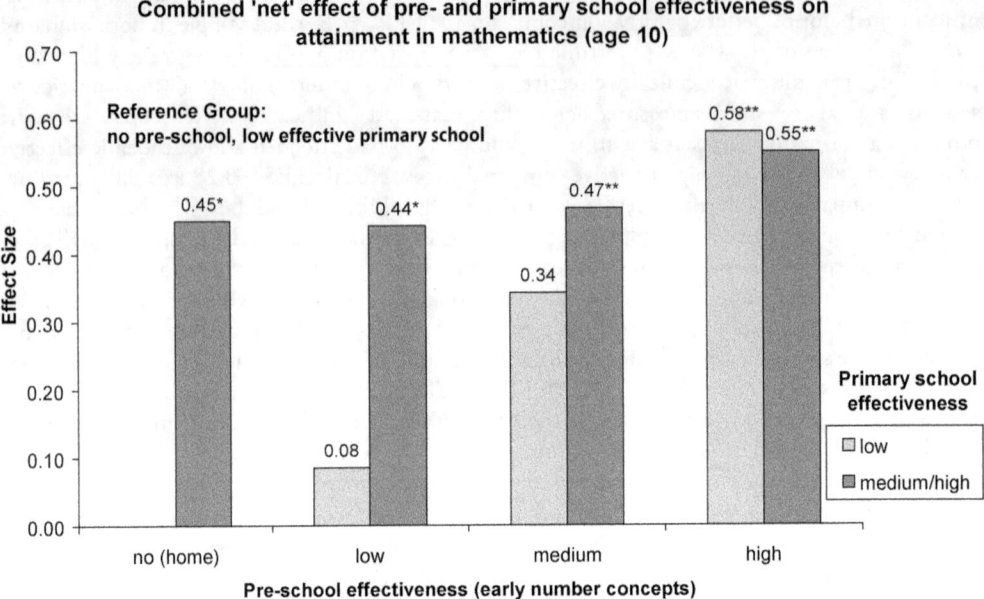

The reference group for these analyses are children who did not have any pre-school experience ('home' group) who attended a low academic effective primary school. The results for both cognitive outcomes were found to follow much the same pattern although results for mathematics are more pronounced and are therefore illustrated in figure 1. The reported effect sizes control for all the background variables described above. For attainment in mathematics results indicate that children who went to a highly effective pre-school centre show the largest attainment boost (ES = 0.58, ES = 0.55) irrespective of the academic effectiveness of the primary school attended. Compared to children who stayed at home and attended a less effective primary school, they maintained the early benefit they got from attending a highly effective pre-school centre. However, we also see that children who stayed at home or who had previously gone to a less effective pre-school centre benefit most in their attainment if they later attended medium or highly academically effective primary schools and that these effects are moderately strong (ES = 0.45 for the no pre-school group, ES = 0.44 for the low effective pre-school group). The findings point to the importance of primary school influences especially for later attainment in mathematics. They have implications for those concerned to reduce the equity gap in achievement because they indicate that children are given a boost and thus can help to reduce the equity gap if they attend a more effective primary school. The findings highlight the relevance of the academic effectiveness of the individual primary school a child attends in promoting better cognitive outcomes in Key Stage 2 and also the long term benefits of attending a more effective pre-school. They show that such educational influences in combination are moderately strong predictors of later mathematics attainment although the influence on reading is weaker but also significant and positive.

3.2 Progress Models – Age 6 to 10 years

Simple progress (value added) models only controlling for prior attainment
The results of the simple value added models control only for the EPPE 3-11 sample's prior cognitive attainments at age 6 in predicting variations between children in their attainments in reading and mathematics at age 10 years. For mathematics 42.4 % of the total variance is accounted for by prior attainment. The equivalent proportion is slightly lower (34.7 %) for reading, suggesting that attainment in mathematics tends to be more stable over time than attainment in reading. For mathematics, 49.8 % of the variance at school level and 40.4 % of the variance at child level is accounted for by prior attainment, for reading these estimates are 34.7 % (reduction at school level) and only 17.8 % (at child level) respectively. The intra-class correlations (ICC = 0.18 for both reading and mathematics) are very similar for the two cognitive outcomes, indicating that about 18 % of the unexplained variance in EPPE 3-11 children's academic progress remains associated with the individual primary school attended.

Contextualized progress models
Extending the simple value added analyses, further predictors were tested to establish which of the child, family and home-learning characteristics that relate to attainment are also predictors of differential academic progress between year 1 and 5 in the two outcomes (without table). It should be noted that when working with standardised assessment data, children's progress is explored relative to the sample and not in absolute terms. With respect to child factors we find that early developmental problems also have predictive power for lower progress in reading between age 6 and age 10 (ES = -0.45, p < 0.05). Also some of the factors which are significant predictors for attainment are no longer significant predictors for progress, we see that those factors with the strongest impact on attainment – early years home learning environment HLE and mother's qualification – are also those factors with strongest impact on students' progress between age 6 and age 10 (mother's qualification: ES = 0.61, degree versus no qualification; early years HLE: ES = 0.44). The results for mathematics indicate that boys (ES = 0.20) and children with Indian background (ES = 0.68) show higher progress. Need of EAL support (ES = -0.37) and early health problems (ES = -0.24) by contrast are associated with lower progress. We also see that mother's and father's qualification have an impact on the progress in mathematics between ages 6 and 10 years (mother's qualification: ES = 0.42, father's qualification: ES = 0.24, degree versus no qualification).

Pre-school Effects on Progress
It is often suggested that children without pre-school experience catch up at later ages in school, but the analysis does not show a significant positive or negative effect of pre-school experience (measured as just attending or not attending) on progress in reading (ES = 0.03) or in mathematics (ES = 0.07) (controlling for all child, family and home background indicators with significant impact on attainment at age 10). Quality effects were also tested for this sample (see table 4). In these analyses the reference group chosen was low quality pre-school (compared with no pre-school or medium or high categories) so that the quality effect could be highlighted, rather than a comparison of high quality with none. Children who had previously attended a high quality pre-school tend to show better progress in reading between ages 6 and 10 (ES = 0.13) compared to children with low quality pre-school experience, but this effect was not statistically significant (p = 0.10). There were no significant effects of pre-school quality on progress in mathematics.

Investigating the long-term effect of attending a highly effective pre-school centre we also do not find statistically significant effects for later progress in mathematics (between age 6 and age 10). By contrast, for reading children who had attended a highly effective pre-school centre (in terms of impact on pre-reading skills) got a boost at the beginning of their career in primary school

Table 4: Contextualised Progress Models: net impact of pre-school quality measured by ECERS-E compared with net impact of pre-school effectiveness on Reading Progress Y1 to Y5

Reading Progress	Estimate	SE	z	Effect Size
Pre-school Quality (compared to low quality)				
Medium quality	1.134	0.756	1.500	0.10
High quality	1.453	0.882	1.650	0.13
No pre-school	0.740	1.172	0.630	0.07
Pre-school Effectiveness in Pre-reading (compared to low effective)				
Medium effective	1.100	0.698	1.580	0.10
High effective	1.787*	0.826	2.160	0.16
No pre-school	0.692	1.120	0.620	0.06

Note: *Statistically significant at the 0.05 level.

and also show significantly better 'net' progress between age 6 and 10 (ES = 0.16) (see table 4). For mathematics the pattern of results on continuing pre-school effects related to quality and effectiveness on progress does not support such an interpretation. Taken together it appears that the benefits of pre-school centre experience for mathematics attainment operate mainly by providing young children with a better start to primary school. Although this benefit is still evident for attainment in Year 5 as described in earlier sections it does not lead to increased academic progress between age 6 and 10 once they start primary school. For reading however, there is evidence to suggest a small longer term boost to progress for pre-school centre effectiveness.

Combined Effect of HLE and Pre-school centre effectiveness on Progress
We found for reading that the HLE in terms of how parents support their children's learning and social development as well as the effectiveness of the pre-school centre attended had a net positive effect on their later progress in primary school as well as on attainment. We therefore sought to establish the combined effects of these two factors which promote young children's progress. For these analyses the HLE measure was grouped into three categories representing low, medium and high quality HLE. The reference group for these analyses are children who did not have any pre-school experience ('home' group) and low quality HLE. Results are illustrated in figure 2 showing effect sizes controlling for all background factors and prior attainment.

We see that children who went to a highly effective pre-school centre and experienced a rich home learning environment show more progress (ES = 0.42) compared with the no pre-school and low HLE group. It is apparent that the quality of the early years HLE makes a strong difference for children for each category of pre-school experience (low, medium and highly effective) and seems to be especially important for those children who did not go to pre-school. Children with the poorest reading progress were the low HLE no pre-school group, while those with the greatest progress were the high HLE and high pre-school effectiveness group. Children who did not go to pre-school but had a high HLE still made good progress (ES = 0.31) though not as much as if they had a high HLE and high effective pre-school centre combination of experience (ES = 0.42). The combination of both factors seems to affect children's capacity to learn (as indicated by later progress in primary school). Children with low HLE only show a significant boost in reading progress (ES = 0.13) if they attended high effectiveness pre-school compared with the base group (no pre-school, low HLE). Moreover those with low HLE who had attended low effective pre-schools showed little difference from the low HLE home group (ES = 0.03).

Figure 2: Combined effect of HLE and pre-school effectiveness on progress in reading

Combined 'net' effect of HLE and pre-school effectiveness on progress in reading

Reference Group: no pre-school, low quality HLE

Pre-school effectiveness (pre-reading)	low HLE	medium HLE	high HLE
no (home)	0.00	0.10	0.31
low	0.03	0.14	0.24
medium	0.07	0.23	0.35*
high	0.13	0.29	0.42**

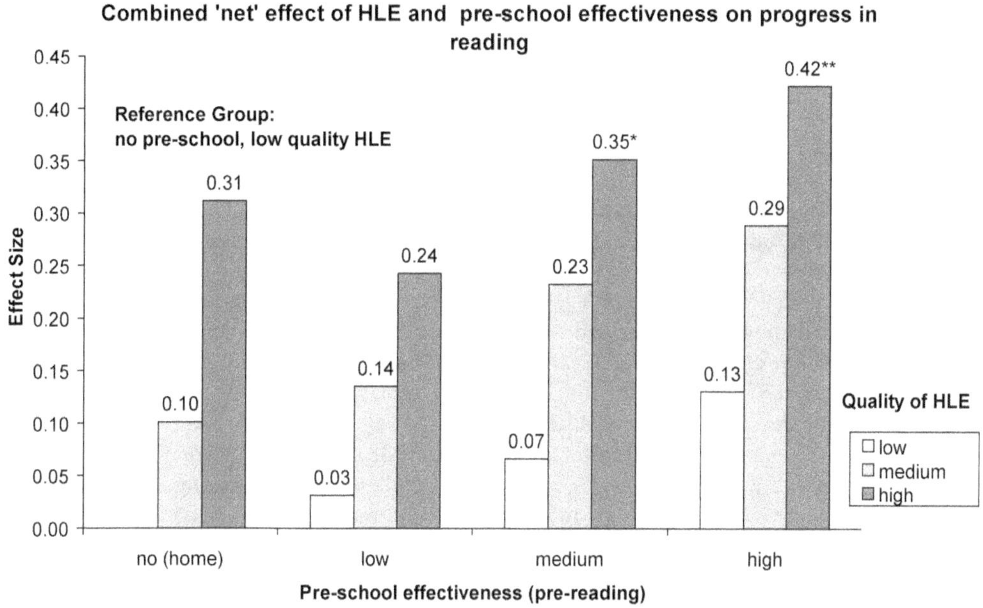

Primary School Effects

Results in table 5 show that EPPE-children who went to more academically effective primary schools also show better progress in reading (ES = 0.25 for high effective primary schools compared to low effective primary schools) and mathematics (ES = 0.28 for high and ES = .17 for medium effective primary schools compared to low effective primary schools) as well as better attainment. The impact of the academic effectiveness of the primary school attended on progress over year 1 to 5 is stronger than that of continuing pre-school effects as might be expected. It is

Table 5: Comparison of Contextualised Progress Models: net impact of primary school academic effectiveness for Reading and Mathematics Progress Year1 to Year5

	Estimate	SE	z	Effect Size
Reading Progress				
Overall Primary School Effectiveness in English (compared to low effective)				
Medium effective	0.448	0.758	0.590	0.04
High effective	2.714*	1.069	2.540	0.25
Missing/private school	2.526*	1.117	2.260	0.23
Mathematics Progress				
Overall Primary School Effectiveness in Mathematics (compared to low effective)				
Medium effective	1.680*	0.810	2.080	0.17
High effective	2.862*	1.157	2.470	0.28
Missing/private school	2.337*	1.159	2.020	0.23

Note: *Statistically significant at the 0.05 level

interesting that the missing/private school category show similar effects on progress to that of high effective primaries.

4 Discussion

The longitudinal EPPE 3-11 research provides new evidence concerning the range of child, family and home learning environment (HLE) factors that influence children's attainment and progress up to age 10 years in English primary schools. It provides some evidence of continuing pre-school effects on cognitive outcomes in the longer term, but shows that just attending a pre-school centre is not sufficient for long term impact, the effects seem to be moderated by quality and effectiveness of the pre-school centre a child attended. In addition, the research points to the role of the primary school in shaping attainment and progress in reading and mathematics from age 6 to 10. Taking into account child, family and home learning background factors children who had the good fortune to attend a more academically effective primary school showed better reading and mathematics outcomes (attainment and progress).

The analyses also reveal that educational influences (related to the *combined effects of pre-school and primary school*) can shape children's educational outcomes in the mid to long term and that the combined effects are moderately strong influences on attainment for mathematics. In interpreting the results we conclude that it is important to raise the quality and effectiveness of both pre-school and primary school to help raise children's attainment standards in basic skills. Earlier EPPE results have shown that pre-school attendance helps to provide an initial boost when children enter primary but for lasting effects on academic outcomes high quality, more effective pre-school is required. For more disadvantaged children (measured by those with a low early years HLE), high quality and high effectiveness of the pre-school seems to be necessary to obtain a small but statistically significant long lasting benefit in improved reading outcomes (in terms of progress from age 6 to 10). In addition low quality pre-school group experience suggests that this offers little benefit in attainment or progress.

The research also reveals the strength of the influence of a good early years HLE, which is one of the strongest predictors of higher attainment especially in reading in Year 5. Children who had a high early years HLE and who had been to a more effective pre-school showed a greater boost to progress in reading suggesting that this combination may have improved such children's learning abilities. The research leads us to conclude that no one factor is the key to raising achievement – it appears that the *combination of experiences over time* matters. Children with a better HLE, who went to a high quality, more effective pre-school setting and who then go on to attend a more academically effective primary school are likely to have a combination of 'protective' experiences that tend to benefit current and future educational attainment.

The findings suggest that further research on effective interventions to promote parenting that boosts the HLE for at risk and vulnerable groups may have long term benefits (Melhuish et al 2008). The results have contributed to recent UK Government's Cabinet Office Equalities Review (http://www.theequalitiesreview.org.uk/).The implication is that policy development should seek to promote strategies to support improvements in the early years HLE especially for vulnerable groups and also work to improve the quality and effectiveness of pre-school provision. Pre-schools are well placed to identify children who may need extra support and could be guided to work with parents to improve the early years HLE. The improvement of provision in poorer quality pre-schools also needs to be given a high priority, since poor quality provision does not appear to offer any long term benefits in improved child outcomes in Year 5, even though any pre-school experience was found to benefit children in a wide range of skills and social behaviours at younger ages (rising five) when they started primary school (Sammons et al. 2003). Interventions to improve the pre-school experiences of children may help reduce the likelihood of poor attainment in the long term and offer protection for those children who go on to attend less effective primary schools. Siraj-Blatchford and colleagues (2008) show how the qualitative findings in EPPE, as well as some of the data that they have been drawn from, have subsequently been applied to provide the practical guidance and exemplar resources needed in the development and improvement of early years educational practice in England. In addition, Sylva and colleagues (2007) have analysed the way the EPPE research findings informed policy development in England and helped shape some of the recent innovations such as the development of the 10 Year Strategy for Child Care (The Treasury 2004). A focus on pre-school and early intervention, however, is likely to be insufficient by itself, given the evidence of primary school effects. Continued attention to improve the academic effectiveness of primary schools remain important to raise standards.

Kontaktanschrift der Verfasser: Prof. Pam Sammons PhD, University of Nottingham, School of Education, The Dearing Building, Jubilee Campus, Triumph Road, Nottingham NG1 8BB, England, E-Mail: pam.sammons@nottingham.ac.uk

References

Anders et al. 2008 = Anders, Y./Sammons, P./Taggart, B./Sylva, K./ Melhuish, E./Siraj-Blatchford, I. (submitted manuscript): Special educational needs at age 10 assessed by teachers: A longitudinal investigation of the influence of child, family, home factors and preschool education on the identification of SEN.

Barnett, W.S. (1985): Benefit-Cost Analysis of the Perry Preschool Program and Its Policy Implications. In: Educational Evaluation and Policy Analysis, Vol. 7, pp. 333-342.

Bradley, R.H. (2002): Environment and parenting. In: Bornstein, M. H (Ed.): Handbook of parenting: Vol. 2: Biology and ecology of parenting – 2nd ed. – Mahwah, NJ, pp. 281-314.

Bradley et al. 2001 = Bradley, R.H./Corwyn, R.F./Pipes McAdoo, H./Garcia Coll, C. (2001): The home environments of children in the United States Part I: Variations by age, ethnicity, and poverty status. In: Child Development, Vol. 72, pp. 1844-1867.

Brooks et al. 1997 = Brooks-Gunn, J./Duncan, G.J./Leventhal, T./Aber, J.L. (1997): Lessons learned and future directions for research on neighborhoods in which children live. In: Brooks-Gunn, J./Duncan, G.J./Aber, J.L. (Eds.): Neighborhood poverty: Context and consequences for children Volume 1. – New York, pp. 279-297.

Bressoux, P./Bianco, M. (2004): Long-term teacher effects on pupils' learning gains. In: Oxford Review of Education, Vol. 30, pp. 327-345.

Cox, T. (2000): Combatting Educational Disadvantage: Meeting the Needs of Vulnerable Children. – London.

Davie, R./Butler, N./Goldstein, H. (Eds.) (1972): From Birth to Seven. – London.

ECCE Study Group 1999 = European Child Care and Education (ECCE)-Study Group (1999): School-age assessment of child development: Long-term impact of pre-school experiences on school success, and family-school relationships. Report written by Wolfgang Tietze, Jutta Hundertmark-Mayser and Hans-Günther Roßbach. Report submitted to: European Union DG XII: Science, Research and Development. RTD Action: Targeted Socio-Economic Research. – Brüssel.

Feinstein, L. (2003): Inequality in the Early Cognitive Development of British Children in the 1970 Cohort. In: Economica, Vol. 70, pp. 73–97.

Goldstein, H. (1995): Multilevel Statistical Models. – 2nd ed. – London.

Hamre, B.K./Pianta, R.C. (2005): Can Instructional and Emotional Support in the First-Grade Classroom Make a Difference for Children at Risk of School Failure? In: Child Development, Vol. 76, pp. 949-967.

Kuger, S./Kluczniok, K. (2008): Prozessqualität im Kindergarten – Konzept, Umsetzung und Befunde. In this special edition.

Lazar et al. 1982 = Lazar, I./Darlington, R.B./Murray, H./Royce, J./Snipper, A. (1982): Lasting effects of early education: A report of the Consortium for Longitudinal Studies. In: Monographs of the Society for Research in Child Development, Vol. 47, Serial No. 195.

Magnuson et al. 2004 = Magnuson, K./Meyers, M./Ruhm, R./Waldfogel, J. (2004): Inequality in Preschool Education and School Readiness. In: American Educational Research Journal, Vol. 41, pp. 115-157.

Magnuson, K./Ruhm, R./Waldfogel, J. (2007): The Persistence of Preschool Effects: Do subsequent classroom experiences matter? In: Early Childhood Research Quarterly, Vol. 22, pp. 18-38.

McKey et al. 1985 = McKey, R.H./Condelli, L./Ganson, H./Barrett, B.J/McConkey, C./Plantz, M.C. (Eds.) (1985): The Impact of Head Start on Children, Families and Communities. – Washington.

Melhuish et al. 2006 = Melhuish, E./Romanuik, H./Sammons, P./Sylva, K./ Siraj-Blatchford, I./Taggart, B. (Eds.) (2006): Tier 1: The Effectiveness of Primary Schools in England in Key Stage 2 for 2002, 2003 and 2004. – London.

Melhuish et al. 2008 = Melhuish, E.C./Sylva, K./Sammons, P./ Siraj-Blatchford, I./Taggart, B./Phan, M. (2008): Effects of the Home Learning Environment and preschool center experience upon literacy and numeracy development in early primary school. In: *Journal of Social Issues, Vol. 64, pp. 95-114.*

Mortimore et al. 1988 = Mortimore, P./Sammons, P./Stoll, L./Lewis, D./Ecob, R. (Eds.) (1988): School Matters: The Junior Years. – Wells.

Muijs, D./Reynolds, D. (2005): Effective Teaching: Evidence and Practice. – London.

NICHD 2002 = National Institute of Child Health and Development NICHD. (2002): Early Child Care and Children's Development Prior to School Entry: results from the NICHD Study of Early Child Care. In: American Educational Research Journal, Vol. 39, pp. 133-164.

NFER/France 1981 = National Foundation for Educational Research/France, N. (1981): Primary Reading Test Level 1 & 2 (revised). – London: nferNelson Publishing Company Ltd.

NFER/Patilla 1994 = National Foundation for Educational Research/Patilla, P. (1994): Mathematics 10. – London: nferNelson Publishing Company Ltd.

NFER/Patilla 1999 = National Foundation for Educational Research/Patilla, P. (1999): Mathematics 6. – London: nferNelson Publishing Company Ltd.

OECD (2007): PISA 2006 Science Competencies for Tomorrow's World, OECD.

Pianta et al. 2002 = Pianta/La Paro/Payne/Cox/Bradley (2002): The Relation of Kindergarten Classroom Environment to Teacher, Family, and School Characteristics and Child Outcomes. In: The Elementary School Journal, Vol 102, pp. 225-238.

Rossbach, H.G./Kluczniok, K./Kuger, S.: Auswirkungen eines Kindergartenbesuchs auf den kognitiv-leistungsbezogenen Entwicklungsstand von Kindern. In this special edition.

Rutter, M. (1995): Psychosocial Disturbances in Young People Challenges for Prevention. – Cambridge.

Sammons, P. (forthcoming): Equity and Educational Effectiveness. In: Baker, E./McGraw, B./Peterson, P. (Eds.) (in press 2010): International Encyclopedia of Education. – Oxford.

Sammons, P./Kysel, E./Mortimore, P. (1983): Educational Priority Indices: A new Perspective. In: British Educational Research Journal, Vol. 9, pp.27-40.

Sammons, P./Smees, R. (1998): Measuring Pupil Progress at Key Stage 1: using baseline assessment to investigate value added. In: School Leadership and Management, Vol. 18, pp. 389-407.

Sammons et al. 2002 = Sammons, P./Sylva, K./Melhuish, E. C./ Siraj-Blatchford, I./Taggart, B./Elliot, K. (2002): The Effective Provision of Pre-School Education (EPPE) Project: Technical Paper 8a – Measuring the Impact of Pre-School on Children's Cognitive Progress over the Pre-School Period. – London.

Sammons et al. 2003 = Sammons, P./Sylva, K./Melhuish, E. C./ Siraj-Blatchford, I./Taggart, B./Elliot, K. (2003): The Effective Provision of Pre-School Education (EPPE) Project: Technical Paper 8b – Measuring the Impact of Pre-School on Children's Social/Behavioural Development over the Pre-School Period. – London.

Sammons et al. 2004 = Sammons, P./Elliot, K./Sylva, K./Melhuish, E./ Siraj-Blatchford, I./Taggart, B. (2004): The impact of pre-school on young children's cognitive attainments at entry to reception. In: British Educational Research Journal, Vol. 30, pp. 691-712.

Sammons et al. 2005 = Sammons, P./ Siraj-Blatchford, I./Sylva, K./Melhuish, E./Taggart, B./Elliot, K. (2005): The Effects of Pre-school Provision: Using mixed methods in the EPPE research. In: Interna-

tional Journal of Research Methods special issue on Mixed Methods in Educational Research, Vol. 8, pp. 207-224.
Sammons et al. 2006 = Sammons, P./Taggart, B./Sylva, K./Melhuish, E. C./Siraj-Blatchford, I./Barreau, S./Manni, L. (2006): Effective Pre-school and Primary Education 3-11 Project (EPPE 3-11): Variations in Teacher and Pupil Behaviours in Year 5 Classrooms and Associations with School Characteristics. Full Report. – London. – URL: http://www.ioe.ac.uk/schools/ecpe/eppe/eppe3-11/eppe3-11%20pdfs/eppepapers/Tier%203%20full%20report%20-%20Final.pdf. – Download 04.08.2008.
Sammons et al. 2007a = Sammons, P./Sylva, K./Melhuish, E./ Siraj-Blatchford, I./Taggart, B./Grabbe, Y./Barreau, S. (2007): The Effective Pre-School and Primary Education 3-11 Project (EPPE 3-11): Influences on Children's Attainment and Progress in Key Stage 2: Cognitive Outcomes in Year 5. – London.
Sammons et al. 2007b = Sammons, P./Sylva, K./Melhuish, E./ Siraj-Blatchford, I./Taggart, B./Barreau, S./Grabbe, Y (2007): The Effective Pre-School and Primary Education 3-11 Project (EPPE 3-11): Influences on Children's Attainment and Progress in Key Stage 2: Social/Behavioural Outcomes in Year 5. – London.
Siraj-Blatchford et al. 2006 = Siraj-Blatchford, I./Sammons, P./Taggart, B./Sylva, K./Melhuish, E. (2006): Educational Research and Evidence Based Policy: The Mixed Method Approach of EPPE Project. In: Evaluation of Research in Education, Vol. 19, pp. 63-82.
Siraj-Blatchford et al. 2008 = Siraj-Blatchford, I./Taggart, B./ Sylva, K./ Sammons, P./ Melhuish, E. (2008): Towards the transformation of practice in early childhood education: the effective provision of pre-school education (EPPE) project. In: Cambridge Journal of Education, Vol. 31, pp. 23-36.
StataPress (2005): STATA 9 Users Manual. – College Station, Texas. (http://www.stata-press.com/manuals/stata9/)
Strand, S. (2002): Pupil Mobility, Attainment and Progress During Key Stage 1: a study in cautious interpretation. In: British Education Research Journal, Vol. 28, pp. 63-78.
Sylva, K./Siraj-Blatchford, I.,/Taggart, B. (2003): Assessing Quality in the Early Childhood Environment Rating Scale Extension (ECERS-E), Four Curricular Subscales. – Stoke on Trent.
Sylva et al. 2004 = Sylva, K./Melhuish, E./Sammons, P./ Siraj-Blatchford, I./Taggart, B. (2004): The Effective Provision of Pre-School Education (EPPE) Project: Technical Paper 12 – The final report. – London.
Sylva et al. 2006 = Sylva, K./ Siraj-Blatchford, I./Taggart, B./Sammons, P./Melhuish, E./Elliot, K./Totsika, V. (2006): Capturing Quality in Early Childhood Through Environmental Rating Scales. In: Early Childhood Research Quarterly, Vol. 21, pp. 76-92.
Sylva et al. 2007 = Sylva, K./Taggart, B./ Melhuish, E./Sammons, P./ Siraj-Blatchford, I. (2007): Changing models. In: Research Papers in Education, Vol. 22, pp. 155-167.
Teddlie, C./Reynolds, D. (Eds.) (2000): The International Handbook of School Effectiveness Research. – London.
THE TREASURY (2004): Choice for Parents, the Best Start for Children: a ten year strategy for childcare. – The Stationery Office – London.
Tizard et al. 1988 = Tizard, B./Blatchford, P./Burke, J./Farquhar, C./Plewis, I. (Eds.) (1988): Young Children at School in the Inner City. – Hove.
Tymms, P./Merrell, C./Henderson, B. (1997): The First Year at School: A quantitative Investigation of the Attainment and Progress of Pupils. In: Educational Research and Evaluation, Vol. 3, pp. 101-118.

APPENDIX

Selected characteristics of children who have valid cognitive data at Year 5

N=2556	n	%
Gender		
Male	1302	50.9
Female	1254	49.10
Ethnicity		
White UK Heritage	1921	75.2
Other Ethnic Heritage	632	24.8
English as an Additional Language (EAL)	279	10.8
3 or more siblings	353	13.8
Home Learning Environmental Index (during pre-school period)		
0-13	225	8.8
14-19	533	20.9
20-24	592	23.2
25-32	803	31.4
33-45	299	11.7
Family Highest SES (during Key Stage 1 or earlier)		
Professional Non Manual	345	13.5
Other Professional Non Manual	560	21.9
Skilled Non-Manual	456	17.8
Skilled Manual	517	20.2
Semi Skilled	192	7.5
Unskilled	43	1.7
Unemployed / Not working	410	16.0
Income Indicator	497	19.4
Free School Meals (FSM) (at year 5 or earlier) No Free School Meals	2051	80.2

Note: non-responses omitted therefore the total N is not always 2556 (100%)

Seit 2007 auch digital:
ZfE – Zeitschrift für Erziehungswissenschaft

Die Erziehungswissenschaft des 21. Jahrhunderts steht vor einer neuen Herausforderung. Stichworte wie Globalisierung, Ökonomisierung, Neuer Rationalismus, Konstruktivismus, empirische Wende markieren Ereignisse in Gesellschaft und Wissenschaft, denen sich auch eine modernisierte Erziehungswissenschaft stellen muss.

Für die Ergebnisse der daraus hervorgehenden Forschungen ein Forum zu schaffen, ist die Absicht der **Zeitschrift für Erziehungswissenschaft**.

Die Zeitschrift für Erziehungswissenschaft erscheint seit Ausgabe 1/2007 auch digital unter www.zfe-digital.de.

Vorteile für Abonnenten:
- ✓ Volltexte jetzt digital im persönlichen Account
- ✓ Ein Archiv bereits erschienener Ausgaben und damit völlig neue Recherchemöglichkeiten
- ✓ Nachrichten aus Ihrem Fachgebiet

12. Jahrgang 2009 – 4 Hefte jährlich
Jahresabonnement privat
print + online EUR 98,00
Jahresabonnement privat
nur online EUR 59,00
Studentenabonnement
print + online EUR 35,00

Abonnieren Sie gleich!
vs@abo-service.info
Tel: 0611.7878151 · Fax: 0611.7878423

Ein kostenloses Probeheft erhalten Sie beim Verlag.
Änderungen vorbehalten. Stand: Oktober 2008

VS-JOURNALS.DE

VS Verlag für Sozialwissenschaften
Zeitschrift für Erziehungswissenschaft
Abraham-Lincoln-Straße 46
65189 Wiesbaden

www.zfe-digital.de

GPSR Compliance

The European Union's (EU) General Product Safety Regulation (GPSR) is a set of rules that requires consumer products to be safe and our obligations to ensure this.

If you have any concerns about our products, you can contact us on

ProductSafety@springernature.com

In case Publisher is established outside the EU, the EU authorized representative is:

Springer Nature Customer Service Center GmbH
Europaplatz 3
69115 Heidelberg, Germany

www.ingramcontent.com/pod-product-compliance
Lightning Source LLC
LaVergne TN
LVHW080313260326
834688LV00038B/1092